사회 언어학과 서로 다른 리터러시

담론과 이데올로기

사회 언어학과
서로 다른 리터러시

담론과 이데올로기

제임스 폴 지 지음

김영란 · 이정은 · 박혜영 · 김해인 · 이규만 옮김

사회평론아카데미

『사회 언어학과 서로 다른 리터러시』(초판)는 '뉴 리터러시 연구(New Literacy Studies)'의 토대가 되는 기본서로서 언어와 리터러시에 대한 사회문화적 접근이라는 새로운 학제 간 연구 분야에 중요한 기여를 했다.

언어와 리터러시에 대한 현대의 사회문화적 접근이 어떻게 탄생하게 되었는지를 보여 준 이 책은 사회적·문화적·정치적 맥락에서 언어와 학습, 리터러시 연구를 들여다본 개론서로, 다음과 같은 내용을 담고 있다.

- 구술성과 문식성, 리터러시의 역사, 담화 분석의 본질, 심리와 의미 관련 사회적 이론과 같은 주제를 다룬다.
- 사회 속 언어의 기능에 대해 탐구한다.
- 지역사회와 학교의 문화 간 이슈와 관련된 '담화'라는 개념에 대해 살펴본다.

이번 5판에서는 뉴 리터러시 연구와 연계된 '언어와 리터러시에 대한 사회문화적 접근'에 대해 개관한다. 이 책에서는 '사회 속 언어 사용(language-in-use-in-society)'을 분석하는 새로운 방법을 독자들에게 소개하고, '담론' 개념을 중심으로 한 언어와 리터러시에 대한 독특한 관점을 보여 줄 것이다. 따라서 이 책은 사회문화적인 측면에서 교육, 언어와 언어 관련 분야를 연구하는 연구자와 교육자 그리고 학생들이 흥미롭게 읽을 수 있다.

이 책의 저자인 제임스 폴 지(James Paul Gee)는 애리조나주립대학교 리터러시 분야 석좌교수이다.

---

* 일러두기

1. 각주는 모두 한국 독자의 이해를 돕기 위해 역자가 달아 놓은 주석이다.
2. 원서에서 이탤릭체로 표기한 부분은 고딕체로 표시하였다.

옮긴이 서문

    1990년 초판 이후 지속적인 개정을 거쳐 2015년에 마지막 5판이 출간된 이 책은 그동안 리터러시 연구, 언어학, 교육학 전반에 걸쳐 전 세계적으로 큰 영향을 미쳐 왔다. 특히 리터러시 연구에 있어 1990년대 새로운 연구의 패러다임으로 사회문화적 접근 방식을 제시하였고, 21세기에 들어와서는 리터러시 연구의 한 축을 형성, 주도하고 있다. 역자 중 한 사람이 저자인 제임스 폴 지와 인연을 맺기 시작한 2013년에 이 책은 다양한 학술 분야에서 6,000건 넘게 인용되었는데, 2019년 현재에는 그 수가 두 배 이상 늘어나 13,000건 이상 인용되고 있다(구글 학술검색 참조). 이 사실은 초판이 발행된 지 30여 년이 된 지금까지도 이 책에서 다루는 이론이 학계에 얼마나 크게 영향을 미치고 있는지 가늠할 수 있게 해 준다.

    이 책은 독자에게 다음과 같은 질문을 던진다. 넓게는 교육, 좁게는 언어 교육에서 다루고 있는 내용은 정말로 현대사회를 사는 인간의 삶에서 보편적으로 의미 있는 것인가? 만약 그렇다면 그 내용이 가장 의미 있다는 것은 누구의 판단에 따른 것인가? 그 판단이 보편적으로 옳은 결정이라고 확신할 수 있는가? 인간은 오랜 역사에서 의식적이든 무의식적이든 특정 사회적 집단이 옳다고 혹은 필요하다고 판단하는 것을 교육해 왔고, 그러한 교육에 가장 유리한 사회적 집단 내 학생들이 사회적 우위를 대물림받아 왔다.

한국의 예를 봐도 조선 시대에 한글이 창제된 이후에도 지배 계층은 오랫동안 한자를 사용한 문자 생활을 고급 문화로 보며 한글 사용을 낮잡아 보았고, 지배층만이 한자 교육에 적합한 환경에서 그 지위를 유지해 왔다. 또한 현재 우리가 사용하는 '표준어'에 대해서도 비판적 관점으로 생각해 볼 수 있다. 표준어는 '교양 있는 사람들이 두루 쓰는 현대 서울말'로 정의되고, 학교에서는 표준어로 지정된 말을 교육한다. 하지만 누가 교양 있는 사람이고, 어느 순간부터 현대라고 할 수 있으며, 우리가 한국어라고 부르는 다양한 말 중에 왜 서울말만이 '표준'인 것인지에 대해 의문을 품어볼 수 있다. 정의에 대한 논의를 넘어서, 표준어라고 결정된 것이 과연 누구를 위한 표준인지, 그리고 그것이 시대나 장소 등 어떠한 사회적 맥락도 초월하여 표준이라고 할 수 있는지에 대한 의문 역시 가져 볼 수 있다. 사투리는 '공식적으로' 표준어가 아니지만 부산에서는 부산 사투리가 표준일 것이고, 광주에선 광주 사투리가 표준일 것이다. 한편, 방송국에서 드라마 제작팀이 사용하는 언어와 법정에서 법조인들이 사용하는 언어, 리그 오브 레전드 게이머들이 사용하는 언어, 방탄소년단 팬들이 팬클럽에서 사용하는 언어의 사용 방식은 서로 다르고, 각각의 사회 집단에서는 그들이 사용하는 언어가 그 사회의 표준이다. 법정에서의 언어 사용 방식을 게임 중계 방송국 제작진이 사용한다면, 그것이 설사 '표준어'에서 벗어나지 않더라도 그 방송국에서 사용하는 언어 '표준'에 맞지 않아 어색할 것이고, 그 맥락 속에서는 사실상 '틀린' 언어 사용 방식이 될 것이다. 이러한 각 사회 집단이 쓰는 언어와 언어를 사용하는 방식에는 그들이 지향하는 이데올로기가 내재해 있다. 일례로 '노동'과 '근로', '노동절'과 '근로자의 날'이라는 말을 보면, '노동'이라는 말은 노동을 제공하는 이들의 권익을 존중하는 이데올로기를, '근로'라는 말은 노동을 사는 사용자들이 노동자에게 열심히 일할 것을 주문하는 이데올로기를 담고 있다.

이 책에서 독자는 크게 두 가지 개념에 주목할 필요가 있다. 하나는 '뉴 리터러시 연구'이고 다른 하나는 '담론'이라는 개념이다. 저자의 논의는 1990년대 이전의 리터러시 연구에서 지배적인 접근 방식이었던, 인간의 언어 활동은 각 개인의 머릿속에서 일어나는 인지적이고 정신적인 것이라는 관점에 대한 문제의식에서 시작한다. 뉴 리터러시 연구의 관점에서는 기존의 지배적인 관점에서와는 다르게, 모든 읽고 쓰는 활동은 특정한 맥락 안에 있어야만 비로소 그 의미를 가지며, 맥락을 초월한 절대적인 리터러시 활동이라는 건 존재할 수 없다고 본다.

이러한 관점 하에서 저자는 언어, 언어 사용, 리터러시, 담화, 그리고 교육을 연구할 때 언어 자체보다는 그것을 포괄하는 사회적 맥락에 주목해야 한다고 주장한다. 여기서 그는 담화discourse라는 단어의 'd'를 대문자 'D'로 표현한 담론Discourse 개념을 통해 인간의 언어 활동에서 담론이 갖는 중요성을 강조한다. 각 사회적 집단은 그 집단만의 특징적인 말하는 방식, 읽고 쓰는 방식, 옷 입는 방식, 행동 방식, 가치 지향, 상호작용 방식 등을 갖는데, 그 집단만이 가지고 있는 이러한 방식들 모두를 그 사회적 집단의 담론이라고 한다.

저자는 언어와 리터러시 교육 문제에서 오랫동안 고착화된 인식의 틀에 의문을 제기한다. 그가 개척해 온 뉴 리터러시 연구에서는 언어 사용이 언어 사용자가 속한 사회 및 문화와 결코 떨어질 수 없는 관계에 있음을 전제한다. 물론 그는 한국에 비해 다양한 문화권의 사람들이 함께 어울려 사는 미국이라는 환경에 있기 때문에 이러한 문제의식을 더 쉽게 느꼈는지도 모른다. 하지만 학교 문화로 대변되는 지배 담론과 다양한 실생활 문화 및 사회와 관련된 수많은 담론들 간에 엄연한 차이가 존재한다는 사실은 미국처럼 다양한 인종과 문화가 공존하는 나라에만 해당하는 것이 아니다. 인류의 역사와 함께 모든 문화권에서 그랬던 것처럼, 한국도 오랜 세월 동안 그리고 현재까지도 기득권의 지배 담론을 정답으로, 그 외의 담론들은 정답이 아닌 것으로 인식해 왔다. 우리가 의문을 품으려고 하지도 않고 정답이라고 여겨 온 담론은 사실 우리 사회에 존재하는 여러 사회적 집단 중 한 집단의 담론이며, 이것이 한국에 존재하는 모든 집단을 아우르는 보편적인 담론이 될 수는 없다.

21세기가 되면서 사회는 점점 더 다양하고 복잡해지고 있으며, 앞으로도 더욱 그러할 것이다. 이제 더 이상 사회나 문화를 단순히 한국 문화, 중국 문화, 미국 문화처럼 국가나 민족으로 구획할 수 없다. 직업 역시 다양하게 분화되고, 새로 생기기도 하고 없어지기도 한다. 취미나 흥미, 생활 방식에 따라 한 국가 내에서도 다양한 사회 집단이 존재하고, 이 속에서 개인은 다양한 사회 집단에 복합적으로 소속된다. 리터러시는 각 사회 집단의 정체성과 유기적으로 연결되어 있다. 이러한 관점에서 새로운 세상에서의 리터러시 실천의 다양성을 받아들이고 이해하는 데에 이 책이 도움이 될 것이다.

나아가, 현재 우리가 사는 세상에서는 지식과 가치의 생산을 특정 사회 집단이 독점하던 과거와는 달리, 누구나 의지가 있다면 자유롭게 자신이 속한 특정 사회 집단의 담론 가치를 의미 있게 표현하고 주장할 수 있다. 이러한 현실 속에서 우리는 지배 담론이 역사적으로 오랫동안 정답처럼 생각해 온 읽고 쓰고 행동하는 방식, 즉 옳은 것과 그른 것, 혹은 좋은 것과 나쁜 것이라는 이분법의 관점을 넘어서 사고하고 행동하고 읽고 쓸 수 있다. 저자가 지속적으로 주장하는 해방적 의미의 담론 이론은 현재에 더욱 가치 있는 이론적 근거가 된다.

마지막으로, 디지털화된 현대사회에서는 국가적·정치적 측면을 넘어서 문화적·사회적·경제적 차원의 세상이 점점 초국가화되어 가고 있다. 이처럼 다양한 문화가 공존하고 공유되는 세상에서 사회적 집단은 물리적 공간에 국한되지 않는다. 여러 온라인 커뮤니티 역시 인간의 삶에서 의미 있는 사회적 집단이다. 뉴 리터러시 연구의 관점에 따르면, 사회적 집단이 온라인과 오프라인을 넘어서 더욱 다양화되고 초국가화되어 감에 따라 언어 활동 역시 다양화, 복잡화, 초문화권화되고 있고, 이것은 한국을 비롯한 전 세계 사람들이 좋든 싫든 맞이하고 있는 현실이다. 이러한 현실에서 사회와 문화, 사회적 언어와 담론에 대한 논의는 저자가 주장하고 있는 것 이상의 가치와 의미를 갖게 된다.

독자들은 이 책을 통해 리터러시를 언어나 언어 사용 그 자체로만 이해하는 시각을 넘어서, 복잡하고 다양화된 현대사회 속에서 존재하고 실천되는 개념으로 이해하고, 이를 분석할 수 있는 관점을 갖게 될 것이다. 특히 리터러시, 언어학, 언어 교육을 연구하는 이들에게 이 책은 리터러시에 대해 기존에 가지고 있던 관점에 의문을 제기하고, 사회문화적 관점에서 리터러시를 고찰할 수 있는 새로운 이론적 틀을 제시해 줄 것이다.

차례

서론

요약

『사회 언어학과 서로 다른 리터러시*』는 초기에 두 가지를 이루고자 시도했다. 하나는 다른 학문에서 시작된 새로운 연구 분야로, 책의 초판에서 칭했던 '뉴 리터러시 연구'에 관해 논의하는 것이었다. 두 번째는 뉴 리터러시 연구 분야 안에서, 특히 교육 문제와 관련된 언어와 리터러시에 대한 관점을 개발하는 것이었다. 뉴 리터러시 연구는 이제 연구 분야로 확립되었고, 초판에서 소개한 관점은 그 분야에서 하나의 기준으로 자리매김하게 되었다. '개입'을 목적으로 시작된 것이 현재는 '사후의 결과'가 된 셈이다. 따라서 이 책은 애초에 의도했던 바와 같이 개론서로서의 역할을 해내게 되었다. 이 책은 그간 새로운 자료를 추가하면서 내용을 개정해 왔으나, 기본 논점은 동일하게 유지하고 있다.

....

* 이 책에서는 'literacy'를 '리터러시' 또는 '문식성(文識性)'으로 옮겼다. 국내에서 'literacy'는 문식성, 문해력, 소양, 리터러시 등 다양한 용어로 번역되는데, 원어를 그대로 드러내어 많은 학문 분야에서 참고할 수 있도록 '리터러시'로 옮겼다. 다만, 구술성과 대조를 이루는 5장에서는 '문식성'으로 번역하였다.

언어와 리터러시에 대한 사회문화적 접근은 이 책의 초판(1990), 재판(1996), 3판(2007), 4판(2011)에 걸쳐 상당한 진보를 이루어 왔다. 이 과정에서 나 또한 진보되었기를 바란다. 각각의 개정판에서 가독성을 높이고 최신 내용을 담을 수 있도록 노력했다. 오래된 분석 자료를 수정하고 새로운 자료를 추가했다. 그러나 다섯 번에 걸쳐 개정판을 내놓는 동안에도 책의 핵심적 내용은 변하지 않았다.

이 책의 초판을 쓸 당시에 리터러시에 대한 전통적인 관점은 '인지적 cognitive' 또는 '정신적mental'인 것이었다. 리터러시는 기본적으로 사회가 아닌 사람들의 머릿속에 존재한다고 본 것이다. 초판에서는 인지 위주의 전통적인 리터러시 관점의 한계를 보여 주고자 했다. 그러나 시간이 흐르는 동안 인간 정신에 관한 일은 그 자체로 덜 인지적이고 사회적이며 체화되는embodied 것으로 이해되기 시작했다. 이러한 새로운 연구는 심리학이 이 책에서 제시한 사회문화적인 관점과 훨씬 더 잘 어울리게 한다. 따라서 개정판에서는 '사회적 정신social mind'과 체화된 학습embodied learning에 대한 이론들이 어떻게 언어와 리터러시에 대한 사회문화적 접근과 관련되는지 논의했다.

이 책의 초판 이후로 디지털 미디어와 '디지털 리터러시'는 사회에서 지배적인 역할을 담당하게 되었다. 이 때문에 읽기와 쓰기의 생태학이 변화하였고, 의미를 생산하고 소비하는 형식에 대한 새로운 리터러시가 등장하기도 했다. 개정판들에서는 이러한 문제를 더 다루고, 새로운 리터러시에 대한 문제와 전통적 리터러시가 작용하는 방식을 더 깊게 관련지어 논의했다.

이번 5차 개정판은 초판본을 재구조화했다. 자료를 추가했으나 각 장은 이전보다 짧아졌으며 순서에도 변화를 약간 주었다. 이 책이 독자들에게 좀 더 쉽게 다가가고, 책의 논지도 더욱 분명하게 드러나기를 바란다.

다른 개정판에서 그랬던 것처럼 이 책에서도 더 명쾌하고 명료한 표현을 찾고자 했다.

또한 이 책에서는 뉴 리터러시 연구와 연계된 사회문화적 관점에서의 언어와 리터러시 연구를 개관하고 '사회 속 언어 사용language-in-use-in-society' 분석 방법을 소개한다(Gee, 2014a, 2014b 참조). 마지막으로 이 책은 '담론Discourses'(담론을 의미할 때는 대문자 'D'로 표기)의 개념을 중심으로 언어와 리터러시에 대한 특별한 관점을 개발하고자 한다.

이 책은 다음과 같은 내용을 다룰 것이다. 사회적 맥락 속에서 언어를 이해하기 위해서는 언어 자체가 아닌 '담론'이라고 부르는 것에 집중할 필요가 있다. 담론은 언어보다 더 많은 것을 포함한다. 이를 위해 술집에서 벌어질 수 있는 이야기를 꺼내 보자. 가령 내가 집 근처의 바이커 바*에 들어갔다고 가정하자. 나는 가죽 재킷을 입고 온몸에 문신을 한 건장한 옆자리 남자에게 이렇게 말한다. '담뱃불 좀 붙이게 성냥을 주시겠어요?(May I please have a match for my cigarette?)' 이 말은 문법적으로는 완벽할 수 있지만 상황상으로는 적절하지 않다. 비꼬는 톤의 목소리로 말했다고 할지라도 말이다. 말한 내용이 틀렸다기보다 말하는 태도가 술집의 상황에 맞지 않기 때문이다. '성냥 있수?(Gotta match?)' 또는 '불 좀 빌려 주시우(Would'ya give me a light?)' 정도로 말했어야 한다.

그럼 장면을 바꿔 내가 술집이라는 장소에 걸맞게 적절한 말('성냥 있수?' 또는 '불 좀 빌려 주시우')을 하면서, 고급 청바지가 더러워지지 않도록 냅킨으로 조심스럽게 술집의 의자를 닦는 행동을 했다고 가정해 보자. 이 경우에도 내 행동은 여전히 상황에 맞는 적절한 행동이라고 볼 수 없다. 일

....

* 　오토바이족이 이용하는 술집으로, 주로 간단한 게임을 하거나 서로의 오토바이를 관찰하거나 이야기를 나누는 곳이다.

반적으로 술집에서는 냅킨으로 조심스럽게 의자를 닦는 행동을 잘 하지 않기 때문이다. 말은 적절했으나 말과 행동의 조합이 어울리지 않는다. 이 사례는 내가 누구인가의 문제가, 말을 할 때 하는 행동이 무엇인가와 관련된다는 것을 말해 준다. 단순히 상황에 적합한 말로는 충분하지 않다. 그 '누구'이기 위해서는 그 누구에 적합한 행동을 해야 한다.

바이커 바가 아닌 다른 종류의 술집에서라면, 그리고 내가 원한다면 나는 '또 다른 유형의 사람'이 될 수 있을 것이다. 학교도 마찬가지이다. 아이들은 교실마다 각기 다르게 묘사된다. 심지어 문학이나 과학과 같은 수업에서도 동일한 학생이 다른 학생인 것처럼 묘사되기도 한다. '영재 학생'으로 인식되던 아이가 또 다른 수업에서는 '문제 학생'으로 여겨질 수도 있다. 어떤 시기에 어떤 학교에 다니느냐에 따라 영재아가 되기도 하고 문제아가 되기도 한다. 역사적으로 보았을 때, 우리가 언어를 갖고 하는 많은 일은 상황과 장소에 따른 '어떤 종류의 사람'을 만들어 내고 연출하는 것이었다.

이렇게 상황에 따라 동일한 사람이 다른 유형의 사람으로 인식될 수도 있다는 관점은 영재아와 문제아가 사람의 고정된 내적 특성이라는 관점과 충돌한다. 그러나 만약 삶에서 어떤 특정한 상황이나 자리가 존재하지 않는다면 우리 중 아무도 특정 종류의 사람이 될(또는 되도록 연출할) 수 없을 것이다. 독서를 하지 않거나 알파벳(문자가 소리와 밀접한 상관관계가 있는)을 사용하지 않는 사람들이 있는 사회에서는 당신의 뇌가 어떤 형태이건 당신은 (인쇄물 읽기에 심각한 문제가 있는) 난독증이 될 수 없다. 시리아 성인聖人 시메온 스틸리테스Simeon Stylites(390~459)는 기둥 꼭대기 위의 작은 플랫폼에서 37년간 살았기 때문에 명성을 얻었다. 현대의 우리는 그를 정신질환자로 만들 수도 있다. 그러나 그 시대와 사회에서는 그를 성인으로 추앙하고 정신질환자가 아닌 금욕주의자라고 칭했다. 멀티태스킹을 아주 잘하는 것이 학교에서는 ADD(주의력결핍장애)라는 오명으로 이어질 수도 있다. 그러나 그런 학생이 학교 밖에서는 '디지털 네이티브'로 존경받을 수도 있다. 또한 광적이고 강박적인 집중력으로 수학에서 노벨상을 받을 수도 있으나, 만약 그런 사람이 아보카도 씨를 빼내는 일을 집요하게 한다면 정신질환자로 인식되어 세상 사람들에게 무시당할 수도 있는 것이다. 우리는 다른 사람을 무엇인가로 규정하고 싶어 한다.

담론은 특정 종류의 변호사나 오토바이 운전자, 사업가, 교회 구성원, 아프리카계 미국인, 여성 또는 남성 등과 같이 특정 집단의 특정 정체성의 예(또는 사람들의 유형, Hacking, 1986, 1994 참조)를 수용하는 행동·상호작용·가치판단·믿음·말하기·읽기·쓰기를 하는 방식이다. 담론은 '우리와 같은 사람들'이 되는 방식이다. 담론들은 '세상에서 존재하는 방식'이며, '삶의 형태'이다. 담론들은 사회적 상황에 맞춰진 정체성들이다. 따라서 담론들은 항상 그리고 어디서든지 사회적 역사의 사회적 결과물이다.

언어는 담론 밖에서는 의미가 없다. 리터러시 역시 그렇다. 다양한 담론과 복잡한 방식으로 연계된 다양한 '사회적 언어들(다양한 목적과 경우에 맞게 사용되는 언어의 다양한 스타일)'이 있다. 사이버펑크족과 물리학자, 공장 노동자와 경영자, 경찰관과 그래피티를 그리는 도시 갱단 멤버들은 다양한 리터러시와 연계되어 있고, 다양한 사회적 언어를 사용하며, 다양한 담론 속에 속해 있다. 그리고 사이버펑크족과 물리학자는 다른 시간과 장소에서 다르게 행동하는 하나의 동일한 인물일 수도 있다. 이 책에서는 담론들이 사회에서 사람과 집단을 통합, 분리, 구분하도록 작용하는 장소의 예로 주로 학교와 지역사회를 다룰 것이다.

우리는 다양한 담론의 구성원 중 하나로, 각 담론은 우리의 다양한 정체성 가운데 하나를 대표한다. 이러한 담론들은 일관되고 양립 가능한 가치들을 나타내지도 않고, 나타낼 필요도 없다. 담론들 가운데는 갈등이 있고, 우리 각각은 우리의 다양한 담론에 참여함으로써 이러한 갈등들과 함께 살아 숨 쉰다. 어떤 이에게는 이러한 갈등이 다른 사람보다 더 드라마틱하다. 미국의 몇몇 소수인종 아이들의 가정 내 담론과 학교에서의 담론 사이에서 갈등의 골은 깊고 명백하다. 실제로 학교 기반 담론의 많은 가치들은 소수인종 아이들을 '다른' 것으로, 그들의 사회적 관행을 '일탈적'이고 '비표준적'인 것으로 다룬다.

우리 집에서도 이런 일이 있었다. 나는 백인이지만 우리 집은 학교에서 기대하는 중산층은 아니었다. 이러한 불일치는 실제로 존재하고 간단하게 없어지지도 않는다. 이는 진정 투쟁과 저항의 현장이다. 이와 같은 불일치는 남성 위주 공공 제도의 주된 담론 속에서 특정한 유형인 여성으로서 그 세계에 존재하는 방식에서도 나타난다. 이런 종류의 불일치와 갈등은 타자로서 존재하는 사람에게만이 아닌 여러 사회계층의 대부분 사람에게 발생하며, 현대 복수 인종 사회와 다원화 사회에서 고질적인 일이다.

담론은 '평범한' 인간으로서 생각하고 느끼고 행동하는 '올바른' 방식으로 여겨지는, 당연시되고 암묵적인 '이론들'과 결합한다. 이러한 이론들은 결정적으로 사회에서의 지위와 가치, 물질적 재화와 같은 '사회적 재화'의 분배에 대한 관점(누가 그것을 가져야 하고, 누가 그것을 갖지 말아야 하는지)과 관련된다. 바이커 바에서는 '터프가이'를 '진정한 남성'으로 부르며, 학교는 특정 아동들(종종 소수인종과 낮은 사회경제적 계층의 아이들)에게 고등교육과 전문직은 적합하지 않다고 '말한다.' 이러한 이론들은 모든 개별 담론의 일부이며, 모든 경우에서 언어 사용에 바탕이 되는 것으로 이데올로기의 한 형태이다. 따라서 언어는 이데올로기와 불가분하게 연결되어 있고, 그것을 떠나서는 분석되거나 이해될 수 없다.

나는 사회 속 언어의 작용을 기술하고 해석하는 데 하나의 특별하고 '올바른' 방법이 있다고 생각하지 않는다. 따라서 나 자신을 다른 사회적,

비판적 이론가들(그들 중 많은 분들을 나는 매우 존경한다)과 '승자 독식' 게임의 경쟁 안에 있다고 보지는 않는다. 언어와 사회를 묘사하고 해석하는 특정한 방식들은 상이한 목적에 따라 더 나은 것이 되기도 하고 그렇지 않기도 한다. 그리고 어떤 방식이든 그것은 복잡한 문제에 빛을 비춰 사회적으로 보다 정의롭고 나은 미래를 상상할 가능성이 있을 때에만 가치가 있다.

이 책은 25년간 지속적으로 출판되었고 앞으로도 그럴 것이다. 최신판으로 개정되어 왔으나, 핵심 논의는 처음 제기되었을 때와 마찬가지이다. 예를 들어 개정판에서는 초판본에서 이야기했던 리터러시에 대한 관점을 논의했다. 그리고 뉴 리터러시 연구의 주요 논의는 디지털 미디어와 디지털 리터러시에도 마찬가지로 적용되었다.

그러나 안타깝게도 이 책이 처음 출판되었을 때인 1990년대의 불평등과 탐욕, 가난, 차별, 환경 오염 등과 같은 세계의 사회문제들 대부분은 오늘날 더욱 악화되었다. 디지털 리터러시를 포함한 언어와 리터러시는 오늘날에도 여전히 불평등을 유지하는 데에, 그리고 불공평한 상태를 묵인하는 데에 너무 자주 사용된다. 따라서 꼭 해야만 하는 새롭고 절박한 과제가 있다. 이 책은 기껏해야 시작일 뿐이다. 그러나 독자들은 이 책에서 멈춰서는 안 된다. 독자들은 가열차게 새로운 방식으로, 이 책을 뛰어넘는 방식으로 언어와 리터러시 그리고 세계에 대해 다시 생각해 보아야 한다. 나는 독자 여러분에게 그 일을 넘긴다. 이 책은 마지막 개정판이 될 것이다.

1장

이데올로기

요약

1장에서는 '이데올로기'라는 말의 역사에 관해 간략히 논의한다. 먼저 이데올로기에 대한 근거 요구가 해방과 평등을 위한 역사적 기초 토대가 되어 왔음을 논의한다. 동시에 모든 인간은 대체로 당연하게 받아들여지는 이론을 토대로 세상을 바라본다는 점을 논의한다. 우리에게는 모두 이러한 이론을 의식적으로 그리고 비판적으로 검토해 이 이론이 다른 사람에게 해를 끼칠 가능성이 있을 때는 이에 맞서야 할 윤리적 의무가 있다. 이 장의 마지막에서는 윤리적 인간 담화를 위해 필요한 중요한 원리를 제시할 것이다.

이데올로기

내가 이 책의 초판에서 '이데올로기'라는 단어를 썼을 때, 이 단어는 사회과학 분야에서 활발히 논의되는 용어였다. 이 단어가 의미하는 바에 관해 많은 논의가 있었다. 그뿐 아니라 가치, 욕망, 관심사가 어떻게 사람들의 신념을 결정하는 데 영향을 미치는지에 관한 논의도 있었다. 요즘에는 이러한 논의들(많은 논의가 마르크스에 대한 다양한 해석에 초점을 두고 있다)이 다소 주춤해졌지만, 그럼에도 미디어나 정치판에서 누군가의 주장이 특정한 '이데올로기'에 기반한 것이고 '사실'을 토대로 하지 않는다는 이야기를 자주 접할 수 있다.

'이데올로기'라는 말에는 흥미로운 역사가 있다. 프랑스 혁명 직후에 앙투안 데스튀트 드 트라시Antoine Destutt de Tracy가 이 용어를 사용했다. 『이데올로기의 구성요소Eléments d'idéologie』(1801~1815)라는 책에서 그는 생각idea에 대한 새로운 과학이라는 의미로 아이디어올로지idea-ology를 제안했다. 그는 (신으로부터 혹은 생득적으로) '내재된 생각'이나 (종교나 국가와 같은) '권위'가 인간 지식의 원천이라는 생각을 거부했다. 아울러 인간의 모든 사고는 인간이 지각을 통해 세상에서 발견하게 된 증거들로부터 도출되는 것이라고 주장했다. 우리가 사고하는 것과 행동하는 것은 양육 방식과 환경(경험)에 기인한다는 것이다.

드 트라시의 관점은 사람은 태생적으로 다양한(낮거나 높은) '지위'를 타고나고 태생에 걸맞은 다양한 역할을 부여받는다는 교회나 국가의 기존 관념을 거스르는 것이었다. 한편으로, 이러한 견해는 낮은 역할 또는 사람들이 열망하지 않는 역할을 하는 대부분의 사람을 위한 것이었다. 다른 한편으로, 환경(가정, 지역 공동체, 학교와 국가 등)이 결국 사람을 만든다는 이 견해는 교육적인 환경을 제공함으로써 모든 인간을 책임감 있고 현명한 시민으로 사고하고 행동하도록 육성할 수 있다는 믿음으로 이어졌다. 더불어 이러한 견해는 평등과 민주주의가 도덕적으로 옳고 가능하다고 주장했다.

그러나 프랑스에서 나폴레옹은 이러한 문제를 다르게 바라보았고, '이데올로기'라는 용어는 경멸적인 말이 되었다. 공화정 정부를 수립한 나폴레옹은 기존 종교 집단이 지지하는 제국으로 통치 형태를 바꾼 이후에 전제군주가 아닌 민주공화정을 지지한 사람들의 비판에 직면했다. 나폴레옹은 공화정을 지지하는 계몽주의자들을 공격했다. 그는 계몽주의자들이 '민중에게 자주권을 주어 격상시키고자 함으로써 그들을 오도하고 있는데, 이는 그들의 역량으로는 행사할 수 없는 일'(McLellan, 1986: 5-9; Williams, 1985: 153-7)이라며 비난했다. 나폴레옹은 러시아에서의 패배와 모스크바에서의 치욕적인 퇴각이 이러한 '이데올로기를 주장한 이들' 때문이라고 탓했으며, 그들을 '이데올로그ideologues'라고 불렀다.

프랑스의 이 모든 불운은 이데올로기 때문이다. 이데올로기라는 이 모호한 형이상학은 인간의 기존 지식과 역사의 교훈에서 법칙을 도출하지 않고, 교묘하게 명분을 찾아 그 명분 하에 민중의 법칙을 세우고자 한다.

(McLellan, 1986: 6; Williams, 1985: 154)

계몽철학자들은 인간의 신념, 요구와 욕망이 다양한 물리적·사회적 환경에 따라 어떻게 형성되는지에 대한 이해를 바탕으로 공화정의 공정한 시스템을 확립하기를 바랐다(Toulmin, 1992). 나폴레옹은 이러한 생각을 '모호한 형이상학'이라고 일컬었다. 나폴레옹에게 정부의 시스템은 사회적 이론화를 토대로 확립되어야 하는 게 아니라 '인간의 기존 지식'과 '역사의 교훈'에 기반을 두어야 하는 것이었다. 우리는 나폴레옹이 말한 '인간의 기존 지식'과 '역사의 교훈'이 무엇인지 잘 안다. 그것은 엘리트 특권층이 오로지 그들의 명령을 따르도록 길들여진 대다수의 민중을 통제할 필요가 있다는 것이다.

나폴레옹은 그의 권력욕에 반反하는 계몽철학자들의 사회적 이론을 좋아하지 않았다. 그는 반대급부의 이론을 계발해 그들의 이론을 비판하기보다는 그 이론이 '추상적'이고, '실제적이지 않'으며, '광적'이라고 폄하했다. 나폴레옹은 이데올로기의 자리를 다른 이론으로 대체한 것이 아니라 단지 '인간의 기존 지식'과 '역사의 교훈'(실제적일 뿐 이론적 지식이 아닌)으로 대체했다. 그는 다른 사람들보다 인간의 기존 지식과 역사의 교훈을 (그의 생각에는) 잘 아는 입장이었던 것이다. 그리고 인간의 기존 지식과 역사의 교훈은 나폴레옹이 펼친 정책을 지지하는 꼴이 되었다. 나폴레옹은 자신의 경험(과 자신과 같은 사람들의 경험)에 권위를 부여하고, 반대자들이 주장하는 지식은 '단순히' 이론에서 결론을 도출하는 것으로 격하시켰다.

마르크스와 '허위의식'

나폴레옹 이후의 '이데올로기'라는 용어로 가 보자. 카를 마르크스는 내재적 생각이나 생득적 지위, 기존의 권위는 지식이나 신념의 토대가 되지 않고, 되어서도 안 된다는 드 트라시의 생각에 동의했다. 드 트라시와 마찬가지로 마르크스도 우리의 사고와 행동은 우리가 물리적·사회적 환경과 상호작용한 결과물이라고 믿었다. 사실 마르크스는 이러한 주장을 보다 확장했다. 그는 우리의 지식과 신념, 행위는 사회에 존재하는 경제적 관계(생산과 소비의 관계)를 반영하고, 경제적 관계로 인해 형성된다고 믿었다.

마르크스는 권력, 부, 지위가 불공평하게 분배된 사회(마르크스가 살던 사회이자 오늘날 우리가 사는 사회)에서 가장 많은 권력과 지위, 부를 가진 집단의 사회적·정치적 생각은 '지배적인 물질 관계에 대한 이상적인 표현에 지나지 않는다'고 주장한다(Williams, 1985: 155-6; Marx & Engels, 1970; Marx, 1977). 이는 환언하면, 권력을 지닌 사람들이 믿는 바는 의식적이든 무의식적이든 오로지 그들의 권력을 유지하거나 강화하기 위한 욕망을 표현하거나 반영할 뿐이라는 것이다.

나폴레옹은 '민중'이 자주권을 행사할 수 없다고 믿었는데, 그의 신념은 마르크스의 관점을 드러내는 좋은 예가 된다. 나폴레옹의 신념은 궁극적으로 사회구조의 가장 상층에 자신의 위치가 확립되어 있는 것에 있고, 그러한 사회구조 속에서 권력을 유지하고 강화하려는 의지를 드러낸다. 민주공화정에 대한 신념은 나폴레옹에게는 득이 되지 않는다. 민주주의 사회에서 사람들은 그를 황제로 두는 전제군주제에 찬성하지 않는 투표를 할 수 있다. 누가 통치하고, 어떻게 통치해야 하는가에 대한 결정은 인간의 기존 지식과 역사의 교훈 속에서 구해야 한다는 나폴레옹과 그의 추종자들의 믿음은 나폴레옹 자신에게 득이 되는 것이다.

한 사회에서 엘리트이고 권력을 가진 이들은 현실에 대한 그들의 관점이 자신의 권력 유지로부터 파생되고 동시에 그들이 가진 권력을 정당화하는 것—마르크스의 견해에 따르면 이것이 이데올로기가 된다—이라는 점을 잘 깨닫지 못한다. 마르크스에게 '이데올로기'는 '위아래가 바뀐' 차원의 현실이다. 세상은 엘리트와 권력자들이 믿는 방식대로 존재하지 않는다. 그들은 현실을 도치시켜 세상이 이렇게 존재했으면 하는 자신들의 희망 사항을 믿는다.

나는 마르크스가 사회 상층부의 필요에 따른 모든 믿음이 '허위의식 false consciousness'의 결과라고 본 점은 잘못이라고 본다. 그러나 엘리트들이 진실에 대해 이론에 기대지 않고 경험(그들이 세상을 보는 방식)에 호소하는 것은 그들이 이미 갖고 있는 경험들(나머지 사람들은 가지지 못한)에 권한을 부여하고자 하는 시도에 불과하다고 의심한 대목은 옳다고 본다.

또한 마르크스는 생산과 소비가 사람들이 세상을 보는 방식에 중요한 영향을 미친다고 보았는데, 이 관계는 마르크스가 생각한 만큼 그렇게 결정론적이지는 않지만 이 점에서도 그가 옳았다고 본다. 사회는 대개 엘리트나 특권층이 아이디어와 지식(각종 사업과 산업의 결과로 생산되는 상품을 포함해)을 생산하고, 대다수의 대중은 이 아이디어와 지식을 따르거나 노동하거나 소비하는 것이 보장되도록 구조화되어 있다. 이는 역사적으로, 그리고 지금까지도 읽기(소비의 한 형태)가 쓰기(생산의 한 형태)보다 훨씬 더 널리 이루어지는 이유이기도 하다.

그러나 오늘날에는 변화가 있다. 많은 사람이 인터넷이나 소셜 미디어와 같은 디지털 미디어와 다양한 디지털 기기 덕분에 나이가 적든 많든 전문 자격 없이도 자신의 미디어나 디자인, 게임, 책, 아이디어, 지식과 정보를 생산할 수 있다. 이는 자격을 갖춘 많은 '전문가'와 전문 직업인, 엘리트들이 반대하는 하나의 경향이다.

경험 대 이론: 한 가지 예

나는 한 사람이 주장을 펼칠 때 이용하는 경험이나 이론의 역할이라는 측면에서 이데올로기에 대한 논란을 재구성하고자 한다. 인간은 항상 이론을 갖고 있고, 이론 없이는 어떤 주장도 결코 하지 않는다. 이론은 학자나 과학자들만을 위한 것이 아니다.

자, 여기에서 예를 통해 이전 논의의 주요 논지를 더 구체적으로 살펴보자. 아프리카계 미국인인 7세 학생이 학교에서 '공유하기 시간sharing-time'(나와서 말하기)에 말한 다음 문장을 보자.

(1) My puppy, he always be followin' me.

이 문장에 대해 예상할 수 있는 반응을 고려해 보자.

이 학생은 영어를 정확하게 말하는 법을 모른다. '나쁜 영어'를 구사한다. 이는 아마도 이 학생이 책이 많지 않고 교육열이 낮은 가난한 가정 출신이고 환경이 좋지 않은 학교에 다니기 때문일 것이다.

이러한 믿음은 이 학생이 한 사회에서 다른 이들보다 덜 '정확하고' 학생의 가정이 '덜 적절하다'는 주장을 만들어 낸다. 이러한 믿음을 지닌 사람들은 십중팔구 자신들이 '이러한 점이 문제라고 사회에서 학습된' 신념을 갖게 되었다는 사실을 부인할 것이다. 그러나 그들의 믿음은 유명한 신문에서 읽은 내용, 텔레비전에서 본 내용, 명성 있는 '전문가'가 말한 내용 등에 따라 강화된다. 이 모든 것은 그들의 믿음이 '모든 사람들이 알고 있고' '뻔한' 것이 되는 데에 기여한다.

앞에서 예로 든 학생의 문장과 관련해 언급한 믿음의 원인이 되는 두 가지 사실이 있다. 하나는 그 문장이 비격식적이라는 것이다(문두에 'my puppy'라는 주어를 배치한 뒤 바로 대명사 'he'를 제시한 점, 'following'이라고 할 것을 'follown''이라고 한 점). 그러나 위와 같은 믿음을 가진 사람들은 'is'가 아니라 'be'라고 한 점을 더 심각하게 생각할 것 같다. 그들은 '왜 이 학생은 'My puppy is always following me'라고 말하지 못한단 말인가?'라고 개탄할 것이다.

이 학생과 같은 아이들이 다른 경우에 be동사를 쓰지 않고 'My puppy followin' me'라고 말하는 것을 듣게 되면 문제는 더욱 심각해진다 (Baugh, 1983; Labov, 1972a). 사람들은 이 학생의 언어 사용이 일관되지 않다고, 언어 형태를 다양하게 쓴다고 할 것이다. 그리고 그 이유로 이 학생은 올바른 표현이 무엇인지 모르고, 영어는 학생이 구사하는 언어임에도 불구하고, 영어를 정말 모르기 때문이라고 말할 것이다.

자, 이제 이와 같은 믿음을 언어학의 이론과 함께 거론해 보자. 우선 가장 중요한 요소 'be'를 보자. 이 'be동사 원형' 형태가 쓰이는 법을 이해하고, 그것의 중요성을 알기 위해 우리는 영어의 상相 체계(Comrie, 1976)의 일부를 먼저 설명해야 한다. 사람들이 이론을 싫어하는 이유 중 하나는 전문 용어를 써야 하기 때문일 것이다. 우리도 여기서는 그래야만 한다. '상'은 어떤 언어가 시간과 관련해 어떤 행위가 이루어지는 방식을 드러내는 전문 용어다. 대부분의 언어는 동작이 완료된 완료상과 미완료상을 구분한다.

미완료상은 행위가 진행 중이거나 반복될 때 쓰인다. 영어에는 'John is working/John was working'이나 'Mary is jumping/Mary was jumping'과 같이 미완료상을 표시하는 진행형이 있다(be동사를 사용하고 뒤에 나오는 동사의 어미에 −ing를 붙인다). 첫 번째 문장에서 'John's working'은 현재(is) 또는 과거(was)에 어떤 동작이 여전히 이루어지는 진행형을 나타낸 것이고, 두 번째 문장에서 'Mary's jumping'은 현재(is) 또는 과거(was)에 어떤 동작이 반복적으로 일어남을 나타낸 것이다.

어떤 행위가 마치 시간상 한 시점(실제로 그 행위가 상당한 시간이 걸렸든지 아닌지 상관없이)에서 별개의 행위인 것처럼 보일 때 완료상을 쓴다. 영어에서는 'Smith dives for the ball(스미스가 공을 잡으러 뛰어듭니다)'(스포츠 중계) 같은 현재형이나 'Smith dived for the ball(스미스가 공을 잡으러 뛰어들었습니다)' 같은 과거형의 예처럼 완료상에서 현재형과 과거형을 쓴다. 이 두 문장의 미완료상은 'Smith is diving for the ball'과 'Smith was diving for the ball'이 될 것이다.

우리는 많은 아프리카계 미국인이 쓰는 '아프리카계 미국인 방언 영어African-American Vernacular English', 줄여서 'AAVE'라는 영어(Labov, 1972a; Smitherman, 1977; 일부 흑인 독립주의 언어학자와 매스컴은 'AAVE' 대신 '에보닉스Ebonics'라는 용어를 써서 별개의 언어로 본다, Baugh, 2000 참조)를 언급할 것이다. 또한 사회의 엘리트가 쓰는 언어로 인식되고, 많은 사람이 받아들이고 최선을 다해 따라가려고 하는 '표준영어'(사실 표준영어의 다양한 변이형이 존재하는 것이다, Finegan, 1980; Milroy & Milroy, 1985; Milroy, 1987a 참조)라는 영어를 언급할 것이다.

AAVE와 표준영어는 완료상에서 서로 다르지 않다. 그러나 AAVE의 고어 형태는 시간상 어느 시점에 어떤 행위가 단순히 종료되었음을 나타내는 단순 완료상('John drank the milk')과 어떤 행위가 완결되었고 행해졌음을 나타내면서 어떤 행위의 종결 시점을 강조하는 완결성('John done drank the milk up')을 구분했다. 다른 모든 언어와 마찬가지로 AAVE는 시간이 흐르면서 변했고, 현재도 변화하고 있다.

AAVE와 표준영어는 미완료상에서는 서로 다르다. 일부 아프리카계 미국인들은 제한된 기간 내 사건이 진행형이거나 반복형인 것과 오랜 기간에 걸친 사건이 진행형이거나 반복형인 것을 서로 구분한다. 제한된 기간 내 사건에서 그들은 'My puppy following me'와 같이 연결사 is를 생략하고, 오랜 기간의 사건에서는 'My puppy be following me'와 같이 be 동사 원형을 쓴다. 따라서 다음과 같은 대조적인 언어 사용은 미국 내 젊은 아프리카계 미국인 화자가 쓰는 다양한 구어 영어에서 흔히 볼 수 있다.

제한된 기간 내 사건:

(2a)   In health class, we talking about the eye.

[표준영어: In health class, we are talking about the eye.]

보건 수업에서 우리는 눈에 관해 이야기하고 있다.

(2b) He trying to scare us.

　　[표준영어: He is trying to scare us.]

　　그는 우리를 겁주려 하고 있다.

오랜 기간의 사건:

(3a) He always be fighting.

　　[표준영어: He is always fighting.]

　　그는 항상 싸우고 있다.

(3b) Sometimes them big boys be throwing the ball, and…

　　[표준영어: Sometimes those big boys are throwing the ball, and…]

　　때때로 이 건장한 이들이 공을 던지고 있고, 그리고…

　　(2a)의 예에서 보건 수업이 진행되는 전체 시간에 비해 눈에 대한 이야기는 짧은 기간에 한 것이다. 따라서 화자는 'be동사가 생략된' 형태(we talking)를 사용한 것이다. (2b)의 예에서 '그'는 지금 우리를 겁주려고 하지만, 이는 항상 있는 일이 아니고 반복적으로 자주 있는 일도 아니다. 따라서 화자는 'be동사가 생략된' 형태(he trying)를 활용한다. 반면 (3a)에서 싸움은 항상 일어나는 것이고, 이는 '그'가 특징적으로 하는 무언가이다. 따라서 화자는 'be동사 원형'을 활용한다(he be fighting). 또한 (3b)에서도 화자는 자주 일어난 상황이어서 계속 일어날 것 같은 상황을 언급한다. 따라서 화자는 'be동사 원형'을 활용한다(big boys be throwing). 표준영어는 이러한 대조적인 언어 사용을 하지 않기 때문에, 의미를 명백히 드러내기 위해서는 발화의 맥락에 의존하거나 단어를 추가해야 한다.

　　이러한 대조적인 언어 사용은 AAVE 말고 다른 언어에도 있다. 표준영어에서는 발견되지 않지만 다른 언어에서 발견된다고 본 언어학자가 있다(Comrie, 1976). 표준영어에서 이러한 대조적인 언어 사용이 보이지 않는 점은 좀 이상하지만, 세상의 언어 가운데는 이런 대조를 보이는 언어도 있고, 보이지 않는 언어도 있다.

누군가는 이렇게 질문할지도 모르겠다. '비표준 방언은 이러한 대조적 언어를 활용하는데, 왜 표준 방언에서는 그러지 않는가?'라고 말이다. 표준 방언은 글을 쓸 때 사용되고, 공공 언론에서도 사용되기 때문에 변화가 더디다(Gee & Hayes, 2011). 따라서 표준 방언 화자는 느리게 변하는 언어를 쓰게 된다. 그러나 비표준 방언은 아동의 언어 사용, 언어 사용자의 인지 체계를 토대로 훨씬 변화가 자유롭게 일어나므로 언어학적 관점에서 보면 어떤 의미에서는 '더 논리적'이거나 '너 명쾌'하기도 하다. 다시 말해 언어의 쓰임에서 무엇이 전형적으로 나타나는지를 중심으로 보면, 또는 인간 언어 체계의 기본적인 설계가 어떻게 되어 있는지를 중심으로 보면 비표준 방언이 '더 논리적'이거나 '더 명쾌'하다는 것이다.

비표준 방언과 표준 방언은 대개 상이한 목적을 갖는다. 비표준 방언은 보통 주류 공동체가 아닌 지역의 정체성을 드러내는 반면, 표준 방언은 보다 광역화된, 복수의 전문적인 사회의 정체성을 나타내고 '누가 엘리트이고 모방할 만한가'라는 관점을 드러낸다(Chambers, 1995; Milroy, 1987a, 1987b; Milroy & Milroy, 1985). 사실 비표준 방언의 변화는 비표준 방언과 표준 방언을 상이하게 만드는 원인이 되는데, 이 점이 보다 넓은 주류 사회와 대조되는 지역 공동체의 정체성을 드러내는 강점이 된다.

그러나 인간은 표준 방언이든 비표준 방언이든 숙달할 수 있다. 어떤 것이 낫거나 못하다고 할 수 없다. 게다가 특정 방언이 표준 방언으로 정해지는 것은 역사적 우연에 따른 것이다. 표준영어는 14세기 중동부East Midland 방언을 썼던 런던 상인 계층의 권력에서 기원을 찾을 수 있다. 경제적 영향력이 커진 덕분에 그들의 방언이 나라 전체의 공적 영역에서 널리 쓰이게 되었다. 이것이 영국에서는 이른바 '인정된 발음'의 기초가 되었고, 미국에서는 표준영어로 이어졌다. 만약 미국 역사에서 권력의 반전이 있었다면 AAVE의 한 형태가 표준영어가 되고, 이에 따라 현재 표준영어에 가까운 방언들이 부정적으로 평가되었을지도 모른다.

앞 예문의 또 다른 특징 또한 다른 언어들과 상당히 공통적인 면이 있다. 주어 'my puppy'가 문두에 배치되는 것은 화자가 화제를 전환하거나 이전 화제로 돌아가고자 함을 표시하는 방식이다. 이는 많은 영어 구어와 여러 언어들에서 공통적으로 나타난다(Ochs & Schieffelin, 1983).

비격식적 맥락에서의 'followin''과 격식적 맥락에서의 'following' 간의 변이형은 표준영어에 가까운 방언들을 포함한 영어의 모든 방언에서 나타난다. 사람들은 자신과 다른 사람들이 무엇을 말하는지 듣는 데에 능숙할 거라고 생각하지만 실제로는 그렇지 못하다. 따라서 여러분은 이 점에서 여러분의 귀를 믿을 수 없으며, 말하는 내용을 녹음하거나 반복적으로 주의 깊게 들어야 한다.

영어의 모든 방언에 존재하는 이 두 형태('followin''과 'following')는 실은 상이한 의미를 지닌다(Milroy & Milroy, 1985: 95). 'followin''이라는 형태는 화자가 청자에게 좀 더 친밀하고 격식을 덜 차리면서, 청자를 동료나 친구쯤으로 여김을 뜻한다. 반면에 'following'이라는 형태는 화자가 청자에게 덜 친밀하고 격식을 더 갖추면서, 청자를 동료나 친밀한 관계로 보지 않고 화자보다 높은 위치에 있다고 여김을 뜻한다. 물론 이것은 정도의 문제이므로 우리는 (무의식적으로) 친밀성과 격식성의 적정한 수준을 유지하면서 '-in''과 '-ing' 형태를 다양하게 결합해 사용할 수 있다(Labov, 1972a, 1972b; Chambers, 1995; Gee, 2014a; Milroy, 1987a).

암묵적 대 명시적 이론들

그럼 언어학자는 앞의 (1)에 제시된 학생의 문장에 대해 어떤 믿음을 갖고 있을까? 그 학생은 영어 가운데 특정한 종류의 영어를 아주 정확하게 말한 것이다. 그 학생의 영어는 표준영어보다 못한 것이 아니다. 최소한 한 가지 준거에 따르면 더 낫다고 할 수 있는데, 표준영어가 구분하지 못하는 지점을 언어학적으로 잘 입증된 방식으로 구분해 주는 표현을 썼기 때문이다. 그러나 사실 언어학자들은 어떤 종류의 언어가 좋거나 나쁘다고 말하지 않는데, 모든 화자가 자신에게 주어진 생득적·인지적 조건 속에서 어린 시절에 놀랍도록 일관되고 복잡한 언어의 한 종류를 습득하기 때문이다.

따라서 이 학생이 가난한 집안 출신이기에 영어를 습득하는 데 실패했다고 말할 수 없다. 왜냐하면 사실상 이 학생은 영어의 한 종류를 습득했기 때문이다. 그리고 이 학생이 가난한 가정 출신이기에 앞에서 언급한 것과 같은 특성을 가진 영어를 구사한다고 말해서도 안 된다. 왜냐하면 이 학생의 가정 형편과 상당히 다른 배경을 가진 화자들도 이 학생과 비슷한 언어를 사용하기 때문이다. 반면 이 학생은 표준영어 화자에게 노출될 기회가 적은 가정이나 공동체 출신이고(또는 이 학생이 친밀하게 지내는 이들 가운데 표준영어 화자가 거의 없고), 표준영어를 습득하도록 강조하지 않는 학교에 다니기 때문에 다른 종류의 방언, 즉 표준영어에 가까운 방언을 습득하지 못했다고 할 수는 있을 것이다.

이제 언어학자의 믿음과 이전에 제시한 믿음 사이에 존재하는 차이를 생각해 보자. 사실 이것은 처음에는 차이가 있는 것으로 보일지 모르지만, 이론에 기초한 신념(언어학자의 믿음)과 실제적 경험에 기초한 신념(비언어학자의 믿음) 간의 차이가 아니다. 두 신념 모두 이론에 기초한 것으로 이론적이다.

여기서 '이론'이란 어떤 분야의 현상이 기술되거나 설명된다는 측면에서 보았을 때 어떤 분야(앞의 경우에서는 언어와 언어 습득 분야)에 대한 일반화된 사실의 집합을 의미한다. 이런 의미에서 이론들은 어떤 것에 대해 사람들이 갖고 있는 기본적인 신념들이고 어떤 것을 안다고 주장하는 것들이다. 이러한 신념과 주장을 토대로 우리는 증거를 찾기 위해 어떻게 해야 하고, 어디에서 찾아야 하며, 무엇을 증거로 간주해야 하는지를 알 수 있다. 물론 일상생활 속에서 우리가 갖고 있는 이론은 당연하게 여겨지는 것들이어서 명시적으로 드러나지는 않는다.

우리가 일상생활 속에서 하는 주장들의 토대가 되는 일반화된 사실 가운데 일부는 다른 이에게 해를 끼치지 않고, 명백히 옳은 것이다. 예를 들어 우리는 뜨거운 오븐에 손을 대면 후회한다는 것을 안다. 이는 다른 이에게 해를 입히지 않으면서 명백히 옳은 것이다. 그러나 우리의 주장을 뒷받침하는 일반화된 사실 가운데 일부는 마치 뜨거워진 오븐처럼 다른 사람에게 해를 끼칠 수 있다.

앞의 학생이 영어를 정확하게 구사하지 않는다는 사람의 믿음과 이 학생이 영어를 정확하게 구사한다는 언어학자의 믿음을 고려해 보라. 전자는 일부 영어 원어민 화자가 '나쁜 영어'나 정확하지 않은 영어를 구사한다고 주장하기 때문에 '나쁜 영어 신념'이라고 불러 보자. 나쁜 영어 신념과 언어학자의 신념은 모두 일반화된 사실에 근거를 두므로 똑같이 이론적인 것이다. 모든 주장은 이론에 근거를 둔다.

한 가지 중요한 차이는 언어학자의 이론은 언어학자들이 상당히 명시적으로 밝혀 온 일반화된 사실의 집합에 근거를 둔다는 것이다. 따라서 실질적으로 논증을 해야 하거나 논쟁이 벌어지기도 한다. 반면 나쁜 영어 신념을 가진 사람들의 주장은 대체로 사람들이 드러내 놓고 고려하지도 않고, 사람들에게 명시적으로 자세히 설명하지도 않는 일반화된 사실에 근거를 둔다. 언어학자의 이론을 '명시적 이론', 나쁜 영어 이론을 '암묵적 이론'이라고 불러 보자.

언어학자의 신념과 나쁜 영어 신념은 모두 이론에 기초한 것이기에 이제부터 이 둘을 서로 비교해 보자. 이를 위해 우리는 나쁜 영어 신념은 어떤 일반화된 사실을 토대로 하는지 예상해 봐야 한다. 왜냐하면 이 사실들은 대개 암묵적인 것이고 자세히 설명되지 않기 때문이다. 다음 항목에서는 언어학자의 이론과, 나쁜 영어 신념의 토대가 될 수 있는 이론의 한 버전을 소개하겠다.

언어학자의 이론

일반화된 사실

a) 한 언어의 다양한 쓰임 속에서 문법적이거나 '정확'하다는 것은 화자와 청자의 인식 속에 일반화된 규칙이나 패턴에 들어맞는다는 것이다.

b) 언어에 대한 인간의 인지적 또는 생득적 역량은 어떤 패턴들은 허용하지만, 다른 패턴들은 허용하지 않는다. 모든 허용된 패턴이 모든 언어에서 나타나는 것은 아니다.

c) 많은 언어는 '제한된 기간의 사건'을 의미하는 형태와 '오랜 기간 또는 반복된 사건'을 의미하는 형태 간에 구분을 한다. 따라서 이러한 구분은 언어에 대한 인간의 인지적 또는 생득적 역량에 따라 명백히 허용되는(어쩌면 권장되는) 것이다.

결론

a) 이 문장(My puppy, he always be followin' me)은 아동의 문법 규칙에 들어맞고, 아동 언어의 문법 기술을 충족한다. [여기에서 우리가 만약 이 문장의 통사, 형태, 음운에 대해 충분히 기술하고, 앞에서 살펴본 언어적 특성을 빠짐없이 검토한다면] 이 문장은 학생이 사용하는 영어 안에서는 문법적으로 '올바른' 것이다.

b) 이 학생의 언어가 표준영어보다 못한 영어라고 주장하기 위해 어떤 의미에서든 이 문장을 활용할 수는 없다. 학생의 언어는 언어 사용에 필요한 인간의 생득적·인지적 역량이 허용하는 패턴에 들어맞고, 실상 다른 많은 언어에서 일반적으로 쓰이는 패턴이기에, 누구든 다른 어떤 종류의 영어보다 학생의 영어가 못한 것이라고 주장할 수 없다.

나쁜 영어 이론

일반화된 사실

a) 사람들은 가정에서건 학교에서건 또는 두 곳 모두에서 '지적이고'('성공한') 교육을 잘 받은 사람들에게, 그리고 그들의 글쓰기에 노출됨으로써 말을 배운다.

b) '지적이고' 교육을 잘 받은 사람들의 말하기와 글쓰기는 '올바른' 언어로 간주된다.

c) 아동에게 충분한 노출이 이루어지고, 이 노출이 학교나 책을 통해 제공된 좋은 모델을 약화시킬 수 있는 '나쁜' 가정환경으로 경감되지 않으며, 아동이 '올바른' 언어를 배울 수 있도록 준비되어 있고

충분히 동기부여가 되어 있다면, 이러한 노출로 아동은 '올바른' 언어 사용을 할 수 있게 될 것이다.

d) 올바른 모델에 노출되는 정도나 타고난 능력으로 인해 어떤 사람들은 언어를 다른 이들보다 더 낫게 사용한다.

결론

a) 이 학생의 문장은 '지적이고' 교육을 잘 받은 사람들이 사용하는 영어 모델에 들어맞지 않기 때문에 잘못된 것이다.

b) 이 학생의 문장은 정확하지 않은incorrect 것이다. 그 이유는 (아마 열악한 가정 형편으로 인해) 학생이 '올바른' 모델에 충분히 노출되지 않았기 때문이거나 동기 부족 또는 타고난 능력 부족 때문일 것이다.

이 두 이론 사이에서 쟁점이 되는 것은 '사실들'에 대한 불일치에 있는 듯하지만 실은 그렇지 않다. 사실에 대한 불일치뿐만 아니라, 의미를 드러내기 위해 어떤 용어를 쓸 것인지에 대한 불일치의 문제이기도 하다.

언어학자의 이론과 나쁜 영어 이론에 대한 논쟁은 대체로 한 가지 문제를 안고 있다. 이는 내가 '사회적으로 이견이 있는 용어들socially contested terms'이라고 부르는 것이다. 이 용어들은 '사회적 재화'가 걸려 있는 곳에서 쓰이고, 사람들은 다양한 방식 중 어떤 쓰임으로 이런 용어들을 쓸지 선택할 수 있다. 이러한 언어 선택은 중대한 사회적·도덕적 결과를 초래한다. 사회적 재화는 어떤 개인, 집단 또는 사회 전체가 가지면 좋고 잃으면 나쁜 것이다.

존중은 보편적인 인간의 선이다. 누군가가 언어 사용을 '부정확하게' 한다고 말하는 것은 사람들이 사회적 선이라고 여기는 것을 보류하게 만든다. 이는 사람들이 언어사용을 '부정확하게' 한다고 말하는 이가 해당 언어의 원어민 화자일 때에는 특히 문제적이다. 물론 때로는 이러한 관점이 정당화되고, 그 사람에게 사회적 선을 보류하는 것이 윤리적인 때도 있다. 그러나 우리는 정당화될 수 없고, 비윤리적인 경우에 대해 우려할 필요가 있다.

'언어학자 대 나쁜 영어' 논쟁에서 '사회적으로 이견이 있는 용어'는 '올바른 영어'와 같은 어구에 들어 있는 '올바른'이라는 말이다. 나쁜 영어 신념과 이에 관한 사회적 이론을 견지하는 사람들은 종종 다음과 같은 경우에 '올바른 영어'라는 어구를 선택해서 사용한다. '우리(또는 사회의 엘리트)가 지적이고 교육을 잘 받은 사람이라고 보는 이들이 말하는(그리고 쓰는) 방식'을 뜻할 때 말이다.

이런 사람들은 이제 그들이 견지하는 일반화를 잘 정돈하여 그들의 주장이 언어학자의 주장과 불일치하지 않게 한다. 예컨대, 그들이 말하는 '언어 학습'은 언어학자가 의미하는 '언어 학습'(언어에 대한 아동의 생득적 능력과 특정 방언에 대한 아동의 가정환경 간의 상호작용의 결과)이 아니라고 하는 것이다. 그들이 말하는 '언어 학습'은 지적이고 교육받은 사람처럼 말하는 방식, 나쁜 영어 이론 지지자들의 견지에서 문제가 없는 가정에서 자란 사람처럼 말하는 방식을 배우는 것을 의미하게 된다. 이러한 묘책은 나쁜 영어 이론의 결론에 결함이 없게끔 해 준다.

궁극적으로, 나쁜 영어 신념을 견지하는 이들의 최종적이고 실제적인 문제는 그들이 정말 '올바른 영어'를 이런 식으로 정의하고자 하는가, 아니면 그들이 언어학자의 틀을 차용하고자 하는가이다. 이러한 선택은 이 세상에서 가능하고 바람직한 변화를 무엇으로 보는지와 관련된 가치판단으로 이루어진다. 이러한 가치판단은 궁극적으로 윤리적이고 도덕적인 의사결정이다. 나는 개인적으로 언어학자의 이론과 나쁜 영어 이론 하에서 유일한 윤리적 선택은 '올바른 영어'를 언어학자의 방식처럼 사용하는 것이라고 믿는다. 이는 내가 생각하건대, 언어학자의 이론이 보다 공정하고, 인간적이고 더 행복한 세상을 만드는 데 이바지하며, 세상에 대해 좀 더 유용하고 정확한 주장을 한다고 보기 때문이다. 다음 장들에서는 내가 왜 이런 신념을 견지하는지 분명히 밝혀 나가도록 할 것이다.

어떤 말이 무엇을 의미하는지에 관해 논쟁하는 것은 사소한 일이 아니다. 이러한 논쟁이 '사회적으로 이견이 있는 용어'에 관한 논쟁일 경우에는 '단순한 단어'나 '사소한 일 따지기' 또는 '단지 의미론'의 문제가 아니다. 이러한 논쟁은 사람들이 살고 있는 세상, 사회적 세계의 변화·유지·창조를 유도하는 것과 관련된 문제이다. 이러한 측면에서 이 논쟁은 언제나 윤리적 논쟁의 성격을 지닌다. ('올바른 영어' 속의) '올바른'은 '사회적으로 이견이 있는 용어'다. '리터러시', '민주주의', '교육'과 같은 용어도 마찬가지다. 심지어 '유창성'이라는 단어도 비모어非母語 영어 화자가 해당 언어의 '유창한 화자'인지 아닌지를 거론할 때는 마찬가지로 '사회적으로 이견이 있는 용어'가 된다. 이처럼 사회적으로 이견이 없는 것처럼 보이는 많은 단어가 특정한 맥락에서는 그렇지 않을 수도 있다.

암묵적·명시적 이론들, 일차적·이차적 이론들

앞에서 내가 암묵적·명시적 이론들이라고 언급한 것들 간에는 중요한 차이가 있다. 이 차이는 연속체 위에서 잘 드러난다. 어떤 이론은 다소 '암묵적'일 수 있다(또는 다소 '명시적'일 수 있다. 우리는 한쪽 끝은 '매우 명시적'이고 다른 한쪽은 '상당히 암묵적'이라고 할 수 있는 연속체에 대해 이야기할 것이기에 어느 쪽이든 상관없다).

앞에서 언급했던 학생의 문장에 대한 나쁜 영어 신념을 예로 들어 보

자. 사람들이 이 신념에 따라 생각하고 행동할 때, 사태에 따라서 이러한 신념을 지지하는 이론(이 경우에는 나쁜 영어 이론)에 대해 표현할 수 있을 것이다. 연속체의 한쪽 끝에 있는 경우, 사람들은 자신의 신념을 뒷받침하는 일반화가 무엇인지 모를 수도 있다. 연속체의 다른 쪽 끝에 있는 경우, 사람들은 이러한 일반화를 완전히 명시적인 방식으로 표현할 수 있다. 그리고 일반화를 부분적으로나 상대적으로 비명시적으로 표현할 수 있다면, 두 가지 극단적인 사례 사이의 중간 어디쯤에 해당되는 경우일 것이다. 따라서 우리는 어떤 사람의 신념의 토대가 되는 이론이 얼마나 암묵적인지 또는 얼마나 명시적인지에 관해 말할 수 있다.

우리가 암묵적 이론에 근거한 우리의(또는 누군가의) 신념을 발견하고 이 이론을 점검하고자 할 때, 아마도 이 신념이 견지할 만한 것인지 검토하고자 한다면, 문제에 봉착할 것이다. 우리는 (우리 혹은 다른 사람의) 말과 행동을 통해, 신념을 이루는 데 암묵적으로 활용된 이론이 무엇인지를 추론해 내야만 한다. 그러려면 우리는 우리 혹은 다른 사람이 부분적으로 표현할 수 있거나 또는 전혀 표현해 내지 못하는 일반화에 대해 완전하고 명시적으로 설명해 내야만 한다.

나는 이러한 암묵적 이론들을 상세히 설명하는 작업을 담화 분석 분야의 일부, 즉 언어학의 한 부류로 간주한다(Gee, 2014a, 2014b). 그런데 우리는 모두 일상생활에서 우리와 다른 사람의 암묵적 이론들을 종종 자세히 설명해야 하기 때문에 여러 유형의 담화 분석에 관여하게 되어 분석을 잘하고, 책임감 있게 할 수 있다.

누군가의 신념의 기반이 되는 이론에 대해 우리는 언제나 그러한 이론을 이루는 일반화가 어디에서 나오는 것인지 물을 수 있다. 이러한 일반화는 한편으로는 다른 이들과의 논의와 논쟁 속에서 얻은 본인의 성찰과 해당 문제에 대한 연구 결과일 수 있다(이 경우에 물론 이론은 명시적인 것이다). 이러한 경우에 나는 이 사람은 일차적 이론을 다루고 있으며, 그 이론을 구성하는 일반화는 일차적 일반화라고 일컬을 것이다. 여기에서 문제는 이 사람이 '맞는지' 아닌지가 아니다. 그보다는 서로 경쟁하는 다른 수많은 관점에 대한 진지한 성찰을 통해 형성된 자신의 관점을 갖고 있는가 하는 것이다.

다른 한편으로는 한 사람의 이론을 구성하는 일반화는 간접적인 출처, 즉 누군가에게 듣거나 어디선가 읽은 내용으로 아직 연구되거나 논의나 논쟁을 거치지 않은 것에서 나올 수 있다. 또는 자신은 사실 사회적 신념을 구성하는 일반화를 모르지만, 다른 사람(전문가나 정부 각료들)이 해당 신념을 구성하는 일반화를 안다고 생각하는 경우도 있을 수 있다. 나는 이런 이론을 이차적 이론이라고 하고, 이러한 이론을 구성하는 일반화를 이차적 일반화라고 일컬을 것이다.

일차적 이론은 학계만의 소유물이 아니다. 32세인 내 아들이 10세 때 만화책 슈퍼히어로인 아이언맨에 대해 갖고 있었던 이론은 상당히 확신에 찬 일차적 이론이었다. 그 만화책을 읽은 아들은 다른 친구들과 논의하기도 하고, 아이언맨의 역사에 대한 내용을 검토하기도 했다. 반면 아이언맨에 대한 내 이론은 이차적 이론이었다. 왜냐하면 아이언맨에 대해 내가 아는 모든 것은 아들에게서 듣거나, 슈퍼히어로 만화책을 읽는 아이들에 대해 다른 사람들과 나눈 비공식적인 대화에서 들은 단편적인 정보들뿐이었기 때문이다. 나는 아이언맨을 연구해 본 적이 없다.

나쁜 영어 신념을 드러내는 사람들은 이차적 이론을 자신의 신념을 뒷받침하는 이론으로 삼는다. 그들은 자신의 신념을 뒷받침하는 일반화에 대해 잘 알지 못하거나 확신이 없지만, 영문과의 '전문가'나 '똑똑한 사람'이나 '훌륭한 작가'들은 알 것이라고 생각한다. 이런 점 때문에 그들은 그들의 신념이 안전하고, 앞에서 언급한 학생의 사례에 대해서도 윤리적인 것이라고 생각한다.

　물론 그들이 사고, 성찰, 연구와 독서를 토대로 사회적 이론을 정립해 나쁜 영어 이론에 이르게 되었다면 이 경우에는 일차적 이론이 될 것이다. 그러나 내가 보기에 나쁜 영어 이론은 일차적 이론이 되기 어렵다. 왜냐하면 이 분야의 충실하고 비판적 연구, 즉 대안 이론을 지지하는 사람들에 따라 토론이 허용되는 연구는 실제로 나쁜 영어 이론에 이를 수 없기 때문이다.

　일상 속에서 우리가 가지는 신념이나 주장은 다른 사람에게 영향을 준다. 때로는 악영향을 주기도 하고 때로는 혜택을 주기도 하며, 때로는 악영향과 혜택 모두를 주거나 아무런 영향을 주지 않기도 한다. 나는 윤리적 인간 담화의 기초가 되는 중대한 원리가 있다고 믿는데, 그 원리는 다음과 같다.

윤리적 인간 담화를 지배하는 개념적 원리

어떤 이론이 다른 사람이나 다른 집단에 비해 우리나 우리 집단에 유리한 것이라고 믿을 이유가 있을 때 우리는 암묵적 이론이나 이차적 이론을 명시적이고 일차적 이론으로 제시할 윤리적 의무를 갖는다.

　이러한 원리가 의미하는 바는, 만약 내가 지지하는 이론이 다른 사람이나 다른 집단에 비해, 나와 나 같은 사람(이것이 어떻게 규정되건 간에)에게 유리하다는 것을 믿을 정당한 이유가 있거나 믿어야 할 정당한 이유가 있다고 다른 이들이 설득력 있게 주장하는 경우에, 내가 암묵적이고 이차적 이론의 형태로 이 이론을 계속 지지한다면, 이는 비윤리적이라는 것이다. 나는 내 이론을 상세히 설명하여 명시적으로 만들고, 사회적으로 이견이 있는 용어들이 뜻하는 바를 고려하여 그 이론을 일차적 이론으로 만들어 줄 사고, 논의, 논쟁, 연구 등에 참여할 윤리적 의무를 갖는다.

이 원리 중 '유리하다'는 것은 '개인이나 개인이 속한 집단에 지위나 부, 권력, 통제력 등 사회적 선으로 인정되는 것이 더 많이 주어진다'는 의미이다. 나는 이 원리가 학교와 학교교육을 위한 윤리적 기초이자 중요한 이론적 토대라고 주장한다. 또한 이 원리는 통합적이고 정의로운 사회를 위한 기초 토대가 된다.

다시 이데올로기로

우리는 '이데올로기'라는 용어에서 시작해 '이론'이라는 용어로 논의를 옮겨 왔다. 우리는 모든 주장과 신념은 이론적인 것으로, 어떤 말이 무엇을 의미하고 어떻게 사태가 기술되고 설명되어야 하는지를 말해 주는 이론에 근거한 것임을 논의했다. 이런 의미에서 모든 주장과 신념은 부분적으로 '이데올로기적'이다(아이디어에 토대를 두고 있다).

나아가 우리는 우리가 지지하는 이론이 세상을 이해하고 세상을 좀 더 나은 것으로 만들고자 하는 진지한 의도에 기초한 것인지 아니면 단순히 권력이나 통제력, 지위를 위한 욕망에 기초한 것인지 항상 질문해야만 한다. 우리의 신념이 암묵적 이론(의식적으로 고려되지 않은 이론) 또는 이차적 이론(다양한 출처를 통한 증거 수집을 토대로 하지 않은 이론)에 기초한 경우에 만약 그 신념이 다른 사람에게 해가 된다면 그것은 가장 나쁜 의미에서 '이데올로기적'인 것이 된다. 우리가 어떤 문제에 대해 신중하고 충분히 고려하지 않았다면, 그 문제에 대해 다른 사람에게 해를 끼쳐서는 안 된다.

내 경력의 절반 이상을 들여 몰두하고 있는 분야(내 경력의 전반부는 통사 이론에 바쳤다)인 현재의 교육 분야에서 '이론'이라는 말은 때때로 오명을 입고, 전문 용어들은 매도되고 있다. 그러나 이 책에서 나는 우리 모두가 언제나 이론가이며, 중요한 문제에 대해서 좋은 이론가여야 한다고 주장하고자 한다. 아울러 어떤 단어가 무엇을 의미하는가 하는 문제는 종종 상당히 중요한 문제가 된다는 것을 주장하고자 한다. 사람들은 나쁜 이론과 나쁜 의미 때문에 (종종 깊은) 상처를 입는다. 이론과 의미는 윤리적 문제이다.

2장

의미

요약

이 책의 많은 부분은 의미에 대해 다룬다. 이는 사람들이 말하고 쓰는 것들이 무엇을 의미하는지에 대한 것이다. 이 장에서는 '의미'가 뜻하는 바가 무엇인지 초반에 분명히 해 두고자 한다. 의미는 고정된 경계를 갖고 마음속에 고정되는 어떤 것(예컨대 '개념')이 아니다. 의미는 사전에 고정되어 있는 무언가가 아니다. 그보다 의미는 기본적으로 사람들 사이에서 이루어지는 사회적 상호작용, 협상과 논쟁의 결과다. 의미는 본질적으로 가변적이고 사회적인 것이다.

'의미'가 뜻하는 바는 무엇인가

많은 사람이 단어에는 사전에서 찾을 수 있는 종류의 고정된 의미가 있다고 믿는다. 그런 사람들에게 예를 들어 '미혼남bachelor'이라는 단어는 '결혼하지 않은 남성'을 뜻하고, 그것으로 끝나는 문제이다. 우리는 이러한 이론이 교육 실천에 어떻게 영향을 미치는지 살펴볼 수 있다. 단어에 고정된 의미가 있다는 생각은 어린 학생들에게 단어 목록과 각 단어의 뜻을 제시하고 새로운 단어가 들어 있는 문장을 쓰게 함으로써 단어의 의미를 가르칠 수 있음을 시사한다. 우리는 학생들에게 단어의 의미를 외우라고 말할 수 있다. 그리고 사실 이런 방식은 학교에서 전통적으로 어휘를 가르쳐 온 방식이다. 그러나 의미는 우리가 완전히 외울 수 있는 무언가가 아니다. 의미는 우리가 하는 무엇이다.

사실 대부분의 단어는 고정된 의미를 갖고 있지 않다. '커피'처럼 간단한 단어를 예로 들어 보자(Clark, 1989). 내가 만약 '커피가 쏟아졌으니 가서 대걸레를 가져와라'라고 한다면, 이는 액체인 커피를 의미하는 것이다. 만약 '커피가 쏟아졌으니 가서 빗자루를 가져와라'라고 한다면 커피콩이나 커피 가루를 뜻하는 것이다. 그리고 '커피 재배자가 고용인을 착취한다'라고 말한다면 이때 커피는 커피 원두콩과 커피나무를 의미하는 것이다. 그리고 만약 '거대해진 커피(산업)는 거대해진 석유(산업)만큼이나 나쁘다'라고 한다면 이때는 커피 산업을 의미하는 것이 된다.

이러한 점을 좀 더 중요한 맥락에서 살펴보기 위해 '사랑'이나 '명예'처럼 복잡한 것이 아닌 다른 간단한 단어를 예로 들어 보기로 한다. '소시지'라는 단어를 보자. 아프리카계 미국인 활동가이자 변호사인 퍼트리샤 윌리엄스(Williams, 1991)가 법정에서 이 간단한 단어를 무엇이라고 이야기해야 했는지를 살펴보자. 윌리엄스는 소시지 제조업자들을 불순물이 섞인 제품을 팔았다는 혐의로 기소했다. 제조업자들은 '소시지'라는 단어는 '돼지고기와 다양한 불순물'을 의미한다고 주장했고, 윌리엄스는 최종 변론에서 배심원들에게 다음과 같이 말했다.

당신은 이것을 소시지 제조 기계라고 불러 왔습니다. 고기와 양념을 윗부분에 넣고 기계가 세게 돌아가게 합니다. 그리고 이것이 소시지 제조 기계이기 때문에 기계 밑으로 빠져나오는 것은 소시지가 됩니다. 시간이 지나면서 모든 사람은 소시지 제조 기계에서 나오는 것이 소시지라고 알게 됩니다. 실제로 이런 것이 명백히 소시지임을 인정하는 법이 통과되었습니다.

하루는 우리가 이 기계에 의심스러운 종류의 설치류, 곰, 닭고기를 조금 집어넣습니다. 그러고는 기계를 돌리고 무엇이 나오는지 기다려 봅니다. (1) 우리가 이 제품을 소시지라고 부르면, 이 기계가 소시지 만드는 기계라는 타당성을 증명하는 것인가요? (2) 아니면 만약 우리가 이 제품을 소시지라고 부른다면, 우리는 '소시지'의 의미를 확대하고 확장하는 겁니까? (3) 그것도 아니면, 우리가 이 제품을 '소시지'가 아닌 다른 어떤 것이라고 부르면 이 곤란한 상황에서 벗어날 수 있게 되나요?

사실 저는 이 제품을 소시지라고 부르든, 톱밥과 아주 작은 발톱이 가득한 그 제품을 다른 이름으로 부르든 큰 차이가 없을 것 같습니다. 그러나 다음과 같이 함으로써 '소시지'라는 단어 의미에 혼돈을 준다는 점에서는 차이가 있을 거라고 봅니다.

(1) 소시지 제조회사의 권한을 확대하고 무자비하게 돌아가는 거대한 소시지 제조 기계를 마구 사용함으로써, 다시 말해 어떤 것이든 이 기계에 들어가는 것은 소시지가 되어 나오게 함으로써, 또는

(2) 소시지 자체의 개념을 닭, 설치류 또는 테디베어 소시지 등 다양한 변형을 망라하는 것으로 확장함으로써, 또는

(3) 소시지의 뜻에 대해 우리가 알고 있는 부분에 이의를 제기함으로써, 다시 말해 소시지의 경계에 대해 합의된 바를 명확히 하고 우리가 갖고 있는 권한과 정당화의 원천을 다시 익힘으로써

이 제품과 관련된 사실을 연결하는 데 이와 같이 최소한 세 가지 방법이 있다는 것을 깨닫는 것은, 배심원으로서 그리고 진실을 규명하는 사람으로서 여러분의 역할을 정의하고 인식하는 것입니다. 또한 여러분이 실상 reality을 만들어 가는 데 동참하고 있음을 인식하는 것입니다.

(Williams, 1991: 107-8)

윌리엄스는 분명히 앞에서 언급한 세 번째 선택지를 바탕으로 역설하고자 했다. 그러나 단어 의미의 합의된 경계가 정확히 무엇인가? 소시지는 어떤 경우에 소시지가 아닌 것이 되는가? 이 단어의 의미를 소시지 제조회사는 얼마나 확장할 수 있는가? 단어의 의미에 권한을 갖고 정당화하는 원천이라는 것은 무엇인가? 이러한 것은 우리가 한 단어의 의미를 사전에서 찾아볼 때 생각하는 단어와 의미에 관련된 물음이 아니다.

소시지 쟁점을 좀 더 깊이 살펴보자. 소시지 제조회사는 소시지를 특정한 방식으로 만들고 파는 것과 연관된 사회적 실천social practice과 관련되어 있다. 제조회사의 사회적 실천은 이익이 보장될 때, 즉 이윤이 생길 때 충족된다. 소시지의 소비자는 다른 사회적 실천을 하는데, 바로 소시지를 사고 먹는 것이다. 소비자의 실천 또한 이익이 보장될 때, 즉 소시지를 싼 가격에 사고 그것을 기분 좋게 먹을 때 충족된다.

이 두 사회적 실천은 상호 관계를 가지면서 존재한다. 나아가 두 실천

은 공통된 이익을 공유하기도 한다. 예를 들어 '소시지'라고 표시되는 제품을 지나치게 까다롭게 규정해서 사거나 파는 가격이 높아진다면, 두 당사자 모두의 이해관계에 반하는 일이 된다. 그러나 생산자와 소비자는 어떤 것이 소시지이고 어떤 것은 소시지가 아닌지에 대해 철저하게 경계 짓는 부분에서는 서로 충돌할 수 있다. 이러한 갈등은 '소시지'라는 단어가 무엇을 의미하는지에 대한 협상이 일어나게 한다. 이러한 협상이 법정에서 일어날 수도 있고, 소시지 제조회사들이 '소시지'라고 이름 붙인 것을 사람들이 사거나 사기를 거부하는 슈퍼마켓에서 일어날 수도 있다. 이러한 협상 과정에서 권한(힘)이 역할을 한다. 생산자의 힘은 소비자의 힘과 겨루게 된다.

그러나 이러한 협상이 다른 방식으로 이루어질 수는 없을까? 한계는 없을까? 윌리엄스는 합의된 경계가 있다고 했다. 생산사와 소비자는 서로 다른 실천에 관련되어 있지만, 사회 공동체의 구성원으로서 특정 가치에 대해 의견을 같이할 수도 있다. 이런 가치 중 하나는 구성원의 건강과 행복으로, 이것이 충족된다면 두 당사자는 소시지를 더 많이 사거나 팔 수 있다. 만약 협상의 한쪽이 이러한 가치를 지키지 않는다면, 협상에서 질 수 있다. 법은 이러한 협상을 시도하는 방법이다. 제품에 대한 불매운동은 또 다른 방법이다. 어떤 회사의 제품에는 '소시지'라는 단어를 쓰지 않는 것도 하나의 방법이다.

의미는 궁극적으로 상이한 이해관계에 있는 다양한 사회적 실천을 하는 사람들 사이의 협상에 뿌리를 둔다. 힘은 이러한 협상에서 중요한 역할을 한다. 협상이 당분간은 해결될 수 있는데, 이런 경우에 의미는 관습적이고 틀을 따르는 것이 된다. 그러나 해결된 것도 다시 협상이 필요해지는 경우가 있다. 앞의 예처럼 특정 회사가 그들의 사회적 실천에 새로운 요소를 더하고 소시지에도 새로운 요소를 더하는 것처럼 말이다. 의미를 구성하는 협상은 공동체의 가치에 영향을 받고, 특정 의미에 동의하는 충분한 공통 기반을 확립하고 안착시키려는 가치에도 영향을 받는다.

여기서 '공동체'라는 단어는 좋은 뜻이 아닐 수 있다. 우리는 공동체가 단어의 의미를 공동으로 지원하고 의사소통을 공유하리라고 희망한다. 그러나 결국에 우리는 같은 사람을 한쪽에서는 '테러리스트'라고 하고 다른 쪽에서는 '자유의 전사'라고 하며, 의사소통에 거의 실패하고 상호 이해나 공통 기반 또는 평화를 유지하지 못하는 상황에 이르기도 한다.

이것이 의미를 살펴보는 다른 방법이다. 의미는 머릿속에 갇혀 있는 무언가가 아니다. 의미는 우리가 사회적으로 협상하고 논쟁할 수 있는 무언가다. 의미는 종종 공통의 관습과 합의에 따라 문화나 사회 집단 속에서 공유된다. 그러나 의미는 전통적 의미에서의 '문화'보다는 덜 안정적이고 덜 지속적이며 덜 포괄적인 관계들 속에 자리할 수 있다. 두 사람이 의사소통을 하기 위해 '문화를 공유'할 필요는 없다. 그들은 지금 여기의 시공간에서 사회적 상호작용과 의사소통을 위한 공통된 기반을 찾고 협상할 필요가 있을 뿐이다.

단어는 사전이 포착하고자 하는 '잠재적 의미'나 '가능한 의미의 범위'를 갖는다. 그러나 사용의 실제 맥락 속에서 우리는 맥락에 맞거나 심지어 맥락을 형성하는 뉘앙스가 실려 있는 의미를 할당해야 한다. 그리고 단어의 가능한 의미는 사람들이 새로운 맥락에서 새로운 의미를 구성하면서 변화한다.

민주주의

모든 단어는 다양한 맥락에서 뜻이 달라진다. 모든 단어는 새로운 맥락에서 새로운 뜻을 나타낸다. 그리고 모든 단어는 논의와 논쟁에 열려 있다. 이러한 의미 변이는 1장에서 내가 '사회적으로 이견이 있는 용어들'이라고 부른 것들에서 가장 중요한 것이다. 예컨대 사람들이 다음과 같이 언급할 때 '민주주의'라는 단어의 의미로 제시된 다양한 뜻을 살펴보자.

(1) …경제적 자유에 대한 철저한 규제는 민주주의와 모순될 것이다.

(http://www.becker-posner-blog.com/2006/11/on-milton-friedmans-ideas--becker.html)

(2) 만약 민주주의가 사람들에게 부여하는 권한을 허용하는 절차를 만드는 것이라면, 해적들[불법 해적 라디오 채널을 운영하는 사람들]은 그러한 과정에 촉매제 역할을 하는 이들이다.

(Mason, 2008: 47)

(3) …일반적으로 잘 조성된 보행자 길, 특히 공원은 진정한 민주주의가 작동하고 있다는 증거가 된다.

(Brown, 2008: 193)

(4) 이것이 민주주의의 운명이다. 민주주의 사회에서는 모든 수단이 허용되는 것도 아니고, 반민주적 행위를 한 이들이 쓴 수단이 모두 공개되지도 않는다.

(이스라엘 내 고문반대위원회 vs. 이스라엘 정부, Weisberg, 2008: 181-2)

(1)에 관해 보면, 투표를 통한 대중의 통치라는 '민주주의'의 사전적 정의는 유권자들이 원하는 어떤 경제적 규제에 대해 투표할 수 있음을 암시한다는 것에 유의하라. 그러나 (1)에서는 '민주주의'라는 단어가 의미하거나 민주주의 사회가 하는 것과 다르게 이 단어를 사용했다. 그리고 특정 단어(언어)의 의미와 그것이 실제로 무엇인지를 구분하는 일은 어렵고 무의미하다는 것에도 주목해 보라. 우리는 그 단어의 의미가 우리가 그렇다

고 여기는 것이기를 바란다.

이 모든 것은 '어떤 것이든 가능하다'라는 의미가 아니고, 우리가 누군
가를 '자유의 전사'라고 하든지 '테러리스트'라고 하든지 상관없다는 의미
도 아니다. 그리고 단어는 '단순히 단어들'이기만 한 것이 아니다. 한 정당
이 상대 정당과 경쟁적으로 쓰는 정치적 수사는 모두 매한가지라는 측면에
서 '단순히 정치적'인 문제만도 아니다. 우리가 단어에 부여하는 의미들은
우리가 습득한 지식과 선택, 가치, 신념, 관심사를 토대로 하고 있다. 단어
는 이 모든 것들의 결과다. 단어는 중요하다. 단어와 세계는 서로 결부되어
있다.

3장

리터러시의 위기

요 약

이 장에서는 정책 입안자가 사회에 '리터러시의 위기literacy crisis'가 있다고 선포하는 경우에 관해 논의한다. 그 위기는 항상 누가 읽고 쓰는 능력을 가졌느냐에 대한 것이기도 하지만 사회적·정치적 딜레마에 대한 것이기도 하다. 이러한 위기들은 리터러시, 사회, 권력 사이의 깊은 관련성을 명백히 보여 준다. '리터러시의 위기'를 선포하는 것은 서구 자본주의 사회에서 역사적으로 반복되는 특성이다. 그 '위기'는 더 깊고, 더 복잡한 사회문제들을 감추기도 한다.

리터러시와 정치

전통적으로 리터러시는 정신적 현상으로 여겨져 '읽고 쓰는 능력'으로 다루어진다. 이는 리터러시를 사회보다는 개개인의 문제로 국한시킨다. 결국 이러한 관점은 리터러시가 사회 속 권력 작용과 관련되는 다양한 방식을 불분명하게 한다. 이 장의 뒷부분에서는 리터러시를 사회적·문화적 차원에서 정의해야 하는 이유에 관해 논의한다. 그 다음 장에서는 역사적 맥락에서 리터러시를 들여다봄으로써 이러한 문제들을 더 깊이 추적해 갈 것이다.

앞의 요약에서 언급한 바와 같이 리터러시의 위기는 더 심층적이고 복잡한 문제들을 가린 채, 서구 선진 자본주의 사회의 역사 속에서 되풀이되었다(Graff, 1987a, 1987b). 사실 이 책의 개정판을 쓸 때마다 미국에는 늘 새로운 리터러시의 위기가 있었다.

1960년대에 미국은 역사상 처음으로 빈부나 인종과 상관없이 모든 시민을 교육하기로 결정했다. 드디어 미국은 모든 아동을 위한 바람직하고 통합적인 학교를 바라는 것처럼 보였다. 부유층 아동과 빈곤층 아동, 백인 아동과 소수인종 아동 간의 리터러시와 교육의 격차가 주요 관심사가 되었다.

이러한 격차에서 가장 심각한 문제 중 하나는 읽기였다. 가난한 집 아이와 몇몇 소수인종 아이들은 더 많은 특권을 가진 아이들에 비해 읽기 학습이 부족했다. 당시 이 논쟁에서 인종과 계층에 따른 빈곤과 차별은 필연적으로 관련이 있다고 여겨졌다. 이에 따라 아이들이 학교에서만이 아니라 집에서도 직면하게 되는 문제에 관한 논의들이 이루어졌다. 린든 존슨 전 대통령 재임 시 미국은 '가난과의 전쟁War on Poverty'을 벌였다. 학교교육과 리터러시는 사회와 그 사회의 문제들과 관련되어 있다고 여겨졌다.

1980년대에 미국은 또 다른 '리터러시의 위기'를 광범위하게 선포했는데, 지금은 『위기의 국가A Nation at Risk』(교육자문위원회, 1983)로 유명한 보고서가 이를 요약적으로 가장 잘 보여 준다. 이 위기는 미국의 경기 침체에 대한 반응이었다(Gee et al., 1996 참조). 당시 일본 그리고 다른 '아시아의 호랑이들Asian Tigers'이 경제적으로 호황이었고 미국은 약세를 보이고 있었다. 이 위기에서는 인종과 가난 같은 사회문제가 아닌, 사회 내 직업과 노동의 본질의 변화가 주목받았다.

1980년대에는 일본과 다른 아시아 국가들이 잘되고 있는 것이 자국의 국민을 교육해 지식 경제knowledge economy를 위한 지식 인력이 될 수 있도록 했기 때문이라고 여겼다. 1970년대부터 국제경제의 변화로 제조업이 전 세계의 저비용 센터들(예를 들어 중국, 인도, 멕시코 등)로 이동함에 따라 선진국에서는 제조업종이 줄었다. 그들은 지식과 혁신이야말로 더욱 중요한 경제의 토대라고 여겼다. 새로운 지식의 산물(새로운 상품과 서비스, 새로운 발견, 새로운 시장)이 상품의 물리적인 생산보다 더 중요해진 것이다. 나아가 노동자들에게는 테크놀로지와 기술 정보를 바탕으로 일할 것을 요구했다.

1980년대 학교 개혁가들은 학생들에게 깊이 있고, 개념적이며, 전문적인 학습을 요구하기 시작했다. 학생들은 과학과 수학을 이해해야 했고, 이러한 분야의 문제를 해결할 수 있어야 했다. 시험을 위해 단순히 사실을 암기하는 것, 기본적인 기능을 익히는 것만으로는 더 이상 충분하지 않았다. 국가에서는 아이들을 지식 경제에 맞는 지식 인력이 되도록 준비시켜야 했고, 이에 심화된 리터러시 기능skills이 요구되었다.

1980년대에도 빈부나 주류, 비주류를 공평하게 하고 그들 사이의 격차를 좁히는 데에 계속 관심을 쏟았다. 그러나 이제 개인 간 리터러시 격차는 단지 읽기만이 아니라 지식과 지적이고 기술적인 작업을 산출해 내기 위해 리터러시 기능(읽기와 쓰기)을 사용할 수 있는가 하는 차원의 문제로 여겨졌다. 그럼에도 1980년대 무렵 미국의 정치 시스템은 사회적 개입에 대한 관심을 상당 부분 거두었고, 린든 존슨 대통령의 가난과의 전쟁도 실패로 여겼다. 한편 영국의 마거릿 대처와 미국의 로널드 레이건에 이어 세계 선진국 도처에서 새로운 정치 세력이 부상했는데, 이것이 바로 신자유주의neoliberalism다(Harvey, 2005; Prasad, 2006).

신자유주의는 경제와 정치에서의 시장주도적 접근market-driven approaches을 의미한다. 이는 경제학의 신고전주의 이론을 토대로 한다. 유럽에서 '자유주의자liberal'란 단어는 미국의 정치에서 의미하는 바와 다르다. 이 단어는 보수적인 사람을 일컬으며 자유롭고 제약이 없는 시장, 그리고 시장에 대한 정부의 개입과 시장에 대한 통제가 낮아야 한다고 주장하는 이들을 말한다. 이러한 관점은 19세기에 인기가 있었는데, 신자유주의파는 새로운 19세기형 시장의 지지자들이다.

신자유주의는 대체로 모든 것이 시장에 달려 있다고 보는데, 이는 시장이 공정한 가격을 형성하기 때문이다. 시장이 한 사회의 상품 유통에 대한 최선책을 도출하고, 심지어 사회의 문제점에 대한 해결책도 끌어낼 수 있다고 보는 것이다. 시장은 경쟁을 불러일으키고, 이 경쟁은 나쁜 점을 제거해 장기적인 향상으로 이어진다.

어떤 상품이나 서비스를 예로 들어 보겠다. 지갑이 있다고 하자. 정부가 양질의 지갑을 무료로 선물하거나, 보조금을 받는 어떤 집단에 같은 제품을 더 싸게 판다면 이는 지갑 시장을 죽이게 될 것이다. 사람들은 더 이상 비싼 제품을 사지 않는다. 그리고 제품을 공정한 가격으로 팔 수 없기 때문에 비싼 제품을 생산하려고 하지 않는다. 결국 무료 또는 싸구려 지갑만 존재하고 지갑 시장은 사라질 것이다. 이때 무료 또는 보조금을 받는 지갑을 양질로 유지하게 할 만한 어떤 보상도 없다. 그 상품들은 이제 독점 상품이 되어 경쟁 제품이 없다. 이와 동일한 논리가 신약new medicines이나 학교 등 모든 경우에 해당된다.

주 정부가 사람들에게 양질의 학교교육을 무료로 또는 싼값에 제공한다면 학교에 대한 시장 개방은 없을 것이다. 주 정부의 지원을 받는 학교들이 학교교육을 독점할 테고, 학교교육의 질을 높이려는 노력도 사라질 것이다. 이는 학교교육에 대해 노력하고 그것을 정직하게 만들도록 독려하는 경쟁이 없기 때문이다. 학교교육으로 이윤을 낼 수 있는 시장이 없어 사람들은 학교교육을 새로운 형식으로 쇄신하지 않을 것이다.

신자유주의는 기업과 시장이 사회적 정책을 결정해야 하고 사회적으로 요구되는 서비스를 공급해야 한다고 주장한다. 따라서 기업과 시장이 학교를 경영해야 하고 학교 정책을 결정해야 한다. 신자유주의의 극단적 관점에서는 의학 분야나 감옥, 도로, 공원에 대해서도 마찬가지로 주장한다.

1980년대에 신자유주의 세력이 집권함에 따라(영국의 마거릿 대처와 미국의 로널드 레이건 하에서) 학교 개혁자들은 세계적으로 경쟁력 있는 첨단 기술 직무가 가능한 지식 인력을 양성하는 데 학교를 이용하고자 했다. 또한 그들은 사업 분야가 교육 정책을 결정하고 학교 운영을 지원하는 것과 더 많이 관련되기를 원했다. 더 많은 경쟁을 허용함으로써 학교에 더 많은 시장 통제를 가하려는 주요한 시도가 있었고, 이는 다양한 형태로 나타났다. 이에 따라 소비자들은 공립학교, 사립화된 공립학교(학교로 이윤 사업을 한다), 차터스쿨charter school,* 학교 바우처school vouchers와 다른 많은 종류로 확산된 사립학교들 가운데 선택하게 되었다.

1990년대에 이르러 일본과 '아시아의 호랑이들'의 호황기는 끝났다. 그들은 이제 경제적으로 쇠퇴하기 시작했고, 미국이 다시 세계 경제를 주

....

* 공적 자금을 받아 교사, 부모, 지역단체 등이 설립한 학교로, 독자적으로 운영되는 학교.

도했다. 이러한 미국의 새로운 번영은 전 세계에서 경제적으로 성공하기 위해 모든 이들이 지식 인력이 될 필요는 없다는 것을 보여 주었다. 실제로 지식 인력의 대다수는 전 세계에서 구할 수 있었고(예를 들어 인도와 중국), 컴퓨터와 디지털 미디어 덕분에 많은 사람이 다른 나라에 있으면서도 한 나라 '안'에서 일할 수 있었다.

선진국의 경우 소수 몇 퍼센트의 사람만이 새로운 지식과 상품, 서비스, 시장을 창출하고, 거기에 대한 충분한 보상을 받는 것으로 드러났다 (Reich, 1992, 2000). 그것보다는 많지만 상대적으로 여전히 소수인 몇 퍼센트의 기술 인력은 자신의 분야에서 기술 지식과 기능을 발휘하지만, 지식 생산자보다 훨씬 좋지 못한 보상을 받는다. 기술 인력들은 자신을 혁신시키지 못하는 지식을 사용하는 것이다.

세계 경제에 수없이 요구되는 것은 서비스 인력인데, 그들은 월마트와 같은 소매점에서 일하고 더 많은 서비스를 공급한다. 이러한 인력은 특히 노조가 줄어들면서 박봉이 된다. 그들은 기초 리터러시와 산술 능력을 갖춰야 할 뿐 아니라 고객과 소통하고 이들을 정중히 다루는 능력도 갖춰야 한다. 서비스 인력(보통 노조가 없는 아르바이트)은, 값싼 노동력이 있는 해외로 빠져나간 제조업 인력을 대체하고, 새로운 경제의 열혈 일꾼workhorses이 되었다.

모든 사람을 지식 인력으로 배출하려던 1980년대의 외침(모든 학생이 그들이 배운 과학과 수학을 이해하고, 문제를 해결하는 데 그 지식을 사용할 수 있도록 보장하고자 했던 것)은 퇴색했다. 이제 학교는 미래의 서비스 인력이 될 다수 학생을 위해 '기초 지식(기초 리터러시와 산술 능력)'을 교육해야 했다. 또한 일부 기술 인력을 위해서는 깊이 있는 교육을 제공할 필요가 있었다 (그런 교육은 직장에서 이루어질 수 있는데도 말이다). 그리고 학교는 특별한 지식 생산자와 혁신가가 될 소수를 위해 더 깊이 있는 양질의 교육을 제공해야 했다.

이러한 새로운 요구들은 실제로 신자유주의 이데올로기에 잘 들어맞는다. 공립학교의 아이들은 학교 책무성 조치로 제정된 아동낙오방지법과 같은 법으로 기초 기능이 보장되었다. 더 심화되고 혁신적이며 문제 중심적인 학습을 원하는 부모들은 자신의 아이를 사립학교에 보내거나 부촌이 있는 교외로 이사함으로써, 또는 학교 선택과 바우처와 같은 다양한 장치를 통해 교육 서비스를 선택, 즉 구매할 수 있다(미국은 재산세를 통해 학교에 투자하기 때문이다). 참으로 이제 학교교육은 모든 수준에서 경쟁이 이루어지는, 더욱 더 진정한 시장이 되어 가고 있다.

빈부 간의 격차, 소수와 다수 간의 격차 문제는 이 모든 위기에서 중요하다. 1960년대에는 이 문제가 사회적 개혁을 통해 다루어졌다. 1980년대에는 이 격차를 줄이기 위해 모든 학생에게 고급의 교육을 제공하도록 촉구했는데, 이것은 학생들이 진정한 이해를 성취함으로써 지식 경제의 지식 인력과 지식 생산자가 되도록 하는 것이었다.

1990년대 즈음의 리터러시 격차는 시장 주도 학교 시스템으로 설명되는데, 이 시스템은 글로벌 경제의 다양한 유형의 직업에서 요구하는 인력을 배출하기 위해 다양한 유형의 학교를 만들어 냈다. 사람들은 스스로 선택한 기준과 경제적 형편에 따라 다양한 유형의 학교들을 결정하고, 교육받는다. 가난과 인종을 사회정의와 혁신을 통해 다룰 문제로 논의하는 일은 거의 중단되었다. 자, 어느 누구도 뒤떨어지지 않도록 모든 아이에게 '기본'을 갖추게 하고자 했지만, 오히려 특권층 가정의 몇몇 아이들은 경쟁과 시장에 따라 만들어진 보다 엘리트적인 학교에서 기본 이상의 많은 것을 배우게 되었다.

2010년대에 흑인과 백인 간 격차와 빈부 간의 격차(차별뿐 아니라) 문제는 이 이야기를 처음 시작한 1960년대만큼이나 좋지 않다. 미국은 그 역사 속에서 현재 가장 불평등한 상태다. 전 세계 거의 모든 나라에 극심한 불평등이 확산되고 있다. 부자는 더욱 부자가 되고, 가난한 자는 더욱 가난해지고 있으며 가난한 사람의 수도 증가하고 있다.

격차가 이렇게 커지고 있기에 사람들은 여전히 격차에 대해 걱정한다. 이제 21세기의 오늘날에는 새로운 디지털 리터러시와 뉴테크놀로지 차원에서 '리터러시의 위기'가 있음을 주장한다. 사람들은 어린 학생이 일자리, 특히 기술직에 진출할 수 있도록, 그리고 21세기형 기능을 갖출 수 있도록 하는 것이 모든 수준의 학교에서 필요하다고 주장한다. 프로그래밍은 첨단 기술사회에서 성공할 수 있는 도구가 되므로 모든 아이들은 프로그래밍을 배울 필요가 있다는 것이다. 그러나 현대 경제에서 대부분의 직업은 여전히 서비스 업무인데, 이런 일자리는 보수가 형편없다. 동시에 우리는 노조를 약화하고 노동자의 보수와 이익을 낮추는 법을 통과시켰다. 또한 기업과 은행은 글로벌 경제를 망쳤고, 다른 이들이 가난해지는 동안 그들은 더 많은 부를 축적했다. 이 책의 후반부에서는 학교 안팎에서 배우는 새로운 도구인 디지털 미디어가 실제로는 리터러시와 지식 측면에서 부유한 아이들과 가난한 아이들의 격차를 더 벌리고 있음을 살펴볼 것이다.

리터러시에 대한 몇 가지 사실

정부가 리터러시의 위기가 있다고 말할 때 사실 그 문제는 어딘가 다른 곳에 있는 것이다. 리터러시의 비율과 활용은 더 심층적인 문제의 징후들이다. 이러한 심층적인 사회문제는 학교 개혁 문제로 드러나는데, 이때 리터러시 문제는 대중이 사회문제를 사회나 사회 변화와 관련된 거시적인 문제로서가 아니라 리터러시에 관련된 미시적인 문제로 보게 하는 방편이 된다. 그럼에도 리터러시에 대한 변하지 않는 몇 가지 사실이 있는데, 이는 리터러시의 위기에 대한 정치에서 가려진 것들이다.

한 가지 사실은 선진국의 대다수 사람이 읽을 수 있다는 의미에서 리터러시를 갖추고 있다는 것이다. 미국의 경우, 국가학업성취도 평가National Assessment of Educational Progress: NAEP는 미국 학생이 여러 교과 영역에서 무엇을 알고 무엇을 할 수 있는지를 평가하는 대표적인 평가다(https://www.nationsreportcard.gov/ 참조). 이 평가는 수학, 읽기, 과학, 쓰기, 예술, 윤리, 경제, 지리, 미국 역사에 대해 정기적으로 수행된다. 읽기에 대한 국가학업성취도 평가는 항상 두 가지를 보여 준다. 첫째, 비영어권 화자를 제외한다면 청소년의 대다수가 읽고 쓸 수 있다. 둘째, 이들은 자신이 원하는 직업 유형에 대해 간단한 설명을 쓰고, 중간 길이의 신문 기사에서 일부 정보를 정확하게 찾아내고, 쇼핑 목록 중 식료품점에서 쓸 수 있는 쿠폰을 가려내고, 입사 지원서에 개인 정보를 기재하고, 전화 메시지 양식에 정보를 채울 수 있다.

또 다른 사실은 많은 사람이 그들의 리터러시 기능으로는 더 어렵고 수준 높은 과제를 수행할 수 없다는 것이다. 다음과 같은 과제를 생각해 보자. 세 가지 특성에 근거해 텍스트 한 장에서 정보를 찾아내고 맞추기, 백화점 계산서의 오류를 진술하는 편지 작성하기, 기계 고장에 대한 가장 적절한 설명을 찾기 위해 가전제품 품질 보증서의 내용 해석하기, 친숙한 주제(예를 들어 전쟁)에 대한 수많은 암시를 담은 시 텍스트에서 하나의 주제 만들어 내기. 청소년의 단지 70%만이 이러한 과제를 수행할 수 있고, 특히 소수인종 학생의 경우 그 비율이 더 떨어진다. 우리가 더 어려운 과제를 고려할수록 일반적인 정답률이 떨어지고 소수인종의 정답률 감소는 더 심해진다.

대부분의 젊은이들은 '리터러시' 문제가 없다(그들 중 80%가 잘 읽고

8학년 평균보다도 더 잘한다). 오히려 그들은 '학교교육' 문제가 있다. 과제가 더 복잡해지고 '학교처럼school-like' 되면 과제를 할 수 있는 인원은 더 줄어든다. 그리고 그 실패는 학교의 영향을 덜 받는 이들, 즉 학교에서 좋은 교육을 받지 못하는 이들에게 현저히 나타난다.

오늘날 미국의 학교는 초기 읽기와 해독에 대한 지도를 강조함으로써 읽기 문제를 다루려고 한다. 그러나 읽기에 대해 오로지 읽기 학습learning to read(해독과 기본 의미)에만 집중하고 학습 읽기reading to learn를 하지 않는다면, 많은 아이가 초기 읽기 평가는 통과하지만 수학이나 과학과 같은 학교교육 내용이 정말로 효과를 나타내기 시작하는 4학년 정도에는 그것을 학습하기 위한 읽기를 할 수 없게 된다. 이러한 현상을 '4학년 슬럼프fourth-grade slump'라고 한다(Gee, 2004). 학교에 가기 전 집에서 하는 초기 읽기와 학교에서 지속되는 읽기는 읽기를 활용하는 것과 깊이 연결되도록 하는 동시에 아이들에게 평생 독자, 의미-생성자로서의 정체성을 부여하도록 해야 한다.

세 번째 사실은 가정에서 비롯되는 요인들이 더 심각한 문제가 된다는 점이다. 거의 모든 관련 연구와 마찬가지로 NAEP 연구에서도 '가정의 지원'이라는 변수(가정에서의 리터러시 실천뿐 아니라 부모의 교육, 리터러시 자료에 대한 접근성과 같은)가 읽기와 학교교육 모두에서 아이의 성공과 중요하게 관련되어 있음이 밝혀졌다. 학교가 가정에서 비롯되는 이러한 차이를 극복하는 데 실패한 것은 미국과 영국의 교육 시스템 역사상 중요한 특징이 되었다.

브리스틀 언어 프로젝트The Bristol Language Project는 지금까지 수행된 연구 중 가장 인상적인 장기 연구인데, 1969~1970년과 1971~1972년에 브리스틀에서 태어난 대표적 표본 129명의 언어 발달을 조사했다(Wells, 1981, 1985, 1986). 이 아이들이 10세까지 학교에서 보인 성과는 입학 시기

아이들의 리터러시에 대한 준비 상태와 가장 강하게 연관되어 있었고, 이는 결과적으로 아이들의 사회적 계층과 관련되어 있었다. 아이들이 가정에서부터 갖게 된 차이가 줄어들지 않음으로써 학교는 이러한 사회계층의 차이를 강화하고, 심지어 확대하는 것으로 밝혀졌다.

가정에서부터 일찍이 리터러시를 준비한 아이들이 10세에도 여전히 학교에서 성공할 것으로 강력하게 예견된다면, 이는 학교가 부자는 더 부유하게, 가난한 자는 더 빈곤하게 만드는 것 외에는 영향을 주지 못한다는 뜻이다. 이 프로젝트의 후속 연구는 이 아이들이 14세에 외국어 수업에서 보인 성과도 그들의 가정 배경(예를 들어 사회계층과 부모의 교육, Skehan, 1989: 31-4)과 매우 밀접한 연관성이 있음을 보여 주었다. 이후의 연구들 또한 가정의 배경이 14세 이후 학교에서의 성공도 예견한다고 밝히고 있다. 최근 미국에서 수행된 필적할 만한 연구들도 이와 유사한 결과일 거라고 생각하는 것은 당연하다.

신자유주의로 인해 오늘날 많은 정부가 학교 개혁은 전적으로 학교에서 이루어져야 한다고 말한다. 가난한 이들을 돕기 위한 사회 프로그램은 1960년대만큼 인기 있지 않다. 그러나 가정과 공동체에 개입하는 것은 중요하다. 읽기는 단순한 인지적 기능이 아니다. 그것은 일상생활과 학교에서의 초기 사회화의 일부로 형성된 정체성이다(독자로서, 그리고 어떤 특정한 의미를 만드는 사람으로서의 정체성과 관련된 문제이다, Gee, 2004, 2015; Gee & Hayes, 2011). 이 문제에 있어서 진정한 '리터러시의 위기'란 더 가난하고 불리한 이들에게는 좋은 학교와 이웃을 제공하지 못하고 제대로 뒷받침해 주는 가정을 제공하지 못하면서, 주류이고 혜택이 많은 이들에게는 더 좋은 것을 제공하고 있다는 사실에 근거를 둔 사회정의의 위기라는 것이다.

미국과 몇몇 다른 선진국의 최근 정치 문제에서 중요한 한 가지 사회적 변수가 있다. 인구 구성이 변화하고 있다는 것이다(Shrestha, 2006 참조).

백인종이 아닌 이들이 곧 미국의 다수가 될 것이다. 특히 미래의 노동 인력이자 유권자인 청년 인구의 많은 비율은 소수 집단에서 차지할 것이며, 그들 중 대다수가 스페인어 화자이다. 수십 년간 이어져 온 이러한 경향은 최근 가속화되었다.

미국의 학교는 역사적으로 엘리트가 아닌 학생을 교육하는 데 실패했고, 그로 인해 사회계층 구조를 재생산해 왔다. 이는 결국 사회경제적 지위가 낮고 사회적으로 소수인 많은 사람이 사회에서 가장 수준이 낮고 만족도가 낮은 직업에 종사하게 한 반면, 소수만이 엘리트에게 요구하는 정치적 또는 경제적 혜택이 가는 일에 종사하게 했다. 민주주의 사회에서 유권자 중 다수가 더는 예전의 다수가 아니고 새로운 '소수인 다수'가 되는 이런 상황이 얼마나 계속될 것인가를 알기는 어렵다. 이 점은 아마 향후 언어('영어만 쓰기', 이중언어교육), 이주, 시민권과 미국에서의 투표 등 현재의 수많은 정치적 쟁점들 속에서 설명이 될 것이다. 영국이나 다른 선진국에서도 이와 유사한 쟁점들이 존재한다.

한 사례

리터러시의 위기가 어떻게 더 심층적인 사회문제들과 리터러시를 사회로 연결시키는 것을 회피하는지를 보여 주는 예로서, 1998년 국립과학학술원National Academy of Sciences의 보고서『아동의 읽기 어려움 예방하기 Preventing Reading Difficulties in Young Children』(Snow et al., 1998)를 살펴보겠다. 이 보고서는 미국교육연구협회AERA, 국제읽기협회IRA* 그리고 전국국

....

*   국제읽기협회(International Reading Association)는 현재 국제리터러시협회(Internation-

어교사모임NCTE과 같은 공적이고 정치적인 교육 기관의 많은 갈채와 지지 속에서 등장했는데, 이들 기관은 대부분 약간의 이견은 있지만 소식지와 회의를 통해 이 보고서에 대해 찬사를 보냈다. 이 보고서는 영향력 있는 『국립독서위원회 보고서Report of the National Reading Panel』(National Institute of Child Health and Development, 2000)의 이론적 토대가 되었다. 정부 의뢰로 완성된 국립독서위원회 보고서의 결론은 읽기에서 '증거에 기반한' 연구가 연방정부의 재정지원을 받아 이루어지도록 하는 데 법적 기초가 되었다.

『아동의 읽기 어려움 예방하기』는 역설적이며 자기 모순적으로 보인다. 이것은 읽기와 교실 지도에 관련된 광범위한 쟁점을 다루지만, 논의의 초점이 조기 음운 인식(발화한 단어가 개별 소리나 '음운'으로 구성되었음을 아이들이 인식하는 것)의 중요성에 맞춰져 있다. 그리고 발음 중심의 어학 교수법phonics(문자와 소리 연결하기)은 '진정한 읽기real reading'라고 부르는 것을 학습하기 위한 것으로, 명시적인overt 지도법이라고 한결같이 강조하고 있다. 보고서의 색인을 간략히 점검해 보면 소리, 해독, 단어 인식과 관련된 범주가 사회, 문화, 가족, 빈곤, 인종, 독해력, 이야기 읽기, 내러티브, 언어, 학습, 발달 및 발달 관련 용어들과 연관된 모든 범주들만큼이나 많은 표제와 부제를 차지하고 있다. 전자에 해당하는 표제와 부제는 244개이고, 후자에 해당하는 것은 275개이다.

국립과학학술원의 보고서는 이제는 친숙해진 '우리의 학교에 위기가 있다'는 유의 일련의 보고서 중 하나이다. 유감스럽게도 이 보고서는 '위기'에 대해 알려 주는 것이라고 보기 어렵다. 사실 저자들은 미국에 '읽기의 위기'가 존재하지 않음을 잘 알고 있다.

....

al Literacy Association)으로 이름을 바꾸었다.

읽기 성취의 평균은 최근 20년간 두드러진 변화가 없다(NAEP, 1997). 그리고 1970년에서 1980년까지 흑인 아동의 성취 증가 추이를 보면, 흑인과 백인 간 격차는 지난 16년 동안 거의 변함없이 그대로이다. …(중략)…

미국인은 읽기와 관련해 국제적 비교 평가에서 잘하는 것으로 나타난다. 비교해서 말하면 과학이나 수학 성적보다 훨씬 좋다. 1992년의 연구에서 18개 서구 국가의 9세 아동의 읽기 수준을 비교했는데, 미국 학생은 핀란드에 이어 두 번째로 높은 수준의 점수를 받았다.

(Snow et al., 1998: 97-8)

물론 여기에 이미 역설이 있다. 이 보고서는 한 나라에서 읽기가 잘되고 있지만 수학이나 과학과 같은 내용 영역에서는 형편없다는 것이 얼마나 이상한지(또는 읽기에 대해 어떤 시사점을 주는지)에 주의하지 않는다. 이 보고서의 작성자는 마치 내용(수학과 과학과 같은)이 읽기와 아무런 상관이 없고 그 반대의 경우도 그렇다고 하는 듯하다.

이러한 역설은 이 보고서 전체에 만연해 있다. 보고서에서 더 많이 논의된 쟁점인 '4학년 슬럼프'에 대한 발언에 주목해 보자.

4학년 슬럼프는 어린 아동과 비교해 4학년의 점수를 검토했을 때의 대단한 실망을 묘사하기 위해 사용된 용어다(Chall et al., 1990). …(중략)… 그 이유가 무엇인지 또는 일원화된 이유가 있는지조차 분명하지 않다.

(Snow et al., 1998: 78)

4학년 슬럼프는 많은 아이가 저학년 때 읽기를 배우지만, 이후의 학년에서 학교교육의 내용(수학, 과학, 사회과학과 같은)을 읽을 수 없다는 바로 그 문제이다(『American Educator』, 2003). 4학년 슬럼프는 표면적으로는 저학년에 '읽기 학습'이 의미하는 바가 무엇인지, 그리고 이 개념이 어떻게, 왜 '학습 읽기'와 연결되지 못하는지에 대한 걱정으로 이어진다. 이 보고서는 그런 문제에 대해 깊이 논하지 않는다. 보고서 도처에서 만약 아이들이 보고서에서 말하는 이른바 '진정한 읽기(해독과 단순히 언어에 대한 사전적 이해)'에 참여하는 것을 배운다면, 그 후에 학교에서 학습할 수 있고 (학업에) 성공할 수 있다고 가정한다. 그러나 4학년 슬럼프는 이러한 가정이 틀렸음을 충분히 입증한다.

이 보고서에 드러나는 읽는 내용에 대한 무신경한 태도(읽기는 바로 무언가를 읽는 것으로서 읽기이지, '읽기 기능'을 발달시키는 총칭적인 읽기가 아니라는)는 독해력에 대해 늘어놓은 다음의 말에서도 찾아볼 수 있다.

읽기의 어려움을 예방할 필요충분조건을 보여 주는, 독해력 발달에 대한 추적은 읽기 성장과 관련된 다른 측면만큼 연구되지 않았다. 사실 케인 (Cain, 1996)은 '초기 읽기 지도가 독해력보다는 단어 인식을 강조하기 때문에 미숙한 독자의 어려움은 대개 교사의 눈에 띄지 않고 넘어간다'는 점에 주목한다.

(Snow et al., 1998: 77)

여기서 이 보고서의 역설에 주목해 보자. 보고서에서는 케인이 이 연구가 단어 인식에 집중하기 때문에 우리가 독해력의 어려움을 조금밖에 알 수 없다고 주장한 것을 인정하고 있다. 그러나 보고서는 마치 우리가 독해력의 어려움에 대해 몰라도 무방한 것처럼 태평하게 해독과 단어 인식에 집중하며 그러한 지식의 부재 속에서 읽기 지도를 권장한다. 물론 보고서는 독해 기능을 가르칠 것을 요구한다. 하지만 그 지도는 모두 일반적인 것(요약하기 또는 읽는 동안 스스로 질문하기 등과 같은 것)이다. 특정 장르와 실천들을 학습하는 것에 대한 세부적인 내용에 근거하지 않고, 다른 종류의 내용(즉 과학, 문학 또는 수학)을 학습하는 것에 대해서도 언급하지 않는다.

그러나 읽기는(그리고 이 점에 대해서는 말하기도) 항상 그리고 오직 특정한 목적이나 내용에 부합하는 구체적인 실천과 장르 안에서 이루어진다. 그리고 정말로 4학년 슬럼프를 부채질하는 것은 특정한 실천과 장르 안에서 언어와 리터러시를 사용할 때 아이들이 겪는 어려움이다.

보고서는 미숙한 독자가 미국의 특정 민족 집단과 가난한 도시 인근 지역 및 시골 마을에 집중적으로 분포되어 있다는 것을 잘 알고 있다(Snow et al., 1998: 98). 사실 보고서에서는 강조하지 않았지만 이것이 미국에서 '읽기'의 진정한 '위기'이다. 여기에서도 우리는 역설에 직면하게 된다. 우리가 시작할 때 인용한 보고서의 해당 부분으로 돌아가 보자.

> 읽기 성취의 평균은 최근 20년 간 두드러진 변화가 없다(NAEP, 1997). 그리고 1970년에서 1980년까지 흑인 아동의 성취 증가 추이를 보면, 흑인과 백인 간 격차는 지난 16년 동안 거의 변함없이 그대로이다. …(중략)…
>
> 미국인은 읽기와 관련해 국제적 비교 평가에서 잘하는 것으로 나타난다. 비교해서 말하면 과학이나 수학 성적보다 훨씬 좋다. 1992년의 연구에서 18개 서구 국가의 9세 아동의 읽기 수준을 비교했는데, 미국 학생은 핀란드에 이어 두 번째로 높은 수준의 점수를 받았다.
>
> (Snow et al., 1998: 97-8)

여기에서 보고서는 1960년대 말에서 1980년대 초, IQ 검사와 여러 종류의 검사 점수들의 백인-흑인 간 격차가 급속히 줄어들고 있었다는 쟁점을 거론한다(Barton & Coley, 2010; Neisser, 1998; Jencks & Phillips, 1998). 이렇게 고무되었던 성과는 1980년대에 중단되었다. 사람들은 틀림없이 읽

기에 대한 보고서가 읽기 점수에서 백인-흑인 간 격차가 좁혀지게 하는 요
인들을 고려한 거라고 생각했을 것이다. 분명히 이들 요인은 그게 무엇이
든 간에 강력한 '읽기 개입'이었다. 왜냐하면 그것이 '위기에 처한' 아이들
의 읽기 점수를 상당히 높였기 때문이다. 그러나 그 보고서는 그에 대한 관
심은 보여 주지 않는데, 짐작하건대 그 요소들이 사회적이고 문화적인 것
으로, 교실 지도 방법과 지엽적으로 관계있는 게 아니었기 때문일 것이다.

이는 논란거리이긴 하지만(Barton & Coley, 2010; Neisser, 1998;
Jencks & Phillips, 1998), 그 요소들은 아마도 거의 1980년대와 1990년대
에 해체된 사회 프로그램 부류들(이들은 본래 존슨의 가난과의 전쟁에서 유래
되었다)과 긴밀하게 이어져(Grissmer et al., 1998: 221-3) 미국 사회의 차별
을 약화한 것으로 보인다. 문제의 핵심을 '진정한 읽기'로 간주하는 그 보
고서와 같은 입장은 그런 사회적 프로그램을 읽기의 핵심으로 여기기 쉽
지 않았을 것이다. 그렇지만 역설적이게도 백인-흑인 간 격차가 좁혀지는
동안 읽기 시험이 이루어 낸 성과는 더 컸는데(Hedges and Nowell, 1998),
이것은 보고서가 논의하고 지지한 그 어떤 개입(예를 들어 조기 음운 인식 훈
련)의 성과보다도 양적으로 더 많다.

다음 진술은 보고서에 자주 등장하는 형편이 어려운 소수인종 아동 문
제에 대해 명백하게 모순에 가까운 현실을 보여 준다.

75% 이상이 무료 또는 할인된 가격의 점심을 받는(이는 고도 빈곤의 척도
이다) 학교 학생들의 1학년 가을 학기 평균 점수는 대략 백분위 44에 위
치했다. 3학년 봄 학기에는 이러한 차이가 상당히 확대된다. 고도 빈곤 지
역에 살고 있는 아이들은 그들의 최초 읽기 기능 수준에 상관없이 더 뒤처
지는 경향이 있다.

(Snow et al., 1998: 98)

이 아이들이 최초 읽기 기능 수준에 상관없이 갈수록 점점 더 뒤처진다면, 어떻게 '진정한 읽기'에서 보고서가 추천한 조기 음운 인식과 해독에 대한 명확한 지도와 같은 방법으로 그들의 최초 기능 수준을 향상하도록 도와줄 수 있을까?

결국 우리는 인종차별과 권력의 문제에 이르게 된다. 이런 쟁점은 '단지 정치적인' 것으로, 읽기와 읽기 연구에 직접적으로 관련되지 않는다는 생각이 일반적이다. 학술원의 보고서는 확실히 그런 분위기에서 쓰인 것이다. 그러나 실은 인종차별과 권력은 정치적인 문제일 뿐만 아니라 인지적인 문제이기도 하다. 아이들은 가정에서의 자신의 정체성에 대해 적대적이고, 이질적이며, 억압적인 교사와 학교에 동질감을 느끼지 않을 것이다. 심지어 아이들은 교사와 학교에 동질감을 느끼기를 거부할 것이다(Holland & Quinn, 1987).

클로드 스틸의 뛰어난 연구(Steele, 1992; Steele & Aronson, 1995, 1998)는 인종, 인종차별, 고정관념 등의 문제가 촉발되는 평가의 맥락에서는 매우 능숙한 학습자조차도 심각하게 능력이 떨어진다는 것을 입증했다(스틸이 한 연구의 중요한 후속 논의인 퍼거슨의 연구 참조, Ferguson, 1998). 스틸은 사람들이 시험을 볼 때 어떻게 읽는지 분명히 보여 주고, 문화적 고정관념의 희생양이 될지도 모른다는 두려움이 증가하면 읽기 방법을 바꾼다는 것을 보여 준다.

소수인종이나 여성이 시험을 칠 때 실패에 대한 고정관념(예를 들어 여성이나 아프리카계 미국인은 수학을 못한다는)이 언급되면, 그들의 수행은 그런 고정관념이 촉발되지 않는 상황에 비해 심각하게 나빠진다. 통제된 텍스트에 기반한 음운 인식 따위를 강조하는 사이에 이런 광범위한 문제를 무시한다면, 단지 '정치적인 것'만 무시하는 게 아니라 우리가 학습과 리터러시에 대해 아는 것까지 무시하게 된다.

사실 여기에서 더 나아갈 수 있다. 스틸의 연구에 따르면 만연한 불평등의 문화에 관한 논의 없이 읽기 평가, 개입, 지도를 논하는 것은 잘못된 것이다. 불평등의 문화는 가난한 소수인종 아이가 숙련되지 못하게 하고, 다른 종류의 평가, 개입, 지도가 필요함을 시사한다. 이는 정치적인 것이 아니라 실증적으로 검토된 문제다.

학술원 보고서는 '읽기의 위기reading crisis'를 불평등의 위기로 정의하지 않는다(심지어 지난 역사보다 오늘날 더 나빠지고 있지만). 당연히 그렇게 정의했어야 하는데도 그러지 않았다. 보고서는 오히려 현 상황에서 읽기 점수가 학생 인구 대다수의 경우에 하락하지 않았다고 보고, 읽기의 위기는 과학기술 중심 사회에서 높은 수준의 리터러시가 요구되기 때문에 비롯되었다는 현재 시류를 언급하고 있다.

물론 대부분의 아이는 읽기를 꽤 잘 배운다. 이 보고서에서 우리는 교육 성취가 낮은 미국의 많은 아이에게 관심이 있다. 왜냐하면 그들은 독해력이 확보될 만큼, 그리고 갈수록 치열해지는 경제적 요구를 충족할 만큼 잘 읽지는 못하기 때문이다. 현재 읽기의 어려움은 리터러시의 절대적 수준 저하가 아니라, 대체로 리터러시에 대한 요구 증가에 따른 것이다. 과학기술 사회에서 더 높은 리터러시에 대한 요구가 계속 증가할수록 이런 능력이 부족한 이들에게는 더욱 비통한 결과가 일어날 것이다.

(Snow et al., 1998: 1)

이는 평범한 주장이지만, 사실 현대 과학과 테크놀로지는 특히 1990년대 이래로 컴퓨터나 다른 과학기술 장치들이 인간의 기술을 대체한 덕분에 리터러시의 요구 수준이 높지 않은 직업을 많이 창출했다는 사실을 무시한 것이다(Aronowitz & Cutler, 1998; Aronowitz & DiFazio, 1994; Carnoy et al., 1993; Gee & Hayes, 2011, Gee, 2013; Reich, 1992, 2000). 이것은 단지 서비스 부문의 직업뿐 아니라 새로운 테크놀로지가 일부 전문 인력을 단순한 기술직으로 전환시킨 공학, 생명과학과 같은 많은 상위 직업군에서도 마찬가지이다. 과학과 공학으로 인해 리터러시에 대한 요구가 증가한 직업과 오히려 리터러시에 대한 요구가 감소한 직업 중 어느 범주가 더 많은가에 대해서는 오늘날 여러 논란이 있다.

학술원 보고서 전체와 마찬가지로 이 주장은 또한 과학기술 중심으로 움직이는 우리 사회에서 리터러시가 급격히 변화하고 있다는 사실을 무시한다. 오늘날 성공을 위해 중요한 요소로 여겨지는 것은 평생학습, 혁신, 테크놀로지적이며 기술적인 학습, 복합성과 복합 시스템, 윤리적 사고와 다른 이들과의 협력 가능성(예를 들어 직장에서의 팀 업무), 그리고 다양한 타인들과의 작업이다(Gee & Hayes, 2010, 2011). 보고서는 학생들에게 21세기의 직업에 대비할 것을 요청하면서, 읽기는 '딕과 제인Dick and Jane* 수준에 억지로 초점을 맞추고 있다(더 재미있는 텍스트들일지라도). 앞으로 올 세상은 모든 연령의 사람들에게 복합적인 새로운 리터러시를 요구할 것이고, 우리는 단지 4학년 슬럼프 문제가 아니라 빠르게 진행하는 변화를 따라가는 데 실패하는 '생애 슬럼프 문제'에 직면할 것이다. 보고서는 이 맥락에서 이를 거의 중요하지 않은 문제로 얼버무렸다(역설적으로, 그 보고서에서 우리에게 빈곤 문제를 넘어서는 새로운 '읽기의 위기'가 있음을 보인 유일한 맥락인데 말이다).

읽기를 가르치는 것은 너무나 자주 정치적 논쟁거리가 되어 왔고, 다양한 '방법'이 상대편에 의해 단지 '이데올로기적'인 것으로 여겨져 왔다. 아이들이 학교에 다니기 전에 집에서 읽기를 미리 배워 두지 않은 경우 교

....

* 아주 기초적인 수준을 뜻한다.

사가 해독 기능과 독해 전략을 가르치는 것은 중요하다. 발음 중심의 어학 교수법을 최적으로 가르치는 경우라면, 그것을 단지 '보수'의 음모라고만 할 수는 없다. 그러나 읽기 학습이 복잡한 세상에서 배우고 살아가는 평생 학습 기능 획득을 위한 발달적 궤도에서 중심이 되어야 한다는 것 또한 중요한 문제이다.

4장
───

사회적 실천으로서의 리터러시

요 약

이 장에서는 이 책 전체를 관통하는 주장을 시작하려고 한다. 1980년대 초기에 시작된 운동의 하나인 뉴 리터러시 연구New Literacy Studies: NSL와 함께 리터러시는 정신적 능력a mental ability이 주된 것이 아니라 다양한 사회문화적 실천들sociocultural practices을 아우르는 총칭이라는 주장을 소개하겠다. 리터러시는 사회화, 문화화 그리고 사회문화 집단과 학교, 제도의 발달과 연관되어 있다. 리터러시는 현재 상황을 묵인하는 원천이 될 수도 있고 해방의 원천이 될 수도 있는데, 우리가 리터러시를 학교와 사회를 변화시키고자 하는 활동가의 맥락에 둘 때만 해방의 원천이 될 수 있다.

뉴 리터러시 연구

3장에서 여러분은 리터러시에 대해 이야기하는 것이 더 큰 사회적·정치적 쟁점들을 말하기 위한 간접적인 방편임을 확인했을 것이다. 그러나 여전히 리터러시를 정신적 현상이 아니라 사회적 현상으로 봐야 할 근거를 확인하지는 못했을 것이다. 리터러시에 대한 전통적인 관점에서는 오히려 단순한 용어들로 이를 정의한다. 말하자면 리터러시는 읽기 그리고 (종종) 쓰기의 능력, 즉 우리의 인지적 능력이라는 것이다.

그러나 이때 읽기나 쓰기를 할 수 있다는 것은 무엇을 의미하는가? 전통적인 관점에서는 이 역시 간단하게 답한다. 읽을 수 있다는 것은 글을 해독할 수 있다는 것이고, 쓸 수 있다는 것은 언어를 시각적인 형태로 부호화할 수 있다는 것이다. 물론 전통주의자는 독자가 의미를 텍스트의 단어와 문장의 결과로 봐야 한다고 생각한다. 즉, 독자는 텍스트의 전체와 부분들을 해석해야 한다.

전통주의자에게 해석은 마음에서 일어나는 문제다. 독자가 해당 언어를 알고 글을 해독할 수 있고 글쓰기에 요구되는, 필연적인 추론을 끌어내는 데 필요한 배경이 되는 사실들을 안다면, 그의 머릿속에서 '올바른' 해석을 해낼 수 있다. 그리고 이 올바른 해석은 모든 능숙한 독자에게 대체로 동일하다.

물론 전통주의자는 시, 수수께끼, 소설, 종교 문헌과 같은 텍스트의 '숙련된fancy' 해석이 있음을 알고 있다. 그러나 그들은 읽기가 근본적으로 누군가의 머릿속에서 텍스트의 기본 해석을 하는 것, 즉 텍스트의 '문자 그대로의' 해석을 하는 것이라고 주장한다. '더 숙련된' 해석은 '더 숙련된' 사람, 전문가(예를 들어 문학비평가)와 다양한 부류의 지도자(내부자, 전문가)를 위한 것이다.

1980년대에 일군의 학자들이 이와 같은 리터러시의 전통적 관점에 대해 진지하게 문제를 제기하기 시작했다. 그들은 '무엇이 리터러시인가?'라는 질문을 새롭게 제기함으로써 새로운 학제적 연구 분야를 시작했다. 이 분야는 이제 '뉴 리터러시 연구'로 일컬어지는데, 이 명칭은 1990년에 출간된 이 책의 초판과 1980년대부터의 나의 작업에서 처음 사용되었다.

이 작업은 많은 연구를 포함한다(Barton & Hamilton, 1998; Cook-Gumperz, 1986; Gee, 1987, 1988, 1989a, 1992; Gumperz, 1982b; Halliday, 1978; Halliday & Hasan, 1989; Heath, 1982, 1983; Hull & Schultz, 2001; Hymes, 1980; Kress, 1985; Lankshear, 1997; Lankshear with Lawler, 1987; Lankshear & Knobel, 2007; Rose, 1989; Scollon & Scollon, 1981; Street, 1984; Wells, 1986; Wertsch, 1991; Willinsky, 1990). 이후의 연구는 교사들과 함께하는 작업으로 강력한 전환을 하게 되었다(Larson & Marsh, 2005; Pahl & Rowsell, 2005, 2006). 또한 사회인지의 관점에서 이루어진 연구들이 있다(Lave, 1988; Lave & Wenger, 1991; Rogoff, 1990; Rogoff & Lave, 1984; Scribner & Cole, 1981; Tharp & Gallimore, 1988).

리터러시를 사회적 실천으로 바라보는 관점에 관한 논의

뉴 리터러시 연구는 한 가지 역설을 떠올리게 한다. 리터러시를 단순히 읽기와 쓰기 능력으로 정의하는 것은 제대로 정의하는 게 아니다. 왜 그런지를 알기 위해 우리는 간단한 논의 하나를 살펴봐야 한다. 그 논의는 귀류법a reductio ad absurdum의 구조에 대한 것이다.

전통적 관점에서는 리터러시를 심리학적으로 정의된 읽기와 쓰기 능력으로 여긴다. 우리의 소박한 주장은 읽기(또는 쓰기)가 리터러시에서 중요하다는 것에서 시작하는데, 바로 이 전제 자체가 결과적으로 읽기(또는 쓰기)가 사람들이 생각하는 것만큼 리터러시에서 그렇게 중요한 역할을 하지는 않는다는 생각이 들게 할 것이다. 나는 읽기와 관련 있는 주장에 대해 설명할 것이다. 이 논의를 읽기 대신 쓰기와 관련지어도 아주 비슷할 것이다.

그 주장은 리터러시가 읽기 능력과 관련이 없다면 아무런 의미가 없다는 것이다. '읽다Read'는 타동사다. 그러므로 리터러시는 무언가something를 읽을 수 있는 것과 관련 있어야 한다. 그리고 이 무언가는 항상 특정한 유형의 텍스트일 것이다. 여러 다른 유형의 텍스트들은(예를 들어 신문, 만화책, 법률 서적, 물리학 텍스트, 수학 책, 소설, 시, 광고 등) 다른 유형의 배경 지식이 필요하고, 유의미하게 읽히기 위해 다른 기능들이 요구된다.

한 단계 더 들어가 보자. 누군가 텍스트가 뜻하는 바를 모른다면, 아무도 그가 주어진 텍스트를 읽을 수 있다고 말하지 못할 것이다. 그러나 우리가 어떤 텍스트에서 주고받는 의미에는 매우 다른 층위가 있다. 어떤 텍스트가 읽힐 수 있는 방식은 여러 가지이다. 당신은 친구의 편지를 단순한 기록, 친구의 마음 상태에 대한 암시, 친구의 미래 행동에 대한 예측으로 읽을 수 있다. 당신은 한 편의 소설을 그 시대와 장소의 전형으로 읽을 수도 있고, 다양한 경험이나 다양한 '예술', 삶의 지침 등으로 읽을 수도 있다.

여러 가지 방식으로 텍스트를 읽는다는 이런 생각을 구체적인 예를 들어 좀 더 상세화해 보겠다. 그레고리라는 한 남자가 예전 여자 친구 애비게일에게 모욕을 준 짤막한 이야기에 속한 다음 문장을 보자. '상심하고 낙담한 애비게일은 슬러그에게 가서 자신의 비통한 사연을 털어놓았다. 애비게일에게 동정심을 느낀 슬러그는 그레고리를 찾아가 무자비하게 때렸다 (Heartsick and dejected, Abigail turned to Slug with her tale of woe. Slug, feeling compassion for Abigail, sought out Gregory and beat him brutally).' 한 연구에 따르면(Gee, 1989b, 1992-3) 어떤 독자들(우연히도 아프리카계 미국인)은 이 문장들이 애비게일이 슬러그에게 그레고리를 때리도록 말했음을 이야기하는 것이라고 주장했다. 그러나 다른 독자들(우연히도 아프리카계 미국인이 아닌 이들)은 이 문장들이 그런 사실을 말하고 있지 않다고 주장했다. 그들은 아프리카계 미국인들이 그 문장들을 잘못 이해했다고 주장한다.

아프리카계 미국인들은 다음과 같이 대답했다. '당신이 비통한 사연을 털어놓으며 누군가, 특히 '슬러그'라는 사람에게 매달린다면, 당신은 그에게 폭력적인 방법으로 무언가를 해 달라고 가장 확실히 요청하는 것이며, 그렇게 했을 때 책임은 분명 당신에게 있다.'

여기서 핵심은 사람들이 각기 다른 방식으로 이 문장들을 읽는다는 것이며, 이때 다른 사람들은 '잘못' 읽었다고 생각한다는 것이다. 한 집단이 문장을 '부정확하게' 읽었다고 생각한다면, 그들이 읽기라고 주장하는 바로 그 행위는 그 문장을 읽는 한 방식이고 그 문장이 반드시 읽혀야 하는 방식에 우리가 이의를 제기할 수 있음을 시인하는 것이다. 그리고 우리는 누가 여기서 '당연한 것'을 결정하고 왜 그렇게 하게 되는지에 대해 질문할 수 있다. 우리가 아프리카계 미국인들이 텍스트를 지나치게 '넘어서는' 극단적인 해석을 했다고(또는 다른 이들에게는 그렇게까지 충분한 내용은 아니라고) 말한다면, 우리는 이때 '얼마나 멀리' 해석할 것인가, 무엇이 텍스트를 읽는 하나의 방식(또는 유일한 방식)으로서 중요한가에 대한 쟁점이 여전히 존재함을 수긍하는 것이다.

지금까지 우리는 리터러시가 읽기와 무슨 관계가 있든, 읽기는 적어도 어떤 방식이나 수준에서 특정한 유형의 텍스트를 읽기 위한 다층적인 능력들로 자세히 설명되어야 한다고 결론을 내렸다. 여기에는 많은 능력들이 있는데, 이것은 각기 다른 리터러시의 한 유형, 일련의 서로 다른 리터러시

가운데 하나다.

이 논의의 다음 단계를 질문해 보자. 한 사람이 특정한 유형의 텍스트를 특정한 방식으로 읽는 능력을 어떻게 습득하는가? 이에 대해 리터러시에 대한 사회문화적 접근을 지지하는 이들은 리터러시의 습득과 발달에 관한 문헌에서 다음과 같이 주장한다(Barton & Tusting, 2005; Cazden, 2001; Garton & Pratt, 1989; Gee, 2004; Gonzalez et al., 2005; Heath, 1983; John-Steiner et al., 1994; Schieffelin & Gilmore, 1985; Scollon & Scollon, 1981; Taylor, 1983; Taylor & Dorsey-Gaines, 1987; Teale & Sulzby, 1986; Lave, 1988; Lave & Wenger, 1991; Wenger, 1998; Wells, 1986). 특정한 유형의 텍스트를 읽는 특정한 방식은 오직 사회적 실천의 구성원이 됨으로써(견습생이 됨으로써) '유창한' 또는 '모어 화자와 같은' 방식으로 습득된다. 이때 사회적 실천은 사람들이 특정한 방식으로 특정한 유형의 텍스트를 읽는 것뿐 아니라 특정한 방식으로 그런 텍스트에 대해 말하고, 텍스트에 대한 태도와 가치를 수용하고, 특정한 방식으로 텍스트와 사회적 상호작용을 하는 것을 의미한다.

X 유형의 텍스트를 Y 방식으로 읽는 상황settings에 대한 경험이 없으면 사람들은 X 유형의 텍스트를 Y 방식으로 읽도록 배울 수 없다. 그 상황들은 같은 종류의 관심사(야구, 카드, 만화책, 체스, 정치, 소설, 영화 등과 같은 종류)를 함께하는 다양한 사회제도(교회, 은행, 학교, 관공서 또는 사회적 집단)이다. 사람들은 X 유형의 텍스트를 Y 방식으로 읽기 위해 다른 사람들에게는 이미 익숙한 실천에 사회화되어야 한다. 그렇기 때문에 우리는 리터러시에 대해, 이를테면 완전히 뒤집어 생각해 볼 수 있고, 실천들 자체보다 오히려 그런 실천들을 동반하는 사회적 제도나 집단에 더 주목할 수 있다. 이 과정에서 특이한 점을 발견하게 되는데, 그러한 사회적 집단의 실천이 반드시 리터러시 차원의 것만은 아니라는 것이다. 그것은 이야기 나누

기talking, 상호작용하기interacting, 생각하기thinking, 가치판단하기valuing, 신념 형성하기believing 등의 방식도 포함한다.

더욱이 우리가 그러한 사회 집단의 실천을 바라볼 때, 이것을 리터러시 실천Literacy practice으로서 다른 실천과 분명히 별개인 것으로 분리하기는 거의 불가능하다. 리터러시 실천은 거의 항상 이야기, 상호 행위, 가치와 믿음 등에 관련된 그야말로 더 폭넓은 실천들의 짜임으로 완전히 통합되고 얽혀 있다(Barton & Hamilton, 1998; Gee, 2004; Heath, 1983; Lareau, 2003; Scollon & Scollon, 1981; Shuman, 1986; Scribner & Cole, 1981). 우리가 흰 칸을 빼고서 체스판을 가질 수는 없듯이 전체 사회적 실천에서 리터러시를 잘라 내거나 전체 실천으로부터 리터러시인 부분과 리터러시가 아닌 부분을 따로 떼어낼 수는 없다.

리터러시에 대해 사회문화적 접근을 취하는 사람들은 리터러시가 필연적으로 많은 '좋은' 것들로 이어진다는 생각, 이른바 '리터러시 신화'(Graff, 1979; Gee, 2015)가 하나의 '신화myth'에 불과하다고 믿는다. 왜냐하면 역사적 조건과 사회적 실천에서 분리해 낸 리터러시 자체로는 효력이나 적어도 예측할 만한 영향력이 없기 때문이다. 오히려 영향력이 있는 것은 역사적·문화적으로 자리 잡았던 사회적 실천이다. 그러한 사회적 실천에서 읽기와 쓰기는 단지 일부, 즉 각기 다른 사회적 실천에서 구성되고 자리했던 일부분일 뿐이다. 예를 들어 학교에서의 쓰기와 읽기는 다양한 종교적 실천들과는 다른 영향력을 가지며(Kapitzke, 1995; Scribner & Cole, 1981), 〈유희왕Yu-Gi-Oh〉 게임과 같은 대중문화의 실천들에 포함된 읽기와 쓰기와도 다른 영향력을 가진다(Gee, 2004, Gee & Hayes, 2010). 그뿐 아니라 다층적인 학교 기반의 실천, 다층적인 종교적 실천, 다층적인 대중문화의 실천은 각기 다른 다층적 영향력을 지닌다.

아스피린 병의 문제

내가 논의하고 있는 리터러시에 대한 접근과 리터러시에 대한 정말 '학술적인' 논의에서는 리터러시에 대한 공통적인 반론이 존재한다. 나는 이것을 '아스피린 병의 문제the aspirin bottle problem'라고 부른다.

그 반론은 '기능적 리터러시' 프로그램의 지지자들과 '성인 리터러시'에 관심 있는 사람들에 의해 주로 제기된 것으로 다음과 같다. 텍스트의 유형과 의미 방식에 대한 이 모든 것들이 다 훌륭하고 멋지다. 하지만 아스피린 병 뒷면을 읽을 수 없어서(10학년 수준으로 쓰여 있다든지 하는 이유로) 자신이나 자녀에게 해를 입힐 수도 있는 사람에게는 어떤가? 사회적 실천에 대한 수많은 이론은 아스피린 병의 뒷면을 어떻게 다루고 있는가? 이 이론들은 다층적 읽기와 제임스 조이스 소설의 깊이에 대해서는 논할 수 있겠지만 아스피린 병 뒷면을 읽을 수 없는 실직자에 대해서는 설명하지 않는다. 거기에는 병에 적힌 경고를 읽는 한 가지 방식만 있을 뿐이고, 언어학이나 문학 비평에서의 수많은 이론은 아무런 관련도 없고 도움도 되지 않는다.

실제로 나는 아스피린 병의 문제에 꽤 공감하며, 이것이 중요한 문제를 제기한다고 생각한다. 이제 바로 아스피린 병의 뒷면을 보자(이따금 경고문이 변한다. 우리는 9장에서 또 다른 버전을 보게 될 것이다).

경고: 이 병과 모든 약은 어린이의 손이 닿지 않는 곳에 보관하십시오. 다른 약물과 마찬가지로 임신 중이거나 수유 중인 경우, 이 제품을 복용하기 전에 의료 전문가에게 조언을 구하십시오. 우발적으로 과량 투여한 경우 즉시 내과 의사나 독극물관리센터에 연락하십시오.

자, 이 텍스트는 쓰인 수준은 차치하고서라도 정말로 이상한 표현이다. 우선 '경고'라고 말하지만, 확실히 일반적인 경고처럼 보이지는 않는다. 경고는 사람들에게 이보다 더 직접적인 방식으로 위험을 알린다. 게다가 이 경고는 다른 특이한 양상도 있다. 예를 들어 이 경고가 이 약뿐 아니라 모든 약물에 적용되는 사실임을 언급하고 있다. '다른 약물과 마찬가지로'라는 문구는 '이 약을 포함한 모든 약은 아이나 임산부에게 위험하다'라 일반화가 사람들에게 공유된 상식임을 의미한다. 이는 사실 전체 메시지가 본래 무엇을 말해야 하는지 이미 알고 있는 독자를 상정했음을 뜻하는 것이다.

임산부의 경우에는 '의료 전문가'에게 조언을 구하고 '과량 투여'의 경우에는 '내과 의사'에게 연락하라는 표현의 대조 또한 주목해 보자. 짐작건대 이 대조는 독자가 임산부를 대상으로 하는 의료 서비스 제공자의 범주가 응급실에서 독극물을 다루는 사람보다는 광범위하다는 것을 알고 있음을 가정한다. 이때 '과량 투여' 앞에 '우발적으로'라는 단어를 사용한 점에 주목하자. 의도적으로 과다 복용한 사람이라면 의사나 독극물관리센터를 부르지 않을 거라고 가정하는 것인가?

다음으로 '즉시'가 의미하는 것을 보자. 약병에 있는 복용량 정보는 24시간 내에 8정 이상을 복용하지 않도록 권고하고 있다. 이것은 내가 24시간 내에 9정이나 10정을 먹으면(물론 무심코) 당장 의사를 불러야 한다는 것을 의미하는가? 아니면 증상들이 나타나기를 기다려야 하는가? 그러면 그때는 즉시 부른 것이 아니다.

마지막으로 적어도 내 사전에서 나는 '과량 투여'라는 단어를 찾을 수 없다. 도대체 왜 이 '경고'의 글쓴이는 어려운 '과량 투여overdosage' 대신에 '과다 복용overdose'이라는 평범한 단어를 쓰지 않았는가? 사실 이 제약 회사는 나중에 나오는 경고에서 '과량 투여'를 '과다 복용'으로 바꾸었다.

물론 우리 모두는 지금 여기에서 무슨 일이 벌어지고 있는지 잘 안다. 이 회사는 병에서 '위험한'이라는 단어가 강조되기를 원하지 않는다. 약에 매우 민감해 다른 사람에게는 합당한 복용량이 해로울 수 있는 사람들뿐 아니라 해서는 안 되는 일을 하는 사람들에 의해 벌어질 소송을 미연에 방지하려는 것이다. 더 나아가, 독자들이 약물을 남용하지 않는 세상에 살고 있는, 지적이고 주류인 사람들이라는 이미지를 생성해 내고 싶어 한다(그리고 과량 투여보다는 과다 복용이 아마 약물 남용자들의 바람직하지 않은 세상을 너무 직접적으로 암시한다고 생각했을 것이다).

따라서 이 경고는 다음과 같은 방식으로 읽힐(해석될) 수 있는데, 이 방식은 내가 주장하는 이 텍스트의 완전히 '자연 상태natural'의 읽기(해석)이다(물론 이 한 가지 방식만 존재하는 것은 아니겠지만).

이 경고문을 보고 있는 당신은 성인 약을 아이에게 주지 말아야 한다거나 임신이나 모유 수유 중에는 특정한 약을 먹지 말아야 한다거나 '과량 투여'를 하지 말아야 한다는 것을 이미 알고 있다. 당신은 사실 이런 약이 해로울 수 있는 독극물임을 이미 안다. 하지만 만약 부주의로 어리석게도 당신의 지식에 반하는 행동을 한다면 우리를 탓하지 말라. 우리는 당신에게 경고했다. 당신이 이런 사람이 아니라면, 아마도 이것을 읽지 않았거나 적어도 이 라벨에 주의를 기울이지 않았을 것이다. 공식적으로 말하자면, 당신의 변호사가 법정에서 우리가 당신에게 경고하지 않았다고 말하지 않도록 하라. 당신이 불행히도 약에 민감하고 이 약의 소량조차 당신에게 해롭다면, 8정 이상이라는 것이 엄밀히 말하자면 '과량 투여'임을 우리는 이야기했고 이 역시도 당신에게 경고했다. 우리는 확실히 당신이 스스로를 다치게 하지 않기를 바라며, 세상이 일종의 주류를 위한 좋은 곳이 되기를 바란다. 사실 이러한 것 모두가 우리가 이 약을 더 많이 파는 데 유리하게 되어 있고, 이것이 우리의 주된 관심사다.

이제 '아스피린 병을 읽는다는 것'이 무엇을 의미하는가? 나는 우리가 단순 해독을 넘어서야 한다는 데 모두가 동의한다고 생각한다. 그 병이 약에 대한 일반화를 암묵적인 지식으로 두는 방식은 적어도 어떤 이들이 병을 '읽도록' 하려면 이러한 일반화를 그들에게 가르쳐야 한다는 결론으로 이어진다. 즉, 우리는 이 라벨을 보는 사람들이 주로 알아야 하거나 이미 알고 있다고 여겨지는 종류의 지식(의약품 일반과 아스피린이라는 특정 약품에 관한 것)들을 그들에게 가르쳐야 한다.

그러나 우리가 이 이상 얼마나 깊이 들어가야 할 것인가? 우리는 그들에게 텍스트의 특정 측면들이 독특한 사회관계를 만들어 내는 데 쓰이는 방식 또는 이러한 것이 사람이나 사회에 관한 가치와 연루된 방식임을 가르쳐야 할까? 그 약병을 '읽기' 위해 이런 것을 알 필요가 있을까? 우리의 '읽기 수업'에서 '독자'가 제약 회사, 사회적 관계, 사회구조에 대해 생각하도록 만들어야 할까?

이런 질문에 단번에 '그렇다'라고 대답하는 것은 읽기와 리터러시를 정치적이고 이데올로기적인 것으로 만드는 것이다. 사실 그렇다. '독자'가 읽기의 이런 면을 부인하는 것, 즉 그 약병의 라벨에 이데올로기적인 내용이 없고 '단순한' 메시지('아스피린을 주의하라!')만이 있는 척하는 것 또한 정치적인 것이다. 즉 제약 회사가 아닌 단지 약만이 사회적 영향력이 있다거나, 사람들에게 유해한 영향 관계를 맺을 가능성이 있는 체하는 건 정치적인 것이다.

아스피린 병 뒤에 나오는 경고는 모든 텍스트와 마찬가지로 다른 이해관계와 관심에 따라 다른 방식으로 읽힐 수 있는 유형의 텍스트다. 그것은 마치 시나 소설만큼이나 다양한 방식으로 읽힌다. 모든 텍스트는 가치와 사회적 관계에 관련되어 있다. 사람들은 특정한 방식으로 독해하는(그리고 그런 텍스트에 관해 특정한 방식으로 이야기하고, 행동하고, 평가하는) 사회 집단에 속함으로써 앞서 내가 언급한 것과 같은 방식으로 아스피린 병을 읽는다. 아스피린 병을 읽는 어떤 방법이든, 그런 텍스트에 관해(거기에 '중립적인', '비사회적인', 무정파적인 읽기란 없다) 특정한 방식으로 읽는(행동하고, 이야기하고, 평가하는) 특정한 사회 집단의 견습 생활apprenticeship을 수반한다. 그래서 그 선택은 어떤 '리터러시 프로그램'에서든 "나는 어떤 사회 집단의 견습생이 되는가?"라는 질문에 대한 답이자 결과이다.

이제 주요 사항을 요약하고 이 장을 결론짓겠다. 텍스트와 읽기의 다양한 방식은 개인의 정신(또는 생태학)의 완전체가 아니다. 그 방식들은 사람들의 다양한 집단 속에서 만들어진 사회적이고 역사적인 발명품이다. 어떤 텍스트가 특정한 방식으로 읽히는 사회적 상황과 배경에 접근하고 거기에서 풍부한 경험을 함으로써 사람들은 항상 특정한 방식으로 특정한 유형의 텍스트를 해석하는 것만 배운다. 사람들은 특정한 사회적 실천으로 사회화되고 문화화된다. 사실 우리는 제각각 수많은 사회 집단과 사회제도에 의해 사회화된다(교회, 은행, 학교, 관공서 등을 생각해 보자. 또는 정치학, 만화책, 환경처럼 어떤 관심사를 둘러싸고 정의된 집단, 또는 동네 술집, 공동체 센터, 법정, 청소년 또래 집단이 다니는 거리처럼 특정 장소를 둘러싸고 정의되는 집단을 떠올려 보라).

리터러시가 해방의 도구로 사용될 수 있을지, 아니면 주어진 현재 상황을 반복하면서 현 상황을 옭아매는 사회적 실천을 수행하는 도구로 사용될지에 대한 의문 제기는 어떤가? 이런 의문 제기는 사실상 리터러시에 대한 질문이 아니다. 최소한 전통적으로 이해했던 리터러시에 대한 질문은 아니다. 하지만 이러한 문제 제기는 다양한 유형의 텍스트와 그것을 해석하는 다양한 방식에 동의하는 다양한 사회적 집단과 제도가 변화될지, 아니면 그러한 사회적 집단과 제도가 해방을 위한 세력을 형성할지의 문제로 귀결된다.

학교만으로는 사회를 변화시킬 수 없다. 현재 심각하게 증가하고 있는 불평등의 시대에 우리는 새 사회가 사회적 공정성과 모두를 위한 기회를 추구하도록 만들어야 한다. 그럼에도 학교는 사회의 계층구조를 영속시키거나 변화시키는 사회제도의 결정적인 예이다. 개개인이 가정이나 또래 집단을 넘어서는 실천을 사회화하고 '공적 영역public sphere'으로 진입하게 되는 것은 적어도 서구 사회에서는 학교에서이다(Sennett, 1974). 학교는 우리가 '공동체에 기반한' 사회제도(및 서로 다른 리터러시)와 공공 제도(및 서로 다른 리터러시)라고 부르는 것 사이에서 중재한다(Vygotsky, 1978). 이때 해방을 위한 질문은 학교가 변화될 수 있는지에 대한 쟁점 또한 포함한다. 내게는 답이 없지만, 레이먼드 윌리엄스의 다음과 같은 말에서 한 가지 대답을 끌어낼 수 있다.

그것은 오직 세력과 기회의 균형이 깨지는 실천적 대안이 있다는 공유된 믿음과 저항 속에 있다. 불가피한 것들이 도전을 받으면, 우리는 희망의 여정을 시작한다. 쉬운 답이 없다 해도 어렵지만 찾을 수 있는 답들이 여전히 있고, 그 어려운 답을 우리는 배우고 찾아 공유할 수 있다. 이는 처음부터 긴 혁명의 정신과 자극제가 되어 왔다.

(Williams, 1983: 268-9)

5장

구술성과 문식성의 대분화

요 약

이번 장에서는 이전의 '구술문화와 문자문화'에 대한 이분화 관점의 붕괴에서 우리가 앞서 '뉴 리터러시 연구'라고 불렀던 리터러시 연구에 대한 사회문화적 접근이 어떻게 시작되었는지에 관해 논의한다. 단순한 하나의 리터러시가 아닌 사회적 실천의 복수형으로서 서로 다른 리터러시는 과거의 이분화 관점에 대한 해체이자 리터러시에 대한 보다 현대적인 접근이다.

리터러시

지난 장에서는 리터러시를 읽고 쓰는 능력으로 파악하는 전통적인 관점이, 리터러시에서 사회문화적 맥락을 제거하고 이를 비非사회적인 인지 기능으로 다룬다는 것에 대해 논의했다. 그것은 리터러시가 이데올로기, 사회적 정체성, 권력과 관련됨을 은폐하고, 종종 특정 유형의 리터러시와 특정 유형의 사람들을 특권화하는 데 기여한다.

전통적 관점 하의 리터러시에는 몇 가지 주장이 있어 왔다. 전통적으로 리터러시는 '구술문화' 대 '문자문화'라는 대분화의 기본 논리 속에서 논의되어 왔고, 리터러시는 '현대의', '교양 있는', '복합적' 문화의 필수 요소로 여겨졌다. 또한 리터러시는 개인의 지성을 최고 수준으로 높일 수 있도록 이끌어 준다고 여겨진다. 그러나 이전 장에서 우리는 다양한 사회적 배경 속에서 리터러시의 영향력은 달라질 수 있으며, 리터러시는 사회적 배경과 결코 분리될 수 없다는 것을 논의했다.

'뉴 리터러시 연구'로 알려진 연구물은 1980년대와 1990년대에 전통적인 리터러시 개념을 대체하기 위해 시작된 것으로, 사회문화적 접근 방식을 따르고 있다. 이 장에서는 그러한 접근 방식을 따르는 핵심적인 연구물에 관해 논의한다.

원시적인 것과 문명화된 것

인간은 이분법적으로 생각하는 경향이 있는데, 그중 '원시적(야만적)인 것'과 '문명화된 것'의 이분법은 대중적 분야와 학문적 분야를 통틀어 가장 은밀하게 이루어져 온 대조이다. 이러한 대조는 하나는 절정기의 근대적

'인류'를 추적하는 데, 또 하나는 문명이 추방된 곳으로서 에덴동산과 같이 원시적인 것을 낭만화하는 데 이용되었다. 물론 두 방식 모두 정당화하기 어려운 것이다.

인류학적 연구에서 원시사회는 작고, 단일하고, 비문자적이며, 극도로 개인적이거나 강력한 연대 의식을 지닌 집단이라는 특징을 지닌다. 그들은 추상적인 규칙보다는 면대면 방식으로 통제되었다(Douglas, 1973; Evans-Pritchard, 1951; Musgrove, 1982). 다소 덜 진중하게 말한다면, 그들은 '신비스럽고 논리 전前 시기에 있던'(Levi-Bruhl, 1910), 추상적 사고를 할 수 없고, 비이성적이고 다소 유치한(키플링Kipling의 표현대로라면 '반半악마적이고 반半유아적인'), 그래서 근대 인류보다 열등한 것으로 나타난다('남성man'이라는 말은 의도적으로 쓰였는데, 근대 여성은 종종 야만인·아이와 현대 남성의 중간쯤으로 여겨졌기 때문이다, Gould, 1977: 126-35 참조).

이와 대조적으로 현대 도시사회는(현재 우리가 사용할 수 있는 '문명'에 대한 최선의 예시로서) 거대하고 다양한 사람들의 그룹, 광범위한 리터러시와 테크놀로지, 현대 과학으로 전형화할 수 있다. 도시는 인간미가 느껴지지 않는 사회적 관계들이 다수 존재하는 장소이며, 삶은 '인간 외적인 힘과 규칙들의 격자grids' 속에서 사는 것이다(Douglas, 1973: 88).

이러한 원시와 문명의 이분법은 현대 사회인류학에 의해 마침내 깨졌다. '원시사회'는 생각, 말, 행동 또는 어떤 진화적인 면에서도 원시적이지 않다. 루스 베네딕트와 마거릿 미드와 같은 인류학자들은 여러 원시사회의 실천들을 옹호했다(Benedict, 1959; Mead, 1928). 클로드 레비스트로스는 남아메리카 인디언 부족들이 사용한 자연 세계에 대한 분류가 실용적인 면에서뿐 아니라 지적인 면에서 생물학자들의 분류만큼이나 복잡하고 흥미진진하다는 것을 보여 준다(Levi-Strauss, 1963, 1966, 1975). 1930년대에 에번스 프리처드는 과학기술상으로 단순한 사회인 중앙아프리카 아잔

데Azande의 마술에 대한 관점들이 비이성적·비논리적인 신비가 아님을 논의하면서(Evans-Pritchard, 1951), 만약 우리가 마술에 대한 진술의 초기 전제를 받아들인다면, 이를 포함한 사고의 절차들은 과학적 사고를 포함한 것처럼 보일 거라고 주장했다. 로빈 홀턴은 아잔데 같은 이른바 '원시적인' 사람들이 비록 그것을 적용한 내용은 다르기는 하나, 실은 현대인과 동일한 사고의 요소를 사용한다는 것을 증명하기 위해 현대 과학적 사고의 요소를 분석하기도 했다(Horton, 1967). 사피어는 『언어Language』라는 자신의 고전에서 원시어는 없으며, 대다수의 원시 문화에서 사용하는 언어가 세계에서 가장 복잡한 언어에 속한다는 것을 입증했다(Sapir, 1921).

구체적 과학 대 추상적 과학: 원시와 문명의 구분을 기록하다

원시와 문명의 구분은 심지어 표면상으로 그 내용을 직접 다루지 않은 연구에서도 반복적으로 드러났다. 인류학에서 구조주의의 창시자인 레비스트로스는 원시 문화의 사고에서 원시적인 것은 없음을 입증했다(Levi-Strauss, 1963, 1966, 1975, 1979; 참고된 부분의 페이지는 모두 Levi-Strauss, 1966에 따른다). 그럼에도 그는 원시 문화와 현대 문화 사이에 나타나는 앎의 방식과 관련된 '두 개의 분명한 과학적 사고방식'의 차이를 소개하고 있다. 두 방식은 발전의 서로 다른 단계를 나타내지는 않는다. 다만 두 방식 차이의 본질은 과학적 탐구의 접근 방식이 서로 다르다는 것이다.

확실히 원시적 정신이 보이는 특징은 과학자들의 사고방식과 같지는 않다. 두 사례에서 세계를 바라보는 관점은 정반대다. 하나는 지극히 구체적이고, 다른 하나는 지극히 추상적이다. 하나는 감각적인 관점에서, 다른 하나는 더 형식적인 관점에서 진행된 것이다.

(269쪽)

이른바 '원시 문명'은 그들이 생각하는 방식을 창조하거나 만들기 위해 신화와 토템 체계의 질서를 따르는 자연 세계의 사건을 활용했다. 가령 '순수 토템 구조pure totemic structure'를 보면(115쪽), 자연 세계에서 곰과 독수리는 다르기 때문에 특정한 종(예를 들어 곰)과 연관되었던 특정 씨족clan은 다른 종(예를 들어 독수리)과 연관되었던 또 다른 씨족과는 다르다고 분류된다. 따라서 문화와 자연 사이에 일종의 상동성homology이 만들어졌다. 그러나 현대 과학에서는 자연 세계의 실물과 이미지가 아닌 수학적·논리적·언어적 추상 체계를 활용하여 세상을 이해하고, 이러한 체계를 통해 세상의 변화를 추구한다.

영향력 있는 통찰로서 레비스트로스는 지적인 브리콜라주bricolage*의 한 종류로 신화적 사고를 구성하는 이야기의 체계가 가진 특징을 이렇게 표현했다. 브리콜뢰르bricoleur(브리콜라주를 하는 사람으로, 딱 들어맞지는 않지만 영어로는 손재주가 있는 사람handyman 정도를 뜻한다)는 여러 가지 일을 수행하는 데 능숙하다. 현대 기술자와 다르게 브리콜뢰르는 특정 작업을 위한 연장tools을 제작하지는 않는다. 오히려 도구의 가능성을 닫지 않

....

* 　레비스트로스가 그의 저서 『야생의 사고(the savage mind)』에서 부족사회의 지성(知性)을 설명하기 위해 사용한 용어이다. 프랑스어 'bricolage(브리콜라주)'는 '여러 가지 일에 손대기'를 뜻하는 말로 '손재주' 또는 '손으로 하는 활동'과 관련된다. 레비스트로스는 철저한 계획과 설계도에 의존하여 창의적으로 문제를 해결하는 현대 엔지니어와는 달리, 원시 부족에서는 주변의 한정된 재료와 도구를 임시변통하여 일상의 문제를 해결하고 문화를 만들어 낸다는 사실을 발견하였다. 이러한 원시 부족들의 신화적 방식을 레비스트로스는 '브리콜라주'라는 말로 상징하면서 이 또한 하나의 지성으로 인정되어야 한다고 주장하였다.

고 항상 도구를 갖고 임시변통해 '무엇으로든' 문제를 해결한다. 손에 있는 것은 항상 모든 경우에서의 임시적인 결과다. 그것은 이전에 건설되었거나 파괴되었던 것의 잔여물과 더불어 기존의 것을 새롭게 하거나 풍부하게 하거나 유지하게 한다(17쪽). 신과 동물, 조상의 이야기가 담겨 있는 신화적 사고는 과학적 신념에 근거한 추상적 이론이 아닌 이야기 속 '의미를 발견하는 데 있어서 결코 구성하기와 재구성하기에 지치지 않는, 사건과 경험으로 귀결' 된다(22쪽).

리터러시: 대분화

레비스트로스의 저서는 비록 답을 제시하지는 않지만, 문화가 어떻게 그리고 어떤 단계를 통해 구체성의 과학으로부터 추상성의 과학으로 옮겨 가는지에 대한 의문점을 제기한다. 다음의 두 영향력 있는 저서에서는 그 답이 리터러시라고 주장한다. 에릭 해블록의 『플라톤 서설Preface to Plato』 (Havelock, 1963; 또한 Havelock, 1982, 1986 참조) 그리고 잭 구디의 『야생 정신 길들이기The Domestication of the Savage Mind』*(Goody, 1977; 또한 1968, 1986, 1988 참조)를 보자. 여기서는 먼저 해블록에 대해 논할 것이다(참고된 부분의 페이지는 모두 Havelock, 1963을 따른다).

해블록은 호메로스 시대의 그리스 문화는 구술문화(문자문화가 아닌)라고 주장한다. 그의 그리스 문화에 대한 특징화는 일반적인 구술문화에 대한 묘사로, 그리고 인간의 문화와 사고방식의 '대분화'를 가져온 것이 바로

....

* 이 책은 국내에서 『야생정신 길들이기: 인간 정신의 발달 과정을 해명하다』(김성균 역, 2009, 푸른역사)라는 제목으로 번역 · 출간되었다.

리터러시라는 논쟁의 초석으로 활용되었다.

『일리아드Iliad』와 『오디세이Odyssey』 같이 원래 형태는 구전되는 이야기였던 그리스의 서사시는 사회적 지시들의 집합체이자 전승자들에게 덧붙여지고 기억에 의존해 전해지는 연설 형태로 된 '행동의 백과사전'이었다. 그것은 그 문화가 가치와 지식을 전수하는 방식이었다. 해블록은 서사시의 형식은 기록하지 못하는 것을 기억하고자 하는 인간의 요구에서 비롯되었다고 주장했다. 서사시는 엄격한 운율로 암송되고 기억된 공식(음보를 맞춘 짧은 구절들)과 미리 주어진 모티브들(전형적 인물, 행위, 사건), 그리고 서사 전반에서 반복되는 주제로 구성되었다(Finnegan, 1977, 1988; Foley, 1988; Lord, 1960; Parry, 1971).

그러나 서사시는 낭송될 때 각각의 이야기가 배열되고 열거되는 방식에 창조성의 여지가 있었다. 낭송은 항상 청중의 반응에 민감했다. 이런 특징은 신화적인 사고 속 '브리콜라주'에 대한 레비스트로스의 한 관점을 떠올리게 한다. 이 신화적 사고는 실상 호메로스의 서사시다.

구전시는 교훈적인 재미가 있지만, 만일 오락적 요소가 없다면 교훈을 효과적으로 전달할 수 없었을 것이다. 구술문화에서 지식은 기억되어야 하고 이야기 형식을 따라야 하는 심리적 부담이 있기 때문에 추상성이나 원리보다는 구전하는 사람과 구전 행위에 따라 다르게 표현된다. 더 나아가 기억과 이야기 양식이 주는 심리적 요구를 따르는 데서 흥미가 더해지기 때문에, 구술문화에서 지식은 추상성 및 원칙과의 만남이 아닌 연기 및 배우와의 만남으로 표현된다. 해블록은 이러한 종류의 담화는 자율성과 보전을 즐기는 문화에서 나타나는 유일한 말하기 형태이기 때문에, 해당 문화의 구성원이 표현할 수 있는 마음의 한계와 그들이 도달할 수 있는 정교함의 정도를 나타낸다고 주장한다(182쪽).

이러한 논의의 연장선으로 플라톤이 그러했듯, 해블록은 이야기의 화자와 청자는 '주술' 아래에 있다고 주장한다. 서사시인은 음보와 반복되는 주제에 따라 만들어진 서사시 리듬의 주술 아래에 있었다. 이야기가 전달하는 바에 동화되는 청자 또한 그 주술 안에 있었다. 서사는 그 사회의 가치와 신념을 동일시하는 것이자 동일시로부터 파생된 행위였다. 가치와 사고에 대한 혁신은 어려웠다. 암기해 온 것을 포기하고 새롭게 암기하는 것의 대가는 너무나 엄청났다.

그리스 문명의 위대한 작가 중 하나인 플라톤은 권력의 재편을 위해 그리스 사회의 재배열을 추구했다. 이를 위해 플라톤은 그리스 사회의 도덕적이고 지적인 유산에 기여하고 있는 서사시인('호메로스')의 권위를 깨야만 했다. 『국가Republic』에서 밝힌 것처럼 플라톤이 자신이 말한 '완벽한' 사회에서 시인들('호메로스')을 배제한 것은 놀라운 일이 아니다.

서사시인이 건 주술에서 그리스인을 깨어나게 한 것은 무엇일까? 해블록의 대답은 알파벳으로 된 문자 문학으로 인해 변화된 커뮤니케이션 기술이었다. 문자 언어 덕분에 독자는 구전 서사 이야기를 회상하기 위해 기억에 의존해야 하는 부담에서 벗어났다. 이는 기록된 것을 검토하고 재배열할 수 있는 인지적 에너지를 주었다. 기록된 것을 문서 형태로 보는 것은 단순히 듣거나 느끼는 것과는 다르다. 그것을 다시 한 번 살펴볼 수 있기 때문이다.

플라톤의 대화에서 소크라테스는 서사시인들에게 시가 의미하는 것이 무엇인지 묻는다. 그는 그들에게 시가 말하는 바를 산문 형식으로 다시 말해 볼 것을 요구한다.

시인들은 희생양이다. 왜냐하면 시인들은 그리스의 문화적 전통을 유지함에 있어서, 그리스인의 도덕적·사회적·역사적 문제에 대한 중추적 '사고'(우리는 이 단어를 오직 비非플라톤적 사고에서만 사용할 수 있다)를 유지하려 했기 때문이다. 종족의 백과사전이 있다면, 백과사전은 시와는 다르게 비非시적으로, 비非운율적으로, 비非상상적으로 말할 것을 요구할 것이다. 플라톤이 호소한 것은 구전 기억의 구체적 언어를 대체할 추상적 언어라는 기술 과학descriptive science의 발명품이었을 수 있다.

(209쪽)

이렇게 해서 우리는 해블록의 구술성과 문식성을 거쳐 구체적 과학과 추상적 과학이라는, 모두 세상을 이해하는 방법이지만 근본적인 차이를 보이는 두 과학에 대한, 레비스트로스의 대조와 유사한 것으로 돌아왔다.

'야생정신 길들이기'로서의 리터러시

잭 구디의 『야생정신 길들이기』(1977)는 고대 그리스 문화를 넘어 근대 비문식non-literate과 반문식semi-literate 사회로 이동한다. 구디는 리터러시의 발전과 확산이 사고방식 및 문화적 조직이 시간에 따라 어떻게 변화하는지 설명하는 주요 요인이라고 본다.

유명한 이전 논문에서 구디와 이언 와트(Goody & Ian Watt, 1963)는 쓰기의 출현, 특히 알파벳 시스템의 발명을 통해 리터러시가 광범위하게 확산되었던 결과물 몇 가지를 제시했다. 그들은 '논리'를 쓰기의 기능으로 보았다. 왜냐하면 쓰기는 말을 글로 적게 함으로써 인간이 단어를 구분하게 하고, 순서를 재조직하게 하며, 추론을 삼단논법 형태로 발전시키고, 모순점을 파악하게 할 수 있었기 때문이다. 쓰기를 통해 인간은 말의 흐름을 포착하고 시간과 장소에 따른 발화의 차이를 비교할 수 있다.

근본적으로, 구디는 원시 문명과 진보된 문명을 구분하는 특성을 도출하여, 이러한 구분의 근거가 되는 측면이 의사소통 방식의 변화, 특히 다양한 쓰기 형태의 도입과 관련됨을 밝히고 있다. 구디는 쓰기의 발달을 개인주의의 성장, 관료주의의 발달, 몰개성화, 정부의 추상화된 시스템, 그리고 현대 과학으로 귀결되는 추상적인 사고와 삼단논법적 추론의 발달과 관련지었다. 또한 구디는 쓰기의 습득이 인지적이고 사회적인 절차의 본질을 효과적으로 전환한 것이라고 보았다.

물론 구디는 구술성의 특징들이 리터러시와 함께 사회에 계속 존재하고 있다고 주장한다. 이러한 사실은 리터러시의 '고유한' 효과를 약화할 수도 있다. 그러나 구디는 리터러시 사회에서 우리와 같은 사람들이 '온전한 리터러시'가 아닌 '제한된 리터러시'를 갖고 있다고 주장한다. 사실 구디의 주장은 오늘날 거의 모든 비非기술 사회뿐 아니라 현대 기술 사회에서도 제한된 리터러시가 일반적이라는 제안에 가깝다.

두 개의 다른 세계로서의 구술성과 문식성

해블록과 구디의 저서는 월터 옹의 영향력 있고 흥미진진한 책인 『구술문화와 문자문화Orality and Literacy』(Ong, 1982)*에서 인간의 문화, 사고 및 역사의 대분화로서 구술성과 문식성에 대한 전면적인 철학, 언어학 및 문화인류학적 서술로 번역되었다. 옹은 구술문화와 문자문화에 대한 연구가 인간 정체성에 대한 우리의 이해를 변화시켰다고 주장한다. 쓰기(세상에 대한 말의 투입)는 언어의 잠재성을 넓혀서 '가늠하기 어려울 정도'로 사고

....

* 이 책은 국내에서 『구술문화와 문자문화』(이기우·임명진 역, 2000, 문예출판사)라는 제목으로 번역·출간되었다.

를 재구성한다.

구술문화는 쓰기로는 그 정신을 취할 수 없을 만큼의 고도의 예술적이고 인간적인 가치가 느껴지는 강력하고 아름다운 언어적 행위를 만들어 낸다. 그럼에도 쓰기 없이 인간의 의식은 인간의 완전한 잠재성을 성취하지 못하고, 또 다른 아름답고 강력한 창작물을 생산하지도 못한다. 이런 의미에서 구술은 생산이 필요하고, 글로 쓰일 운명이었다. 이제부터 살펴보게 될 문식성은 전적으로 과학의 발전뿐 아니라 역사, 철학, 문학, 예술의 해석적인 이해와 언어(구두 담화를 포함해) 그 자체의 설명을 위해 필요하다. 문식성 없이는 권력의 거대한 복합체가 영원히 존립할 수 없음이 인식되는 오늘날 세상에는 구술문화가 거의 없거나 구술문화가 우세한 문화가 남아 있지 않다. 이러한 인식은 원시 구술성에 뿌리를 둔 문식 세계를 열렬히 바랐으나, 그러한 세계로의 이동은 곧 깊이 사랑했던 구술 세계와의 이별을 의미한다는 것을 잘 아는 사람들에게는 극도의 고통이다. 삶을 지속하기 위해서는 죽어야만 하는 것처럼.

(Ong, 1982: 14-15)

옹은 더 나아가 구술문화에서의 사고와 표현에 대해 강력하게 진술된 특징을 제시한다. 그러나 그렇게 하면서도 그는 '많은 문화와 하부 문화들, 심지어 고도의 기술 환경의 문화도 다양한 정도로 구술성의 정신을 유지하고 있다'라고 주장하면서 중대한 변화를 만들어 낸다(Ong, 1982: 11). 또한 그가 언급한 많은 특성은 사회경제적 지위가 낮은 아프리카계 미국인의 문화에 나타나는 특징의 예로 주장되었다. 사회경제적 지위가 낮은 미국의 많은 아프리카계 미국인은 비록 문식성을 갖추고 있음에도, 아프리카의 문화와 미국에서 노예로 지내던 때의 문화로부터 전해진 풍부한 구전문화와 여전히 연결고리를 갖고 있다. 그리고 이와 동시에 에세이-텍스트essay-text 문식성과 이와 같은 문식성을 존속시키는 학교 시스템에 의한 영향을 주류 중산층 집단보다 덜 받는다(Baugh, 1983, 1999; Labov, 1972a, 1972b; Muf-wene et al., 1998; Rickford & Rickford, 2000; Smitherman, 1977; Stucky, 1987).

옹은 글쓰기를 알아 온 많은 현대 문화가 글쓰기를 충분히 내면화하지는 않았다고 주장한다. 그는 그 예로 아랍 문화와 특정 다른 지중해 문화들(예를 들어 해블록의 저작 이후 현대 그리스 문화를 포함해)을 제시한다. 또한 호메로스가 사용한 것과 같이 비슷한 유형의 정형화된 요소를 대량으로 사용하는 사고와 표현의 구술적 습관들이 구술 시인에 대항한 플라톤의 글쓰기에 대한 주장 이후 2000년 동안 영국 튜더 왕조에서 여전히 거의 모든 종류의 산문 스타일에 나타난다고 지적한다. 게다가 옹이 말한 문식성과 구술성 간 대조의 적용 범위는 그가 이분법의 구술적 측면에서 '잔류 구술성residual orality'으로 언급한 것을 가진 집단을 추가하면서 상당히 확장되었다.

옹은 원시 구술문화에서의 사고와 표현에 대한 일련의 특징을 제시한다. 옹이 이야기한 첫 번째 특징은 해블록의 견해를 확장한 것으로, '대체로 일정하게 반복되는 구 또는 표현(잠언과 같은)'이라고 정의되는 '정형화된 사고와 표현'이다(26쪽). 정형화를 넘어, 옹은 구술문화에서의 사고와 표현은 (1) 종속적이라기보다는 첨가적이고('그리고'와 같이 첨가적 관계로 함께 연결된), (2) 분석적이라기보다는 축적적이고(사고와 표현의 요소들이 무리 지어 나타나는 것, 예를 들어 '공주'가 아니라 '아름다운 공주'), (3) 불필요하거나 '방대하고', (4) 보수적 또는 전통주의자, 실험적인 것을 억제하는 방식이고, (5) 인간 세계와 가깝고, (6) 논쟁적인 어조를 띠고, (7) 객관적 거리보다는 감정 이입과 참여를 중시하고, (8) 추상적이라기보다는 상황적이라고 주장한다.

비록 옹은 이러한 특징이 잔류하는 구술문화에서보다는 원시 구술문화에서 나타난다고 제한을 두었지만, 이 특징들이 말하기와 쓰기에 대한 언어학자들의 구별, '좋거나' '나쁜' 필자에 대한 교육학자들의 구별, 그리고 사회나 학교에서 쓰는 평범하거나 시적인 이야기 형태에 대한 사회 언어학자들의 구별에서도 유사하게 나타난다는 사실은 충격적이다(Bauman, 1986; Bauman & Sherzer, 1974; Michaels, 1981).

여기서 해블록-구디-옹 연구의 함의 중 하나가 나타난다. 미국과 같은 현대 테크놀로지 사회에서 구술과 문식의 구분 방식은 '잔류 구술성' 또는 '제한된 문식성' 집단(보통 사회경제적 지위가 낮은 집단)과 학교 문식성에 온전하게 접근 가능한 집단(보통 중산층과 상위 중산층) 간의 구분에도 적용될 수 있다. 구체적 사고와 추상적 사고 간 대비의 측면에서 원시-문명을 구분한 레비스트로스의 논리는 지금의 사회에 뿌리내린 '현대' 문식성에도 유사하게 적용될 수 있다.

문식성 대 구술성이 아닌, 통합 대 개입

언어학자 월리 체이프는 글쓰기(에세이)와 말하기를 대조하고, 발화와 글쓰기의 과정적 차이가 결과물의 차이를 만들었다고 주장한다(Chafe, 1985; 또한 Gee, 2004; Tannen, 1985 참조). 비록 읽기가 말하기보다 빠르고, 말하기보다는 글쓰기가 훨씬 느리기는 하지만, 말하기에 비해 글쓰기가 덜 분절적이고 보다 통합적이라는 점은 인정된다. 작가들은 그들의 생각을 더 복잡하게, 일관성 있게, 통합적으로 표현하기 위해 명사화하거나, 분사를 사용하거나, 형용사의 한정적 용법을 사용하는 등 말하기에서는 좀처럼 사용하지 않는 복잡한 어휘와 구문 장치들, 다양한 종속적 장치를 사용한다 (Halliday & Martin, 1993).

통합적 측면의 우수성과 더불어, 체이프는 글쓰기에 비해 대체로 면대 면 상황에서 사회적으로 사람들이 개입된 상황에서 일어나는 말하기보다는 문어written language가 더 객관성을 담보한다는 사실에 주목한다. 말하기는 분절적이고 직접적인 개입이 필요한 반면, 글쓰기는 통합적이고 객관적이다.

체이프는 이러한 특징이 실은 연속체의 양극단을 대표하는 말하기와 글쓰기의 특징을 추출한 것이고, 이러한 특징에 부합하지 않는 구어와 문어 사용이 있음을 인식하였다. 강의는 통합적이고 객관적인 말하기의 형태 가운데 하나다. 개인적 편지는 분절적이고 개인의 개입이 요청되는 글쓰기 형태 중 하나다. 문학은 종종 미학적 효과를 위해 개인의 직접적인 개입을 활용하기도 한다. 더 나아가, 대부분의 구술문화에서 시적 특징(예를 들어 리듬, 반복과 구문적 유사성)과 같은 정형적이고 의례적인 언어 전통이 사용된다. 그러나 이는 정형적이고 객관적인 언어의 사용이기도 하다(우리 문화에서 대부분의 글쓰기에 사용된다). 그럼에도 통합과 분리는 글쓰기의 잠재력이자 글쓰기가 생산되는 과정 속에서 생기는 산물이다.

체이프가 말했듯, 이러한 복합적 사례들은 말하기-글쓰기 또는 구술성-문식성의 이분법적 구분에 대한 문제를 제기한다. 말하기와 글쓰기에 실제로 연루되는 것은 상이한 문화적 실천이고, 이 문화적 실천은 다양한 맥락에서 언어의 특정 사용을 요한다. 이런 언어의 사용은 통합·분절 또는 분리·개입(그리고 추가하면 산문·시)에 대해 다양한 수준과 범위에서 활용된다. 글쓰기와 말하기의 수준에 머무르기보다 사회적 실천이라는 측면에서 언어의 이러한 특징을 연구하는 것이 좋겠다. 이는 언어와 문식성에 대한 현대의 사회문화적 접근의 주된 모티브라고 할 수 있다.

리터러시: 이데올로기적 모델

지난 장에서 살펴본 스크라이브너와 콜의 작업에 대해, 브라이언 스트리트는 그의 저서 『리터러시의 이론과 실천Literacy in Theory and Practice』(Street, 1984)에서 '자율적 모델'로 부르면서 의문을 제기한다. 리터러시에 대한 자율적 모델은 리터러시(혹은 리터러시에 대한 학교교육)는 리터러시가 존재하는 맥락이나 주어진 문화 속에서 리터러시가 쓰이는 방식과 상관없이 인지적 효과를 갖는다고 주장한다. 리터러시에 대한 스트리트의 주장은, 예컨대 특히 에세이-텍스트 리터러시(우리가 '학교 리터러시'로 알고 있는)는 '이데올로기적'이라는 것이다. 학교 리터러시는 마치 자연스럽고 보편적인, 또는 최소한 정상적 발달 과정(지성이나 테크놀로지 덕에 일부 문화에서만 성취되는)의 마지막 지점인 양하는, 개념, 관습, 실천 집합의 일부이다.

스트리트는 리터러시의 '자율적 모델'에 반해 '이데올로기적 모델'을 제안한다. 이데올로기적 모델은 구체적인 사회적 실천의 측면에서 리터러시를 이해하고자 하고, 서로 다른 리터러시 안에 스며든 이데올로기의 측면을 이론화하고자 한다. 어떤 종류이건 간에 리터러시는 정치적·경제적 조건, 사회구조와 지역 이데올로기들을 포함한 다양한 다른 사회적 요인과 더불어 작용함으로써 영향력을 발휘한다.

글쓰기를 포함한 특정한 종류의 테크놀로지는 이전의 정치적 또는 이데올로기적 요소에 영향을 받아 형성된 하나의 문화적 형태이자 사회적 산물이다. 고대 그리스의 구술성에서 문식성으로의 이행에 대한 해블록의 뛰어난 연구에서 그리스인의 상황은 거의 드러나지 않는다. 그곳에서 어떤 일이 일어났는지 설명하는 것은 그리스에 내재된 (특정 종류의) 리터러시를 둘러싼 특정한 사회적·정치적·경제적 이데올로기적 상황이다. 리터러시에 정신이나 문화를 형성하는 자율적인 영향력이 있다는 주장을 하기 위해 사회적 맥락으로부터 리터러시를 추상화하는 일은 논의를 더 이상 발전시키고 못하고 막다른 길에 이르게 한다.

그러나 자율적 리터러시를 원하는 사람들을 위한 마지막 은신처가 있다. 누군가는 에세이-텍스트 리터러시와 그것과 연관된 언어 사용은 사회적 이동성과 사회에서의 성공을 끌어낸다고 주장한다. 이러한 주장이 사실일지 모르지만, 역사나 많은 문화 속 리터러시가 언제나 그런 효과가 있었다는 의미 있는 증거는 거의 없다.

스트리트는 이런 견지에서 하비 그라프의 19세기 캐나다에서의 리터러시 역할에 대한 연구에 관해 논의한다(Graff, 1977). 그라프는 일부 개인이 리터러시 습득을 통해 이익을 취하기도 했지만 이는 통계적으로 유의미하지 않고, 그 시대에 궁핍한 계층과 소수 민족 집단 전체는 리터러시를 통해 오히려 억압당했음을 입증한다. 거대 리터러시는 형평성 및 민주주의 향상과 상관이 없으며, 노동자 계급을 위한 더 나은 환경을 조성하지도 못했고, 사회적 만족의 지속과도 상관관계가 없었다.

그라프는 실제 리터러시 교육이 모순을 포함한다고 주장한다. 문맹자는 사회적 질서에 위험한 부류로 여겨져 리터러시를 갖추어야 한다고 생각되었다. 그러나 낮은 계층의 사람들이 읽고 쓸 줄 알게 되면 급진적이고 선동적으로 변할 수 있다. 따라서 리터러시 교육에 대한 틀은 리터러시를 가르치는 방법(교육학)과 가르치는 가치의 측면에서 엄격하게 통제되어야만 했다.

노동자가 리터러시를 습득하는 것이 그들에게 이득을 준다는 믿음에 대해, 그라프는 현실에서 이러한 리터러시가 수입이나 권력 면에서 가난한 집단에게 이로움을 주지 않았음을 나타내는 통계를 보여 준다. 리터러시가 취업 기회와 관련해 이로운지는 개인이 어떤 민족 집단에 속하느냐에 달려 있었다. 다시 말해 한 사람이 최악의 직업군에 종사하는 것은 리터러시를 갖추지 못해서가 아니라 그의 배경(예를 들어 영국 개신교도에 비해 흑인이나 아일랜드 가톨릭교도에게 리터러시는 훨씬 덜 효과적이다) 탓이었다.

그라프의 이야기는 영국과 미국을 포함한 여러 다른 사회에서도 반복될 수 있다(Donald, 1983; Levine, 1986). 이 모든 사회에서 가난한 이들을 사회화하는 도구로 쓰인 리터러시는, 가난한 이들에 의해 잘못 쓰일 경우(그들이 받는 억압을 분석하고 권력을 가진 이들에게 요구하는 것)에는 잠재적인 위협으로 인식되었다. 그리고 리터러시는 그 사회 내에서 가장 유리한 고지에 오를 수 있는 계층의 구성원 선발에 필요한 하나의 테크놀로지 역할을 했다.

6장

리터러시 신화와 리터러시의 역사

요 약

역사와 다양한 문화 속에서 리터러시는 인간을 더 높고 나은 존재로 만드는 조건으로 인식되었다. 리터러시는 '원시성'의 상태와 인간 발달의 초기 단계에서 인간을 해방시켜 주었다는 것이다. 그러나 '리터러시 신화'라고 불리는, 리터러시가 만능이라고 보는 관점을 비판하는 사람들이 있다. 리터러시의 역할은 더 복합적이고, 모순적이며, 다른 요소들과 긴밀하게 얽혀 있다. 이번 장에서는 플라톤의 예를 활용해 리터러시와 리터러시의 본질에 관한 딜레마, 사회에서 리터러시가 수행하는 역할, 리터러시의 사회적·역사적 영향력에 대한 주장을 살펴본다. 그리고 다음 장에서 우리는 리터러시의 다른 측면을 살펴보기 위해 파울루 프레이리의 저서를 볼 것이다.

리터러시 신화

리터러시를 갖춘 사람들은 대체로 더 지적이고 현대적이며 윤리적이라고 인식된다. 리터러시를 갖춘 사람들의 비율이 높은 나라는 그렇지 않은 나라보다 선진국이며, 더 현대적이고 훨씬 나은 처신을 한다. 만약 언어가 우리를 더 인간답게 만든다면, 리터러시는 우리의 일부를 '문명화'하는 것처럼 보인다(Graff, 1981a, 1981b, 1987a, 1987b; Goody, 1977, 1986; Goody & Watt, 1963; Musgrove, 1982; Olson, 1977; Ong, 1982; Pattison, 1982; Scribner & Cole, 1981).

리터러시의 힘powers of literacy에 대한 주장들은 앞의 언급보다 훨씬 더 구체적이다. 리터러시는 논리적·분석적·비평적·합리적인 사고로 우리를 이끈다. 즉, 일반적이고 추상적인 언어 사용, 의구심을 품고 회의적으로 생각하는 태도, 신화와 역사의 구분, 시간과 공간의 중요성에 대한 인식, 복합적이고 현대적인 통치 체제(교회와 국가 간의 분리), 정치적 민주주의와 사회적 평등의 확대, 낮은 범죄율, 더 나은 시민, 경제적 발전과 부와 생산성, 정치적 안정, 도시화 그리고 낮은 출생률 등이 그것이다.

이런 항목을 나열하자면 끝이 없다. 그러나 이렇듯 리터러시가 만능이라는 관점에 대해 반론하는 사람들이 있다. 그들은 그것이 '리터러시 신화the literacy myth'일 뿐이라고 말한다(Graff, 1979, 1987a, 1987b). 사실 리터러시에 대한 이런 주장에는 역사적인 증거가 거의 없다. 그것은 리터러시의 역할이 리터러시 신화에서 말하는 것보다 항상 더 복합적이고 모순적이며 다른 요소들과 더 깊이 얽혀 있기 때문이다. 우리는 이것을 다음에서 살펴볼 것이다.

플라톤

리터러시 신화에 대한 논쟁이 알파벳의 발명 이후 300년 정도 뒤에 처음 시작되었다는 것은 중요하다. 여러 면에서 그 첫 시작은 대단했다. 그것은 리터러시의 역사 몇천 년에 대한 함의를 품고 있었던 것이다. 그리스인은 서양 리터러시의 기초를 만들어 냈다. 플라톤은 서구 문화에서 가장 위대한 선구적 작가 중 한 사람이었다(사실상 그의 대화록은 위대한 문학이자 상당히 비판적이고도 설명적인 저술이다).

플라톤은 훌륭한 대화록인 『파이드로스Phaedrus』에서 주로 글로써 글쓰기를 공격한 첫 저자로 탁월한 존재감을 발휘한다(아래 플라톤의 대화록의 모든 인용구와 페이지 및 행은 Rowe, 1986에서 참조, 그 외 Burger, 1980; Derrida, 1972; De Vries, 1969; Griswold, 1986을 참조할 수 있음). 플라톤은 글쓰기가 인간의 기억력을 퇴보시키며 안이하고 잘못된 지식관을 갖게 한다고 여겼다. 플라톤은 글쓰기를 통해서는 지식을 '자신의 일부'로 만들거나 내면화하기 어렵다고 생각했다. 오히려 글쓰기가 '외부의 조력' 또는 '기억 상기자'로서 문자 텍스트에 대한 의존을 허용하고, 심지어 부추겼다고 생각했다.

플라톤은 인간은 오직 타인과의 면대면 대화에서 비판적이고 성찰적으로 방어할 수 있는 것만 안다고 했다. 문자 텍스트는 사람들이 글로 쓰인 언어를 권위적이고 최종적인 것으로 생각하게 만드는 경향이 있다고 보았다. 그 이유는 명쾌하고, 분명하고, 완전하고, 완결적이고 자기 충족적인 듯해 보이는 착각을 불러일으키는 특성, 즉 '상대방이 대응할 수 없는'(에세이와 소위 '에세이 리터러시'의 전형적인 특징으로 보일 수 있는 바로 그 자질, Scollon & Scollon, 1981 참조) 특성 때문이었다.

글쓰기의 이러한 결함에 더해 플라톤에게는 더 중요한 두 개의 다른 논점이 있다. 대화록의 내용을 인용하면 첫 번째는 이러하다.

소크라테스: …나는 글쓰기에 마치 그림과 같은 이상한 특징이 있다고 생각합니다. 그림 속에 있는 사람은 살아 있는 것처럼 보이나 그들에게 무언가를 질문하면 글과 마찬가지로 엄숙히 침묵을 지키지요. 비슷하게, 당신은 글도 그 안의 언어들이 머릿속에 생각이 있는 것처럼 말할 거라고 생각할 수 있어요. 그러나 만약 당신이 그들에게 배우고 싶은 열망에서 어떤 것을 질문한다면, 그들은 매번 같은 것 한 가지만 대답한답니다.

(275쪽, d4-e1)

소크라테스는 바로 다음을 이어간다.

그리고 한번 글로 쓰이면, 모든 작문composition은 해당 주제에 대해 아는 사람들과 그 주제와 무관한 사람들에게 같은 방식으로 어디든 굴러갑니다. 그리고 작문은 언급해야 할 것과 언급하지 말아야 할 것을 제시하는 방법을 알지 못합니다. 글이 잘못 다루어지고 불공정하게 남용되면, 그것은 항상 생부father(글을 태어나게 한 이)의 도움이 필요하답니다. 왜냐하면 글은 스스로를 방어하거나 도울 수 없기 때문이죠.

(275쪽, e1-275, e6)

이러한 문제들은 서로 연계되어 있다. 글은 스스로 방어할 수 없다. 글은 질문을 감내해 낼 수 없다. 플라톤에 따르면, 진정한 지식은 한 사람이 진술하고 다른 사람이 '무슨 의미인가?'라고 질문할 때 나온다. 그와 같은 질문은 화자에게 화자가 의미하는 것을 '다시 말하게re-say', 다른 말로 말하도록 만들어 준다. 이러한 과정에서 그들은 더 깊이 있게 그들이 의미하는 것을 목격하고, 다른 목소리와 관점의 견지에서 대응하게 된다. 어떤 의미에서 글쓰기는 '그 말이 무슨 뜻인가?'라고 물어도 텍스트 그 자체, 적혀 있는 그대로를 되풀이할 뿐이다.

플라톤이 글쓰기에 대한 비난을 '연설자이자 필자speech-writers'인 사람들, 즉 수사학자와 정치인들에 대한 공격으로 확대한 부분이 바로 논쟁이 되는 지점이다. 연설자이자 필자인 사람들은 글과 말에서 질문을 미연에 방지하고자 했다. 왜냐하면 그들의 주된 관심사는 논리적으로 완벽하고, 자족적이며, 보충이나 숙고 없이 자립할 수 있고, 그 자체로 권위적인 언어를 통해 설득하는 것이었기 때문이다. 그들은 대화에서 상호적으로 진실을 발견하는 데에는 흥미가 없었다.

그러나 글은 '그 말이 무슨 뜻인가?'라는 질문에 대응할 수 있을 때 의미가 있다. 이는 글이 무엇을 뜻하는지에 대해 독자가 다른 말로, 자신의 단어로 '다시 말해 보기re-saying'를 함으로써 가능하다. 하지만 플라톤에 따르면, 이러한 방법은 해결이라기보다는 글이 가진 문제점이다. 그 문제란 사실상 글은 '언급해야 할 것과 언급하지 말아야 할 것을 제시하는 방법을 알지 못한다'고 말한 플라톤의 말 속에 있다.

본질적으로 글은 '저자'(플라톤은 글의 '생부'라고 한다)를 떠나 시공간을 넘나들 수 있어서 누구든 관심이 있는 사람에게 읽힐 수 있다. 그 독자들의 훈련과 노력 또는 무지와 상관없이 말이다(나치가 니체에게 벌인 일, 그리고 성경이 부, 인종주의, 제국주의, 전쟁과 착취를 정당화하는 데 활용된 예가 그 증거이다). 텍스트 뒤의 목소리는 그 자체로는 응답할 수 없고, 방어하지 못한다. 또한 서로 다른 환경과 맥락에 있는 독자들에게 다르게 들리도록 내용과 어조를 다양화할 수도 없다.

플라톤은 너무 섬세해 대강의 구분, 오늘날 말하기와 글쓰기의 구분이나 구술성과 문식성과 같은 구분을 할 수 없었다. 그는 글쓰기, 수사학자와 정치인들, 더 나아가 시인들에 대한 비판을 확대하였다. 특히 그리스의 리터러시를 선도한, 융성한 구술문화의 위대한 대표자인 호메로스에 대해서도 비판하였다.

구술문화는 대대로 전해져 내려오는 위대한 구전 서사시(예를 들어 『일리아드』와 『오디세이』)에 구술문화의 지식과 가치, 규범들을 저장했다. 이러한 서사시epics는 잊히지 않고, 저장된 문화적 지식과 가치들을 보존하기 위해, 기억하기 쉬워야 했다. 따라서 서사시는 상당히 드라마틱하고(행위 중심의 구성) 리드미컬한 것이었다(노래의 종류). 이는 인간의 기억력을 극대화하기 위한 특질이었다. 즉 서사시는 시poetry의 형태여야만 했던 것이다(Havelock, 1963; Ong, 1982). 그러나 플라톤은 바로 그 드라마와 시를 통한 구전 전통이 그리스 문화의 전통직 가치들을 무비판적으로 받아들이게 하고, 그리스인들을 무디게 만들었으며, 서사시의 내용을 '당연하게 여기도록' 했다고 주장했다.

또한 구전 서사시는 '그것은 무슨 뜻인가?'라는 질문에도 대응할 수 없었다. 그러한 질문은 시인에게 다른 형태의 언어로, 즉 시의 형식에서 벗어난 산문의 형식으로 '다시 말해' 달라는 요청이었다. 그러면 시인의 언어는 그리스인들을 '꿈의 상태dream state'로 몰아가 무뎌지게 했던 힘을 잃게 되는 것이다(Havelock, 1963, 1976). 사실, 여기에서 글쓰기는 비평적 과정을 촉진했다. 글로 쓰인 서사시는 여가 시간에 살펴볼 수 있었고, 텍스트의 다양한 부분은 병치될 수 있었으며, 그 과정에서 모순과 불일치를 쉽게 찾을 수 있었고, 더 이상 리듬과 인간의 청각적 기억의 한계 속에 갇히지 않을 수 있었다(Havelock, 1963; Ong, 1982; Goody, 1977, 1986, 1988).

플라톤은 '무슨 뜻인가?'라는 질문에 대응할 수 없는 언어와 사고 형태에 대해 더 깊게 비판하였다. 그 질문은 진리 추구에는 무관심한 채 권위 또는 전통주의에 따른 자기 이해관계에 매인 주장을 하는 시인과 수사학자, 정치인의 설득이라는 가면을 벗기려는 시도이다. 이런 견지에서 그는 유명한 러시아 작가 중 한 사람인 바흐친을 다시 떠올리게 한다(Bakhtin, 1981, 1986).

> 바흐친은 사람들이 결코 마지막 말은 발화하지 않고, 그 직전의 말까지만 한다는 것을 보여 주는 방식들을 꾸준히 탐색해 발견했다. 발언 기회는 또 다른 예기치 않은 대화로 이끌 수 있는 자질을 항상 덧붙여 준다는 것을…(중략)….
>
> 바흐친은 이 부분을 '주목해야 한다'고 썼다. …(중략)… 상대주의와 독단주의는 논증과 대화를 불필요하게 하거나(상대주의) 또는 그것을 불가능하게 만듦으로써(독단주의) 모든 논증과 실제적 대화를 배제했다.
>
> (Morson, 1986: vii-viii)

플라톤은 대화적 사고, 말하기, 글쓰기는 진정한 것이라고 생각했다. 다만, 글쓰기는 본질적으로 반反대화적인 속성을 갖기 쉽다는 단서를 붙였다. 작가로서 플라톤은 글쓰기가 가지는 이러한 상충되는 속성을 해결하기 위해 대화를 글로 썼고, 어떤 종류의 글쓰기도 너무 심각하게 받아들여서는 안 된다고 경고했다. 글에 학습자의 지식을 담아낼 수 있고, 글이 스스로 방어할 수 있으며, 글이 사람들과의 관련 속에서 어떻게 말하고 침묵하는지를 아는 채로 쓰인다고 여겨서는 안 된다는 것이다(276쪽, a5-a8). 사실 플라톤에게 언어의 진정한 사용은 자신과 타인에게서 선과 미와 진리를 끌어낸다는 근본적 의미에서 언제나 교육적이었다.

이러한 모든 것은 플라톤이 토론과 협업, 탐구를 옹호하는 진보적인 교육자인 것처럼 보이게 하지만 사실은 그렇지 않았다. 플라톤의 글쓰기에 대한 우려는 더 어둡고 정치적인 면이 있는데, 이는 향후 리터러시의 미래를 안고 있는 것이었다.

소크라테스와 플라톤은 둘 다 그 사회의 전통적 질서에 반하는 사람들이었다. 그런 의미에서 그들은 혁명가들이었다. 『국가』에서 플라톤은 당대의 질서를 대체할 수 있는 이상적이고 '완벽한' 국가에 대한 청사진을 그렸다. 플라톤의 완벽한 국가는 상층부에 '철인哲人 왕'(예를 들어 플라톤 또는 플라톤과 같은 사람)이 있고 사람들은 자연스럽게 주어진 위계 구조 속에서 특정한 지위에 적합하게 태어난다는 권위적인 관점에 기초한 국가였다. 최소한 사람들은 그들의 태생적 특성과 다양한 테스트에 기초해 신분 상승에 대한 접근이 가능한 것이다. 철인 왕은 아래에 있는 사람들을(이들 중 많은 사람들은 정부에서 발언할 수 없는 사람들이다) 그들의 최선의 이익을 바탕으로 통치한다. 그리고 철인 왕은 사람들보다 사람들의 이익에 대해 더 잘 안다.

호메로스, 수사학자, 정치인들은 플라톤의 정치적 반대자, 권력에 대한 철인 왕의 주장에 대항하는 경쟁자로 보일 수 있다. 예를 들어 호메로스의 경우, 그리스 문화가 호메로스 서사시의 랩소디에 완전히 빠져들게 된다면, 그 구성원들은 플라톤의 구어적 대화든 문어적 대화든 들으려 하지 않을 것이다.

이러한 점에서 글쓰기에 대한 플라톤의 공격은 부가적인 의미가 있다. 플라톤의 문제 제기는 쓰인 텍스트가 오독될 수 있고 텍스트는 스스로 방어할 수 없다는 것으로, 플라톤은 독자가 저자('권위') 없이 텍스트를 자유롭게 해석할 수 있다는 사실에 반대한 것이다. 이때 저자는 독자의 해석을 '교정해correct' 줄 수 있는 권위를 가진다. 그는 이러한 의미에서 저자가 즉각 응답하는 대화에 가담할 뿐 아니라 전범이 되는 해석을 강화하는 목소리를 텍스트 뒤에서 내기를 바란다. 그리고 전범이 되는 해석은 태생적으로 지성적 우위에 있는 철인 왕에 의해 수정되고, 구어적·문어적 기능에서 사회적 권위와 국가적으로 지지를 받는 실천의 장점들(국가론이 보장하는 것들)에 의해 지원받게 된다.

작가로서 플라톤은 이 문제, 곧 '정확한' 해석들을 강화하는 방법에 대한 해결책을 갖고 있었다. 첫 번째로, 그는 자신의 글이 대체로 그의 학생들과 추종자들에게만 읽히도록 해야 한다고 믿었다. 두 번째로, 그는 실제로 자신의 가장 심각한 생각들은 쓰지 않고 말한 것으로 보인다(그의 대화들의 어떤 것도 두 명의 동등한 성숙한 철학자들 사이의 논의를 포함하지 않는다). 마지막으로, 그는 대화를 글로 쓰면서 텍스트의 심오한 메시지를 제시하는 다양한 층위의 의미를 구성하였다. 이러한 심오한 메시지는 그것을 찾는 데 충분히 능숙한 독자들을 위한 것이다. 결과적으로, 이러한 기능은 텍스트를 '생각되어야' 하는 대로 해석하는 '올바른' 방식을 훈련하는(또는 '입회시키는') 것과 연결되어 있다(Griswold, 1986). 이와 같은 전략은 신약성서와 같은 종교적 글쓰기에서 많이 사용되었다(Kermode, 1979).

그러나 플라톤의 궁극적 해결책은 『국가』에서 상세하게 기술된 사회의 예에 있다. 그 국가는 국가 구조와 제도를 통해 '올바른' 해석을 보장한다. 우리가 뒤에서 살펴볼 것처럼, 이 최종 해결책은 사실 역사상 자주 있었던 일이다. 비록 『국가』의 다른 측면들은 실현되지 못했지만 말이다.

여기에는 긴장, 심지어 모순이 있다. 플라톤은 대화적으로 반응할 수 있는 구어나 문어 텍스트 뒤에 항상 목소리가 있음이 보장받기를 바라고, 이 목소리가 부주의하고, 무지하고, 게으르고, 이기적이고, 야비한 응답자들에게 무시당하는 일이 없도록 보장받기를 바란다. 누군가는 텍스트 뒤의 목소리에게 권한을 부여하여 최소한 일부 해석과 해석자(독자/청자)를 배제할 정도의 특권을 주어야만 한다. 그러나 이것은 대화를 경감시킨다. 이러한 배제는 텍스트가 무엇을 의미하는지, 정확한 번역이 무엇인지, 허용 가능한 독자는 누구인지에 관한 일부 (특권적인) 관점에 근거할 수밖에 없기 때문에 언제나 자기 본위적self-interested일 것이다. 이때 허용 가능한 독자들에는 필연적으로 이 배제를 만드는 사람들이 포함될 것이다.

일부 해석의 배제는 또한 정치적 차원이 있다는 측면에서 자기 본위적이다. 그것은 하나의 권력 행사인데, 이 권력은 현대의 학교나 대학이든 『국가』에서 플라톤의 통치 계급이든지 간에 권력 강화를 추구하는 제도에 있다. 우리는 누가 응답자로서 여겨지고, 무엇이 응답으로 여겨지는지를 받아쓰게dictating 됨으로써, 대화를 죽이는 권위에 가까워지게 된다.

이러한 딜레마에서 벗어날 쉬운 방법은 없다. 만약 모든 해석('다시 말하기')을 중요하게 여긴다면, 해석이 없는 것도 중요하게 여겨야 하고, 그러면 텍스트는 어떻게든 말할 수 있게 되는데, 그러면 아무것도 성취되지 않는다. 또한 해석을 위한 학문 분야, 경험 또는 '자격'을 갖추지 않아도, 모든 해석이 중요해질지 모른다. 만약 모든 해석이 중요하게 여겨지는 것이 아니라면, 누군가는 누구에게 해석에 필요한 '자격'이 있고 누구에게 없는지를 말해야 한다. 텍스트 뒤의 사려 깊고 비판적인 목소리를 따르고자 하는 욕망(종종 권력 의지와 중첩되는)은 텍스트가 스스로 방어하는 것을 허락하고, 우리를 플라톤의 권위주의로 이끈다. 그것으로부터 도망감에 있어, 우리는 플라톤이 말하는 시인, 연설자이자 필자인 사람들, 정치인과 같은 위험에 처한다. 그들에게 중요한 것은 오직 언어의 설득력 혹은 교활함, 즉 독자나 청자를 주목하게 만들어서 그들이 듣기를 원하는 것을 말해 주고 현 상태를 인정해 주는 능력이다. 그들의 관심사는 앞에서 논의한 의미에서의 교육을 위한 언어 능력에 있지 않다.

종교와 리터러시

플라톤의 딜레마에서 벗어나기 위한 여러 솜씨 좋은 시도들이 있어 왔다. 그 딜레마는 다음과 같다. 리터러시는 어떤 해석이 중요한 것인지(또는 모든 해석이 중요해서 텍스트 자체의 의미란 없는 것인지)를 결정하는 권위를 요하는 것처럼 보이는데, 그 권위는 자기 본위적일 수 있고 대화를 죽일 수 있다. 그러나 빠져나갈 쉬운 출구는 없다. 레비스트로스는 신화를 창조하고 조장하는 것은 현실에서 제거될 수 없는 실재적 모순이라고 주장했다. 예컨대, 삶과 죽음, 자연과 문화, 신과 인간 같은 것 말이다(Levi-Strauss, 1979). 그 모순은 궁극적으로는 헛되지만 일시적으로는 만족스러운 시도로 모순을 제거하려는 상상에 의해 지속적으로 반복될 수 있다. 플라톤의 딜레마는 현실이고, 리터러시 신화는 그것에 대한 반응으로 보일 수 있다.

플라톤 이후 사실상 리터러시의 역사에 나타나는 모든 양상은 플라톤의 견해에 대한 주해로 읽힐 수 있다. 만약 우리가 리터러시의 역사에 대한 하비 그라프의 획기적인 저작(1979, 1981a, 1981b, 1987a, 1987b)을 고려한다면, 이것이 더욱 명백해 보인다. 그 역사에서 나타난 가장 중요한 모순은 리터러시 신화에서의 주장과 리터러시의 실제 역사 사이의 차이다. 이 역사의 많은 부분은 리터러시 신화를 확고히 믿고 있는 사람들에 의해 생산된 것이다. 비록 특별히 폭로적이지는 않지만, 리터러시의 역사에서 한 장면을 가져와 보자. 바로 스웨덴이다(Graff, 1987b).

스웨덴은 18세기 말 이전에 보편적인 리터러시universal literacy를 성취한 서구의 첫 국가였다. 또한 스웨덴은 리터러시에 있어서 여성이 남성과 평등했던, 전례가 없는 경우였다. 평등은 오늘날 세계의 많은 곳에서 여전히 존재하지 않는데도 말이다. 리터러시 신화의 원리에 의하면, 스웨덴은 근대화와 사회적 평등, 경제적 발전 그리고 인지적 성장에 대한 국제적 모델이 되었어야 했다. 그런데 사실상 이러한 일은 없었다.

스웨덴의 주목할 만한 성취는 빈곤이 만연한 땅에서, 대부분 정식 제도 학교교육이 없는 가운데 이루어졌다. 또한 스웨덴은 경제 개발을 추구하거나 조장하지도 않았다. 스웨덴은 쓰기를 포함하지 않은 읽기의 보급에서 인상적인 성취를 보였는데, 쓰기는 19세기 중반까지 대중적인 리터러시의 일부가 되지 않았다.

그럼 스웨덴은 어떻게 보편적인 리터러시의 위업을 이루었을까? 서구 사회에서 가장 성공적인 것 중 하나인 스웨덴의 리터러시 캠페인은 종교개혁과 프로테스탄트 루터교도의 자극을 받았다. 가르침은 가정을 기반으로 하였고(따라서 여성의 리터러시를 강조했다), 정기적이고 필수적인 시험들과 더불어 교구 교회와 성직자들에 의해 관리·감독되고 강화되었다(Johansson, 1977; Graff, 1987b: 149).

스웨덴에서 리터러시의 목적은 종교 본위 국가에서의 인격과 시민성 고양뿐 아니라 기독교적 신앙과 생활의 증진이었다. 그 캠페인은 의무뿐 아니라 개인적 삶에서 느껴지는 종교적 필요에도 기초했다. 종교적·사회적·정치적 이데올로기들은 리터러시 학습을 통해 사실상 모두에게 전수되었다.

1686년 교회법은 아이와 농장 일꾼 그리고 여종들이 '성서에서 하나님이 명령하고 지시한 것을 그들 자신의 눈으로 읽고 보도록 배워야 한다'고 명시했다(Graff, 1987b: 150). '그들 자신의 눈으로'를 주목해 보라. 문자 그대로 그들은 그들 자신의 눈으로 그것을 보고, 비유적으로 그들은 그것이 어떻게 보이는지를 지시하는 국가 교회의 눈을 통해 그것을 본다.

여기에서 플라톤의 딜레마가 다시 떠오른다. 사람들은 그들 자신을 위한 텍스트를 받았으나, 실제로는 그들 자신의 눈을 통해서가 아니라 정확한 해석의 경계를 정하는 권위적인 기관의 관점으로 그것을 '올바로' 보는 것이 보장되어야 했다. 명백하게 이 경우에 개별 독자는 그 어떤 깊은 독해 기능이 필요하지도 않고, 쓸 필요도 없다.

이 문제(사람들이 텍스트를 '올바른' 방식으로 볼 수 없을 수도 있다는 문제)

는 개신교와 가톨릭 국가들 모두에서 나타났다. 그러나 이 둘은 다른 해결책을 제시했다. 가톨릭 국가들은 사람들이 성경 및 다른 종교적 텍스트를 정확하게 해석하지 못할 것에 대한 두려움으로(예컨대, 사람들이 텍스트를 정치적 혹은 종교적 반대의 기초로 활용할지도 모른다는) 그 텍스트들을 사람들에게 나누어 주는 것을 훨씬 더 주저했다. 가톨릭 국가들은 교회 권위자의 구어적 가르침에 해석을 맡기는 것을 선호했다. 가톨릭 교회가 종교적 텍스트를 사람들에게 나누어 줄 때에는 정통적인 설명과 표준화된 종교 삽화를 통해 의미를 고정하려고 시도했다(Graff, 1987b: 147)

이러한 태도의 결과로, 가톨릭 국가들은 독실한 개신교가 우세한 지역(스웨덴, 스코틀랜드 저지대, 뉴잉글랜드, 위그노 프랑스 센터, 독일 및 스위스 내 일부 장소)에 비해 문화적으로 그리고 경제적으로 뒤처지는 경향이 있었다. 그러나 우리는 질문해야만 한다. 18~19세기 스웨덴에서의 리터러시의 종류와 양적으로 더 제한된 리터러시를 가진 국가 간에 어떤 중요한 차이가 있는가? 그리고 힘 있는 종교 기관과 시민 기관에서 안착된 해석 방식이 똑같이 지배적인 해석인가? 누군가는 스웨덴과 다른 나라 간에는 차이가 있고, 그 차이는 반대와 비평적 인식을(플라톤의 언어의 해방적, 대화적 측면) 불러일으킬 수 있는 리터러시의 역량에 있다고 할 것이다. 이러한 리터러시 역량이 18~19세기 프랑스 가톨릭과 스웨덴 개신교에서 많이 발휘되지는 않았지만 말이다. 다음 장에서 파울루 프레이리Paulo Freire의 저서를 살펴보며 이러한 논의를 이어갈 것이다.

7장

리터러시의 역할과 파울루 프레이리

요 약

앞 장에서 리터러시 신화에 관해 논의했는데, 이 장에서는 학교교육의 효
과에서 리터러시의 효과를 구분해 낸 대표적인 연구를 다루려고 한다. 학
교는 우리가 리터러시를 획득하는 공간, 또는 적어도 리터러시의 중요한
부분을 획득하는 공간인데, 리터러시의 효과가 실질적으로 공식적인 학교
교육의 어떤 형태 때문에 생기는 것인지는 알기 어렵다. 이에 관해 논의한
뒤 파울루 프레이리의 연구에 관해 논의할 것이다. 6장에서는 리터러시의
권위주의적인 측면을 살펴보았다. 이제 우리는 프레이리의 연구를 살펴보
면서 리터러시의 해방적 효과에 주목할 것이다. 그리고 프레이리와 플라
톤을 비교·대조해 볼 것이다.

리터러시, '고등 인지 능력'과 학교

리터러시의 역할은 무엇인가? 이것이 문제의 핵심이다. 스웨덴의 예는 리터러시 신화에 대한 심각한 의문이 들게 하는데, '리터러시가 우리에게 어떤 도움이 되는가?'라는 의문은 여전히 풀리지 않는다. 몇백 년 동안 리터러시는 전형적인 구술문화에 비해 고등 인지 능력과 보다 분석적이고 논리적인 사고를 신장한다고 여겨져 왔다.

리터러시가 고등 인지 기능(즉 사람들을 더 똑똑하게 하는 기능)을 갖출 수 있도록 한다는 이 주장은 상당히 많은 실증적 연구에 기초하는데, 이는 비고츠키와 루리아의 1930년대 소비에트 중앙아시아에 대한 유명한 연구(Luria, 1976; 또한 Wertsch, 1985 참조)로 거슬러 올라간다. 1930년대 소비에트 중앙아시아에서는 강제적 농업 집단화가 이루어졌고, 이전에 문맹이었던 사람들이 급작스럽게 리터러시와 현대 기술사회에 필요한 다양한 실천과 기능까지 갖춰야 했다. 비고츠키와 루리아는 문맹자 및 이제 막 리터러시를 갖춘 사람을 대상으로 일련의 추론 과제를 수행하게 했다. 추론 과제는 익숙한 대상들을 범주화하거나 삼단논법의 전제에서 결론을 도출하는 것 등이었다.

예를 들어 한 과제에서 피험자는 망치, 톱, 통나무, 손도끼 그림을 보고 함께 묶일 수 있는 3개를 골라야 했다. 리터러시를 갖춘 피험자는 대체로 망치와 손도끼, 톱을 함께 분류했다. 그것들은 연장이기 때문에 대상을 추상화한 단어의 의미를 토대로 구분되었다. 그와 대조적으로 문맹자들은 그들에게 익숙한 구체적인 환경을 토대로 물건을 구분하는 경향을 보였다. 즉 그들은 '통나무도 여기에 속해야 한다'(가령 톱은 통나무를 자르는 데 쓰기 때문에)라면서 망치와 손도끼, 톱을 함께 묶을 수 있다는 연구자의 제안(탈맥락화된 단어의 의미를 기초로 한)을 거부했다. 삼단논법에 대한 추론도 비숫한 결과를 보였다. 연구자들은 리터러시를 갖춘 이들과 문맹자들 사이에 존재하는 중요한 차이는 추상적인 사고 과정을 거치는지의 여부라고 결론을 내렸다. 문맹자의 반응은 그들이 겪은 직접적인 경험에 좌우되는 것이었고, 그들은 탈맥락화된 방식으로 언어를 사용하는 것을 거부했다. 이러한 결과는 미국과 영국 내 반문식semi-literate 집단에 대한 주장과 해블록, 구디, 옹의 주장과 일치하는 것이다.

그러나 비고츠키와 루리아의 연구에는 중대한 문제가 있다. 피험자들의 반응 결과가 '읽고 쓸 줄 아는 능력'(전통적 의미의 '리터러시')에서 기인한 것인지 학교교육(또는 러시아혁명 이후 피험자들이 경험하게 된 다른 사회적 기관)에서 기인한 것인지가 분명하지 않다. '읽기와 쓰기'로서의 리터러시의 영향을 공식적인 학교교육과 분리하기는 매우 어렵다. 대부분의 세계에서 이 둘은 병행되기 때문이다. 그러나 학교교육은 전통적인 의미에서 리터러시를 갖추는 것 이상의 것들을 포함한다. 학교교육에서 '학생은 복잡한 역할 관계, 일반적 사고 기능, 문제를 다루는 방법, 다양한 장르의 의사소통과 상호작용, 사회 전체와 관련된 복잡다단한 가치들을 학습하게 된다'(Wertsch, 1985: 35-6).

스크라이브너와 콜

읽고 쓰는 능력으로 정의되던 리터러시의 인지적 효과는 실비아 스크라이브너와 마이클 콜의 『리터러시의 심리학The Psychology of Literacy』 (Scribner & Cole, 1981)에 나오는 라이베리아의 바이족Vai에 대한 획기적인 연구에서 재정의되었다. 스크라이브너와 콜은 두 가지 중요한 물음에 대해 탐구한다. 사고 작용에 영향을 미치는 것은 리터러시인가, 공식적인 학교교육인가? 개인의 삶에서 또는 사회에서 여러 기능을 하는 다양한 형태의 리터러시 효과를 구분해 낼 수 있는가?

바이족에게 리터러시와 학교교육은 항상 유사한 것은 아니다. 바이족은 공식적인 학교교육 환경에서 습득되는 영어뿐 아니라, 제도권 환경 밖에서 서양식 학교교육과 무관하게 전수되는 바이족 고유의 문자(알파벳 형식이 아닌 음절식 문자)를 갖고 있다. 또한 바이족은 아랍어 리터러시도 갖고 있다.

이 각각의 리터러시는 특정한 사용 환경과 연계되어 있다. 영어 리터러시는 정부, 교육과 관련되어 있다. 바이어語 리터러시는 주로 기록을 남기거나 편지를 쓸 때, 그리고 상업적 문제와 관련된 일을 할 때 활용된다. 아랍어 리터러시는 코란을 읽고 쓰거나 암송할 때 사용된다(대부분의 바이족은 아랍어를 언어로서는 모르지만, 몇몇 사람들은 코란의 많은 부분을 아랍어로 쓰거나 암송하는 것을 배운다. 이들은 의미와 텍스트를 연결할 수는 있지만 텍스트를 정교하게 해독하지는 못한다).

바이족 가운데는 이런 형태의 리터러시 중 하나 또는 두 개 이상에 정통한 이들도 있지만 문맹자들도 일부 있기 때문에 스크라이브너와 콜은 공식적인 학교교육의 효과와 리터러시의 다양한 영향을 구분할 수 있었다. 바이족의 학교교육은 영어 리터러시를 갖추는 데 영향을 주었다. 리터러시가 사고능력에 영향을 주는 것이라면, 리터러시를 갖춘 상태(영어, 바이어, 아랍어)는 모두 똑같은 효과를 나타내야 한다. 그러나 학교교육이 사고능력에 영향을 주는 것이라면, 학교에서 리터러시를 갖추게 된 경우에만 효과를 보일 것이다.

스크라이브너와 콜은 피험자들을 대상으로 비고츠키와 루리아가 사용했던 것과 유사한 범주화와 삼단논법 추론 과제를 수행하게 했다. 그들의 연구 결과는 리터러시의 인지적 영향에 대한 여러 연구 결과에 의문을 제기하는 것이었다. 음절 중심의 바이 문자도, 알파벳식의 아랍 리터러시도 고등 사고 기능이라고 여겨지는 것과 연관되지 않았다. 리터러시는 범주화하는 기능을 신장해 주지도 않고, 삼단논법 추론 과제에 기여하지도 않는 것으로 드러났다. 이와 대조적으로 공식적인 학교교육과 연관되어 있는 영어 리터러시만 탈맥락화와 추상적 추론의 일부 유형과 관련이 있었다. 그러나 학교교육은 일반적이거나 전반적인 의미에서 '높은 지적 능력'이나 '고등 정신 능력'을 향상시키지 않았다. 그보다는 상당히 제한적이고 특수한 효과가 있었다.

> 학교의 역할을 이해하는 편리한 방법은 가장 수준 높은 수행이 요구되는 과제를 우선 고려하는 것이다. 이에 해당하는 것들은 분류에 대한 설명, 논리적 설명, 문법 규칙에 대한 설명, 게임 방법 안내(의사소통), 명칭 전환에 대한 가설적 물음에 대한 답변 등이다. 이 모든 것은 과제에 '대해 이야기'하는 것이다.
>
> …일단 언어적 설명을 제외하면, 우리는 과제 수행에서 수월성을 보이는 어떤 다른 패턴을 찾을 수 없다.
>
> …학교는 설정된 상황에서 정보 전달적 말하기 능력을 신장시켜 준다(Scribner & Cole, 1973). 본 연구에서 파악한 학교교육의 모든 주요 영향은 이에 부합한다.
>
> (Scribner & Cole, 1981: 242-3)

스크라이브너와 콜은 학교에 다녔고 영어 리터러시를 갖춘 사람 중 학교를 몇 년 동안 떠난 피험자들이 범주화나 추상적 추론 과제 수행을 하는 것에서 타 집단과 다른 점을 발견하지 못했다. 그들은 자신에 대해 말하는 것은 더 잘했고, 정보 전달적 구어 설명, 자신의 과제 활동에 대한 정당화를 해냈다. 하지만 최근에 학교에 다닌 이들이 과제를 더 잘 수행했는데, 이는 과제 수행과 그것에 대한 언어적 설명 둘 다 학교 리터러시의 결과로 향상된 것임을 시사한다. 그리고 학교를 떠난 뒤 몇 년 동안 연습하지 않았다면 과제 수행 능력은 일시적인 것으로 나타났다.

스크라이브너와 콜의 연구에서 매우 중요한 결과가 더 있다. 각 리터러시는 상당히 구체적인 기능들과 관련이 있다는 것이다. 예를 들어 바이어 문자 리터러시는 바이어 구어를 시청각적 통합 과제(음절 사이의 휴지 pause로 끊긴 바이어 문장 내 단어와 구를 반복적으로 다시 말하기)에서 종합하고, 언어를 표상하는 문자 기호를 활용하며, 지도instruction의 수단으로 언어를 사용하고, 정확한 바이어 발화에 대해 이야기하는 것과 같은 구체적인 기능과 연관되어 있다. 이런 모든 기능은 바이어 문자 리터러시의 일상적 실천과 밀접하게 관련되어 있다. 예컨대, 바이어 구어를 종합하는 능력은 바이어를 읽는 이가 음절문자(단어 분절을 표시하지 않는다)를 해독할 때 언어를 종합하는 실천을 따른 것으로 보인다. 음절들의 연쇄에서 의미를 구성해 내기 위해 바이어 문자 해독자는 그 음절들이 어떤 단어를 뜻하는지 파악될 때까지 음절의 순서를 기억해야만 한다. 또 다른 예를 들면 바이인들은 쓰인 글자를 놓고, 종종 글자의 질과 '좋은 바이어'로 쓰였는지를 논의하곤 한다. 이 실천은 문법적으로 정확한 발화에 관해 이야기하는 능력을 향상시키는 것으로 보인다.

스크라이브너와 콜은 이러한 증거를 기반으로 그들이 '리터러시의 실천 장부a practice account of literacy'라고 부른 것을 선택한다. 어떤 리터러시는 상당히 구체적인 기능들을 향상시키는데, 이 기능들은 해당 리터러시를 이행할 때 실천된다. 사실상 리터러시에서 기인하는 거시적이고 일반적인 인지 기능들에 대한 거창한 주장은 나타나지 않았다. 어떤 이는 정식 학교 교육의 효과(설정된 상황에서 정보 전달적 말하기에 참여할 수 있다) 자체가 학교에서 많이 실천되고 있는 매우 구체적인 기능이라고 지적할 수도 있다. 따라서 우리는 스크라이브너와 콜의 학교 '실천 장부'를 리터러시뿐 아니라 학교교육으로 확장해야 할지도 모른다.

종합하는 부분에서 스크라이브너와 콜은 학교교육 외에 리터러시의 영향을 받는 인지적 기능들을 향상시키는 다른 변인을 끌어들인다. 이는 도시에서 사는 것이다.

> 우리의 결과는 리터러시를 갖춘 이들과 문맹자들 사이에 '중대한 심리적 차이들'이 있다는 지속된 주장과 직접적으로 충돌한다. …(중략)… 논리, 추상화, 기억, 의사소통 등 어떤 과제에서도 문맹자들이 리터러시를 갖춘 이들에 비해 낮은 수준으로 수행하는 일은 없었다. 우리는 리터러시가 바이인들의 기능을 진작시킨다고 주장할 수 있고, 그렇게 주장한다. 그러나 리터러시가 우리가 평가한 기능들에 필요충분조건이라고는 주장할 수도 없고, 주장하지도 않는다.
>
> 문맹자 수행의 다양한 패턴에 대한 하나의 설명은 학교와 리터러시 이외의 다른 인생 경험이 우리가 낸 일부 과제에 크게 영향을 준 것이라고 할 수 있다. 도시에 사는 것은 사람들이 구분의 기능적 방법에 의존하게 하지 않고 분류학적 범주를 활용할 수 있도록 변화시키는 데 큰 영향을 준다. …(중략)…
>
> 우리가 요약한 증거는 …(중략)… 리터러시의 지적 영향에 대해 볼 때 리터러시는 학교교육의 대리자가 아니라는 결론을 강력히 지지한다.
>
> (Scribner & Cole, 1981: 251-2)

스크라이브너와 콜의 연구는 중요한 것은 쓰고 읽을 수 있는 어떤 탈맥락화된 '리터러시'가 아니라 학교의 '학생'이든, 마을의 '편지 작성자'든 또는 종교 집단의 구성원이든 간에 사회적 집단의 일부로서 전수받게 되는 사회적 실천들임을 분명히 시사한다.

학교와 직업들

오늘날 우리는 모든 수준의 학교교육이 어떻게 학생들을 직업 세계에 대비하도록 해야 하는가에 대해 많이 접한다. 사실 대학 수준에서 많은 학생과 그 가족들은 인문학 전공을 무시한다. 인문학 전공으로는 돈을 잘 버는 직업을 갖기 어렵기 때문이다. 그러나 직업과 교육에 관한 논의를 보면 곧바로 교육의 의미가 무엇인지 묻게 된다.

리터러시의 역사는 교육이 대체로 직업 훈련이나 개인의 성장과 발달을 일차적인 지향점으로 삼지 않았음을 보여 준다. 오히려 교육은 사회의 엘리트들이 생각하는 훌륭한 시민의식에 어울리는 행동과 태도, 도덕적 행위를 강조했다. 그리고 이는 종종, 특히 지난 세기 동안 서로 다른 계층의 개인에 대한 서로 다른 종류의 행동과 태도를 의미해 왔다. 온순함, 절제, 시간 관리, 정직, 낮은 계층에 대한 존중심은 상업이나 서비스 직종에 적합한 것이고, 언어적·분석적 기능, 비판적 사고, 종횡무진하는 사고, 상위계층을 위한 글쓰기는 관리직에 적합한 것이다.

현대 미국 학교의 시스템을 추적해 보면, 상이한 '종류'의 사람들에게 상이한 기능과 가치를 제공한 결과를 보이는 많은 증거가 널리 퍼져 있다. 미국 전역에 걸친 중·고등학교를 추적한 지니 옥스의 방대한 연구에서 학생의 인종과 계층 또는 대학·진로 탐색 지식에 대한 가족 기반 접근성은 학생의 내적 지능이나 실제적인 잠재성보다 학생이 어떤 트랙으로 들어섰느냐와 더 많은 관련이 있었다(Oakes, 1985; 또한 Oakes, 2005 참조). 일단 낮은 트랙에 들어서면, 아이는 거의 언제나 거기에 머물렀고 막바지에는 해당 트랙이 인정하는 방식대로 행동했다(Rose, 1989).

옥스는 다양한 트랙의 교실에서 있었던 교수·학습 관련 질문에 대한 학생과 교사의 전형적인 인터뷰를 많이 인용한다(Oakes, 1985). 이 인터뷰들은 학교에서의 사회적 불평등 형성을 웅변적으로 드러낸다. 이들은 두 가지 다른 종류의 리터러시가 가르쳐진 방식을 보여 주는데, 하나는 자신에 대한 존중 및 사회적 위계 내 높은 지위에 어울리도록 강조하는 것이고 다른 하나는 타인에 대한 존중 및 낮은 지위에 어울리도록 강조하는 것이었다. 책에서 발췌한 몇몇 예를 보자.

선생님이 보시기에 학급의 학생들이 배웠으면 하는 가장 중요한 것들이 무엇인가요?

사고 활동을 다루는 것―에세이 형태의 질문에 대해 기본적인 답변을 생각하는 것 (중학교, 높은 트랙high-track 영어)

비판적으로 생각하기―분석하기―질문하기 (중학교, 높은 트랙 사회)

읽기를 도구로 사용하는 능력―즉 서류 작성 방법, 수표 쓰는 법, 직업 구하기 (중학교, 낮은 트랙low-track 영어)

다른 학생들과 함께 공부할 수 있는 것, 혼자 공부할 수 있는 것, 지시를 따를 수 있는 것 (중학교, 낮은 트랙 영어)

학생이 배운 것 중에 가장 중요한 것은 무엇인가요?

우리 선생님과 친구처럼 의사소통하는 방법을 아는 것, 그리고 동시에 교사이신 선생님과 소통하는 법을 아는 거요. 기능 숙달이나 수업 시간의 활동보다 나 자신에게 자신감을 갖는 거요. (중학교, 높은 트랙 영어)

나는 상황에 대해 나름의 견해를 형성하는 법을 배웠어요. 또 다른 사람의 견해에 너무 흔들리지 말고 내 의견과 다른 사람의 의견을 열린 마음으로 보는 것을 배웠어요. 이제 나는 어떤 주제에 대해 확실히 좋은 의견을 가지기 위해선 내 의견을 지지할 수 있는 여러 사실이 있어야 한다는 걸 알아요. 이것 때문에 나중에 하는 의사결정은 아마 좀 더 수월해질 거예요. (중학교, 높은 트랙 영어)

나는 예의를 갖추는 것, 다른 사람을 존중하는 것, 선생님이 말씀하실 때 말하지 않는 것 등 많은 걸 배웠어요. (중학교, 낮은 트랙 영어)

수업 시간에 나는 예절을 배웠어요. (중학교, 낮은 트랙 영어)

(Oakes, 1985: 85-9)

리터러시의 역사에서 가장 눈에 띄게 지속되는 것은 리터러시가 활용되어 온 방식이다. 세월이 거듭될수록 사회적 위계질서를 공고히 하고, 엘리트들에게 권한을 부여하며, 사회구조상 낮은 위치에 있는 사람들이 자신의 이해나 자신이 속한 집단의 이해와 같지 않을 때도 엘리트의 가치와 규범, 신념을 수용하도록 하는 데 리터러시가 활용되었다(Gramsci, 1971).

우리의 새로운 글로벌 자본주의는, 사회가 '낮은' 그리고 '높은' '유형의' 사람들에게 분배하고자 하는 기능과 가치의 종류를 변화시킬지도 모른다. 그러나 강한 저항 없이 이런 '유형들'이 완전히 사라지지는 않을 것이다. 실제로 현재의 초경쟁적인 과학기술 주도 하의 글로벌 자본주의에서는 세 가지 계층의 노동자가 필요하고, 이는 세 가지 계층의 학생을 양산하게 된다. 임금이 낮은 서비스 종사자, 직장에서 기술적·협동적·소통적 기능을 보이고 안정성이 낮은 여건에서 몸과 마음을 회사와 회사의 '핵심 가치'에 쏟아부어야 하는 '지식노동자', 그리고 마지막으로 혁신과 '핵심 가치'를 창조하고 새로운 글로벌 자본주의의 혜택을 가장 많이 보는(Drucker, 1993; Gee et al., 1996) 리더와 '상징 분석가들'(Reich, 1992; 또한 Reich,

2000 참조)이 그것이다. 라이히(Reich, 1992)는 노동자의 5분의 3 이상이 첫 번째 범주에 해당할 것이라고 추산했는데, 실제로 그렇게 되었다.

리터러시의 역사는 '대논쟁'으로 나누어 볼 수 있다. 한편에는 낮은 계층에게 리터러시가 주어지면 안 된다고 주장하는 엘리트(사회적·종교적·경제적 엘리트이든 세습된 엘리트이든 상관없이)가 있다. 그 이유는 리터러시가 그 사람들이 자신의 운명이 불행하다고 느끼게 하고, 정치적으로 비판적이고 불만 가득하고, 사회의 하찮은 일을 하는 것을 꺼리게 하기 때문이다. 다른 한편에는 리터러시는 이런 결과를 초래하지 않을 것이라고 주장하는 엘리트가 있다. 그들은 오히려 리터러시가 올바르고 도덕적인 시민적 틀, 즉 엘리트의 가치를 유지하는 틀로서 전달된다면 낮은 계층이 그러한 가치를 받아들이고 중산층과 같은 예의를 갖추고 행동하도록 할 것(즉 사람들이 좀 더 '도덕적'이고 '나은 시민'이 될 것)이라고 주장한다. 상당히 노골적인 언어로 이루어진 이 논쟁은 19세기 동안, 그리고 20세기 초까지 이어졌다(Donald, 1983).

오늘날 현대 '후기 산업화' 사회에서 리터러시를 갖춘 엘리트와 문맹의 대중이라는 예전의 대조는 리터러시 자체에 기반한 것이 아니라 특정 종류의 학교 기반 리터러시(글쓰기, 발화, 행위)를 통제하는 정도에 기반한 고도로 계층화된 사회적 서열로 바뀌었다. 이 학교 기반 리터러시는 번스타인(Bernstein, 2000)이 '신중산층'이라고 했던 이들의 가치와 열망과 관련이 있다. 즉 이들은 구자본주의의 엘리트처럼 생산 자원을 소유하고 있지는 않지만, 지식과 아이디어, '문화', 가치를 통제한다. 오늘날 이러한 엘리트들의 부는 사회 전체를 위한 생산적인 일보다는 주식시장과 그 밖의 해외투자 같은 것의 투기 위험과 더 관련이 있다.

프레이리와 해방적 리터러시

이전 장부터 지금까지는 리터러시의 권위주의적인 측면에 집중하면서 사례의 한 측면, 즉 해석을 강요하는 일반적인 욕망과 요구에 대해 이야기했다. 그러나 딜레마를 해결할 수 있는 다른 측면이 있다. 바로 지배에 대한 종교적·정치적·문화적 저항을 위한 해방적 리터러시의 사용이다.

리터러시는 몇백 년 된 영국의 급진적 전통의 핵심 요소 중 하나였다. 정치적·문화적·사회적·경제적 변화들이 복잡하게 전개되는 맥락 속에서 필연적으로 리터러시의 역사에서도 새로운 요소가 형성되었다. 영국 노동 계층 형성의 여러 요인 중 하나인 '유용한 지식'과 더불어 급진적 정치 행동과 리터러시는 관련이 있다. …(중략)…

읽기와 교육의 쟁취는 노동 계층이 그들의 사회조직에 대한 정치적 전망과 그 속에서의 경험을 형성하는 데 도움이 되었다.

(Graff, 1987b: 324)

파울루 프레이리(Freire, 1970, 1973, 1985; Freire & Macedo, 1987)보다 해방적 리터러시와 더 밀접하게 관련된 사람은 없다. 바흐친과 플라톤처럼 프레이리도 리터러시가 사람들에게 그들을 둘러싸고 있는 사회적 현실에 대해 능동적으로 질문하는 이가 될 수 있도록 권한을 부여하는 힘이 있다고 믿었다.

세상 읽기는 언제나 글 읽기보다 선행하고, 글 읽기는 이어서 세상 읽기를 암시한다. …(중략)… 그러나 어떤 면에서 우리는 나아가 글 읽기가 단지 세상 읽기보다 후행하는 게 아니라 세상을 쓰거나 다시 쓴 형식, 즉 세상을 의식적·실제적 작업으로 변형시킨 형식보다 후행하는 것이라고 말할 수 있다. 나한테는 이런 역동적인 움직임이 리터러시 과정의 핵심이다.

(Freire & Macedo, 1987: 35)

도날두 마세도와 함께 쓴 책의 「사람들은 자신의 언어로 이야기한다: 행동의 리터러시The People Speak Their Word: Literacy in Action」에서 프레이리는 상투메 프린시페 민주공화국republic of São Tomé and Principe*의 국가 리터러시 캠페인에 참여한 학습자의 공책에 관해 논의하고 그중 일부 자료를 인용한다. 프레이리는 이 리터러시 캠페인 설계에 도움을 주었다. 이 나라는 '몇 세기에 걸친 식민지 지배의 굴레'(65쪽)에서 갓 벗어난 국가였다. 그는 '글을 알아가는 이들의 비판적 지각에 대한 도전이 페이지마다 점차 커진다'(72쪽)라면서 주목한다. 두 번째 공책은 '논쟁을 유발하는'(76쪽) 것으로 시작하는데 학습자들에게 이렇게 이야기하는 것으로 이어진다. '공부하는 것은 쉽지 않은데, 왜냐하면 공부는 창조하고 재창조하는 것으로 다른 사람들이 했던 말을 되풀이하는 것이 아니기 때문이다'(77쪽). 이 공책은 학습자에게 교육은 '수동성이 아니라 비판적 정신spirit과 창의성'(91쪽)을 계발하는 것을 의미한다고 적고 있다. 이 자료들에서 프레이리는 '어떤 사실이 최종적이고 정확하고 이해하기 좋게 준비되어 있더라도, 사람들은 다른 사람에게 그 사실에 대한 정확한 설명을 특별히 전달하거나 전수하지 않는다. 사람들은 그들에게 흥미를 불러일으키거나 도전이 되는 문제에 관심이 있다'(78쪽)라고 말한다.

플라톤이 애초에 비슷한 용어로 대화가 필요하다고 했던 것처럼, 이 모든 것은 개방적이고 해방적이다. 그러나 여기서 주목해야 할 다른 점이

....

* 아프리카 중서부에 있는 공화국.

있다. 프레이리는 플라톤의 문제에 정면으로 대립한다. 무엇이 사람들이 (텍스트나 세상을) 읽을 때 '정확하게' 읽을 수 있도록 보장해 주는가? 두 번째 공책은 다음과 같이 적고 있다.

> 우리가 읽고 쓰는 것을 배울 때, 정확하게 생각하는 것을 배우는 일 또한 중요하다. 정확하게 생각하기 위해서 우리는 일에서의 우리의 실천에 대해 생각해야 한다. 우리는 우리 일상의 삶에 대해 생각해야 한다.
>
> (76쪽)

> 이 공책에 글을 쓸 때의 중요한 목표는 동지 여러분이 정확하게 생각할 수 있도록 도전의식을 불러일으키는 것이다.
>
> (87쪽)

> 자, 정확하게 생각하기를 시도하는 연습을 해 보자. 여러분이 이 문제를 어떻게 보는지 종이 위에 써 보자. '우리나라 독립 이후의 아이와 성인에 대한 교육은 독립 전에 우리가 받았던 교육과 같을 수 있는가?'
>
> (88쪽)

> 새로운 남성과 새로운 여성을 특징짓는 속성에 대해 생각해 보자. 이런 속성 중 하나는 국민들의 명분과 관심사를 반영하는 것과 일치하는 것…(중략)…우리가 개인주의와 자기중심주의를 극복하려고 배우고 있는, 정치적 투지라는 것은 새로운 남성과 새로운 여성의 징후이기도 하다.
>
> [혁명의 의무를] 공부하는 것, 정확하게 생각하는 것, …(중략)… 이 모든 것은 새로운 남성과 새로운 여성의 특징이다.
>
> (92쪽)

프레이리가 페다고지pedagogy를 '답변의 페다고지라기보다는 질문의 페다고지'라고 한 점은 놀랍다. 페다고지는 급진적인데, 왜냐하면 '확실한 것들에 대해서는 다소 의문을 품고'(54쪽) 정확하게 생각하는 것이 무엇인지 알기 때문이다. 학습자들은 다른 사람이 한 말을 반복하라고 배우지 않고, 그들이 읽은 것을 '다시 말하는' 가운데 문제가 불거지면 틀렸다고 말할 수 있다. 즉, 프레이리의 관점이나 국가의 정치적 관점과 상충되는 관점을 말할 수 있다. 따라서 리터러시 자료는 그들이 정확하게 사고하는 것을 보장해야만 한다. 그것은 '다시 말'하거나 텍스트와 세상을 '정확하게' 해석하는 것이어야 한다.

프레이리는 서구 사회의 헤게모니 구축 과정을 지속적으로 뒷받침해 온 교회, 국가, 산업, 학교에서 관습적으로 행하는 리터러시를 포함해 어떤 리터러시도 정치적으로 중립적이지 않음을 잘 알고 있었다. 플라톤의 딜레마를 빠져나갈 길은 없다. 리터러시에는 궁극적으로 정치적인 해석을 취하는 관점이 항상 동반된다. 우리는 그런 것은 없다고 주장하면서 그러한 관점을 숨길 수도 있고, 공개적으로 제시할 수도 있다. 플라톤, 스웨덴, 프레이리는 모두 강력한 관점을 가졌다. 플라톤과 프레이리 모두를 위대하게 만든 것은 둘 다 정치적 관점을 숨기지 않았고 정치가 리터러시와 분리되는 척하지 않았다는 것이다.

결국 우리는 리터러시 신화와는 대조적으로, 리터러시나 학교교육의 결과로 이루어지는 것이 없다고 말하게 될지도 모르겠다. 오히려 리터러시와 학교교육의 결과로 이루어지는 많은 것은 리터러시와 학교교육과 항상 함께하면서 이른바 태도, 가치, 표준과 신념으로 포장되는 것들이다. 이런 결과물은 산업화를 촉진하는 노동 습관들, '설정된 상황에서 정보 전달적 말하기'를 하는 능력, 종교적으로나 정치적으로 침묵을 지키는 사람, 식민지의 억압자에 대한 강한 저항, 그 외 여러 가지 다른 것들이 될 수 있다.

텍스트는 그것이 종이에 쓰인 것이든, 정신적인 것이든(플라톤), 세상에 관한 것이든(프레이리) 장전한 무기loaded weapon가 될 수 있다. 총을 건넨 교육자는 총알(관점)도 건네고 나서 그 결과를 인정해야만 한다. 플라톤과 프레이리가 그랬듯 강력한 견해와 이데올로기를 가지는 것 이외의 길은 없다. 리터러시 교육은 소심한 이들을 위한 것이 아니다.

내가 파울루 프레이리(1921~1997)에 대한 이 절을 처음 썼을 때 그는 살아 있었다. 그는 내가 그를 개인적으로 안다는 사실이 영광인 사람이었다. 그는 학자로서, 또 인간으로서 대단히 뛰어난 인물이었다. 어떤 사람들은 오랫동안 이 절을 프레이리의 작업에 대한 비판이라고 생각해 왔다. 나는 그런 것을 의도하지 않았다. 리터러시의 본질에 대한 플라톤과 프레이리의 생각의 강도에 관해 성찰하고 가치, 이데올로기, 세계관의 역할을 개방적으로 가감 없이 인정할 필요가 있었다. 리터러시는 현실적 딜레마를 수반하고, 플라톤과 프레이리도 비록 서로 다른 관점과 가치 체계를 가졌지만 이러한 딜레마에 직면했다.

프레이리의 작업(저서에서 그리고 활동가로서의 그의 업적)은 리터러시에 지배적인 영향이나 해방적인 효과가 있고 이것이 제도나 강력한 사회적 힘에 의해 뒷받침되어야 한다는 것을 분명히 보여 준다. 우리는 정부나 종교가 권위를 지키고 현상을 유지하기 위한 도구로서 리터러시를 후원하는 방식을 살펴보았다. 그러나 프레이리는 어떤 제도나 사회적 힘이 해방을 위한 리터러시를 후원할 수 있는가에 대해 문제를 제기했다. 이 문제 제기는 프레이리가 제기했던 때만큼 현재에도 중요하다.

프레이리는 『억압된 자들을 위한 페다고지Pedagogy of the Oppressed』(1970)에서 그가 책을 썼던 그 시절만큼 오늘날에도 중요한 의미를 갖는 여러 지점에 관해 논의했다. 사실 그것은 내가 이 책에서 보인 언어와 리터러시에 대한 주장에 포함된다.

1. 학습에 대한 '은행 저축식 모형'은 효과가 없다. 프레이리에 따르면 '은행 저축식 모형'은 '교사'가 '학생'에게 정보를 전이하는 것을 학습으로 여기는 모형을 의미한다. 학습은 세계, 언어 그리고 다른 사람들과 적극적으로 관계 맺는 것을 포함한다. 학습은 그저 정보에 대한 것만이 아니다. 학습은 행위이고 대화이자 지식 생산이며 우리 자신과 세상을 변화시키는 것이다.

2. '세상 읽기'와 '글 읽기'는 깊은 유사성이 있는 절차들이고, 어떤 층위에서는 서로 등가적이다. 이는 4장의 아스피린 병에 관한 논의에서도 분명히 밝혔다. 우리는 어떤 영역에서는 해당 영역의 세상 읽기(텍스트가 그리고 있는 세상 이해하기)를 배우지 않으면 글 읽기(텍스트의 의미 이해하기)를 할 수 없다. 글 읽기의 방법과 세상 읽기의 방법은 서로 밀접하게 관련되어 있다. 이 둘은 불가분하게 상호 의존적이다.

3. 다양한 관점과 접근이 다루어지는 대화(면대면 대화 상황에서의 상호작용과 듣거나 읽은 내용을 토대로 먼 거리에서 대화적 상호작용을 하는 경우 모두)는 몇몇 수준에서 '세상 읽기'와 '글 읽기'를 배우는 데 필수적이다. 따라서 리터러시는 주로 '사적인' 개인(그리고 그들의 심리 상태)이나 하나의 고립된 텍스트라는 측면에서 정의될 수 없다. 프레이리가 논한 리터러시에서는 말하기나 성찰 속에서 다루어지는 복수의, 다양한 접근이 매우 중요하다.

4. '정치'(정치는 한 사회 내 '사회적 재화social goods'의 분배에 대한 가정, 태도, 가치, 관점이라고 보는데, 이때 '사회적 재화'란 사회 속에서 좋고, 적절하거나 소유·행위·존재하는 데 바람직하다고 여겨지는 어떤 것을 뜻한다)는 리터러시의 바깥이나 주변부에 존재하지 않는다. 오히려 앞에서 언급한 바와 같이 정치와 리터러시는 통합적으로, 그리

고 불가분하게 얽혀 있다. 왜냐하면 세상 읽기는 언제나 사회적 재화의 분배와 관련해 무엇이 적절하고, 정상적이며, 자연스럽거나 정당한 것인가라는 측면에서의 세상에 대한 해석을 포함하기 때문이다. 세상 읽기와 글 읽기가 불가분하게 얽혀 있기 때문에 정치와 리터러시도 서로 얽혀 있다.

8장

뉴 리터러시 연구

요약

'뉴 리터러시 연구'로 알려지게 된 많은 저작은 1980년대와 1990년대에 리터러시의 전통적 개념(읽고 쓰는 능력)을 대체하기 위한 사회문화적 접근과 함께 생겨났다. 이번 장에서는 이러한 접근으로 이끈 몇몇 중요한 발전을 살펴본다. 뉴 리터러시 연구는 현재 학문적으로 기틀을 잡은 영역이다. 이번 장과 이 책(원래 NLS을 규명하고 명명하는데 도움을 주었던)은 사회와 리터러시 실천의 변화에 따라 뉴 리터러시 연구에서 이미 일어났고 현재 일어나고 있는 변화를 소개하는 입문서로서 역할을 할 것이다.

다른 세계관들이 구술성과 문식성의 대비를 대체하다

리터러시는 그것이 사용되는 특정한 문화적 맥락에서 분리되면 어떤 영향력도 없으며(실제로 아무런 의미도 없다), 상이한 맥락에서는 상이한 영향력을 가진다. 여러 연구 가운데 두 권의 기초적 저작은(예를 들어, Barton, 1994; Gee, 1989a; Graff, 1979, 1987a, 1987b; Kress, 1985; Street, 1984) 사회적 실천의 맥락과 특정 사회 집단의 세계관에서 구술성과 문식성을 바라보는 현대 뉴 리터러시 연구 프로젝트의 시작을 도왔다. 이 두 저작은 각각 로널드 스콜런과 수잔 스콜런의 『내러티브, 리터러시와 민족 간 대면 의사소통Narrative, Literacy and Face in Interethnic Communication』(Scollon & Scollon, 1981)과 셜리 브라이스 히스의 『말의 방식Ways with Words』(Heath, 1983)이다. 두 저작은 '언어 사용에서의 쟁점이 무엇인가'라는 문제에 대해 인간 경험세계에서 의미를 이해하고 구성하는 방법이 다양하다는 것을 깨닫게 해 준다.

스콜런 등의 연구는 다른 문화에서의 담화 패턴들(말이나 글쓰기 등 의사소통을 위한 언어 사용 방법)은 특정한 현실의 집합reality sets 또는 이러한 문화에 따른 세계관을 반영한다고 믿는다. 담화 패턴은 개인과 문화의 정체성을 드러내는 가장 강한 표현 가운데 하나다. 스콜런 등의 연구에서는 한 사람의 담화 패턴의 변화가(예를 들어 리터러시의 새로운 형태를 습득하는 것이) 종종 그 사람의 정체성에서의 변화를 포함한다고 주장한다. 그들은 북캐나다와 알래스카의 애서배스카족Athabaskans의 세계관과 담화 실천에 대한 상세한 연구 결과를 제공한다. 이는 앵글로캐나다인과 앵글로아메리카인 사회의 담화 패턴들, 세계관과 매우 다르다(또한 Wieder & Pratt, 1990a, 1990b 참조).

유럽식 교육에 기반한 리터러시(스콜런 등의 연구에서 '에세이-텍스트'

리터러시라고 명명한)는 현실의 집합이나 스콜런 등의 연구에서 '근대 의식 modern consciousness'이라 일컫는 세계관과 연계되어 있다. 이러한 현실 모습은 특정 담화 패턴들과 일치하며, 일부는 애서배스카족이 사용한 담화 패턴들과 상당히 다르다. 결과적으로 리터러시의 이 같은 유형의 습득은 단순히 새로운 의미 구성meaning-making 기술을 학습하는 문제가 아니다. 그것은 가치와 사회적 실천 그리고 애서배스카족과의 가치 및 사회적 실천과 충돌하는 지점이 무엇인지를 알아가는 방식들을 포함한다.

애서배스카족의 담화 참여 방식은 영어를 사용하는 주류 캐나다인이나 미국인들과 여러 지점에서 다르다. 몇 가지 예를 살펴보자. (1) 애서배스카족은 타인의 개성을 매우 존중하고, 신중하게 자신의 개성을 지킨다. 따라서 그들은 모든 대화 참여자들의 생각을 잘 알고 있을 때를 제외하고는 대화를 나누는 것을 선호하지 않는다. 반대로 영어 사용자는 대화가 사람들의 생각을 알아가는 주요 방법이라고 생각한다. (2) 종속적 지위에 있는 애서배스카족 사람들은 자기 과시를 하지 않고 오히려 상위 지위에 있는 사람을 관찰한다. 예를 들어 부모나 교사 같은 성인이 학습할 아이들에게 자신의 능력과 자질을 보여 주어야 한다고 생각한다. 그러나 주류 미국 사회에서는 아이들이 그들의 능력을 교사와 다른 어른들에게 보여 주어야 한다고 여긴다. (3) '자신의 가장 좋은 점을 드러내라'라는 영어식 사고는 애서배스카족의 금기와 정면으로 충돌한다. 교사와 학생처럼 평등하지 않은 지위 관계 속에서 영어 화자들은 자신의 장점을 드러내는 것이 일반적이다. 또한 영어 화자들은 미래에 대해 긍정적으로 이야기한다. 즉, 직업이나 인생 궤도에서의 성공과 계획하고 있는 바를 제시하는 것이 일반적이다. 이러한 영어의 시스템은 애서배스카족의 시스템과 전혀 다르다. 애서배스카족의 시스템은 자기 자신의 장점을 드러내거나, 미래를 예측하거나, 타인의 운명에 대해 나쁘게 이야기하는 것은 행운을 부르는 데 부적절하고

액운이 된다고 여긴다.

스콜런 등의 연구는 사람들이 말을 이어 가는 중간에 휴지를 두는 방식에 여러 차이점이 있는데, 그 휴지기에 영어 화자들이 주로 이민족과 대화 시 대화할 화제를 선택하고 이야기를 더 많이 한다는 점을 밝혔다. 이러한 의사소통 문제들의 최종 결론은 각 집단이 상대방에게 민족에 관한 고정관념을 형성한다는 것이다. 영어 사용자들은 애서배스카족이 불확실하고, 목적이 없고, 경쟁력이 없으며, 내성적이라고 믿는다. 애서배스카족은 영어 사용자들이 허풍을 떨고, 미래를 예측할 수 있다고 확신하며, 운명에 대해 부주의하고, 지나치게 수다스럽다고 믿는다.

스콜런 등의 연구는 두 개의 다른 세계관 또는 '의식의 형태forms of consciousness'라는 측면에서 애서배스카족과 영어 화자들의 서로 다른 담화 실천의 특징을 설명한다. 애서배스카족은 오지에서 생존하는 가치와 관련한 오지 의식bush consciousness을, 영어 화자는 근대 의식을 갖고 있다는 것이다. 이러한 의식의 형태는 해당 세계에서 학습을 포함한 일상생활을 향한 인지적 지향이라는 의미에서 현실의 집합이다.

에세이스트 산문체essayist prose style의 가치에 기초한 리터러시 모델을 취해 온 앵글로캐나다인과 아메리카 주류 문화는 근대 의식과 잘 양립한다. 에세이스트 산문체에서 암시되는 중요한 관계는 문장과 문장 사이의 관계로, 화자들 사이의 관계나 문장과 화자 사이의 관계가 아니다. 이는 독자에게 문법적·어휘적 정보를 지속적으로 점검하도록 요구한다. 또한 사회적이거나 수사적인 조건보다는 사실truth이라는 가치에 무게를 두기 때문에 논리적 함축에 대해 명시적으로 설명하는 것이 요구된다.

에세이스트 산문체의 더욱 중요한 측면은 청자와 저자 모두를 각색fictionalisation한다는 것이다. 에세이스트 텍스트의 '독자'는 보통의 사람이 아니라 하나의 이상화된 사람 즉, 에세이가 일부로 속하게 되는 지식 총체에 의해 형성된 이성적 사고이다. 이와 마찬가지로 저자도 각색된 것이다. 왜냐하면 에세이스트 텍스트를 쓰고 편집하는 과정에서 개성적이고 독특한 정체성이 소멸되기 때문이다. 스콜런 등의 연구는 버거 등(Berger et al., 1973)에서 제시한 근대 의식을 규정하는 속성들 중 에세이스트 가치는 변이형이라는 점을 보이면서 근대 의식과 에세이스트 가치 간의 관계를 보여준다.

애서배스카족에게 이러한 에세이스트 양식의 글쓰기는 민족적 정체성의 위기로 여겨질 수 있다. 에세이 작성은 애서배스카족에게 자기 자신을 드러내도록 요구하는데, 이는 필자인 애서배스카족이 독자와의 관계에서 지배적인 위치에 있는 경우에만 적절한 것이다. 그러나 앞서 말한 바와 같이, 독자와 작가는 에세이스트 산문에서 각색되고 텍스트는 탈맥락화된다. 이는 텍스트 안에서 맥락화된 사회적 지배 관계가 모호함을 의미한다. 의사소통하는 사람들의 관계가 불확실한 곳에서 애서배스카족은 침묵을 선호한다.

애서배스카족 산문의 역설은 잘 알려진 저자와 독자 사이의 의사소통이라면 맥락화되고 애서배스카족의 가치와 양립할 수 있다. 그러나 이는 좋은 에세이스트 산문이 아니다. 어느 정도 탈맥락화되어 좋은 에세이스트 산문이 되는 경우, 의사소통을 추구하는 애서배스카족답지 않은 것이 된다. 애서배스카족의 담화 패턴 집합은 에세이스트 산문의 담화 패턴과 상당히 상호 배타적이다.

스콜런 등의 연구는 애서배스카족의 문화에서 언어의 내러티브적, 비非내러티브적 사용의 수를 상세히 설명하고, 이들 각각이 어떻게 애서배스카족의 '현실의 집합'에 따라 형성되는지, 특히 애서배스카족의 개인에 대한 존중과 타인의 일(타인의 지식과 신념을 포함)에 지나치게 개입하지 않는 배려에 대해 말해 준다. 예컨대, 수수께끼는 애서배스카족 문화에서 중요한 장르다. 그들은 수수께끼가 의미를 추측하고, 행간을 읽으며, 간접적으로 결과를 예측한다는 측면에서 교육schooling이라고 여긴다. 요컨대 수수께끼는 교육을 제공하지만 개입이 아닌non-intervention 방식이다. 그리고 내러티브가 가장 잘 이루어지는 방법은 '화자는 주제들보다 조금 더 말하고 청자는 각자의 경험 속에서 맥락화하여 그 주제들을 해석하는 것이다'(Scollon & Scollon, 1981: 127). 물론 이는 에세이스트 산문의 가치인 탈맥락화와는 완전히 반대이다.

말의 다양한 방식

셜리 브라이스 히스의 고전 『말의 방식』은 미국 캐롤라이나주 피드몬트 대지에 자리 잡은 세 지역사회에서의 문화적 맥락 속 리터러시에 대한 민족지학적ethnographic 연구를 다룬다. 이 연구에 등장한 세 지역은 다음과 같은 특성을 지닌다. 로드빌Roadville은 4세대 동안 제분소 생활이 일부가 되어 온 백인 노동자 계층 지역사회다. 트랙턴Trackton은 나이 든 세대는 이 땅에서 자랐고, 연구가 진행된 시점에서 제분소 생활과 다른 경공업과도 연계되었던 아프리카계 미국인 노동자 계층 지역사회다. 그리고 주류 중산층의 도시 기반 아프리카계 미국인과 백인들의 지역사회가 있다(Heath, 1994 참조).

히스는 이처럼 서로 다른 사회적 집단들이 환경에서 지식과 의미를 '습득하는' 방식을 분석하는데, 특히 '리터러시 사건들의 유형'이 '습득 시' 어떻게 관련되는지 중점적으로 살폈다. 리터러시 사건은 인쇄물과 관련된 모든 사건인데, 문자 텍스트(예를 들어 광고)의 의미에 대한 집단 협상, 참고 서적을 개별적으로 '찾아보기', 성경에 나오는 가족 기록 쓰기, 그 외 사람들의 상호작용 속에서 텍스트 해석으로 통합될 수 있는 책과 기타 인쇄물과 관련된 모든 사건들이 그 예이다.

히스는 이러한 리터러시 사건들을 보살피는 역할care-giving roles, 공간과 시간의 사용, 연령과 성별의 분리 등 더 큰 사회문화적 패턴과의 관계 속에서 해석한다. 언어 학습과 사회화는 동전의 양면과 같기에(Schieffelin & Ochs, 1986), 히스는 각 공동체의 아이들이 자신이 속한 공동체 규범과 가치에 의해 사회화되는 과정에서 언어와 리터러시를 습득하는 방법에 중점을 둔다.

중산층 부모와 아이들이 취학 전에 상호작용할 때는 학교 중심의 특성을 보인다. 어른들은 모델링과 특정한 안내를 거쳐 학교와 은행, 우체국, 회사 또는 관공서 등 여러 기관에서 당연시되는 언어 사용과 책에서 지식을 습득하는 방법들을 아이들에게 알려 준다. 이를 밝히기 위해 히스는 주류 가정에서 일어나는 주요한 리터러시 사건의 예로 '잠자리 책 읽기the bed-time story'를 분석한다(참고된 부분의 페이지는 모두 Heath, 1982를 따른다).

잠자리 책 읽기는 학교와 그 밖의 기관들에서 주류 아이와 성인의 삶을 통해 반복적으로 나타나는 행동의 패턴을 제시한다. 잠자리 책 읽기 일상에서 부모는 아이에게 'X가 뭐지?'와 같은 질문을 해서, 아이가 음성으로 말하거나 비언어적인 반응을 보이면 언어 피드백과 이름표label를 제공하는 방식으로 아이와 함께 '비계를 제공하는scaffolding' 대화(Cazden, 1979)를 한다. 2세 이전에, 아이는 교실 수업에서 전형적으로 나타나는 '시작initiation-대응reply-평가evaluation'의 연속체 속에서 사회화된다(Cazden, 1988, 2001; Mehan, 1979).

게다가 이해하며 읽는다는 것은 성인들이 잠자리 책 읽기에서 아이들에게 물어보는 질문과 같은 형태의 질문을 자기 스스로 하게 되는 것을 포함한다. 더 나아가 'X가 뭐지?'와 같은 질문과 설명은 중심 문장들을 선택하고, 개요를 작성하고, 표준화된 시험에 답하기를 배우는 학교 환경에서 재현된다. 잠자리 책 읽기 일상뿐 아니라 이와 비슷한 실천들에서 아이들은 책에서 의미를 찾는 방법뿐 아니라 그것에 대해 이야기하는 방법을 배우고, 학급에서의 상호작용과 유사한 일상을 반복적으로 연습한다. '따라서 가정문화와 학교로 이어지면서 이루어지는 언어 학습과 사회화 패턴 간에 깊은 연속성이 있다'(56쪽).

로드빌과 트랙턴의 아이들은 두 공동체 모두 학교에서의 성공에 높은 가치를 두고 있음에도 종종 학교에서 성공하지 못한다. 로드빌의 어른들은 아이들에게 책을 읽어 주지만, 그들은 책 읽기를 넘어 리터러시 사건과 관련된 습관을 확장하지 않는다. 예컨대 그들은 실제로 어떤 사건을 볼 때, 책에서 봤던 유사한 사건을 떠올리게 하거나 책과 실제 사건 사이의 유사점과 차이점에 대해 논평하지 않는다.

로드빌의 강력한 근본주의자들fundamentalist은 부모가 실제 사건을 각색한 설명을 거짓말로 보게 하는 경향이 있다. 현실은 허구fiction보다 낫고, 그들은 항목과 사건의 맥락이 소설화와 추상화의 특징으로 바뀌는 것을 장려하지 않는다. 그들은 동요와 알파벳 학습, 단순한 성경 이야기를 강조하는 책을 선택하는 경향이 있다. 심지어 로드빌의 어른들이 들려주는, 그래서 아이들이 본받게 되는model 이야기는 현실에 바탕을 두고 있다. 이런 이야기의 근원은 개인적 경험이다. 그것은 행동에 대한 예상 규범이 되풀이되는 것이 핵심인 종교적 죄악에 관한 이야기들이다.

따라서 로드빌의 아이들은 그들의 지식이나 그들에게 알려진 각색된 사건들을 탈맥락화하거나 이를 다른 틀로 바꾸는 실천을 하지 않는다. 학교에서 그들은 하나의 맥락 속에서 배운 지식을 다른 맥락에 대입하는 일을 거의 하지 못한다. 그들은 두 개의 항목이나 사건을 비교하지 않고, 유사점과 차이점을 찾지 않는다.

트랙턴은 상당히 다른 언어와 사회적 환경을 보여 준다. 트랙턴의 아기들은 대부분 깨어 있는 동안에 지속적으로 주변에서 풍부하게 진행되는 언어적 또는 비언어적 의사소통 속에 있다. 주일학교 자료들을 제외하고, 아이들만을 위한 가정에서의 독서 자료는 없다. 성인들은 앉아서 아이들에게 읽어 주지 않는다. 아이들은 친구들, 어른들과 끊임없이 구두로 상호작용을 한다.

부모들은 자신들에게 가르치는 역할이 있다고 믿지 않으며, 주류 부모들이 하는 것처럼 아이들을 위해 언어를 단순화하지 않는다. 또한 책이나 주변의 물건에 이름표를 붙이지도 않는다. 그들은 아이들이 분석적이고 구체적인 지식이 아니라 전반적 지식을 취할 수 있는 경험이 제공될 때 배운다고 믿는다. 트랙턴의 아이들은 맥락을 제공하면서, 그리고 상상적인 이야기 창조에 청자의 참여를 요구하면서 말하는 방법을 배운다. 창의적인 대화와 말놀이verbal play가 있는 풍요로운 환경에서 그들은 담화의 흐름 속에 자신의 이야기를 삽입하는 데 적극적이어야 한다. 상상력과 언어적 재주가 권장되는 것이다.

실제로 집단 토의와 참여는 사회적 집단에 널리 퍼져 있는 자질이다. 어른들은 혼자 읽지 않고 집단으로 읽는다. 예컨대, 누군가가 새 자동차에 대한 광고 책자를 읽으면, 그곳에 있는 청자들이 해당 광고 책자의 텍스트 의미를 자신의 경험과 연결하고 질문하며 의견을 주고받을 수 있다. 그 집단은 하나가 되어 문어 텍스트와 관련된 구두 담화를 종합하는 광고 책자에 대한 의미를 구성한다. 사회적 상호작용과 협상에서 고립된 글print은 트랙턴 아이들의 세계에서는 권위가 거의 없지만 학교에서는 막강한 권위가 있다.

히스의 트랙턴과 로드빌 그리고 주류 집단의 특징에 대한 설명은 세 집단의 리터러시 문화에서 구술성과 문식성의 이분법적 대조가 아니라 세 집단을 다양한 방식으로 교차 분류할 수 있는 자질 집합이 있음을 보여 준다. 각 집단은 다른 집단과 다양한 모습을 공유하기도 하고 차이점을 보이기도 한다. 주류 집단과 트랙턴은 모두 상상과 각색화에 가치를 두지만 로드빌은 그렇지 않다. 로드빌과 트랙턴은 모두 탈맥락화를 무시하지만, 주류 집단은 그렇지 않다. 주류 집단과 로드빌 모두 부모들이 언어와 리터러시 습득에서 가르치는 역할(아이들에게 읽어 주고, 필요한 정보를 요구하는 질문을 한다)을 한다고 믿는 반면, 트랙턴은 그렇지 않다. 로드빌은 트랙턴과 학습에서 경험적·비분석적 관점(아이들은 보고 행하면서 배우는 것이지, 배움의 과정을 작은 부분들로 쪼갬으로써 배우는 것이 아니다)을 공유하지만 주류 집단과는 공유하지 않는다. 비교에 더 많은 집단, 예를 들어 애서배스카족(트랙턴과 경험을 통한 학습에 대해서는 공유하지만, 그들이 허락하는 자기표현의 정도에서는 다른)을 추가하면서 우리는 더욱 복잡하게 교차 분류할 수 있다.

히스는 비주류 사회 집단이 주류의 학교 기반 리터러시 실천(모든 구어 및 문어 언어 기능을 포함하여)을 습득하려면 주류 아동이 집에서 겪는 종류의 리터러시 경험을 개인(아동이든 어른이든)이 자기 나이에 적합한 수준에서 '개괄recapitulate해야 함'을 시사한다. 안타깝게도 현재 제도화된 학교들은 일단 기초가 있으면 주류 리터러시를 실천하기에 좋은 장소가 되지만, 그러한 기초를 습득하기에 좋은 장소는 아니다. 히스는 그러한 기초가 가정에서 습득되지 않았다면, 개인은 교사와 같은 학교 기반 리터러시를 갖춘 사람에게서 새롭고 확장된 역할 속에서 견습함으로써 이를 습득할 수 있을 것이라고 제안한다. 그러나 동시에 우리는 스콜런 등의 경고를 기억해야만 한다. 스콜런 등의 경고는 많은 사회 집단이 학교 기반 리터러시를 견습한다는 것은 그들의 정체성을 변하게 하고 그들 자신의 여러 지점과 불화하는 현실의 집합을 차용하게 됨을 의미한다는 것이다.

불평등한 어린 시절: 아동 양육의 두 모델

히스의 중요한 연구는 이제 고전이 되었다. 그녀의 연구는 시민권 운동의 절정기에 수행되었지만 그 운동은 당시 연구 배경으로 반영되지 않았다. 더 나아가 그녀의 연구가 완료된 이후 제조업과 제분소 일자리들은 대부분 다른 나라의 저비용 센터로 사라져 갔다.

아넷 라루는 『불평등한 어린 시절Unequal Childhoods』(Lareau, 2003)에서 히스의 연구를 여러 면에서 업데이트하는 민족지학적 연구를 수행했다. 서로 다른 가정에서의 양육에 대한 연구에서 라루는 자녀 양육이 무엇을 의미하는지에 대한 두 개의 모델을 밝혀냈다. 첫 번째는 '양육 모델cultivation model'이라 부른다. 이 모델은 중산층과 중상층 부모에게만 적용되는 것은 아니지만, 이들에게 대부분 적용된다. 다른 모델은 '자연 성장 모델natural growth model'이라 부른다. 이 모델은 노동자 계층과 가난한 부모에게만 적용되는 것은 아니지만, 이들에게 대부분 적용된다.

자녀를 양육하는 부모가 양육 모델을 취할 때, 이 부모들은 자녀를 지속적으로 관리하고 보살펴야 하는 식물처럼 대한다. 이들은 자녀에게 많은 말을 하는데, 지금 여기와 관련된 것뿐만 아니라 다양한 화제에 대해 이야기한다. 그들은 자녀 주변에서 '책 언어book language'를 많이 사용하고, 특히 부모가 자녀가 '꼬마 전문가'가 되기를 장려하는 영역에서는 성인들이 쓰는 어휘를 사용한다.

비록 부모가 가정에서 궁극적인 권위자이기는 하지만, 이들은 자녀와 협상을 한다. 그렇게 해서 아이들이 논증하고 설명하는 능력을 계발하는 데 많은 연습을 하게 한다. 또한 이들은 박물관 방문, 여행, 캠프, 레슨(예컨대 음악 레슨), 그리고 특별한 학교 밖 활동(예컨대 발레) 등 여러 활동을 조직, 관리, 촉진한다. 부모들은 자녀의 자유 시간을 이러한 활동들로 충분히 조직되도록 한다(그래서 물론 아이에게 때때로 스트레스가 되기도 한다). 이들은 자녀가 어른의 눈을 바라보고, 다른 사람에게 자신을 소개할 때 자신감 있고 지식이 있는 사람이나 적어도 어떤 의견을 낼 권리를 가진 사람으로 소개하도록 권장한다. 부모들은 게임과 같은 것들을 입문의 통로로 이용하여 자녀들이 디지털 도구에 숙달되도록 독려하고, 이러한 숙달과 리터러시 및 지식 발달이 연계될 수 있도록 돕는다.

부모의 관리 속에서 양육된 아이들은 때로는 권한 위임이 너무 많이 되어서 나쁜 결과를 초래할 수도 있다. 아이들은 과도하게 스트레스를 받을 수 있고 아이다울 수 있는 자유 시간을 더 많이 필요로 할 수 있다. 그들의 부모도 지나치게 힘들고 나빠질 수 있다. 이와 같은 부모와 자녀들에 대해 여러분이 어떻게 생각하든지 간에, 양육 모델은 학교에서의 성공과 사회에서의 성공 측면에서 최소한 소득 정도와 높은 위상의 직업과 깊이 관련된다는 증거가 압도적이다. 이런 형태의 자녀 양육과 경제적 성공의 관계는 나쁠 수도 있고 좋을 수도 있는데, 우리 사회가 작동하는 방식을 근본적으로 바꾸지 않는 이상 사라지지는 않을 것이다. 그동안 우리는 가정에서 소홀히 양육되는 아이들을 도울 수 있는 방법을 찾아야 한다.

부모들이 자연 성장 모델을 취할 때, 이들은 자녀들을 풍부하고 충분한 흙과 영양을 공급받아 자연스럽게 성장할 수 있는 식물처럼 대한다. 이러한 부모들은 자녀들을 사랑하고, 깊이 잘 돌본다. 그러나 그들은 아주 어린 시절부터 자녀들의 삶에 지속적으로 간섭할 필요를 느끼지는 않는다. 종종 부모들이 일하고 살아가기 바쁘기 때문에 유복한 부모들만큼 자주 간섭할 수 없다. 그들은 자녀들과 이야기를 덜 나누고, 책 언어와 성인의 언어를 덜 사용한다. 또 자녀들에게 지시와 명령을 더 많이 사용하는 경향이 있으며, 자녀들과 협상하지 않는다. 그들은 자녀가 어른을 존중하고 경의를 표할 것을 기대한다. 또한 자녀들의 자유 시간을 모두 조직하지 않고,

자녀들이 친구들과 함께 또는 스스로 배우기를 기대한다. 그들은 아이들이 게임과 같은 디지털 미디어를 사용해서 학교 기반 기능으로 나아가게 하거나, 컴퓨터 소프트웨어에 대해 흥미를 가지거나 고등 리터러시 기능을 발달시키는 방향으로 나아가게 시도하지 않는다.

자연 성장 모델로 길러지는 아이들은 종종 열심히 공부하고, 자립적이고, 존경심이 있다. 이들은 자신을 내세워야 하는 것을 늘 편안하게 느끼지는 않으며, 성인에게 자신을 지식이 있는 사람으로 소개하는 것도 편안하게 느끼지 않는다. 심지어 본인이 지식이 있는 경우에도 말이다. 또한 논쟁이나 설명 또는 성인(특히 본인이 잘 모르는 성인)과 의견을 공유해야 하는 상황에 연루되는 것을 내켜하지 않는다. 그들은 양육 모델로 키워진 아이들이 경험한 수많은 활동과 관련된 여러 언어와 경험, 지식을 축적하지 못했다.

자연 성장 모델로 성장한 많은 아이들은 학교에서 별 탈 없이 지냈고 인생에서 상당한 성공을 거두었다. 그러나 집단 경향에 대한 통계적 수준을 살펴보면, 그들은 학교와 사회에서 유의미하게 덜 성취하는 경향이 있다. 물론 성공의 가장 중요한 지표는 아니지만 적어도 소득 정도와 권력의 지위 측면에서 말이다. 또한 우리가 논의해 온 두 모델은 연속체의 양극단에 있으며, 이 두 모델 사이에도 다양한 양육 스타일이 있다.

우리가 지킬 것은 지키고 양보할 것은 양보해야 하겠지만, 여전히 형평성 위기 문제는 남아 있다. 여기서 형평성 위기란 비디오 게임을 포함한 디지털 도구들의 관련성이 점점 더 커지고 증가하는 것을 말한다. 양육 모델로 길러지는 더 많은 특권을 가진 가정 출신의 아이들은 학교에서의 성공과, 모든 사람들에게 기회가 열려야 하는 사회에서의 성공에 이바지하는 무수히 많은 기능과 가치, 태도를 습득하고 있다. 이 아이들이 얻는 멘토링과 학습의 대부분은 부모와 집에서 그리고 다른 많은 사람, 또래와 어른들,

인터넷에서의 대화를 통한 상호작용에서 일어나며 현실 세계의 대면에서도 일어난다. 게임과 같은 디지털 미디어는 다른 많은 디지털 도구와 마찬가지로, 아이를 '양육하는' 것을 더 쉽게 만들어 주고 있으며, 아이들이 점점 더 많은 멘토링을 받을 수 있게 허용하고, 이제는 종종 부모를 넘어서 멘토링을 하고 있다(Gee, 2007; Gee & Hayes, 2010, 2011).

이 자녀들이 습득한 여러 기능은 대부분의 학교, 특히 혜택을 덜 받는 아이들이 다니는 학교에서는 제공되지 않는다. 디지털 미디어는 양육 모델과 결부될 때, 부유층과 빈곤층 자녀 사이의 지식과 리터러시 그리고 과학기술적 기능 차이를 더 벌어지게 할 수 있다(Neuman, 2010; Neuman & Celano, 2006). 현존하는 차이는 충분히 나쁘다. 우리는 학교 안과 밖에서 모든 아이들을 양육할 수 있는 방법을 <u>스스로</u>에게 물어야 한다. 동시에 현재 정의되어 있는 것과 같은 학교에서의 성취를 넘어서 향후 순수하게 경제적인 성공에 관한 아이디어까지 발전시켜 나가야 한다.

결론

나는 지난 장과 이번 장에서 '구술성'과 '문식성'에 대한 초기 문화인류학적 접근에서 생겨난 언어와 리터러시에 대한 최근의 사회문화적 접근 방법을 그려 보았다. 우리는 어떻게 자율적 범주로서의 구술성과 문식성이 무수히 많은 사회적 실천과 그것과 관련한 가치 그리고 세계관 속으로 사라졌는지 살펴보았다.

리터러시에 대한 사회문화적 접근들은 주로 언어학자와 사회학자, 문화인류학자에게서 나왔다. 동시에 몇몇 인지심리학자들도 사고와 문제 해결에 대한 비사회적 개인주의자 관점을 버리고, '사회적으로 편재된 인지

socially distributed cognition'에 대한 통찰력 있는 접근법을 발전시키기 시작했다. 그들은 사고를 인간, 도구, 테크놀로지, 복잡한 정합성에 따라 작동하는 사회적 환경에 의해 수행되며 이러한 요소들에 편재되어 있는 무언가로 인식하기 시작했다(Gee, 2004; Hutchins, 1995; Lave, 1988; Lave & Wenger, 1991; Newman et al., 1989; Rogoff, 1990, 2003; Rogoff & Lave, 1984).

비록 그 기원은 다르지만, '사회적 인지'에 대한 연구는 언어와 리터러시에 대한 사회문화적 접근에 대한 작업과 함께 시작되고 있다(Gee, 1992, 2004, 2007; Hutchins, 1995; Wertsch, 1991). 미래의 목표는 정신과 신체, 사회에 대한 통합된 관점이다. 그러나 이런 진취적 작업이 사회적 활동주의 social activism를 포기하지 않고 리터러시에 대한 사회문화적 접근의 고유한 부분인 사회정의를 촉구하기를 바란다. 우리는 새로운 과학new science을 창조함으로써 '새로운 사회new society'를 창조하는 데 관심을 보여야 한다.

9장

사회적 언어들, 상황 의미
그리고 문화적 모델

요약

이번 장은 언어의 본질과 분석 방법에 대해 설명한다. 언어 분석에 대해서는 세 가지 주요한 개념을 소개할 것이다. 바로 상황 의미situated meanings, 사회적 언어들social languages 그리고 문화적 모델cultural models 또는 반영된 세계figured worlds이다. 실제 사용되는 단어의 의미는 사용되는 맥락과 사회적 상호작용에서의 협상에 따라 다양하다. 이러한 맥락적으로 특수한 의미는 이 책에서 '상황 의미'로 부른다. 모든 언어는 많은 하위 언어(언어의 다양한 스타일 또는 다양성)로 구성된다. 이 책에서 이러한 다양성은 '사회적 언어들'로 부른다. 우리는 의식하지도 못하는 많은 장면에서 항상 이론을 사용한다. 우리는 이론 없이 생각하거나 말하거나 행동할 수 없다. 이 책에서는 이러한 이론을 '문화적 모델' 또는 '반영된 세계'라고 부른다.

언어와 사회적 언어들

우리는 지금까지 언어와 리터러시에 대한 사회문화적 접근의 배경을 살펴보았다. 이후의 장들에서는 사회에서 언어와 리터러시에 대한 구체적 이론을 살펴볼 것이다. 이번 장과 다음 장에서는 의미에 대해 다룬다.

시작하면서 우리는 어떤 언어(예컨대 영어)도 단일체가 아니라는 것을 분명히 할 필요가 있다. 모든 언어는 많은 하위 언어, 즉 여러 다른 스타일 또는 다양한 언어로 구성되어 있다. 나는 이러한 다양성을 '사회적 언어'(이것은 때때로 '사용역'이라고 불린다)라 일컬을 것이다. 사회적 언어는 우리가 행동하거나 말할 때 언제나 다음 두 가지를 완수해야 한다는 사실에서 비롯된다. (1) 우리가 누구who인지 분명히 해야 한다. (2) 우리가 하는 것이 무엇what인지 분명히 해야 한다(Wieder & Pratt, 1990a, 1990b). 이는 간단해 보이지만 그렇지 않다. 첫째, 우리는 모두 단일한 사람who이 아니고, 서로 다른 맥락에서 매우 많은 다른 사람들whos이다. 둘째, 하나의 동일한 발화나 행동은 다른 맥락에서 다른 것으로 여겨질 수 있다. 우리는 서로 다른 사회적 언어를 사용해 다른 사람들whos과 무엇들whats을 성취한다.

이러한 점들을 예로 들기 위해 우리가 가명으로 제인이라 부를 중상층의 젊은 앵글로아메리칸 여성과 관련된 사례를 생각해 보자. 제인은 언어와 의사소통에 관한 내 대학 강좌에 참석하고 있었다. 그 강좌에서 우리는 여러 부류의 사람들과 이야기할 때, 자신의 발화 스타일을 바꾸는 방법에 관해 논의했다. 토론 시간에 제인은 다른 사람들에게 말할 때 자신은 발화 스타일을 바꾸지 않았고, 오히려 그게 여러 맥락에 맞는 것이었다고 주장했다. 사실 그녀는 그렇게 안 했으면 그것이 오히려 '위선적hypocritical'이고 자신답지 않은 일일 거라고 말했다.

자신의 주장을 뒷받침하기 위해 제인은 부모님과 남자 친구와의 발화를 녹음하기로 결정했다. 두 경우 모두 수업 시간에 읽고 토론한 이야기에 관해 말하기로 결정했으므로 두 맥락에서 똑같은 말을 하고 있는지 확인할 수 있었다. 수업에서는 사람들이 도덕적 가치에 대해 주장하는 여러 방식의 논의에 초점을 맞추고자 한 가지 이야기를 사용했다. 그 이야기에서 애비게일이라는 여성은 애인인 그레고리를 보려고 강을 건너기를 원한다. 강을 건널 수 있는 배의 선장인 로저는 애비게일이 자신과 잠자리를 같이 해야 강을 건너게 해 준다고 말한다. 애비게일은 절망하지만 진정한 사랑인 그레고리를 보기 위해 선장과 잠자리를 같이 한다. 그러나 애비게일이 도착해 그레고리에게 무슨 일이 있었는지 알려 주자 그는 애비게일과 절연하고 그녀를 버린다. 이야기는 더 남아 있지만(애비게일은 복수를 시도한다), 여기서 우리의 목적은 이것으로 충분하다.

제인은 왜 그레고리가 최악의 캐릭터라고 생각했는지를 부모에게 설명하며 다음과 같이 말했다.

글쎄, 제가 그것에 대해 생각했을 때, 잘 모르겠지만,
저는 이 이야기에서 그레고리가 가장 불쾌한 사람으로 보여야 할 것 같아요.
그는 애비게일을 이해하려 하지 않았어요.
그녀가 잠자리를 강요당했다는 걸 그에게 말했을 때,
그는 냉담했고요.
그는 위선적이었어요,
그녀에게 사랑한다고 공언해 놓고
그렇게 행동했다는 점에서요.

부모와의 대화에 앞서 친밀한 환경에서 나눈 남자 친구와의 대화에서 제인은 다시 그레고리가 최악의 캐릭터인 이유를 설명했다. 이 대화에서

제인은 이렇게 말했다.

> 그 멍청한 놈은, 너도 알다시피, 그녀의 남자 친구였어.
> 내가 기대하기에,
> 만약 내가 너를 보기 위해 그렇게 했다면,
> 너는 그놈을 총으로 쐈을 거야.
> 그는 그녀를 이용하고, 그는 그녀를 사랑한다고 말했어.
> 로저는 결코 거짓말을 하지 않았어.
> 내가 무슨 말 하는지 알지?

제인이 두 개의 매우 다른 언어 형태(하나는 그녀의 부모님에게, 다른 하나는 남자 친구에게)를 사용했다는 것은 명백하다. 심지어 제인 자신에게도 명백하다. 물론 이러한 언어의 다른 형태는 모두 영어이긴 하지만, 그럼에도 이 둘은 상당히 다르다. 우리는 이들이 서로 다른 사회적 언어를 구성한다고 본다. 서로 다른 사회적 언어들(영어처럼 어느 언어에나 많다)은 알아볼 수 있고, 인식 가능한 두 개의 다른 사회적 정체성, 즉 자신이 누구인지에 대한 두 개의 버전을 만든다.

언어적 차이점들은 두 텍스트 어디에서나 볼 수 있다. 제인은 그녀의 부모에게 자신의 주장을 신중하게 포장한다('잘 모르겠지만', '저는 …것 같아요'). 남자 친구에게는 자신의 주장을 똑바로 말한다. 제인은 부모에게 '불쾌한', '이해', '냉담한', '위선', '공언했다'와 같은 정중한(그리고 '학교'식의) 단어를 더 사용한 반면, 남자 친구에게는 '멍청한', '놈' 같은 단어를 사용한다. 또한 제인은 부모님에게는 남자 친구에게 말했던 것('그 …놈은, 너도 알다시피, 그녀의 남자 친구', '로저는 결코 거짓말을 하지 않았어. 내가 무슨 말 하는지 알지?')보다 학교에서 사용하는 것 같은 구문을 더 많이 사용한다('저는

…것 같아요', '그는 애비게일을 이해하려 하지 않았어요. …했을 때', '그는 위선적이었어요, …는 점에서요'),

제인은 자신의 남자 친구에 대해 반복적으로 '너'라고 말하며, 그 지점에서 그의 청자로서의 사회적 관여를 언급한다. 그러나 부모에게는 이런 방식으로 직접적으로 말하지 않는다. 제인은 부모님을 청중보다는 덜 상호작용적인 참여자로 대우한다.

제인은 그녀의 부모에게 이름으로(예컨대 그레고리) 각 인물들을 분명하게 소개한다. 그리고 우리가 학교에서 하는 글쓰기 방식대로 대명사로(예컨대 '그') 소개된 인물들을 다시 언급한다. 이는 제인이 남자 친구에게 한 말에서 그레고리를 어떻게 설정하고 다시 언급하는지와 대조된다('그 …놈은, 너도 알다시피, 그녀의 남자 친구 …너는 그놈을 봤을 거야. …그는 그녀를 이용하고 …그녀를 사랑한다고 말했어'). 후자의 경우 첫 번째 '그놈'은 그레고리를 의미하고, 두 번째 '그놈'은 로저가 애비게일에게 했던 것을 제인에게 할 수도 있는 위선적인 놈을 상징한다. 대명사 '그(he)'는 모두 그레고리를 나타내지만, 그레고리는 '그 …놈 …그녀의 남자 친구'로 소개된다. 따라서 그의 이름이 아니라 '그녀의 남자 친구'라는 역할로 소개되는 것이다. 그런데 대명사 '그'를 썼을 때 청자는 누구를 가리키는 것인지 다 안다. 이 두 가지 '놈'의 사용은 효과적으로 그레고리와 로저의 도덕적 입장을 같게 만든다.

남자 친구에게 한 발화에서 제인은 몇 가지 추리할 점들을 남겼지만, 그런 지점들을 그녀의 부모님에게는 명쾌하게 설명한다. 예를 들어 제인의 남자 친구는, 비록 로저도 나쁘지만 적어도 애비게일에게 거짓말을 하지는 않은 반면 그레고리는 애비게일에게 사랑한다고 거짓말을 한 꼴이 되었기 때문에 그레고리가 위선자라는 비난을 받고 있음을 추론해야 한다.

모든 면에서 제인은 그녀의 부모에게 더 '학교식의' 언어 사용을 한 것으로 보인다. 부모님에게 제인의 언어는 맥락에 기대지 않고 독립적이어서 추론해야 할 것이 거의 없는 언어이다. 제인의 언어는 아마도 제인이 '전달하는' 정보에 부모님이 인지적으로 관여하는 것과 제인과 제인의 '지성'에 대한 부모님의 판단을 강조하면서, 부모님이 청자로서 제인이나 제인의 말에 사회적·정서적으로 관여하지 못하게 한다. 그러나 제인이 남자 친구에게 쓰는 말은 사회적·정서적 관여와 결속solidarity 그리고 의미 구성에 대한 공동 참여를 강조한다.

이 젊은 여성은 그녀가 누구인지 인식할 수 있는 두 가지 버전을 만들고 있다. 하나는 그녀의 부모를 위한 것이고, 다른 하나는 남자 친구를 위한 것이다. 우리 중 누구도 단 하나의 단일한 언어를 사용하지 않으며, 어느 누구도 단일하고 균일한 정체성을 지니고 있지 않다. 우리가 사용하는 서로 다른 사회적 언어들은 우리에게 사회적으로 인식할 수 있는 복수의 whos(우리는 누구인가)와 whats(우리는 무엇을 하는가)를 만드는 것을 허용한다.

다양한 사람들이 다양한 상황에서 다양한 사회적 언어를 사용한다. 만약 제인과는 다른 사회적 혹은 문화적 집단에 속한 사람이 제인과 같은 종류의 언어를 부모님과 저녁 식사를 하는 화기애애한 자리에서 썼다면, 그런 사회적 언어(말투)는 좀 무례하고 거리감이 있는 것으로 보일 수도 있다. 덧붙이자면 제인은 다른 맥락에서는 남자 친구에게 사용한 것과 같은 종류의 사회적 언어를 사용하지 않았을 것이다(예를 들어 그녀의 대학 수업 토론에서). 마지막으로 제인은 다른 맥락에서 부모님과 말할 때에는 다른 사회적 언어를 사용했을 수 있다. 일부 사회문화적 집단에서(제인의 경우처럼) 저녁 식사 자리는 아이들이 자신의 공적 영역, 학교 기반의 지성과 성취를 부모에게 보여 주는 시간으로 자리 잡고 있다.

그래서 우리가 여기에서 주목해야 할 것은, 매우 결정적인 것인데, 우리가 누구who이며, 무엇what을 하느냐 하는 것은 세 가지의 동시 상호작용을 통해 일어난다는 것이다. 여기서 세 가지는 (1) 우리의 사회적 그리고 문화적 집단 멤버십(예컨대 제인의 계층적·민족적·사회적·문화적·교육적·젠더 기반 멤버십) (2) 특정 사회적 언어 또는 그것들의 혼합(예컨대 제인이 부모님과 남자 친구에게 사용했던 서로 다른 언어) (3) 특정 맥락, 즉 사람과 사물 그리고 장소의 구성(예컨대 가정에서 부모님과 함께하는 저녁 식사에서 또는 남자 친구와 함께 편안한 침실에서)이다.

이종어

사회적 언어는 통상 '순수하지 않음'에 유념하면서 사회적 언어에 관한 논의를 확장하는 것이 중요하다. 즉 우리가 말하거나 글을 쓸 때, 자주 다른 사회적 언어들을 함께 혼합한다는 것이다. 이는 러시아의 문학 이론가인 미하일 바흐친(Bakhtin, 1981, 1986; 또한 Ball & Freedman, 2004 참조)이 '이종어heteroglossia'(다성성multiple voices)라고 일컬은 것의 실천이다.

사실 제인이 부모와 나눈 사회적 언어에 '일상' 언어('방언vernacular')의 형태와 학교나 학문적인 일에 사용되는 언어들의 측면이 섞여 있다는 점에는 논쟁의 여지가 있다. 이러한 이종어적 혼합물이 생겨나고 살아남은 역사적 이유가 있는데, 이는 특정 사회문화적 집단이 자녀에게 '유리한 시작'을 하게 하고, 학교에서 지속적인 이점을 추구해 온 특수한 방식과 관련된다. 비록 제인은 20대지만 어린 시절부터 저녁 식사에서 이런 종류의 '보고report out' 대화를 실천해 왔다.

이러한 이종어의 명백한 예와 사회정치적 현실과의 연관성을 보기 위해 아스피린 병에서 얻은 다음 경고 문구를 살펴보라(4장에서 이 경고 문구의 초기 버전에 관해 논의했다).

경고Warnings: **어린이와 청소년은 아스피린과 관련이 있다고 보고된 희귀하지만 심각한 질병인 라이증후군Reye Syndrome에 대해 의사와 상담하기 전 수두 또는 독감 증상에 이 약을 사용해서는 안 됩니다.** 이 병과 모든 약은 어린이의 손이 닿지 않는 곳에 보관하십시오. 우발적으로 과다 복용한 경우 즉시 전문가의 도움을 구하거나 독극물관리센터에 연락하십시오. 다른 약물과 마찬가지로 임신 중이거나 수유 중인 경우, 이 제품을 복용하기 전에 의료 전문가에게 조언을 구하십시오. **태아에게 치명적인 문제를 줄 수도 있고 출산 시 합병증이 따를 수도 있으므로, 만약 특별히 의사에게 처방받지 않은 경우 임신 후 최근 3개월 이내에는 아스피린을 사용하지 않는 것이 특별히 중요합니다.**

관절염 사용과 중요 공지 사항은 상자를 참고하십시오.

이 텍스트는 매우 조심스럽게 언급된 문장과 구체적인 정보로 시작한다. 처음 문장은 '어린이와 청소년'(진하게 쓰인 글씨)에 대해 말한다. 특별히 '이 약'이라고 말하면서 우리에게 두 가지 관련 질병인 '수두 또는 독감'이라는 전용 목록을 제공하고, '라이증후군'과 같은 특정 증후군을 언급한다. 또한 명시적으로 우리에게 그것은 '희귀하지만 심각하다'라고 말해 준다.

그런 다음 갑자기 두 번째 문장에서 언어 표현의 변화와 굵은 글씨체의 사라짐이라는 두 가지를 통해 구분되는 완전히 다른 언어의 형태로 들어가게 된다. 이제 경고 문구는 첫 번째 문장에서처럼 아스피린에 관해 구체적으로 이야기하지는 않지만 '이 병과 모든 약'(두 번째 문장)과 '다른 약물'(네 번째 문장)에 관해 이야기한다. 우리는 '이 병과 모든 약'을 '어린이'

의 손이 닿지 않는 곳에 보관하라는 말을 듣는다. 청소년들에게는 지금 무슨 일이 발생했는가? 우리는 의학 전문직에 대한 세 가지 다른 언급('전문가의 도움', '독극물관리센터', '의료 전문가')을 접했지만, 그중 누구도 '의사'(첫 번째 문장에서 사용된)와 같이 직접적이거나 구체적이지 않았다. 만약 과다 복용이 우발적이지 않은 경우 무슨 일이 일어날지 궁금증을 품게 하면서 '우발적으로 과다 복용'('과량 투여'는 현재 사라졌다, 4장 참조)을 한 경우에 도움을 요청하도록 이야기한다. 텍스트의 중간 부분 언어는 제도적 시스템(회사, 전문가, 센터)이 사람들을 돌보는 (그렇게 위험해 보이지는 않는) 세계를 말한다. 이때 이 사람들은 무지로 인해 그들을 곤란에 빠뜨릴 수 있는 사람들이다.

그러고는 갑자기 다시 본문 처음의 사회적 언어로 되돌아간다. 하지만 이번에는 굵은 대문자로 우리에게 큰 소리로 외친다. 우리는 '특별히 중요합니다'라는 구절과 직면하며 다시 꽤 구체적인 언어로 돌아간다. 즉 '모든 약' 또는 '이 병'보다는 '아스피린'으로 돌아간다. 시간도 매우 구체적으로 처리된다('최근 3개월'). 또한 우리는 더 이상 '전문가'에게서 '도움이나 조언을 구하'지 않고, 오히려 '의사'와 '상담'하고 '특별히 처방받지 않은 경우' 아스피린을 복용하면 안 된다. 다시 말해, 이는 의사가 말한 것을 따르는 것이 나은 위험한 세계다. 그러나 공지 마지막에 있는 임신에 대한 대단히 심각한 경고는 임신과 수유에 대한 다소 일반적이고 온유한 경고가 문구 중간에 더 보통의 언어로 끼워 넣어져 있는 이유가 궁금해지게 한다. 이 텍스트는 작은 글씨체로 끝나게 되는데, 이는 우리에게 '중요 공지사항'(이러한 '경고'가 중요한 공지 사항 아니었나?)에 대해서는 상자를 주목해 보라고 말해 준다.

따라서 이 경고 문구에는 최소한 두 가지 다른 사회적 언어(목소리)가 혼합되고, 불편하게 병치되어 있다. 왜일까? 한때 아스피린 병에는 (하나의 형태로 된) 중간 텍스트(두 번째부터 네 번째 문장)만 '경고warning'(단수)로 써 있었다. 정부 기관, 의료계 종사자, 소비자와 제약 회사 사이의 갈등을 포함하는 다양한 의학적·사회적·문화적·정치적 변화에 따라 '경고들'로 시작하고 끝맺는, 더 직접적이고 날카로운 목소리가 '덧붙여'지게 되었다. 따라서 이 경고 문구에서 서로 다른 사회적 언어들은 역사 속에서 펼쳐진 사회적·정치적·문화적 사건들에 따라 '퇴적'된다는 것을 알 수 있다. 사실 하나의 사회적 언어로 보이는 것(예를 들어 이 경고 문구의 온건한 중간 정도의 언어)도 서로 다른 역사적·사회적·문화적·정치적 출처를 가지는 사회적 언어들의 요약인데, 복합적인 사회적 언어들의 작용은 잊히고 지워져 왔기 때문에 지금 우리에게 단지 단일한 것으로 보일 뿐이다.

'보는 사람의 눈'에 따른 유사성

인간이 세상에 대해 생각하는 중요한 방법 가운데 하나는 유사성을 찾는 것이다(Hofstadter & Fluid Analogies Research Group, 1995; Holyoak & Thagard, 1995). 우리는 새로운 것이 이전의 것과 얼마나 닮았는가 하는 측면에서 이해하려고 한다. 그리고 새로운 것을 그와 같거나 유사한 유형의 다른 것과 마찬가지로 '유형'으로 보기를 시도한다. 이러한 판단이 상당히 중요한 경우가 아주 많다. 예를 들어 아이를 찰싹 때리는 것은 훈육의 유형인가, 아동 학대의 유형인가? 이러한 질문에 답할 때 우리는 아이를 때리는 것이 훈육의 모범적인 예인지, 아동 학대의 전형적인 예에 더 가까운지 판단하여 둘 중 하나를 주장하게 된다.

때리는 것이 훈육인지 아니면 아동 학대인지와 같은 판단은 지속적인 사회 변화 덕에 여전히 최소한 부분적으로는 '열려' 있는 문제로 각자의 문화 속에서 폭넓게 논의된다. 그러나 어떤 언어는 언어의 역사 속 다른 시간과 다른 장소에서 오래전에 만들어진 유사성 판단으로 가득 차 있고, 이것이 현재에 당연한 것으로 받아들여져 해당 언어의 현재 사용자들에 의한 성찰이 거의 이루어지지 않는다.

언어와 학습에 흥미가 있는 우리와 관련 있는 예를 하나 들어 보겠다. '그 교사는 학생들에게 프랑스어를 가르쳤다(The teacher taught the students French)' 같은 문장을 생각해 보라(또한 Birch, 1989: 25-9; Halliday, 1976b 참조). 이 문장은 '존은 메리에게 총을 건넸다(John handed Mary the gun)', '존은 메리에게 총을 주었다(John gave Mary the gun)', '존이 메리에게 총을 보냈다(John sent Mary the gun)'(더 많은 문장이 있다)라는 문장들과 똑같은 문법을 사용한다(해당 언어는 이 문장이 다른 문장과 같다고 처리한다). 이런 유형의 문장은 행위자가 어떤 것을 어떤 사람에게 전한다는 의미로 보인다(만약 우리가 '주다give', '건네다hand', '보내다send' 같은 것을 전형적인 사례로 고려한다면). 이러한 문장의 구조는 주어-동사-간접목적어-직접목적어로 되어 있다. 각각의 경우에 전치사 'to'를 사용하는 대체 버전이 있다. '그 교사는 프랑스어를 학생들에게 가르쳤다(The teacher taught French to the students)', '존은 총을 메리에게 건넸다(John handed the gun to Mary)', '존은 총을 메리에게 주었다(John gave the gun to Mary)', '존은 총을 메리에게 보냈다(John sent the gun to Mary).' 등이다.

여기서 우리는 한 사람(그 교사)이 다른 누군가(학생)에게 어떤 것(프랑스어)을 전하는 것으로 (비록 이러한 전수가 물리적이라기보다 정신적인 것일지라도) 프랑스어를 가르친다는 생각을 하게 된다. (언어를 가르친다는 의미에 대한) 이러한 제안은, 보통 문법에서 이런 제안을 취하는데, 우리의 언어와 문화 속에 내재되어 있는 가장 널리 퍼진 사고방식 중 하나와 맞아떨어진다(나는 이를 나중에 '지배적 신화'라고 부를 것이다). 우리는 (모국어를 전수하거나 외국어를 배우는 상황에서) 의미를, 화자나 필자가 머릿속(원래 의미가 있던 곳)에서 꺼내서 마치 선물처럼 '꾸러미'나 '용기'(단어나 문장)에 담아 청자에게 전달하는(전하는) 무언가로 생각하는 경향이 있다. 그리고 이때 청자는 그 꾸러미를 풀어서 내용물(의미)을 자신의 머릿속(최종적인 용기)에 저장한다고 생각하는 경향이 있다.

우리가 다음에서 보는 바와 같이 이 컨테이너/컨테이너 벨트 은유는 (Lakoff & Johnson, 2003; Reddy, 1979) 의미에 대한 잘못된 관점이다. 이 은유는 '나는 너의 뜻을 알아(I catch your meaning)', '나는 네 말을 이해할 수 없어(I can't grasp what you are saying)', '이해했어(I've got it)', '쉬운 말로 이 문제에 대해 말할게(Let me put the matter in plain terms)', '나는 그걸 말로 표현할 수 없어(I can't put it into words)'** 등 많은 숙어 표현들을 만들어 냈다. 그래서 우리는 문법의 제안을 받아들이고, 언어를 가르치는 것을 교사에서 학생에 이르는 컨베이어벨트를 따라 깔끔하게 포장된 꾸러미(반복 연습, 문법 수업, 프랑스어를 '담은' 단어 목록)를 정신적으로 전달하는 것으로 보기 쉽다.

더 미묘한 수준에서 '그 교사는 학생들에게 프랑스어를 가르친다'는 문장이 '그 교사는 학생들에게 역사를 가르친다(물리학, 언어학, 대수학)'라는 문장과 문법적으로 동일하다는 사실은 (프랑스어 같은) 언어를 가르치는 것이 물리학 같은 학문 분야의 내용을 가르치는 것과 비슷한 활동임을 제안한다(Halliday, 1976b). 교실과 교육과정, 별도의 수업 시간(일주일에 다섯 번 1시간씩 우리는 프랑스어를 배운다)이 있는 학교들은 모든 '교사들'이 같은 종류의 공간에 있고, 시스템 안에서 같은 종류의 역할을 수행하기 때문에

....

* 영어의 동사 catch, grasp, get, put이 의미 정보를 한 쪽에서 다른 쪽으로 옮긴다는 생각을 반영하는 것이다.

그들이 동일한 (종류의) 일을 하거나 할 수 있다고 생각하도록 권장한다.

또한 교사로서 존경받고자 한다면 운전 교사는 차에서 많은 시간을 보내고, 코치는 운동장에서 많은 시간을 보내야 하는 점에 주목할 수 있다. 우리는 '그 코치는 축구를 가르친다(The coach teaches football)'와 같은 말은 하지 않는다는 점도 고려해 보라. 축구는 가르쳐질 수 없고, 누군가가 집단 속에서 다른 견습생들과 함께 숙달하도록 돕는 것이다. 언어 학습은 역사나 물리 학습보다는 운전 배우기나 축구를 하는 것과 훨씬 더 유사함에도 불구하고, 가르침teaching에 대한 우리의 '문화적 모델'은 '프랑스어 가르치기'를 '역사 가르치기'와 비교하도록 만들고, '축구 코칭하기'나 '운전 훈련시키기'와는 비교하지 않게 만든다.

여기서 봐야 할 것은, 언어는 매우 많은 '동결된frozen' 이론들('문화적 모델'), 즉 무엇이 무엇과 유사한가에 대한 일반화를 압축해 보인다는 것이다. 우리는 방금 의사소통(의미는 머리에서 머리로 전달된다)과 언어 습득(외국어는 교사의 머리에서 학생의 머리로 전달된다)의 동결된 이론들을 목격한 것이다. 우리는 다양한 사회적 언어가 제공하는 이론들을 받아들이지 않아도 된다. 비록 그것들 모두를 반영할 수는 없지만, 우리는 그중 일부를 반영하고 새로운 방식으로 사물을 볼 수 있다. 1장에서는 언제 우리가 그러한 반영에 참여할 도덕적 의무가 있는지 알려주는 두 가지 이론을 제안했다.

의미

의미는 매우 복잡한 개념이다. 이러한 복잡성의 일부는 의미에 관한 2장의 논의에서 살펴보았다. 우리가 만들 수 있는 한 가지 중요한 차이점은 단어나 발화가 가지는 일반적 의미('발화 유형 의미utterance-type meaning'로 불리기도 한다)와 단어나 발화가 특정 사용 맥락에서 가지는 특정 의미('발화 토큰 의미utterance token meaning'로 불리기도 한다) 사이에 있다.

우리가 언어를 해석할 때, 언어가 정상적으로 사용된 방법에 대한 일반적인 기대general expectations가 있다. 이를 달리 표현하면, 언어 내 어떤 단어나 구조는 어떤 '잠재 의미meaning potential', 즉 해당 단어나 구조가 다양한 사용 맥락 속에서 취할 수 있는 가능한 의미들의 범위를 가진다. 이를테면 '고양이'라는 단어는 넓게는 고양잇과 동물에게 사용되어야 한다. 이는 일반적인 의미(발화 유형 의미)이다. 이러한 의미는 일반적으로 단어나 구조가 사용되는 전형적인 상황과 관련되어 있다.

이런 일반적 의미는 사전에서 단어의 정의definitions로 포착하려는 것이다. 예를 들어 고양이의 정의는 다음과 같을 수 있다.

1 a: 육식성의 포유동물Felis catus. 애완동물로 오랫동안 사육되어 왔고, 들쥐와 생쥐를 잡아먹는다. b: 보통 혼자 생활하기 좋아하고 (애완용 고양이, 사자, 호랑이, 표범, 재규어, 퓨마, 살쾡이, 스라소니, 치타 등과 같은) 야행성 포유동물로 육식성 (고양잇과) 동물 속family의 하나

(http://www.marriam-webster.com/dictionary/cat에서
2009년 9월 24일 검색됨)

심리학자와 언어학자들이 오랫동안 이 문제를 연구해 왔지만, 우리 두뇌에서 정의가 어떻게 작용하는지는 아무도 정확하게 알지 못한다. 위와 같은 정의는 분명히 우리 머릿속에 있는 것의 전형은 아니다. 고양이가 '포유동물'로 분류된다는 사실을 아는 사람은 거의 없으며, 모든 사람이 고양이가 육식성이라는 사실을 아는 것도 아니다. 우리 머릿속에 있는 것은 아

마도 다음과 같은 것들의 조합일 것이다. 단어가 언급하는 것의 전형적인 이미지나 원형, 우리가 알고 있는 정보와 사실들(그러나 우리 모두가 정확히 공유하지는 않는다), 그리고 단어의 전형적인 사용과 그 단어가 일반적으로 사용되는 문맥에서의 전형적 범위 등 말이다.

어쨌든 우리는 정의, 즉 단어(또는 구조)가 갖는 전형적 의미 범위에 따른 의미보다는 '일반적 의미'에 관해 이야기할 것이다. 이는 그 단어가 표상하는 '의미 원천meaning resources'이다. 물론 일반적 의미는 다양한 맥락에서 사용된 해당 단어를 우리가 듣게 되는 상황에서 변할 수도 있고, 사람들이 그 단어를 어떻게 쓰는지에 따라서 변할 수도 있다.

실제 사용 상황에서 단어와 구조들은 잠재 의미의 범위(또는 최소한 범위와 관련된) 안에서 훨씬 더 구체적인 의미를 취할 수 있다. 이를 나는 '상황 의미'라고 부를 것이다. 그래서 우리가 동물종에 관해 논하는 상황에서, '세상의 큰 고양이들이 모두 멸종 위기에 처해 있다'와 같이 말한다면, 이 상황에서 '고양이'는 사자나 호랑이와 같은 것들을 의미한다. 신화에 관해 논하면서 '고양이는 고대 이집트인에게 성스러움의 상징이었다'와 같이 말한다면, '고양이'는 실제 상징으로 그려진 고양이를 의미한다. 벽난로 위 깨지기 쉬운 장식물에 관해 이야기하면서 '그 고양이가 깨졌다'고 한다면, 여기서 '고양이'는 고양이 조각상을 뜻한다.

따라서 단어는 일반적 의미만 갖고 있지 않다. 단어는 그것이 사용되는 다양한 맥락 속에서 다양하고 특수한 의미를 가지고, 전문가들이 사용하는 영역에서도 다양한 특수 의미를 띤다. 이는 가장 평범한 경우에도 사실이다. 예를 들어 다양한 상황에서 언급되는 다음 발화들 속 '커피'라는 단어의 의미 변화에 주목해 보라. '커피가 쏟아졌으니 가서 대걸레를 가져와라'(액체로서의 커피), '커피가 쏟아졌으니 가서 빗자루를 가져와라'(알갱이로서의 커피), '커피가 쏟아졌으니 다시 쌓아 놔라'(깡통에 든 커피)(44쪽 참조). 또는 일상생활과 물리학에서 'work'라는 단어의 의미가 전혀 다름에 주목해 보라. 예를 들어 일상생활에서 나는 차를 밀기 위해 열심히 노력했다(I worked hard to push the car)고 말할 수 있다. 그러나 내 노력으로 그 차를 움직일 수 없었다면, 이때 물리학적 의미로 나는 어떤 '작용(work)'도 하지 않은 것(I did no 'work')이 된다.

실제 맥락에서 사람들은 사전처럼 그들의 머릿속 단어의 의미를 찾지는 않는다. 사람들은 단어 의미의 가능한 범위를 알지만, 이것이 새로이 사용되어 바뀔 수 있다는 것 또한 안다. 사람들은 맥락 속에서 그들이 듣는 단어와 구절의 의미를 적극적으로 '구성make up'(추측)해야만 한다. 이런 일은 종종 기계적으로 일어나는데, 왜냐하면 그들이 듣는 단어와 구절의 의미를 이전에도 들었기 때문이다. 그런데 때때로 사람들은 말에 관해 더 파악하려고 노력해야 한다. 가령 같은 맥락에서 했던 말일지라도 지금 여기에서 그 말이 무엇을 의미하는지를 좀 더 적극적으로 물어야 한다.

예를 들어 만약 누군가 '그 고양이가 떠다니고 있다'라고 말하면, 어떤 맥락에서는 '고양이 모양의 구름'을 생각할지도 모른다. '화재가 났을 때 여러분의 집에서 처음으로 구할 것들'이라는 구절은 다양한 맥락에서 다양한 사람들에게 다양한 것들을 의미할 것이다(예컨대, 고양이를 데려가겠습니까, 아니면 값비싼 그림을 가져가겠습니까?). 이 구절이 여러분에게 무엇을 의미하는지 알기 위해서는 화재와 여러분 삶의 맥락에서 그것에 부여한 의미가 무엇인지 생각해야만 한다. 만약 누군가가 '진정한 선거자금 개혁이 있을 때까지 미국은 진정한 민주주의를 이루지 못할 것이다.'라고 말한다면, 여기에서 '민주주의'란 단어가 현재 미국 정치 논쟁의 맥락에서 의미하는 바는 무엇인가?

실제 맥락에서 사용되는 단어와 구절에 항상 사전과 같은 명확한 의미가 있는 것은 아니다. 청자는 맥락의 다른 양상들과 이야기되고 있는 다른 것들에 기초해서 의미를 헤아려야만, 즉 추측해야만 한다. 의미 구성은 '검색look up'의 과정이 아니라 능동적인 과정이다.

상황 의미에서 명심해야 할 중요한 한 가지 측면이 있다. 청자로서 우리가 단어와 구절의 상황 의미를 정하는 방법은 이야기되었던 것에 대한 이전 경험과 지식을 활용하는 것이다. 화자는 어떤 종류의 경험과 지식이 공유되었는지 또는 어떤 종류의 경험과 지식이 다른 사람들과 의사소통하기에 충분히 공유되었는지에 대한 가정assumptions을 해야만 한다. 만약 당신이 선거자금 개혁에 대해 들어 보지 못했고 미국 정치에 대해 전혀 모른다면, '진정한 선거자금 개혁이 있을 때까지 미국은 진정한 민주주의를 이루지 못할 것이다'와 같은 발화에서 '민주주의'의 상황 의미를 정할 수 없을 것이다.

모든 발화는 사람들의 이전 경험과 지식에 대한 가정을 만든다. 발화는 이해되기 위해 특정한 경험과 지식을 가정한다. 그런 의미에서 어떤 발화든, 그것이 어떤 형태로 이루어졌는가라는 측면에서, 누가 '적절한' 또는 '받아들일 만한' 청자(사람)인지 '사람의 종류'에 대한 가정을 만든다.

문화적 모델/반영된 세계

우리는 상황 의미를 정할 때, 즉 맥락과 경험에 근거해 어떤 것의 의미가 무엇인지 판단할 때, 우리가 견지하는 이론에 기초해서 상황 의미를 정한다. 이는 이론을 가진 학자들만의 문제가 아니다. 우리 모두는 언제나 이론을 갖고 있고 이론을 활용한다. 많은 경우 의식하지 못하지만 말이다. 우리는 이론 없이 생각하거나 말하거나 행동하지 못한다. 우리의 '일상적' 이론들은 과학에서 발전된 것 같은 공식적 이론이 아니라 오히려 삶의 경험에서 얻은 비공식적 이론들이다.

　단어의 의미가 비공식적 이론과 관련 있음을 확인하기 위해 다음 질문을 생각해 보자. '교황은 미혼남인가(Is the Pope a bachelor)?'(Fillmore, 1975). 교황은 결혼하지 않은 남자이고, '미혼남'이라는 단어는 '결혼하지 않은 남자'로 정의됨에도 불구하고, 우리는 교황을 미혼남이라고 부르기를 꺼린다. 왜 그럴까? 그 이유는 우리가 단지 단어의 정의나 앞에서 단어의 '일반적 의미'라고 한 것에 기초해서 단어를 사용하지는 않기 때문이다. 우리는 '평범한' 혹은 '전형적'인 것에 대한 우리 마음속의 모델들, 이야기들, 이론들에 기초해서 단어를 사용한다.

　세상에서 남자가 여자와 결혼하는 것은 전형적이다. 우리는 사람들이 결혼하는 전형적인 나이가 어느 정도 지난 남자를 '미혼남'이라고 부르고, 그가 결혼을 할 수 있지만 아직 적당한 사람을 찾지 못했거나 찾고 있는 중이라고 추측한다. 교황은 결혼 적령기를 넘어선 사람이고 결혼을 하지 않겠다고 서약한 사람이다. 그는 우리 머릿속에 있는 미혼남에 대한 전형적 이야기에 부합하지 않는다.

　맥락상의 무언가가 그 상황을 비전형적이라고 생각하게 만들지 않으면, 우리는 전형적 이야기에 근거해서 단어를 사용한다. 만약 동성애자의 결혼 문제나 남자를 '미혼남', 여자를 '노처녀spinster'로 부르는 우월주의의 문제가 생긴다면, 우리는 문제에 대해 더 명시적으로 생각하고 잠시 우리의 전형적인 그림을 포기해야만 한다. 사실 전형적 이야기로 인식되는 것이 충분히 변하거나 경쟁하게 되는 사회에서는 많은 것들이 변할 수 있다. 사람들은 심지어 전형적 이야기에 근거해서 '미혼남'과 같은 단어를 사용하는 것을 중지할 수도 있고, 결혼에 적합한 여성들도 'bachelors'라고 부르기 시작하는 등 새로운 전형적 이야기를 구성할 수도 있다.

　우리는 그러한 전형적인 그림을 사용한다. 따라서 우리는 항상 모든 가능한 세부 사항과 예외들을 의식적으로 생각할 필요 없이 의사소통하고, 행동하고 살아갈 수 있다. 일을 해 나가는 데 이런 방식이 좋기는 하지만 그러한 전형적인 이야기가 이야기에서 '정상적' 또는 '전형적'으로 받아들여지지 않는 사람들과 사물을 소외시킬 수 있는 방식일 때에는 나쁘기도 하다.

사람들에게 전형적 이야기로 여겨지는 것은 사회적·문화적 집단에 따라 다르다. 예를 들어 화가 나서 자러 가기를 거부하는 두 살짜리 자녀의 요구에 직면한 일부 부모들은 다음과 같은 전형적 이야기를 받아들이기 때문에 아이의 행동을 자율성 성장의 신호로 받아들인다. 아이들은 부모에 의존해 태어나서 개인의 자율성이나 독립성을 키워 나간다. 자율성을 키워 나가면서, 아이들은 아직 준비가 되지 않았음에도 불구하고 독립을 요구하는 행동을 하는데, 이를 발달과 성장의 신호로 보는 것이다. 같은 행동에 직면한 다른 부모들은 다음과 같은 전형적 이야기를 받아들이기 때문에 그 행동을 아이의 아집이라는 신호로 받아들인다. 즉 아이들은 이기적으로 태어나기 때문에 다른 사람들을 생각하고 자신의 방식을 요구하기보다는 가족과 협력하는 것을 가르칠 필요가 있다고 보는 것이다.

후자의 전형적 이야기가 가족과 친구들 간의 상호 지원이 중요한 노동자 계층의 가정에서 더 일반적이라는 것은 놀라운 일이 아니다. 전자의 이야기는 더 많은 재정적 자원을 가진 중산층과 중상층 가정에서 더 일반적이다. 이러한 가정에서는 사람이 자신의 힘으로 그러한 재정적 자원을 가지는 성인으로 성장하기를 기대한다.

이와 같은 전형적 이야기들은 '옳거나' '틀린' 것이 아니다. 예컨대, 아이들은 물론 부모에게 의존하여 태어난다. 그러나 아이들은 선천적으로 이기적이기 때문에 다른 사람들과 협력하는 법을 가르칠 필요가 있는가, 아니면 선천적으로 돌보는 이care-giver에게 의지하기 때문에 독립적이도록 가르칠 필요가 있는가? 우리가 논의했던 이러한 이야기들은 어떤 의미에서는 둘 다 진실일 수 있지만, 어느 하나가 강조되어 가정에서 주요한 양육 스타일을 형성할 수 있다. 이는 세상에 대한 단순화된 이론들이다. 이런 이론들은 사람들이 행동하기 전에 모든 것에 대해 면밀히 생각하고 연구할 시간이 없는 삶을 살아가는 데 도움이 된다. 심지어 과학 이론조차도 세상에 대한 단순화된 관점들이다. 이런 관점들은 과학자가 한 번에 세상의 완전한 복잡성을 다루지 않고 대응할 수 있도록 도와준다.

이러한 전형적 이야기 또는 비공식적 이론에는 많은 명칭이 부여되었다. 그것들은 '민속 이론folk theory', '틀frames', '시나리오scenarios', '스크립트scripts', '정신 모델mental models', '문화적 모델', '담론 모델Discourse models' 그리고 '반영된 세계'로 불렸다(각 용어는 고유한 뉘앙스를 갖고 있다). 이러한 전형적 이야기들은 우리 머릿속에 (그러나 우리는 곧바로 그것들이 우리 머릿속에 항상 있는 게 아님을 알게 될 것이다) 이미지와 은유 그리고 내러티브의 형태로 저장된다.

여기에서 나는 '문화적 모델'과 '반영된 세계'라는 용어를 바꿔 가며 사용할 것이다. 문화적 모델이라는 용어는 매일 사람들이 견지하는 모델이나 이론에 관해 이야기함을 강조한다. 이러한 이론들은 종종 비공식적인 것이지만, 과학자들이 사용하는 것과 같은 모델이거나 이론들, 즉 세계의 복잡성을 이해하는 데 사용되는 단순화된 틀이다. 반영된 세계라는 용어는 이미지, 그림 또는 스토리라인, 우리 머릿속에서 시뮬레이션 되는 것과 같은 무언가, 우리의 경험 세계 속에서 '전형적'인 무언가에 대해 이야기함을 강조한다. 반영된 세계는 다음과 같이 정의되었다.

특정 인물과 행위자가 인식되고, 중요성이 특정 행위에 부과되며, 특정 결과가 다른 행위에 비해 가치가 있는 것으로 사회적·문화적으로 구성된 해석의 영역이다. 각각은 주체들의 집합으로 채워지는 단순화된 세계이다. 이때 이 주체들은 특정한 힘에 따라 변화하는 의미 있는 행동이나 상태 변화의 제한된 범위에 연루된다.

(Holland et al., 1998: 52)

문화적 모델 또는 반영된 세계는 전형적이거나 일반적인 것으로 받아들여지는 단순화된 세계의 그림이다. 물론 전형적이거나 일반적인 것으로 받아들여지는 것은 맥락에 따라, 사람들의 사회적·문화적 집단에 따라 다양하다(앞서 2세 아이가 하는 행동의 예에서 본 것처럼). 예를 들어 만약 여러분에게 교외에 있는 침실을 상상해 보라고 한다면, 여러분은 기숙사의 침실을 상상하라고 할 때와는 상당히 다른 방식으로 그 방을 사람들과 물건으로 채울 것이다. 여러분은 여러분의 경험에서 전형적인 것을 기초로 할 것이고, 사람들의 경험은 사회적·문화적 집단의 측면에서 다양하기 때문에 전형적인 것으로 취하는 것 또한 다양할 것이다. 그리고 사회가 변화함에 따라 사람들이 가진 전형성 또한 변할 수 있고, 변한다. 반영된 세계는 고정적이지 않다.

또 다른 예를 들면, 초등학교 교실에 대해 생각했을 때 누군가의 마음속에 떠오를 반영된 세계(또는 전형적 이야기)를 고려해 보라. 전형적인 참여자로 한 명의 교사(여성)와 대략 비슷한 나이의 아이들, 특별한 문제가 있는 아이(예를 들어 학습장애 아동, 독서 부진아, 제2 언어로서 영어를 배우는 학생)를 돕거나 때때로 교실 밖으로 인솔하는 교사와 같은 보조교사를 떠올릴 것이다. 아이들은 열을 맞춘 책걸상에 앉아 교사와 마주하고 있고, 교사는 주로 대부분의 이야기를 하고 때때로 교사 자신은 답을 아는 질문을 학생들에게 한다. 수학 문제가 있는 학습지를 채우는 것 같은 활동을 하기도 한다. 정기적인 시험이 있고 그중 일부는 주에서 치르는 표준화 시험이다. 그리고 교장과 교사, 교육과정 감독, 공무원의 지시를 둘러싼 제도도 있다. 학부모는 이 제도에서 준'아웃사이더들'이다. 개별 아동에게는 'SPED(특수교육)', 'LD(학습장애learning disabled)', 'ESL(제2 언어로서 영어)'와 같은 꼬리표들이 있다.

전형적 참가자, 활동, 언어와 사물과 환경의 형태를 가진 이 반영된 세계는 물론 많은 실제 교실에서 실현된다. 여러 가지 예외도 있지만 그것들은 우리가 학교에 대해 생각하거나 말할 때 보통 머릿속에 떠오르지 않는다. 사실 이러한 반영된 세계의 모든 측면(예를 들어 학년 구분, 많은 시험, 기능 훈련, 지나치게 많은 교사의 발화, 열을 맞춰 앉은 학생 등)은 현재 학교의 여러 개혁 노력들 속에서 거세게 논쟁이 벌어지고 있다. 반영된 세계에서 당연하게 여겨지는 본질은 종종 변화의 길에 서 있다. 개혁은 단지 '정상' 또는 '올바른' 또는 '그렇게 되어야 하는 방식'으로 비춰지지 않는다. 예를 들어 오늘날 아이들이 디지털 기술을 어른들에게 가르치는 게 드문 일은 아니지만 아이가 가르치고 교사가 배우는 것은 우리의 전형적 이야기와 상충된다. 이는 또한 전형적 이야기가 포함하는 권위의 가치와 구조에 위배된다.

나는 이러한 전형적 이야기(우리가 문화적 모델 또는 반영된 세계라고 부르는 것)가 우리의 머릿속에 있다고 말했다. 그러나 그것은 엄격한 의미에서 사실이 아니다. 그것들은 부분적으로는 우리 머릿속에 존재하고, 부분적으로는 책 속 세상, 미디어, 우리가 이야기할 수 있는 사람들의 머릿속에 존재한다. 반영된 세계에서, 아이들은 의존적으로 태어나 개인의 자율성과 독립성을 향해 나아가면서 자신이 가진 자원을 바탕으로 스스로의 삶을 관리할 수 있는 어른으로 성장한다. 이는 많은 양육 지침서 혹은 교류할 수 있는 전문직(의사, 변호사, 교수, 고위 경영진 등) 부모들을 이웃으로 두고 있다면 그들의 행동과 말에서 발견할 수 있는 하나의 모델이다.

상황 의미(맥락적으로 구체적인 의미)와 반영된 세계가 상호작용하는 방식에 대한 예를 살펴보자. 다음 문장을 생각해 보라.

그러나 나는 경제적 자유에 대한 철저한 규제는 민주주의와 모순될 것이라는 [밀턴] 프리드먼의 주장이 옳다고 믿는다.

(http://www.becker-posner-blog.com/2006/11/on-milton-friedmans-ideas-becker.html에서 2009년 9월 24일 검색됨)

일반적인 사전과 같은 방식에서 '민주주의'라는 단어는 '사람들이 대표자를 선출하는 정부의 형태'를 뜻한다. 그렇다면 '경제적 자유에 대한 철저한 규제'가 어떻게 민주주의와 모순되는 것일까? 확실히 일부 국가에서는 사람들이 그러한 규제를 법제화하기 위해 투표할 수 있을 것이고, 이는 민주주의의 실제 사례가 될 수 있을 것이다.

만약 독자가 필자가 다루고 있는 반영된 세계를 안다면, 독자는 여기에서 '민주주의'라는 단어의 구체적 상황 의미가 무엇인지 알 수 있다. 이 필자는 자유롭고 규제되지 않은 시장(즉 사람들이 원하는 만큼 물건을 사고파는 자유가 있는 사회)이 사회에서 부를 창출하며, (다른 사람의 소유물이나 생명을 빼앗을 수 없는) 타인의 강압으로부터 개인을 자유롭게 해 준다고 가정한다. 이러한 관점에서 사람들은 경제적 자유를 제거하여 이후에 타인이 그들의 부와 소유물을 뺏을 수 있는 사회에 대해 투표하는 데 참여하려 하지 않을 것이다. 그런데 민주주의는 투표 결과를 엄수하여 '피통치자의 동의'에 따라 이루어지기 때문에, 어떤 의미에서는 사람들이 민주주의에 진입하고 참여하는 데 동의한 것으로 가정한다. 그러므로 강력한 '경제적 자유'(자유 시장)가 없다면 민주주의가 '피통치자의 동의'를 얻지 못할 것이라는 논쟁은 계속된다.

이러한 반영된 세계는 필자 입장의 맥락 중 가정된 부분이다. 이러한 세계관을 강력하게 지지했던 밀턴 프리드먼Milton Friedman(노벨상 수상 경제학자)에 대한 언급은 우리를 그러한 사실로 안내한다. 일단 이 반영된 세계를 활용하면, 여기에서 '민주주의'라는 단어에 대한 구체적 의미를 정할 수 있다(즉 '대표자를 뽑는 투표는 하지만 자유시장 운영을 크게 규제하는, 경제적 자유를 제거하는 투표는 할 수 없는 사회').

만약 여러분이 앞에서 설명한 반영된 세계를 모른다면, 문장의 맥락 일부와 그것과 관련된 부분을 모두 모르는 것이다. 당신은 '민주주의'라는 단어의 상황 의미를 정할 수 없으며, 일반적 사전과 같은 의미로는 문장이 모순되어 보일 것이다.

필자의 반영된 세계는 밀턴 프리드먼이 가신 학문적 이론(경제학 분야)의 일부분이었다. 내가 인용한 글에서 상세히 설명되지 않았기 때문에 그것은 공식 이론보다는 반영된 세계로서 더 많이 작용한다. 그러나 프리드먼의 연구에서조차—예컨대, 확실히 그가 남미에서의 미국 정책들을 옹호했던 방식조차(미국이 프리드먼의 견해를 지지하는 정권을 취임시키기 위해 강압을 사용했던 곳, Klein, 2007 참조)—그의 '이론'이, 강력하게 공정한 실증적 증거가 있는 이론이라기보다는 반영된 세계(예컨대, 세상이 어떻게 돌아가는지 또는 어떻게 돌아가야 하는지에 대해 당연하게 여기고 단순화된 견해)로서 훨씬 더 많은 기능을 하는지에 대해서는 논쟁적이다. 결국 어떤 경우에서든 공식적 이론들은 (복잡한 현실을 이해하는 단순화된 방법이기도 한) 반영된 세계의 형태들이다. 비록 우리가 이런 세계는 덜 당연한 것으로 받아들이고 일상의 반영된 세계보다는 더 공정하게 점검되기를 바라지만 말이다.

10장

실제에서의 문화적 모델/반영된 세계

요약

이 장에서는 이전에 다루었던 문화적 모델과 반영된 세계에 관한 논의를 이어 갈 것이다. 이 장에서 나는 실제로 나타나는 문화적 모델과 반영된 세계의 예시를 살펴보려고 한다. 한 예시에서는 아이와 관련된 문제와 양육parenting에 대한 부모의 서로 다른 관점들에 대해 논의하고, 또 다른 예시에서는 서로 다른 유형의 노동자가 직업, 일 그리고 본인과 가족에 대한 의무를 어떻게 보는가에 관해서 논의할 것이다.

부모

앞 장에서의 논의를 보충하기 위해 여기에서는 문화적 모델이 어떻게 작용하는지 예를 보여 주고자 한다. 이 예시는 고정관념을 만들고 지속하는 데 문화적 모델이 하는 역할을 명료하게 보여 줄 것이다.

미국 매사추세츠주의 케임브리지라는 도시에 사는 중산층 부모에 대한 연구를 살펴보자(Harkness et al., 1992). 이 부모가 자신의 아이에 대해 말할 때, 두 가지 문화적 모델이 두드러지게 드러난다. 하나는 아이의 '발달 단계'라는 개념에 대한 것이다. 그리고 다른 하나는 아이가 자라면서 더 커지는 '독립성independence'이라는 개념에 대한 것이다. 독립성은 발달 단계의 방향을 제공하는 핵심 주제이기도 하다. 예를 들어 한 어머니가 아들인 데이빗에 관해 어떻게 말하는지 보자.

> 데이빗은 지난 서너 달 동안에는 누가 봐도 다른 사람의 도움이 필요한 발달 단계에 있었어요. 대부분의 상황에서 이 아이는 도움이 필요했어요. 그런데 지난달쯤부터 아이가 모든 걸 스스로 하기를 원하는 것 같아요. … (중략)… 정말로 그런 단계에 있는 것 같아요. 제가 보기에는 그 두 가지가 모두 함께 오는 것 같아요. …(중략)… 네, 그 두 단계가 같은 것의 두 부분인 듯해요. 독립성과 독립성을 이루어가는 과정 말이죠. 아이가 스스로 하려고 하는 걸(거의 모든 거예요) 제가 해 주려고 하면, 아이는 정말 성질을 내요.
>
> (Harkness et al., 1992: 165 - 6)

데이빗의 어머니는 나중에 '아이가 스스로 하길 원하는 것'의 예로 한 일화를 들려주었다. 데이빗이 자동차 밖으로 나오는 데 어려움을 겪자 어머니가 아이를 위해 차 문을 열어 주려 했던 때의 이야기다. '(문을 대신 열어 주자) 데이빗은 몹시 화를 냈고, 우리는 되돌아가서…(중략)…문을 다시 닫아야 했어요'(166쪽). 어머니는 데이빗이 최근 들어 옷을 입히거나 기저귀를 채워 주려는 것을 싫어하는 행동도 독립성 단계로 성장해 가고 있기 때문이라고 여겼다. '데이빗은 그게 모욕적이라고 생각하는 단계에 이르렀어요. 기저귀를 갈려고 자기를 눕히는 것도 싫어해요.'

그러나 같은 인터뷰에서 데이빗의 어머니는 또 다른 행동 패턴을 언급했다. 그녀는 데이빗을 재우려고 아이를 자동차 시트에 앉혀 벨트를 채우고 드라이브를 나가는 척했다. 아이는 거의 곧바로 잠들었고, 그녀는 아이가 낮잠을 자도록 담요를 덮어 주고 집으로 돌아갔다. '아이는 어떤 투정도 없이 아주 평화롭게 잠들어요, 보통은'(167쪽).

후자의 패턴은 매일 반복되는 일상적인 것이지만, 그럼에도 데이빗의 어머니는 이런 행동을 발달 단계의 한 부분이라고 말하지는 않는다. 그보다는 단지 '조금 진전된' 행동 정도로 말한다. 이것은 주목할 만한 부분이다. 자동차 시트에 앉히고 드라이브를 가는 척해서 낮잠으로 이어지게 하는 일은 기저귀를 갈아 줄 때의 행동에서 드러나는 데이빗의 '독립성'에 대한 요구와는 모순된 것처럼 보일지도 모른다. 그리고 그것은 똑같이 모욕감을 유발하는 행동일 수 있다.

아이러니하게도 같은 연구에서 또 다른 부모는 딸이 자동차 시트에 앉히는 것에 강하게 저항하는 모습을 '이 모든 발달 단계'와 '아이가 일종의 독립성 단계에 막 들어가는 것'의 예시로 사용한다. 그러나 같은 인터뷰에서 이렇게 말하기도 한다. '흥미로운 건 말이에요, 아이는 옷을 갈아입힌 뒤에 씻겨 주는 걸 다른 때보다 훨씬 쉽게 허용해요. 아이가 씻겨 주는 걸 정말 싫어했거든요. 몸을 비비 꼬고 몸부림쳐요.' 이 부분에서 부모는 또한 모순된 모습을 보인다. 그들은 아이가 자동차 시트에 억지로 앉히는 것을 바라지 않는 것을 '독립성'이 커지는 신호로 여기지만, 기저귀를 갈아 주는 행위에서는 아이가 유사한 행동을 하지 않아도 대수롭지 않게 여긴다. 그리고 이상하게도 이 어린 여자아이의 경우는 데이빗(기저귀를 갈아 주는 행위에는 화를 내지만, 자동차 시트에는 순순히 앉고 심지어 낮잠까지 자는)과 반대인 패턴의 예시가 된다.

많은 부모와 우리 문화 내 여러 사람들은 발달 단계가 아이들 '속에' '실제로' 존재하는 것이라고 생각한다. 나아가 그들은 이러한 단계를 '독립적이고' 좀 더 독자성을 갖춘 사람이 되어 가는 과정의 지표라고 해석한다. 그러나 부모들은 아이의 행동이 부정적이거나 힘들어 보일 때, 또는 부모가 새로운 반응을 해야 하는 것으로 보일 때만 그 행동을 발달 단계의 일부로 여기곤 한다. 부모-자녀 관계에서 문제가 없는 행동, 즉 데이빗이 낮잠을 재우려고 자동차 시트의 벨트를 채워 줄 때 얌전히 있거나 어린 소녀가 기저귀를 갈 때 얌전히 있는 행동은 특정 발달 단계라고 하지 않는다. 그들은 이처럼 잠재적으로 부정적인 행동을 문화적으로 가치화된 개념인 '독립성'이란 측면에서 특정 단계로 해석한다. 이 독립성이라는 개념은 다른 문화(심지어 우리 사회 안에 있는 다른 사회적 집단도 포함해)에서는 사회적으로 부정적이거나 '반사회적인 것anti-social'으로 바라보기도 한다.

그럼 이 부모들은 어디에서 '단계'나 '독립성'이라는 개념을 갖게 되었을까? 이 질문에 답하기 위해 루돌프 플렉의 『과학적 사실의 기원과 발달 Genesis and Development of a Scientific Fact』(Fleck, 1979; 1935에 초판 발행)을 참고할 필요가 있다. 플렉은 우리가 '개인적' 정신 상태('믿음', '인지', '앎')라고 명명하곤 하는 단어들이 실은 개인적인 과정이 아니라 사회적인 것이라고 말한다.

그러므로 인지cognition는 어떤 이론적인 '특정 인식particular consciousness'

의 개인적 과정이 아니다. 인지는 사회적 활동의 결과다. 왜냐하면 축적된 지식은 한 개인이 가용할 수 있는 범위를 넘어서기 때문이다.

따라서 '누군가가 어떤 것을 인지한다'라는 말은 인지하는 대상이 관계든, 사실이든, 물체든 불완전한 것이다. 예를 들어 '이 책은 더 크다'라 거나 'A 마을은 B 마을 왼쪽에 있다'라는 문장은 현재 상태에서는 의미가 없다. 무언가 아직 빠져 있다. 즉 '저 책보다'라든지 'A와 B 마을 사이에 있는 길에서 북쪽을 향해 서 있는 누군가에게'라는 말이나, 'C 마을에서 B 마을로 가는 길 위에서 걷고 있는 누군가에게'라는 말이 덧붙여져야 한다. 상대적인 말인 '더 크다'와 '왼쪽'은 적절한 다른 말과 함께 있을 때만 완전한 의미를 지닌다.

이와 유사하게 '누군가가 어떤 것을 인지한다'라는 말에는 '어떤 지적 자산을 토대로'라든가, 더 낫게는 '어떤 문화적 환경의 구성원으로서'라든 가, 가장 좋게는 '특정한 사고방식으로, 특정한 사고 집단에서'와 같이 보충해 주는 말이 필요하다.

(Fleck, 1979: 38-9)

플렉의 주장을 지금까지 논의했던 내용에 적용하면 다음과 같다. '케임브리지시의 부모들은 자신의 자녀가 어떤 단계에 있다고 인지한다(또는 믿는다, 또는 생각한다)'라는 표현은 오직 그들의 개인적인 마음minds에 관한 것이거나, 그들의 아이 안에서 일어나는 내적인 과정을 '단계'라고 표현한 것이라 할 수 있다. 사실 이 표현(위 문장)은 다음과 같은 의미에 더 가까운데, 이들이 부모로서 어떤 부모인지, 또 그들의 아이가 어떤 아이인지 가시적으로 인식되게 만드는 사회적 실천의 집합 같은 것을 의미한다. 아이가 독립성을 향해 나아가는 단계로 여겨지는 상호작용, 행동, 행위, 말은 이러한 사회적 실천 속에서 높은 가치를 갖는 자질이다. 이러한 사회적 실천 속에서 발달 단계라는 측면에서 말하고 행동하는 것은, '부모 되기나 아이 되기'의 일부이고, 더 나은 표현을 쓰자면 '부모-자녀 관계 맺기'를 하는 것의 일부이다. 이것이 다른 집단의 사회적 실천에서도 마찬가지인 것은 아니다 (부모-자녀 관계와 관련된 상당히 다른 사회적 실천 집합에 대해서는 Philipsen, 1975, 1990 참조).

'단계'와 '독립성' 같은 개념은 부분적으로는 의식적이며 부분적으로는 무의식적인 문화적 모델이나 반영된 세계이다. 이 부모들은 관련된 사회적 실천(나는 11-14장에서 대문자 'D'를 써서 '담론Discourse'이라고 부를 것이다)의 일부 또는 전체로서 이러한 문화적 모델이나 반영된 세계를 견지하고 이에 따라 행동한다. 이러한 문화적 모델이나 반영된 세계는 부모나 아이의 머릿속에 의식적이건 무의식적이건 온전히 있을 필요가 없다. 왜냐하면 그것은 이 부모들이 사는 문화—미디어나 책 등으로 그리고 타인과의 상호작용을 통해—속에서 가용한 것이기 때문이다.

자가 판단과 실제 행동

서로 다른 사회적·문화적 집단에 대한 문화적 모델들은 '수용할 만한' 또는 '가치 있는' 사람과 행위로 인정되는 것에 대한 논쟁적인 개념들을 포함한다. 사실 우리는 가끔 다른 집단의 문화적 모델을 부정적으로 판단하곤 한다. 특히 단드라데(D'Andrade, 1984)가 논의한 '성공'이나 '출세'에 대한 흔한 미국식 문화적 모델은 이러한 현상의 분명한 예가 된다. 이것은 미국 사회에 깊숙이 자리 잡은 문화적 모델이다.

미국인들은 누군가가 능력 있고, 경쟁이나 자신의 의지 때문에 높은 목표

달성에 열심이면, 그 사람이 뛰어난 성취를 할 것이라고 생각하는 듯하다. 그리고 누군가 높은 수준에 도달하면 그를 성공한 사람으로 인식하고, 명성과 자기만족이 있을 것이라고 생각한다.

(D'Andrade, 1984: 95)

미국 문화에서 이러한 문화적 모델은 널리 퍼져 있다. 단드라데는 이어서 말한다. '놀라운 점은 누구든 고질적인 시스템의 지배적인 힘에 저항할 수 있다는 것이다'(98쪽). 그러나 미국 사회 내 다른 사회적 집단의 사람들은 이런 문화적 모델을 상당히 다른 방식으로 관련짓는다.

클라우디아 스트라우스(Strauss, 1988, 1990, 1992)는 미국 로드아일랜드주의 노동자 계층이 자신들의 삶과 일에 대해 말하는 것을 연구했다. 스트라우스는 그들이 성공이라는 문화적 모델 이상의 것을 받아들이고 있음을 발견했다. 예를 들어 한 노동자는 이렇게 말했다.

노력하면 출세할 수 있다고 믿어요. …(중략)… 성공하기를 원한다면 성공할 수 있어요. 자기 자신에게 달린 거죠. 당신 말고는 어느 누구도 당신을 성공하게 할 수 없을 거예요. …(중략)… 그리고 누군가 여기에 동의하지 않는다면 그들이 틀린 거예요.

(Strauss, 1992: 202)

그러나 스트라우스가 연구했던 대부분의 사람은 직업 선택이나 일상생활에서 성공 모델에 따라 행동하지 않았다. 많은 전문직의 화이트칼라와는 다르게 이들은 직장을 바꾸거나 승진하려고 하지 않았다. 그들은 일반적으로 가족과 함께하는 시간을 희생하지 않았다. 또한 경력 계발이나 자기 계발을 위해 가족의 이익을 희생하지도 않았다. 그들은 성공 모델을 가치의 집합으로 인지했고, 자기 자신을 이 모델에 따라 판단했으며, 자신은 진정으로 성공한 적은 없다고 결론지었다. 그 때문에 그들의 자존감은 낮은 편이었다.

그들이 실제로 성공 모델에 따라 행동하지 않은 것은 또 다른 문화적 모델 때문이다. 이 모델은 그들의 실제 행동에 영향을 미쳤는데, '가장家長이 되는 것'이라는 문화적 모델이다. 성공 모델에서 표현되는 개인주의와 달리 이 노동자들은 그들의 실제 삶이나 행동에 대해 말할 때, 자신을 포함한 어떤 개개인의 이해관계보다도 가족의 이해관계를 우선시했다. 예를 들어 한 노동자는 다음과 같이 말했다.

[이 노동자는 일요일 근무를 의무화한 회사 제안에 반대하는 노동자들의 투쟁에 관해 논의하고 있다.] 하지만 일요일 근무가 생겼을 때, 그렇게 할지 말지는 계약을 통해 협상했어요. 그래서 그 8시간의 임금을 포기할지, 아니면 일요일 근무를 할지 결정해야 했어요. 세 아이가 있는 가장으로서, 비용을 감당할 수가 없었어요. 그래서 나는 흐름에 따라야 했고, 일요일에도 일해야 했습니다.

(Strauss, 1992: 207)

이는 벨라 등(Bellah et al., 1996)이 연구한 전문직 화이트칼라와 매우 대조적이다. 이 전문직 종사자들은, 마치 가족의 이해관계가 개인으로서 '그들을 계발하는 데' 있다고 하는 것처럼, 가족에 대한 실질적인 책임감이 있긴 한가 싶을 정도로 개인주의적이었다. 로드아일랜드의 노동자는 '가장 모델'을 받아들였는데, 이를 본인과 타인을 판단하는 데 쓰이는 가치로서 받아들이는 것은 아니었다. 그들은 그 모델을 선택의 문제가 아닌 삶에서 불가피한 사실로 바라보았다(예를 들어 '결정해야 했어요', '흐름에 따라야 했고'). 그래서 이 모델과 연결된 가치는 그들의 반복되는 일상 행동을 형성하는 데 훨씬 더 영향력이 있었다. 사실 이러한 단순한 '가치'와 '어려운 현실(실제 사실)' 간의 구분은 그 자체로 서구 사회 내 특히 널리 퍼져 있는 문화적 모델이다.

노동자 계층의 사람들과 대조적으로, 많은 화이트칼라는 동료들이 성공 모델에 부합하는 일상적 행동을 하는 환경에서 일한다. 반면 공장은 성공 모델에 부합하는 일상적 행동을 덜 하게 되는 환경이다. 그래서 전문직 종사자에게는 그들이 처한 환경에서의 일상적 관찰과 사회적 실천이 성공에 대한 문화적 모델과 관련된 명시적인 이념적 학습을 강화시킨다. 그들에게는 스트라우스 연구에서의 노동자 계층 사람들과 반대로, 가장 모델이 아닌 성공 모델이 오히려 '삶에서 불가피한 것'처럼 보이는 것이다. 그래서 그들에게 이 모델은 단지 그들의 자존감을 결정하는 것이 아니라 여러 실제 행동을 결정한다.

스트라우스의 연구에서 노동자 계층 사람들은 어떤 의미에서는 성공 모형에 의해 '식민지화'된 것이다. 그들은 사회 내 다른 집단의 관찰과 행동에 부합하는 모델인 성공 모델을 사용하고, 그것에 비추어 자신들을 판단함으로써 자존감이 떨어지게 된다. 우리가 지금까지 본 것처럼 그들은 자신을 그 모델 내 행위자와 동일시하는 데 실패하기 때문에 전문성 계발을 할 수 없다. 그 결과 전문성 계발은 화이트칼라 전문직에게나 가능한 것이 된다. 반면, 많은 전문직 화이트칼라는 성공 모델에 헌신하느라, 가족이나 더 큰 사회적·공동체적 네트워크 내에서 실질적인 역할을 하지 못하게 되는 것을 잘 인식하지 못한다.

지배적 신화

특정한 사회 집단 또는 전체 사회가 사용하는 다양한 문화적 모델이나 반영된 세계는 종종 어떤 기본적인 가정을 공유하곤 한다. 이러한 공유된 가정을 앞으로 '지배적 신화master myths'라고 할 것이다. 이러한 지배적 신화는 집단이나 사회가 선호하는 지혜를 포착해 내는 특정한 은유 또는 '표현과 사고의 전환'과 관련되어 있다(Lakoff, 1987, 2002; Lakoff & Johnson, 2003). 동시에 이러한 신화는 우리에게서 다른 방식의 생각을, 심지어 지배적 신화와 함께 사회에서 실제로 공존하는 방식의 생각도 사라지게 한다. 지배적 신화는 '불가피하고', '자연스럽고', '정상적이고', '실제적이고' '상식적'인 듯해 보인다. 비록 다른 문화나 역사 속 다른 시대의 사람들이 보기에는 '이상하고' '부자연스럽고' 상식에 어긋난 것으로 보일지라도 말이다.

우리의 지배적 신화가 작동하는 사례를 살펴보기 위해 게임을 하나 해 보자. 아래에 다양한 개념을 가리키는 3개의 단어 목록이 있다. 각각의 목록에서 한 단어는 고딕체로 표기되어 있다. 각각의 고딕체 단어는 2개의 리스트에 나타난다. 맥락에 따라 각각의 고딕체 단어는 각 목록(맥락)에서 다소 다른 의미를 띤다. 그 뜻이 무엇이고, 다른 의미(다른 목록에서)와 어떻게 다른지를 스스로에게 물어보자. 각각의 경우 두 번째 목록(b)에는 우리가 일반적으로 사용하고 고딕체 단어의 개념과 매우 관련 깊은 관용적인 표현이 덧붙어 있다.

1 a. 정원(garden), 집(home), **일(work)**, 먼지(dust), 접시(dishes)

1 b. 수익(profit), 임금(wage), **일(work)**, 조합(unions), 관리(management)

관용구: 돈 벌기 위해 일한다(work for money) [또는 생계를 위해 일한다(work for a living)]

2   a. 샤워(shower), 저녁 식사 데이트(dinner-date), 해변(beach), 시간(time), 침대(bed)

2   b. 낭비하다(waste), 사용하다(spend), 아끼다(save), 시간(time), 시계(clock)

관용구: 시간은 돈이다(time is money)

3   a. 음식(food), 옷(clothes), 아파트(apartment), 돈(money), 차(car)

3   b. 이자율(interest-rate), 은행(bank), 주식(stock), 돈(money), 투자(investment)

관용구: 돈을 벌기 위해 돈이 필요하다(it takes money to make money)

1a에서 '일'은 일상에서 이루어지는 사람의 행동, 즉 일상생활에 필요한 노력을 뜻한다. 반면에 1b에서 '일'은 사고팔고, 사회적 단체 내에서 협상하고, 수익을 창출하는 추상적인 노동의 산물이다. 2a에서 '시간'은 사람의 욕망이나 필요 측면에서 어떤 행동이 타인과의 관계 속에서 적절히 행해지는 경험의 흐름을 말한다. 2b에서 '시간'은 측정되고 낭비되고 아낄 수 있는 종류의 추상적인 것이다. 3a에서 '돈'은 어떤 다른 유용한 것(음식, 옷 또는 재미있는 것)과 '교환'할 수 있는 것이다. 3b의 '돈'은 경제 시스템에서 그 자체를 저축하거나 그 이상의 것을 창출하는 추상적인 것이다.

두 번째 목록(b)은 우리 사회에서 지배적 신화라고 할 수 있는 것들 안에 놓일 수 있는 개념(일, 시간, 돈)을 나타낸다(Marx, 1967, 1973, Taussig,

1980). 목록 b에 있는 세 개념은 사실 모두 비슷하게 보인다. 그 셋은 인간의 행동과 관계라는 맥락에서 벗어나 있다. 이 개념들은 수량화할 수 있는 실체로 설정되어 측정하고, 저장하고, 아끼고, 낭비하고, 사고, 팔고, 투자할 수 있다. 나아가 인간과 인간관계와의 관련성이 적다는 사실과 더불어 이 개념들은 각각 상호 간에 치환할 수 있다. 아주 많은 일=아주 많은 (일)시간=아주 많은 돈(임금)=아주 많은 이익=아주 많은 투자=아주 많은 자본 [so much work=so much (work) time=so much money(wages) =so much profit=so much invested=so much capital]처럼 말이다.

그 의미들을 당연하게 생각하기를 멈추고 그것들에 대해 실제로 생각해 보면, 목록 b 아래의 관용구는 이런 상호 치환 관계를 더 명료하게 보여 준다. '돈 벌기 위해 일한다(work for money)'라는 관용구는 일(work)이 '돈(money)'으로 치환될 수 있음을 암시한다(또는 '하루 치 돈을 받았으면 하루 치 일을 해라(a day's work for a day's pay)'라는 관용구도 이러한 치환이 시간 단위로 계산될 수 있음을 보여 준다). '시간은 돈이다(Time is money)'라는 구절은 시간과 돈이 같다는 것을 나타낸다. 그리고 '돈을 벌기 위해 돈이 필요하다(it takes money to make money)'라는 구절은 돈이 살아 있는 것처럼 뭔가를 창출하거나 생산할 수 있음을 암시한다(그러나 약간은 저절로 되는 느낌으로).

목록 a는 지배적 신화로 조성된 것과는 다른 관점으로 세 개념(일, 시간, 돈)을 보여 준다. 이 대안적인 관점은 지배적 신화에서 작용하면서 종종 무시되거나 잊히거나 숨겨진다. 목록 a는 세 개념을 인간 활동과 인간관계의 측면에서 맥락화한다. 시간은 사람이 어떤 일을 사회적으로 적절한 순서로 경험하는 방식을 말한다. 일은 사람들이 일상생활에서 행하는 노력이다. 돈은 인간의 필요, 욕구, 관심사를 만족시킬 실존하는 다른 무언가를 얻기 위해 교환될 수 있는 것으로, 그 자체가 어떤 곳에 쓰일 수 있는 물건은 아니다. 즉 돈은 자체적으로 더 많은 돈을 창출하는 게 아니라 '물건들(삶에서 의미 있는 것들)'을 얻기 위해 써버려야 하는 것임을 의미한다.

일상을 사는 우리 대부분에게 우리가 보고 있는 지배적 신화의 관점과 그것을 지지하는 관용구는 자연스럽고, 명료하고, 적절하고, '옳은 것'처럼 보인다. 그러나 이러한 관점과 관용구는 비판적이고 윤리적으로 초점화된 생각 하에서는 효력이 떨어진다. 예를 들어 '생계를 벌다(earn a living)'라는 관용구를 생각해 보자. 이 관용구는 돈을 벌기 위해 하는 일을 나타낸다. 이는 내가 돈을 벌기 위해 일함으로써 나의 생(살아있음)을 유지한다는 것을 암시한다(그래서 보통 다른 누군가는 '이익'을 얻을 수 있다). 그러나 여기 훨씬 더 오래된 다른 관점이 있다. 사람들은 일을 자기 삶과 교환하지 않으며, 삶 자체를 '벌(earn)' 필요는 없다. 오히려 자신의 의지에 의한 활동이나 노력이라는 의미에서의 일은, 놀이와 같이, 살아있음의 일부이다. '생계를 위해 일하다(work for a living)', '생계를 벌다(earn a living)'와 같은 관용구와, 이런 관용구가 부분이 되는 지배적 신화는 삶에서 일이라는 개념을 떼어 놓는다. 사실 관용구가 사람들의 삶에서 사람을 따로 떼어 놓는 것이다. 이 얼마나 자연스럽지 못한 일인가?

교육

문화적 모델은 사회에서 '표준'이나 '지배적' 문화적 모델을 숙달하고자 하는, 어떤 문화에 새로 접근하는 사람이나 비주류 학생들을 위한 언어와 리터러시 교육에 심오한 시사점을 제공한다. 다수의 문화적 모델들이 비주류의 사람들을 소외시킴에도 불구하고 말이다. 누구든 어떤 한 문화의 문화적 모델 전체 네트워크를 명시적으로 가르치기는 어렵다. 문화적 모델은 어떤 문화에 적응하면서, 어떤 문화나 사회 집단 안에서 경험을 쌓으면서, 그리고 자연스럽고 의미 있는 맥락 속에서 언어 활동을 하고 상호작용을 하면서 습득된다.

물론 모든 학생에게 그런 경험의 기회가 열려 있는 것은 아니다. 문화 적응은 위험이 따른다. 문화적 모델들은 사람들과 현실에 대한 가치와 시각을 내포한다. 서로 다른 사회문화적 집단의 문화적 모델은 그 내용과 사용 방식, 가치와 관점에서 충돌할 수 있다. 서로 다른 집단의 사람들은 서로 다른 방식으로, 때로는 양립할 수 없는 방식으로 세상을 '반영하거나' 세상을 모델화한다.

가정이나 공동체에 뿌리를 둔, 비주류 학생들의 문화적 모델은 주류 문화의 모델과 심각하게 충돌할 수 있다(Heath, 1983; Gonzalez et al., 2005; Trueba, 1987, 1989). 주류 문화의 가치는 실제로 종종 비주류 학생들의 가정문화와 다른 사회적 정체성에 대한 억압을 수반한다. 이는 비서구 문화의 학생뿐 아니라 아프리카계나 라틴계 미국인 학생에게, 또한 많은 성소수자뿐 아니라 여성에게도 마찬가지다.

이런 갈등은 현실이고 사라지지 않을 수 있다. 여기서 언어 교사의 통합적인 역할이 요구된다. 교사는 이러한 갈등을 수업의 일부분이 되게 할 수 있다. 학생들이 이러한 점에 주목하여 지속적으로 교사, 동료들과 하는 토론에 참여하도록 한다면, 이러한 갈등은 학생의 가정문화 속에서, 여러 다른 사회적 정체성 속에서, 그리고 주류 학교 문화 속에서 문화적 모델의 관련 양상들에 대한 학생들의 관심을 끌어내는 데 기여할 수 있다.

내가 볼 때, 교사가 할 일은 적절하게 주의를 집중시키는 것이다. 문화 구성원들이 사용하는 문화적 모델과 관련 있는 문화의 수많은 현실에 직면한 학생은 언어의 의미를 완전히 익힐 수 있을 것이다. 일반적인 제2 언어 학습자는 유아와 어린 아동 시기에 제1 언어를 배울 때만큼 충분한 시간을 갖지 못한다. 그렇다면 교사는 적절한 시간에, 학생의 문화 속 지속적인 실천 가운데 교실에서 문화적으로 관련된 자료를 가지고 관련 데이터에 주목하고, 학생의 관심을 경험의 관련 양상들에 집중하게 할 수 있다. 그 경험은 시스템이 되고, 문화적 모델의 네트워크가 되며, 기존의 것에 녹아들어가기 시작할 것이다.

어떤 문화 집단의 언어 의미를 조직하는 문화적 모델이나 반영된 세계를 알지 못하면, 언어를 알 수 없다. 그러나 모든 문화적 모델은 궁극적으로 차이와 새로운 가능성에 대한 우리의 지각을 무디게 하는 경향이 있다. 이런 경향성은 우리가 세상에 쉽게 적응하고 생활할 수 있게 해 주기도 하지만, 고정관념이나 틀에 박힌 사고와 인식이라는 대가를 치르게 하기도 한다. 학생들이 가정과 주류 학교 문화의 문화적 모델을 넘어서 성장하도록 하는 것이 교사의 역할이다. 따라서 언어와 리터러시 수업 또한 세상을 새로운 방식으로 반영하거나 모델화하거나 이론화하는 것이어야 한다.

많은 여성이 젠더 역할에 대한 우리의 문화적 모델을 새로운 사고방식, 상호작용 방식, 말하기 방식으로 대체하려고 한 것처럼, 최선의 인간은 더 새롭고 나으며 정의롭고 아름다운 언어와 세상을 상상하고 재고再考하는 데 늘 열린 자세를 취한다. 좋은 가르침은 궁극적으로 도덕적인 행위라는 말이 있는 이유도 여기에 있다. 모델이나 이론 또는 이야기 없이 세계의 복잡성을 파악할 수는 없다. 그리고 우리는 좀 더 나은 모델, 이론, 이야기 등을 만들 수 있다.

11장

담화 분석

> **요 약**

이 장과 다음 장은 논증이나 이야기와 같이 확장된 유형의 말에서 의미가 어떻게 작용하는지를 다룬다. 이를 위해 우리는 '담화 분석'이라는 접근 방식을 사용한다. 이것은 『담화 분석 입문: 이론과 방법An Introduction to Discourse Analysis: Theory and Method』(Gee, 2014a)에서 구체적으로 다루고 있다. '담화'란 대화나 이야기를 형성하는 데 영향을 미치는 것들로, 어떤 공동체 구성원들에게 의미가 통하게 하기 위해 동원되는 확장된 언어를 뜻한다. 이 장에서는 확장된 구체적 사례를 들어 담화 분석에 대한 접근법을 보여 준다.

서론

내가 위의 요약에서 언급한 확장된 언어라는 것은 단지 하나의 단어일 수도 있다. 예를 들어 아이스크림 가게의 점원에게 '초콜릿'이라고 말하면, 여기서 이 단어는 '무슨 맛 드시겠어요?'와 같은 대화의 일부분으로 상호작용 장면과 함께 어우러져 가게 된다. 의미를 통하게 하는 것은 항상 사회적이며 변하기 쉽다. 한 공동체에서 의미가 통하는 것이 다른 공동체에서는 의미가 통하지 않을 수도 있다. 따라서 언어의 의미 구성을 이해하려면 언어가 사회와 사회 집단(예를 들어 가족과 학교)에 녹아들어 있는 방식을 이해해야 한다.

언어와 사회에 대한 관심은 비단 언어학자 사이에서만 있는 것은 아니다. 소설가 또한 종종 언어의 사회적 작용에 민감하게 귀를 기울인다. 예를 들어 조너선 하커Jonathan Harker와 드라큘라 백작(브램 스토커의 소설 『드라큘라Dracula』, 1897/2008: 19)의 대화에서 백작은 자신이 사회에서 언어를 세련되게 쓰는 학생임을 보여 준다.

'하지만 백작님, 당신은 영어를 완벽하게 구사합니다'라고 나는 말했다. 그는 정중하게 인사했다.

'친구, 나를 으쓱하게 만들어 줘서 고맙습니다. 하지만 나는 나의 여행에 조금 두려움이 있습니다. 내가 문법과 단어를 아는 것은 사실이지만, 나는 그걸 어떻게 써야 하는지 알지 못합니다.'

'그렇지만 사실 당신은 완벽하게 말하고 있어요.' 내가 말했다.

'그렇지 않아요,' 그가 대답했다. '내가 이곳을 떠나 당신이 있는 런던에서 이야기하면 나는 이방인에 지나지 않아요. 그것으로는 충분하지 않습니다. 여기에서 나는 귀족이고…(중략)…사람들은 대부분 나를 알고 있으며 나는 그들의 지배자입니다. 그렇지만 낯선 땅에 있는 이방인은 아무것도 아닙니다. 사람들은 이방인을 모르고, 신경 쓰지도 않습니다. 만약 내가 다른 사람들과 같다면, 이방인이 나를 보는 걸 누구도 말리지 않고 이방인이 말하는 중에 내 말을 들어서 멈추는 걸 누구도 말리지 않는 것에 만족할 겁니다. …(중략)… 그러나 나는 오랫동안 지배자였고, 계속 지배자일 겁니다. 적어도 나의 지배자가 될 수 있는 사람은 아무도 없겠지요.'

물론 여기서 드라큘라는 런던 배회를 멈추지 않으려 한 특별한 이유가 있다. 그는 신선한 피를 모으기 위해 그곳에 있기 때문에 너무 두드러지게 눈에 띄지 않으려 한 것이다. 그렇기는 하지만 여기에서 드라큘라는 언어의 정교한 이론에 대해서 이야기하고 있다.

첫째, 드라큘라는 언어 사용에 내재하는 중요한 동기 두 가지가 있음을 깨닫는다. 그것은 지위와 결속이다. 드라큘라는 '나는 오랫동안 지배자였고 계속 지배자일 것'이라 말하고, 이는 그가 그 사회에서 지위를 바람을 시사한다. '지위status'란 존경, 위엄, 사회적 거리 같은 것이라고 할 수 있다. 동시에 드라큘라는 이렇게 말한다. '낯선 땅에 있는 이방인은 아무것도 아닙니다. 사람들은 이방인을 모르고, 신경 쓰지도 않습니다. 만약 내가 다른 사람들과 같다면, 이방인이 나를 보는 걸 누구도 말리지 않고 이방인이 말하는 중에 내 말을 들어서 멈추는 걸 누구도 말리지 않는 것에 만족할 겁니다.' 여기서 드라큘라는 다른 이들과 결속감을 갖기를 바라고 있음을 암시한다. 지위와 결속은 경합할 수 있고 상충할 수 있지만 모든 언어 사용이 놓일 수 있는 매력과 혐오의 영역과도 직접적으로 관련된다.

둘째, 드라큘라는 지위와 결속감을 갖는 일은 말의 문법만으로 가능하거나 문법이 주가 되는 것이 아니며, 말하는 방식 또는 발화를 설계하는 방식이 중요하다는 것을 깨닫는다. '내가 문법과 단어를 아는 것은 사실이지

만, 나는 그걸 어떻게 써야 하는지 알지 못합니다.'

사회적 정체성을 드러내는 언어 변이

확장된 텍스트를 보기 전에 지위와 결속과 관련해 사회적 정체성이 어떻게 작용하는지 간단히 논의해 보자. 이전 장에서는 여러 다른 사회적 언어, 즉 언어를 말하거나 쓰는 데 다양한 방식이나 유형이 있음을 다루었다. 화자가 말하기 유형을 다양하게 바꿀 수 있으려면, 같은 의미지만 다른 방식으로 표현할 수 있는 선택지가 있어야 한다. 이는 사회적으로 다양하게 정의된 집단과의 관련성에 따라 달라질 수 있다(계급, 성별, 인종, 직업, 전문 분야 등).

예를 들어 영어 사용자는 진행의 접사 -ing를 ing 또는 in'으로 발음할 수 있다(이를테면 'I am looking into it'과 'I'm lookin' into it', 'am'의 축약형에 따라 선택지가 달라진다). ing 발음은 좀 더 '공식적'인 형태다. 이는 화자가 더 공식적이고 '공적인' 정체성을 취하고 있음을 나타낸다. in' 발음은 덜 공식적이고 구어체에 더 가깝다. 이는 좀 더 지역적local, 비격식적, 친밀한 정체성을 취하고 있음을 보여 준다(Milroy & Milroy, 1985). 영어 사용자는 사회적 지위를 유지하고 '사회적 거리를 유지'하면서 말하고자 할 때 ing를 사용하고 청자와의 연대감과 결속감을 더 고려할 때에는 in'을 사용하는 경향이 있다.

영어 발음과 형태, 구문에는 말 그대로 수백 가지의 변이 요소들이 있다. 이처럼 다양한 가변성 요소들은 여러 유형의 언어 또는 사회적 언어를 표현하는 데 사용된다(Labov, 1972a, 1972b, 1980, 2006; Milroy, 1987a, 1987b; Milroy & Gordon, 2003). 이는 좀 더 공식적이며 지위 유지의 격에 어울린다고 생각되는 유형에서 비격식적이고 사람 사이의 결속을 더 중시하는 유형까지, 또 다양하게 그 중간에 있는 여러 유형들이 하나의 연속체 위에 존재한다. 또한 영어 사용자가 -ing을 사용하는 것은 그들의 사회적 계층과 열망을 나타내는 미묘한 지표가 될 수 있다. 표 11.1은 잉글랜드 노리치Norwich 지역에서 ing와 in'의 사용에 대한 데이터를 보여 주며, 이는 한 담화 공동체 내 가변성 패턴의 한 전형을 시사한다. 이 전형은 영국과 미국의 다양한 담화 공동체 내 많은 변이형들이 여러 번 반복적으로 나타낸 패턴이기도 하다(Milroy & Milroy, 1985: 95).

표 11.1은 다양한 사회경제적 계층의 화자들이 사용한 in' 형태의 빈도를 백분율로 나타낸 데이터이다. 이 화자들은 격식의 정도에 따라 다양한 유형으로 발화하므로 이에 따라 분류하였다. 이러한 유형은 발화를 매우 꼼꼼하게 모니터링하는 상황에서의 단어 목록 읽기부터 대충 모니터링

표 11.1 읽거나 말하는 유형과 계층에 따른 노리치 지역의 -in' 사용 비율

계층	단어 목록 읽기	단락 읽기	격식적 말하기	비격식적 말하기
중위 중산 계층 (Middle middle)	0	0	3	28
하위 중산 계층 (Lower middle)	0	10	15	42
상위 노동 계층 (Upper working)	5	15	74	87
중위 노동 계층 (Middle working)	23	44	88	95
하위 노동 계층 (Lower working)	29	66	98	100

참고: 격식적 말하기는 면담(녹음)에서 직접 묻고 답하는 말하기, 비격식적 말하기는 녹음과 상관없이 편안한 상태에서 말하기를 뜻함.
Source: J. K. Chambers and P. J. Trudgill (1980), *Dialectology*, Cambridge: Cambridge University Press (p. 71).

하는 상황에서의 비격식적인 편안한 말하기까지의 범위로 나뉘며, 그 사이에도 몇 가지 단계의 유형이 더 있다. 더 많은 화자가 발화를 모니터링할수록, 다시 말해 더 공식적인 상황일수록, 더 많은 발화가 사회에서 '고급스러운' 언어로 생각되는 규범norms을 반영한다. 이러한 규범은 화자가 더 높은 사회 계층의 말하기를 어떻게 인식하느냐에 따라 결정된다(Finegan, 1980; Milroy & Milroy, 1985; Labov, 1972a, 1972b; Milroy & Gordon, 2003).

가장 낮은 사회 계층(하위 노동 계층)의 경우 가장 공식적인 유형(단어 목록 읽기)에서의 in' 사용 비율(29%)이 중위 중산 계층이 가장 비격식적 말하기에서 사용하는 in'의 비율(28%)과 유사하다는 점에 주목해 보자. 이는 하위 계층의 화자가 자신의 말을 더 많이 모니터링함에 따라(더 공식적인 유형의 발화로 옮겨감에 따라) 그들이 언어에 대해 지금껏 내면화해 왔던 언어 사용 규범을 자신들의 언어 활동에 적용하기 때문이다. 이 언어 사용 규범은 그들이 지위나 명성과 관련하여 중산층의 일상적인 행동을 (무의식적으로) 관찰함으로써 형성된 언어 사용 규범이다.

그러나 여기에 역설적인 것이 있다. 하위 계층 사람들이 명성과 관련된 발화의 규범을 잘 알고 있고 자신의 발화를 모니터링할 때 그 규범에 맞춰 말할 수 있다면, 도대체 왜 그들은 비격식적인 상황에서 굳이 덜 고급스러운 형태의 말(in')의 사용 비율을 늘리는 것일까? 그 답은 지위와 결속 사이의 균형 유지trade-off에서 찾을 수 있다.

사회적 계층과 상관없이 어떤 공동체의 모든 화자는 좀 더 격식적인 (공적인) 유형과 덜 격식적인(친밀한) 유형을 구분하기 위해 ing와 in'을 선택적으로 사용한다. 그러나 더 비격식적인 유형의 발화에서 굳이 덜 고급스러운 형태(in')를 사용하는 것은 자신이 특정 지역사회 집단의 일원임을 드러낸다. 하위 계층의 화자도 더 격식적이고 공적인 상황에 있으면, 이들 가운데 다수는 더 넓은 사회의 기준에서 봤을 때 일반적으로 고급스럽다고 생각되는 형태의 말을 사용해 존경과 지위를 얻고자 한다. 그렇지만 이들이 지역의 비격식적 상황에 있으면, 그 지역 공동체에서 공유하는 가치와 규범을 가진 동료들과 결속을 다지고자 할 것이다. 그리고 격식·비격식의 중간 정도 상황에서는 무의식적으로 둘 사이에 있으려 하고, 균형과 타협을 추구할 것이다.

표 11.1은 언뜻 보기엔 간단한 모습을 보여 주는 듯하다. 그러나 화자는 실제로 수백 가지 변이형을 한순간에 어떻게 사용할지 조작한다. 모든 화자는 실제로 여러 미묘한 방식으로 자신이 다양한 '사회적 네트워크'의 구성원임을 드러낸다. 이 사회적 네트워크의 범위는 전체 사회부터 중간 단위의 다양한 집단을 포함해 가장 작게는 가족 단위까지 다양하다. 이런 집단이나 사회적 네트워크는 화자가 자신의 언어 표현으로 드러낸 정체성, 청자가 상호작용 속에서 화자의 정체성이라고 가정하는 정체성, 화자가 서로 다른 맥락 속에서 적용한 서로 다른 정체성 등에 의해 다양하게 규정될 수 있다.

다양한 사회적 정체성을 드러내는, 언어의 변이형을 구사하지 않는 화자는 '사회적으로 고립'될 것이다. 그러나 사회에서 '엘리트'라 불리는 집단의 구성원은 사회적으로 힘이 없는 집단의 사람에 비해 어떤 상황에서도 더 격식적인 언어 유형을 채택하는 경향이 있음을 주목하라. 엘리트 집단의 권력의 일부는 사실 '체면 유지'를 위한 이 '경계심 vigilance' 속에 있다. 이는 그들이 편히 있을 수 있는 사회 속에서도 지위와 권력의 중심을 나타내려는 시도이다(Bourdieu, 1991, 2002).

논증의 담화 분석 사례

이제 사람들이 특정한 사회적 언어를 사용해 '의미를 통하게 하는' 실제 사례를 살펴보자. 우리는 담화 분석에 대한 한 가지 접근법의 적용을 통해 의미 구성sense-making에 대해 살펴볼 것이다. 담화(언어 사용)는 다섯 가지 상호 관련된 언어학적 체계로 구성된다(연구 방법으로서 담화 분석에 관한 인용과 논의는 Gee, 2014a, 2014b 참조). 이 다섯 가지 체계가 함께 작용해 텍스트의 의미를 통하게 만든다. 나는 대화, 이야기, 논쟁, 보고서와 같이 확장된 구어나 문어를 '텍스트'라고 할 것이다.

담화를 구성하는 다섯 가지 체계는 다음과 같다. 첫째, '운율prosody'이다. 운율은 텍스트의 단어와 문장을 말하는 방식들을 아우른다. 즉 화자가 말할 때 주저하거나 잠시 멈추는 방식이라든가, 다양한 음절에 할당된 음높이와 소리의 크기, 강세, 길이를 말한다.

둘째, '응집성cohesion'이다. 응집성은 문장이 서로 연결되거나 이어지는 여러 가지 언어학적 방법들을 포함한다. 응집성은 텍스트를 하나로 잡아 두는 '접착제'이다.

셋째, 텍스트의 '전체적인 담화 조직overall discourse organisation'이다. 이것은 문장들이 상위 수준의 단위(한 문장보다 큰 단위)로 조직되는 방식들을 포함한다. 예를 들어 이야기를 구성하는 장면과 에피소드나 특정 입장을 밝히는 전체 논증을 구성하는 하위 논증들을 말한다.

넷째, 화자와 필자가 청자와 독자에게 그 말이나 글이 어떤 맥락에 있는지 암시해 주는 '맥락화 표지contextualisation signals'가 있다. 사람들이 의사소통이 이루어지는 맥락에 대한 관점을 공유하지 않으면 의사소통은 무의미하다. 그러나 맥락은 '거기에 있는' 것이 아니다. 맥락은 사람들이 적극적으로 구성하고 협상하며 생각을 계속 바꿔 가며 만들어지는 어떤 것을 말한다.

마지막으로 다섯째, 텍스트의 '주제 조직thematic organisation'이다. 이는 주제(이미지, 대조, 관심의 초점)를 드러내고 발전시켜 나가는 방식들을 포함한다.

이 다섯 가지 체계는 서로 연관되어 있다. 예를 들어 앞의 세 체계의 장치는 뒤의 두 체계의 기능을 수행하는 데 사용된다. 나무가 아닌 숲을 보기 위해 짧은 텍스트를 예시로 살펴보자. 이 텍스트는 다섯 가지 체계의 기본 작용에 대해 개관해 보는 데 도움이 될 것이다. 아래에 나오는 텍스트는 운명에 대한 자신의 신념을 지키고자 하는 화자(필라델피아 출신의 젊은 성인 중산층 여성)의 '일상적' 논증이다.

사람들은 종종 비격식적 문체로 행하는 '일상적' 논증이 학교와 학문적 상황에서 쓰이는 좀 더 격식적인 문체의 논증과 비교할 때 '비합리적'이라고 생각한다. 하지만 우리는 담화 분석을 통해 '일상적' 논증이 주장을 입증하는 심오한 목적을 갖고 있다는 점과 그 자체로 상당히 '합리적'이라는 점을 보게 될 것이다.

화자가 많은 내용을 전달하고자 할 때 그 내용을 나눠서 표현하곤 하는데, 여기서는 그 나눈 단위를 '행lines'과 '연stanzas'이라고 부를 것이다. 행은 보통 '절clauses'로 구성되어 있고, 연은 하나의 작은 주제에 관한 일련의 행으로 구성된다. 연은 운율적으로나 통사적으로 조직되어 긴밀한 방식으로 하나의 단위로 묶인다. 또한 하나의 연은 인물, 행동, 사건, 주장 또는 정보에 대해 특정한 하나의 관점을 취한다. 즉 각각의 연은 인물, 장소, 시간, 사건 또는 정보의 기능이 변경될 때(그 연이 논증, 보고, 설명이나 묘사에 해당하는 발화 중 어디에 속하든 간에) 다음 연으로 변경되어야 한다(Scollon & Scollon, 1981: 111-12 참조). 행과 연에 대해서는 뒤에서 더 자세히 설명하겠다.

여기서는 예시 텍스트를 행과 연에 따라 나누고 번호를 매겨 재구성했다. 온점(.)은 확실한 휴지로 인한 하강의 억양을 가리키고, 쉼표(,)는 이어지는 억양에 해당하는 부분을 가리킨다(하지만 쉼표 부분에서도 음조 선상 약간의 하강이나 상승의 억양이 있을 수 있는데, 이는 짧은 휴지가 있는 경우다).*

대화 중의 논증

1연: 주장하는 입장

1 난 믿어(I believe in that.)

2 뭐든 일어날 일은 결국 일어날 거라는 걸(Whatever's gonna happen is gonna happen.)

3 알다시피 난 그걸 운명이라 믿어(I believe that y'know it's fate.)

4 정말로 그래(It really is.)

2연: 개인적 경험으로 입장을 지지함

5 왜냐하면 내 남편한테 자동차 사고로 죽은 형이 있어서인데(Because my husband has a brother, that was killed in an automobile accident.)

6 그때 거기에 또 다른 동료가 한 명 있었는데 그 사람은 상처 하나 없이 걸어 나왔어(And at the same time there was another fellow, in there, that walked away with not even a scratch on him).

....

* 이해를 돕기 위해 원문을 제시하였고, 혼란을 피하기 위해 우리말 번역에는 온점이나 쉼표 표시를 하지 않고 원문에만 표시하였다.

3연: 주장하는 입장(반복됨)

7   그리고 난 정말 느껴 운명이란 건 거스를 수 없는 거라고 느껴(And I really feel—I don't feel y'can push fate,)

8   그리고 다른 수많은 사람도 그렇다고 생각해(and I think a lot of people do).

9   하지만 내가 느끼기에 너는 오랫동안 운명을 거슬러 여기까지 왔어, 아니면 어떤 경우든 간에(But I feel that you were put here for so many years or whatever the case is,)

10   그게 운명이었던 거지(and that's how it is meant to be.)

4연: 개인적 경험으로 입장을 지지함

11   왜냐하면 내가 결혼했을 때처럼 말이야 우리는 다섯 달 정도 뒤에 결혼하기로 되어 있었어(Because like when we got married, we were supposed t'get married like about five months later.)

12   남편이 복무통지서를 받아서 우리는 결혼을 당겨서 했거든(My husband got a notice t'go into the service and we moved it up.)

13   그리고 우리가 결혼하고 난 뒤 그 주에 아버지가 돌아가셨어(And my father died the week after we got married.)

14   우리가 신혼여행 중일 때 말이야(While we were on our honeymoon.)

5연: 결론: 주장하는 입장(반복됨)

15   난 그저 이렇게 결혼을 당겨서 하게 된 게 운명이라고 느꼈어 왜냐하면 그렇지 않았다면 아버지는 거기에 안 계셨을 테지(And I just felt that move was meant to be, because if not, he wouldn't have

been there.)

16 그래서 너도 알다시피 이게 바로 세상일이 돌아가는 순리처럼 보이더라고(So y'know it just seems that that's how things work out.)

(Schiffrin, 1987: 49-50, 연 표시는 저자가 직접 함)

이제 텍스트 안에서 담화를 구성하는 다섯 가지 체계가 어떻게 작용하는지 간단히 살펴보겠다. 화자는 본인이 뜻하는 바가 무엇인지 말하지 않고 끝낸다. 화자는 상호작용과 정보에 대한 자신의 관점에 부합하는 방식으로 정보를 배치한다. 또한 화자는 항상 문자 그대로의 메시지보다 더 많은 것을 전달한다. 그렇게 하기 위해서 화자는 운율, 응집성, 담화 조직, 맥락화 표지, 주제 조직을 사용한다. 다음 각각의 논의에서 나는 이 체계들이 어떻게 서로 연결되는지 살펴볼 것이다.

여기서는 말을 글로 전사해 놓았으므로 텍스트의 운율이나 화자 목소리의 높이가 오르내리는 방식, 음절을 길게 늘이거나 짧게 줄여 말하는 방식, 빠르게 말하거나 느리게 말하는 방식 그리고 말하다가 주저하거나 잠깐 휴지를 두는 순간은 표현하기 어려웠다(Bolinger, 1986; Brazil, 1997; Halliday, 1976a; Ladd, 1980). 그럼에도 여전히 이러한 말의 리듬에 대한 문제나 그것이 텍스트에서 전체적으로 어떻게 작용하는지 약간은 느낄 수 있다.

앞의 전사된 텍스트에서 행 마지막에 찍은 마침표는 목소리의 높이가 떨어지는 것을 뜻한다. 이러한 높이의 떨어짐은 의미의 종결('종결 선a closure contour')을 나타낸다. 즉, 하나의 생각이 화자에 의해 완료되고 닫히고 종결되었다는 의미를 표지signal하는 것이다. 반면에 행 뒤의 쉼표는 목소리 높이가 약간 떨어지거나 오르는 것('연속 선a continuation contour')을 나타낸다. 이러한 높이의 변화는 그 행의 정보가 종결되지 않았지만 뒤에 이어지는 정보로 보충되게 의도되었다는 표지다. 정보가 끝났는지 혹은 보충이 필요한지의 여부는 정보 자체의 성격으로 결정되는 문제가 아니고, 화자가 드러내고 싶어 하는 관점을 표현할 수 있도록 텍스트를 수사적으로 구성하려는 결정(선택)의 문제이다.

이와 관련해 앞의 문장에서 4연을 살펴보자. 13행('그리고 우리가 결혼하고 난 뒤 그 주에 아버지가 돌아가셨어')은 14행('우리가 신혼여행 중일 때 말이야')처럼 '종결 선'으로 끝난다. 그러나 이 두 행은 다르게 말해질 수도 있었다. 13행과 14행은 14행이 계속되는 형태로 말해질 수도 있었고, 14행이 13행을 보충하는 형식으로 말해질 수도 있었다. '그리고 우리가 결혼하고 그다음 주에 신혼여행 중일 때 아버지가 돌아가셨어(And my father died the week after we got married, while we were on our honeymoon.)'와 같이 말이다.

그러나 13행에서 '완전 종결'의 방식을 취함으로써, 화자는 결혼 뒤 단 일주일 안에 발생한 아버지의 죽음을 다음 내용과 단절해서 강조한다(운명이라는 것이 일어나는 주요한 예라고 할 수 있는 내용). 14행을 13행과 종결 선으로 분리해 따로 두게 되면 아버지의 죽음(삶의 종결)과 신혼여행(두 사람 생의 시작과 새로운 생명 탄생의 가능성)이 나란히 있게 되는 아이러니가 발생한다. 14행이 13행과 더 밀접하게 연결되었다면, 신혼여행은 아버지의 죽음이라는 중요한 사건에 대한 시간적 배경 정도의 역할밖에 하지 못했을 것이다.

13행과 14행은 함께 묶일 수 있는 통사적 구조임에도 불구하고, 분리됨으로써 더 많은 역할을 한다. 우선 텍스트의 주제 그 자체를 강조하게 된다. 텍스트에서 아버지의 죽음(13행)은 신혼여행(14행)이라는 사건과 독립적인 것처럼 보이고, '합리적인' 사고로 바라보아도 실제로 두 사건은 서로 연결되어 있지 않다. 하지만 화자의 주장은 이 두 사건이 단지 표면적으로

만 서로 관련 없어 보이는 것일 뿐 더 깊은 차원에서는 사실 운명의 작용으로 연결되어 있다는 것이다. 텍스트 전체에 걸쳐 화자의 언어는 계속해서 연결과 단절이라는 주제를 다룬다.

응집성(Halliday & Hasan, 1976)은 텍스트의 행과 연을 서로 연결하거나 관련짓는 방식이다. 이것은 접속사, 대명사, 지시어, 생략 부호, 여러 가지 부사, 반복되는 단어와 구 같은 다양한 언어 장치로 표현된다. 실제로 두 행(절)이 서로 관련되게(연결되게) 만드는 단어와 구 또는 통사적 장치는 텍스트에서 응집성을 만든다. 이러한 형태의 연결은 텍스트를 의미 있는 전체로 엮어 주는 부분이다. 이는 마치 언어를 묶어 주어 의미를 통하게 만드는 실과 같다.

'왜냐하면because'이라는 단어가 텍스트에서 작용하는 방식을 통해 응집성이 어떻게 작용하는지 명확하게 볼 수 있다. '왜냐하면'이라는 단어(Schiffrin, 1987)는 영어에서 두 가지 기능이 있다. 하나는 '문장' 속 일부분들을 서로 연결해 주는 것이고, 다른 하나는 두 개의 연 또는 연의 일부분을 서로 연결해 주는 것이다. 15행에 있는 '왜냐하면'은 단순히 두 개의 절을 한 문장으로 만들어 주는 전형적인 문장 속 '왜냐하면'으로 사용되었다. 그러나 앞의 텍스트에서 2개의 '왜냐하면'은 다르게 쓰인 사례이다. 이 둘은 문장 속 일부들을 연결하는 것이 아니고, 연과 연을 연결한다.

2연은 '왜냐하면'이라는 단어로 시작하는데, 여기서는 한 문장의 두 부분이 아니라 두 개의 연(1연과 2연)을 연결한다. 즉 이는 담화 연결어이지 문장 속 연결어는 아니다. 1연에서 개인적인 신념과 느낌을 일반화된 언어 형태로 표현한 것이 2연에서는 구체적 행동이나 사건에 대한 내용을 서사 기반의 언어로 표현하는 형태로 전환된다. 이때 2연의 '왜냐하면'은 1연에서 표현된 관점을 2연에서 부연하거나 증거를 제시할 것이라는 것을 알려 주는 표지의 역할을 한다.

3연에서는 개인적인 신념과 느낌의 일반화된 언어 형태로 돌아가는 반면, 4연은 화자의 입장을 지지하는 행동과 사건의 구체적 자료를 제시하기 위해 다시 '왜냐하면'을 사용한다. 따라서 3, 4연은 1, 2연과 병렬적 구조, 즉 '일반적인 입장(1, 3연) – 왜냐하면 구체적 사례(2, 4연) 때문에'의 구조를 이룬다. 이는 텍스트를 하나로 묶어 주는 큰 단위의 병렬 구조를 만들어, 주제를 알리고 발전시키는 데 도움이 되게 한다. '왜냐하면'의 이 같은 사용은 단지 텍스트를 하나로 묶기만 하는 것이 아니라 의미를 잘 구성할 수 있도록 도와주는 역할도 한다. 형의 사고(2연)와 예정보다 당겨져 진행된 결혼식(4연)은 단순히 서로 독립된 사건이 아니다. 그 사건들은 운명의 일반적인 원리에 대한 구체적인 현실의 모습이다(1, 3연).

텍스트의 운율과 응집성을 주는 장치는 모두 문법, 내용과 함께 텍스트의 전반적인 담화 조직에 도움을 준다(Gee, 2014a, 2014b). 여기서 '담화 조직'은 행과 연으로 구성된 조직이면서 이러한 행과 연 안에서 또는 행과 연을 가로질러 나타나는 언어 패턴을 뜻한다.

앞서 보았듯 1연은 일반적 주제('운명')를 일반화된 믿음과 느낌의 언어로 표현하고, 2연은 이 주제를 구체적인 이야기 형식의 언어로 행동과 사건을 예로 들어 서술한다. 3연은 일반화된 믿음과 느낌의 언어로 되돌아간다. 그런 다음, 다시 4연은 행동과 사건의 구체적인 이야기 기반의 언어로 돌아간다. 5연은 운명에 대한 믿음과 느낌에 대해 좀 더 일반화된 언어로 돌아가서 결론을 내린다. 이 텍스트는 두 가지 형태의 언어를 잘 엮어 주제적 '요점'thematic 'point'을 만들어 낸다. 구체적인 사건과 행동의 세계는 일반화된 '운명'의 작용이 (깊은 수준에서) 반영된 것이고, 이 운명의 작용은 느낌/신념일 여지가 있다. 그리고 구체적인 사건과 행동의 세계가 필수적으로 '합리적인 이유'가 되지는 않는다.

우리는 연 안에서 또는 연과 연 사이에서 언어가 어떻게 배치되었는지도 살펴볼 수 있다. 2연에서 수동형('was killed')과 남편의 형과 다른 동료를 병렬적으로 소개하는 관계절들이 어떻게 사용되었는지 알아보자. 이 병렬적 배치는 똑같은 사고 상황에서 운명이 변덕스럽게도 그 둘에게 다르게 주어졌다는 화자의 입장을 드러내는 장치이다. 화자의 주요 주제 가운데 하나는 문장의 표면 수준에서 같아 보이는 것이나(연결된 것) 다르게 보이는 것이(연결되지 않은 것), 운명이 작용하는 '깊은' 수준에서는 정반대일 수 있다는 것이다.

내 남편은   [죽임을 당한]   형이 있었다.
거기엔   [스스로 걸어 나온]   또 다른 동료가 있었다.

이제 담화 체계의 하위 맥락화 체계를 살펴보자(Gumperz, 1982a, 1982b). 화자는 청자에게 현재 무슨 맥락 속에 있는지, 그리고 그 맥락이 청자의 마음속에 어떤 식으로 형성되기를 원하는지 신호를 보내야 한다. 이러한 맥락화 표지는 기본적으로 화자는 청자가 어떤 종류의 사람(어떤 의사소통을 위해)이길 원하는지, 화자 자신이 (이 소통을 위해) 어떤 종류의 사람이었으면 하는지, 그리고 세상(사물, 사상, 사람)이 (이 의사소통을 위해) 어떤 모습이라고 가정하는지를 청자에게 말해 준다.

맥락화 표지로서 화자의 감정과 믿음에 대한 용어의 사용, 관용구인 '알다시피(y'know)'라든가 '정말로(really)'와 '그저(just)'라는 부사의 사용에 대해 살펴보고자 한다. 이들 요소는 화자의 성격을 정하고, 상대를 '적절한appropriate' 청자로 자리매김하고, 텍스트의 의미가 통하고 텍스트의 기저 내용이 되는 세계를 표지한다.

1연에서는 말 그대로 '나는 운명을 믿어'라고 말하고 있다. 하지만 화자가 청자 쪽에서 의심하는 마음이 있을지도 모른다고 생각한다거나('정말로'), 그렇게 생각할 수밖에 없게 되었다거나('믿어'의 반복), 그 발화의 주제가 영적이고 형이상학적이며 자신이 민감한 내용을 말하고 있다는 것을 안다거나('알다시피') 하는 방식으로 발화가 이루어진다.

3연에서 이 주제로 다시 돌아간다. 7행의 '난 정말 … 느꼈어'에서 '정말'은 화자가 그런 견해를 갖게 될 수밖에 없었다는 신호를 다시 한번 보내는 것으로, 그녀는 겉으로 '합리적' 생각이라고 드러나는 수준과는 다른 차원의 근원적이고 깊은 직감적인 느낌을 표현하고 있다. 이 연에서 그녀는 '정말'이라는 말과 함께 계속해서 '나는 … 생각해'와 '내가 느끼기에'라는 표현을 반복해 표면적 수준의 '합리성'에 반하는 자신의 믿음(감정)을 강조할 뿐 아니라 '운명을 믿지 않는' 사람들이 암묵적으로 품고 있는 회의적인 마음에 반하는 자신의 믿음이나 감정도 강조한다. 결론 연(5연)에서 화자는 다시 한번 감정의 언어를 사용해 '난 그저 이렇게 결혼을 당겨서 하게 된 게'라고 말한다. 여기서 '그저'는 그러한 '우연의 일치'를 설명할 수 없는 암묵적인 합리성에 반하는, 기본적이고 합리적으로 설명할 수 없는 그녀의 감정의 대조를 말해 준다.

이 텍스트에 적절한 청자가 되는 것(맥락화 표지를 받아들이는 것)은 화자가 제공한 인상적인 증거를 보고 압도당해 동정적인 마음을 취하는 것이다. 다양한 방식으로 화자는 화자 스스로 운명이 작용한다는 것을 인정하게 된다. 우리는 감정과 합리성 사이에, 그리고 화자의 담화 수준에서의 느슨한 논리와 과학과 합리성의 논리 사이에서 (암묵적인) 대조가 있는 세상에 있다. 적절한 청자는 그런 합리성과 엄격한 논리를 들이대지 않을 것이다. 그렇게 합리성을 들이대는 것은 청자를 '운명을 믿지 않는' 사람으로 자리매김하게 되는 것이고, 화자가 '그게 바로 내가 정말로 느끼는 바야'라고 하는 말에 정면으로 충돌하게 되는 것이다.

듣기에 유일하게 적절한 자리매김은 텍스트의 느슨한 논리를 받아들이는 것이다. 그 논리는 구체적으로 운명에 대한 논리이고 그것이 이 텍스트의 논증에 해당한다. 결론에 해당하는 행에서 '이게 바로 세상일이 돌아가는 순리처럼 보이더라고'라고 말하는데, '…처럼 보이더라고(seems)'라는 표현은 일반적으로는 의심을 내포한 표현이다. 하지만 이 텍스트에서 '…처럼 보이는' 것(내가 '그저' 또는 '정말로' 느끼고 믿는 것)은 사실이라는 맥락을 만들고 있다. 그러므로 마지막 행에서 '…처럼 보이더라고'라는 표현은 의심의 표현과는 거리가 있고, 그보다는 '증거'(무엇이 '명백'하고, '느껴지고', '믿기는가'에 대한 사실)에 해당하는 표현이라고 할 수 있다.

다섯 번째 하위 체계인 주제 조직은 문학과 신화, 민속학에서 오랫동안 광범위하게 연구되었지만(예를 들어 Barthes, 1972; Birch, 1989; Jakobson, 1980; Levi-Strauss, 1966, 1979; Stahl, 1989), 언어학에서는 다른 네 가지 하위 체계보다 연구가 덜 되어 있다(Gee, 2014a, 2014b 참조). 언어를 통한 의미 구성의 많은 사례는 대개 이분법적 대조를 중심으로 조직된다. 화자는 단어와 구문 선정, 담화 체계의 다른 하위 체계 사용, 텍스트의 반복과 병렬 구조 패턴 등 다양한 방식으로 이러한 대조를 표현한다.

우리는 텍스트가 느낌/신념과 합리적 증거 사이의 대조를 다루는 것을 이미 살펴보았다. 또한 텍스트가 운명의 작용과 깊은 수준에서 연결되는 것과 연결되지 않는 것 사이의 대조를 다루는 것도 살펴보았다.

이 텍스트에 나타나는 또 다른 대조는 목적이나 목표(의도)를 암시하는 '그리고 그게 운명이었던 거지'(10행)와, 세상일은 어떤 특정한 방식으로 일어날 것이라고 이미 결정되어 있으나 거기엔 목적이나 의도가 없음을 암시하는 '뭐든 일어날 일은 결국 일어날 거라는 걸'(2행) 사이의 대조이다. 이러한 대조는 16행 '그래서 너도 알다시피 이게 바로 세상일이 돌아가는 순리처럼 보이더라고'의 모호성 안에서 계속 이어진다. 16행은 이 텍스트의 맥락에서 '세상일은 단지 기계적으로 일어난다'(2연에서 형의 죽음) 또는 '세상일은 결국은 잘된다'(4, 5연에서 아버지의 결혼식 참석)를 의미할 수 있다.

텍스트를 구성하는 주제와 대조 안에서 종종 한 측면이 다른 쪽보다 '더 강하거나win out' 다른 쪽을 '종속시키곤subordinate' 한다. 앞의 텍스트에서 사건들이 '명백하게' 서로 연결되지 않는 것은 운명으로 만들어진 '더 깊은' 결속에 종속된 경우이다. (텍스트 안에서 명시적인 목소리를 드러내지 않는) '이유'에 대한 주장은 느낌/신념에 대한 '기본적인' 주장에 종속된다 ('정말로'와 '그저'가 어떻게 작용했는지 기억해 보자). 그러나 물론 이 텍스트가 '논증'으로 기능하는 쪽이 '더 강하게' 작용한다.

그러나 보통 한쪽과 대조가 되는 다른 쪽이 종속되는 과정은 텍스트의 작용 속에서 '약화'된다. 즉, 한쪽이 종속되고 다른 쪽이 우선시되어 가는 과정이 완전히 해명되지는 않는다는 것이다. 종속된 쪽은 우리에게 역설과 모순의 흔적을 남긴다. 앞의 텍스트에서는 의도적 결정(정확히는 선의善意의 결정)과 기계적 결정론(세상은, 시계처럼, 일단 시작하면 그것이 돌아가는 방식대로 돌아간다) 사이에서의 대조가 그 예이다.

앞의 텍스트는 아버지 사망 전에 치른 결혼식에 아버지가 참석하는 내용이 끝으로 서술된다는 점에서 대조의 두 측면 가운데 명백하게 의도적인 (선의의) 결정의 측면에서 그 대조를 풀어 가려고 '시도'한다. 그러나 이 대조를 풀어나가는 방법은 완전하지 않다. 즉, 여기서는 여전히 형의 '불행'과 아버지의 '행운' 사이에 '모순'이 남아 있다. 형의 '불행'은 다른 이(그 사고에서 다친 데 없이 무사히 걸어 나온 사람)의 '행운'이다. 그런데 이러한 운명의 '상대성'이 이 텍스트의 전체적인 논증을 약화시킨다. 어떤 사건이 누군가의 관점에서는 '행운'이고 다른 이에게는 '불운'이라면, 운명은 보는(느끼는) 이의 관점에 따라서 항상 '악의惡意'인 동시에 '선의'인 것이다. 이는 우리를 대조의 두 측면 가운데 덜 우세하고 종속된 쪽으로 경도되게 한다. 기계적 결정론은, 더 나쁘게는 변덕스러운 운명의 대조되는 양면 모두를 종속시킬 수 있다.

이런 모호함은 앞의 텍스트에서와 같이 텍스트에 존재한다. 왜냐하면 좀 더 깊은 수준에서 이러한 텍스트는 매우 실질적인 역설과 모순, 현실적으로 제거될 수 없는 것을 받아들이고 의미가 통하게 하려는 시도이기 때문이다. 그래서 이러한 역설과 모순, 현실적으로 제거될 수 없는 것은 심지어 그것들을 없애려는 텍스트에 의해서도 제거될 수 없다. 이것이 바로 레비스트로스(Levi-Strauss, 1979)가 신화에 대해 주장했던 기능이다. 앞의 텍스트가 전통적인 '신화 체계'의 일부는 아니지만, 역사적으로나 사회문화적으로 공유된 제재, 담화 장치, 주제를 다룬다. 이 텍스트는 또한 역설과 모순을 해결하기 위해 대조의 한 측면에 비해 다른 측면의 우위를 추구한다. 사실 역사적·과학적 텍스트는 종종 비슷한 장치를 차용하곤 한다.

우리가 지금까지 논의한 불확정성의 유형들은 화자(자신과 자신의 의미와 관련해), 청자, 분석가(우리)라는 측면에서 인간의 해석 작업에 풍부한 토대의 역할을 한다. 이 점에 대해 의도적인 결정과 기계적인 결정 사이의 대조를 중심으로, 해명되지 않은 대조의 불확정성에 다시 주목해 보자. 화자는 운명에 대해 두 가지 '논증'을 하고 있다. 첫 번째는 2연에 나타난 것처럼 남편의 형이 죽는 동안 '다른 동료'(친족이 아닌 낯선 사람)는 살아서 멀쩡하게 걸어 나왔다는 것이다. 이 대조는 두 번째 논증에서 반대가 된다. 4연에서 화자의 아버지(친족)가 죽은 반면, 그녀와 남편(처음에는 친족이 아니었던 사람)은 살아 있다(그리고 그들은 신혼여행 중이었다). 화자가 아버지를 떠나 버려서 죄책감을 느낀다는 텍스트의 '깊은' 문제는, 아버지가 죽었을 때 그녀가 남편과 함께 있었기 때문에 발생하는 것인가, 아니면 남편과 먼저 결혼해서 아버지를 떠났기(그녀 남편의 형이 사망했을 때 낯선 사람이 사고에서 멀쩡하게 걸어 나온 것과 같은 방식으로) 때문에 발생하는 것인가? 아니면 이 두 가지 모두에 의해 발생하는 것인가?

그녀의 운명에 대한 논쟁은 '운명'을 통해 아버지의 죽음, 그리고 그 당시 신혼여행으로 그녀가 그 자리에 없었다는 것, 그리고 결혼으로 인해 아버지와 떨어져 있었다는 죄책감을 누그러뜨리기 위한 시도였을까? 4연에서 화자는 아버지가 결혼식에 있었다고 이야기하지 않는다. 오히려 5연에서 그 사실이 간접적으로 드러난다. 아버지는 매우 독특한 방식으로 존재(그리고 부재)한다. 이 텍스트는 아버지의 존재와 부재, 결혼과 신혼여행 시의 죽음을 표시한다.

이것은 너무 확대된 해석일까? 원칙적으로 텍스트의 해석은 항상 여러 가지가 가능하며, 텍스트는 언제나 서로 다른 수준(서로 다른 '깊이')으로 해석될 수 있고 해석은 결코 '입증되지' 못한다. 이것이 '무엇이든 허용된다'는 말은 아니다. 우리는 해석에 대해 더 만족스럽거나 덜 만족스럽다고 주장할 수 있지만(이것이 결정적인 것은 아니다), 몇몇 해석은 실제로 틀린 것이기도 하다(위의 화자가 아이스크림에 대해 말한 게 아닌 것처럼).

해석의 다양성은 의미 구성이 기능하는 방식으로부터 파생된다. 대조는 종종 텍스트에 명시적으로 기술되어 있지는 않지만 다양한 구문과 담화 장치(여기에서 살펴본 종류)로 설정되거나 암시된다. 그러나 함축에는 끝이 없다. 적절한 이유가 있다면 또 다른 청자가 더 나아간 해석과 더 미묘한 의미를 텍스트에서 끌어낼 수 있는 것이다. 따라서 이러한 대조가 텍스트에서 얼마나 멀리까지 정확하게 작용하는지 가늠하는 것은 언제나 어렵고 논쟁의 여지를 남긴다. 그리고 이것은 화자가 의도한 것이라고 호소함으로써 해결될 수도 없다. 때때로 화자는 의미를 만드는 중에 의미를 '발견'하기도 하고 반응에 따라서 자신이 생각했던 것보다 더 많은 것을 의미했음을 깨닫기도 한다(Gee, 1992-3). 화자는 종종 자신이 말한 것의 완전한 파급 효과를 알 수 없지만 반응에 따르거나 언어적인 분석 혹은 다른 방식의 분석 하에 그것을 알게 될 수 있다.

　실제로 자신의 텍스트 의미를 결정하는 데 화자는 청자와 근본적으로 다른 위치에 있지 않다. 화자가 의미한 게 무엇인지 (화자 자신이나 다른 사람이) 묻는다면, 할 수 있는 것은 자신의 텍스트나 머릿속에 있는 표상을 참고하는 것뿐이다. 화자 또한 어떤 의미에서는 자신의 텍스트를 '읽거나' 해독해야 한다. 이는 청자가 하는 방식과 같다. 화자는 대부분의 다른 청자보다 자기 자신에 대해 더 많이 알고 있을 수 있다(비록 자기기만으로 어떤 면에서는 자신을 더 모를 수도 있지만). 그러나 텍스트를 완전하게 결정할 만큼 충분히 알지는 못한다. 또는 자기 자신이나 세계에 대한 더 나아간 발견, 즉 화자가 의미하는 바에 대해 다른 관점을 취하는 것을 배제할 수 있을 만큼 충분히 알지는 못한다.

　해석의 다양성은 우리가 선의의 결정과 기계적(또는 의도하지 않았던) 결정론 사이의 대조에 대해 살펴본 것과 같은 불완전성에서 나온다. 대조가 완전히 해명되지 않았을 때, 해석과 텍스트가 어느 정도 맞지 않았을 때, 대조의 종속적 측면이 도드라져 보일 때 우리는 언제나 왜 그런지 물을 수 있다. 그리고 이 '왜'에 대한 대답은 항상 다층적이고 불확실하다. 왜냐하면 그 대답이야말로 바로 역설과 축약, 긴장, 막막함의 지점이고 이러한 문제들에 대해 아마 (화자 자신도) 애초에 의미가 통하게 만들려고 시도했을 것이기 때문이다. 이 불가피한 다양성과 해석의 불확정성을 부정하는 시도로 사회화 기관(학교와 같은)과 엘리트 집단은 종종 자신들의 버전만이 자연스러운 것이며 논쟁의 여지가 없는 것처럼 특권화한다. 의미에 대한 탐색과 지속적 탐구의 맥락 속에서 다양성과 불확정성을 강조함으로써 나머지 사람들은 이러한 지배에 저항할 수 있다.

　구어이건 문어이건 모든 텍스트는 텍스트가 취할 수 있는 유리한 입장을 구성한다(Fairclough, 2003; Hodge & Kress, 1988; Lemke, 1995). 우리는 앞의 텍스트가 '적절한 청자'를 자리매김하는 방법을 알아보았다. 이런 의미에서 더 넓은 사회에서 지위를 추구하는 격식 언어로 된 텍스트까지 포함하여 모든 텍스트는 결속에 관한 것이라 할 수 있다. 즉, '올바른' 종류의 청자와 독자들이란, 화자나 필자가 특정 텍스트 구성을 위해 채택한 사회적 정체성과 충분히 유사한 사람들이다. 물론 우리는 '저항적인' 청자나 독자가 되고자 선택할 수 있으며, 거슬리는 텍스트를 읽는 것이나 그런 텍스트 저자와의 결속을 거부할 수도 있다.

우리가 분석한 논증을 구성한 여성은 사람들과 결속을 추구하는 논증 방식과 언어 형태를 활용하였다. 그리고 우리 사회 속의 '합리성'에 대한 관점에 있어 학술적·전문적 지위와 권력과는 다소 다른 관점과 결속하는 방식을 취한다. 우리 대부분은 사회적 권력과 명성의 영역 밖에 있는 사람들과 연대하려고 할 때 이러한 형태의 논증을 활용한다. 다른 맥락에서는 다른 형태의 언어로 전환하더라도 말이다. 이러한 '일상의' 논증 형태는, 여러 측면에서 신화와 문학과 유사한 '깊은 의미'를 만들어 냄으로써, 우리가 경험의 복잡성을 다루는 데 도움을 준다.

다음 장에서 볼 것처럼, 많은 사람이 인간의 깊은 의미 구성의 한 형태로 이야기와 이야기하기storytelling의 역할을 강조했다(Bruner, 1987, 2003). 그러나 인간은 경험의 깊은 의미를 만들기 위해 다른 장르들(예컨대, 이 장에서 살펴본 논증 유형)도 활용한다.

담화 분석: 학교에서의 이야기

요약

12장에서는 내러티브와 이야기에 대한 담화 분석을 다룬다. 여기서는 일상의 이야기도 문학적 방식으로 매우 깊은 의미가 있음을 보여 준다. 12장에서의 분석은 이야기를 담화 분석하는 방법과 넓은 사회적 맥락 내에서 이야기가 놓여 있는 위치를 알아보는 데 초점을 맞출 것이다. 특히 언어 사용 측면에서 학교에서 발생하는 교육과 평등의 문제를 다룬다.

이야기의 담화 분석과 그 맥락

이번에는 11장에서 다룬 논증 형식의 담화와는 다른 장르인 '이야기 stories' 담화에 대해 다루어 보려고 한다. 이전 장에서 말이 행과 연으로 구성된다고 밝힌 바 있다. 나는 행과 연이 보편적으로 인간이 말을 생산하는 정신적 메커니즘의 산물이라고 생각한다(Gee, 1986, 1989c, 2014a, 2014b). 동시에 다른 사람들이 이러한 행과 연 속에서 언어를 구성하는 방법은 사회적으로나 문화적으로 다양하게 바뀐다(Gee, 1989c; Hymes, 1981; Scollon & Scollon, 1981; Tedlock, 1983).

의미 구성에서 행과 연의 역할을 논의하기 위해 레오나(가명)라는 7세의 아프리카계 미국인 소녀가 학교 수업에서 두 번의 '공유하기 시간'에 발표한 이야기에 집중할 것이다. 레오나는 과거의 '구술문화'(Edwards & Steinkewicz, 1990; Rickford & Rickford, 2000; Smitherman, 1977) 방식을 상당 부분 유지해 온 문화권에서 왔기에 이야기 담화 구조에 '문학적인 literary-like' 부분이 매우 풍부하게 담겨 있다.

레오나의 이야기를 분석한 뒤, 왜 그 이야기가 학교의 공유하기 시간에 성공적인 발표로 받아들여지지 않았는지 논의할 것이다. 그리고 공유하기 시간에서 성공적인 발표로 여겨지는 이야기와 레오나의 이야기를 대조적으로 살펴볼 것이다. 이는 정치적이고 이데올로기적인 영향과 더불어 사회적 맥락 속에서의 의미 구성 작용을 알아볼 수 있게 한다.

아래에 두 가지 이야기가 있다. 이를 소개하기에 앞서 전사된 두 이야기가 어떻게 준비되었는지 언급하고자 한다. 모든 발화는 언어학자인 월리스 체이프가 '아이디어 단위 idea units'(Chafe, 1980, 1994)라고 일컬은 '작은 단위 little spurts'로 구사된다. 각 단위는 단일 음조 선 intonation contour을 갖고 있으며, 일반적으로 짧은 휴지나 주저함으로 끊어서 한 단위로 묶는다.

체이프(Chafe, 1980)에 따르면 아이디어 단위는 한 가지 의식이 집중된 단위이며, 이는 빠르게 여러 개의 초점을 잡아 한 장면을 스캔하는 사람의 눈의 초점들 가운데 하나의 초점과 비슷하다. 보통 아이디어 단위의 대다수는 하나의 절이고, 그 절이 끝날 때 하나의 새로운 정보가 나온다. 이는 그 절의 주어나 부사적 요소가 그 자체로 아이디어 단위를 구성하는 새로운 정보인 경우에만 그렇다(이것이 단순화이다, Chafe, 1994 참조). 이야기에서 가져온 몇 가지 아이디어 단위의 예시를 아래에 제시했다(각각의 아이디어 단위는 행으로 나누었다).

오늘
13일의 금요일이에요
today / it's Friday the 13th

어… 우리 엄마
우리 엄마
우리 엄마는 케이크를 굽고 있어요
an' … my mother / my mother / my mother's bakin' a cake

지난밤
우리 할머니는 몰래 빠져 나왔어요
last night / my grandmother snuck out

내 강아지
그는 항상 나를 따라오고 있어요
my puppy / he always be following me

일단 행위자나 부사 요소가 아이디어 단위로 소개되면, 발화자는 다음 아이디어 단위에서 그것을 이전 정보로 통합할 수 있다. 이러한 패턴이 생기게 되면, 아이디어 단위는 그 절의 뒷부분에 이전 행위자나 수여자 그리고 새로운 정보가 존재하는 절이 되는 경향이 있다. 이런 방식은 영어에서 (또는 언어의 종류에 상관없이) 아주 전형적으로 나타나는 담화 패턴이다. 따라서 발화는 이상적인 아이디어 단위로서 여러 짧은 절의 묶음을 가리킨다고 볼 수 있다.

텍스트에서 잘못된 시작 부분과 수정한 부분을 지우면, 명사 주어나 명사구가 남는데 이들이 절을 구성하면서 아이디어 단위가 된다. 그러면 우리는 아래 예시처럼 텍스트가 제대로 실현된 형태를 볼 수 있다. 이 텍스트에서 각각의 아이디어 단위를 '행'이라고 부를 것이다(Gee, 2014a에서는 성인이 사용하는 더 복잡한 텍스트에 관한 내용을 다룰 때 '행'을 다소 다르게 정의한다).

강아지 이야기

섹션 1 집

섹션1a 초반 장면: 아침밥

1연
1 지난 어제 아침에
2 계단 꼭대기에 고리가 있었어요
3 그리구(an') 우리 아빠가 나를 들어 올리고 있었어요
4 그리구 난 그 고리에 걸렸어요

2연

5 그리구 난 아침밥을 안 먹었어요

6 그는 나를 내려 주려 하지 않았어요

7 내가 아침을 다 먹기 전까지

8 난 오트밀을 싫어했으니까

섹션 1b 강아지와 아빠

3연

9 그러구 나서 내 강아지가 왔어요

10 그는 잠들어 있었어요

11 그는 일어나려고 했어요

12 그리구 그는 내 바지를 물어 뜯었어요

13 그리구 그는 오트밀을 그에게 쏟았어요

4연

14 그리구 우리 아빠가 왔어요

15 그리구 아빠가 말했어요 '오트밀 다 먹었어?'

16 그가 말했어요 '그릇은 어디 있어?'

17 나는 말했어요 '개가 가져간 거 같아요'

18 '음 한 그릇 다시 만들어야겠구나'

섹션 2 학교

섹션 2a 학교 가기

5연

19 그리구 그래서 7시까지는 나가지 않았어요

20 그리구 난 버스를 탔어요

21 그리구 내 강아지 그는 항상 나를 따라오고 있어요

22 우리 아빠는 말했어요 '그—넌 가면 안 돼'

6연

23 그리구 그는 버스정류장까지 계속 나를 따라왔어요

24 그리구 난 왔던 길을 다시 돌아가야 했어요

([방백] 그때가 7시 30분이었어요)

25 그리구 나서 그는 계속 왔다 갔다 하면서 나를 따라왔어요

26 그리구 난 계속 되돌아가야 했어요

섹션 2b 비서사적 부분 Non-narrative section

7연

27 그리구 내가 어딜 가든 그는 항상 나를 따라와요

28 그는 가게에 가길 원해요

29 그리구 우리가 갈 수 있는 곳에 그는 갈 수 없어요

30 그가 갈 수 있는 가게를 가지만 그는 목줄을 해야 하는 것처럼요

섹션 3 병원

섹션 3a 병원

8연

31 그리구 우리는 응급실에 그를 데리고 갔어요

32 그리구 그가 어디가 아픈지 봐요

33 그리구 그는 주사를 맞았어요

34 그리구 그는 울고 있었어요

9연

35 그리구 지난 어제, 그리구 지금 그들은 그를 재웠어요

36 그리구 그는 아직도 병원에 있어요

37 그리구 의사는 그가 주사 맞았다고 말했어요 왜냐하면

38 그가 내가 있는 우리 집에 대해 긴장했기 때문에 말이에요

섹션 3b 끝

10연

39 그리구 그는 여전히 지낼 수 있을 거예요 하지만

40 그는 그가 그를 봐 줄 수 있지 않을 거라고 생각했어요

케이크 이야기

프레임

1연

1 오늘

2 13일의 금요일이에요

3 그리구 운이 나쁜 날이에요

4 그리구 우리 할머니 생신이 운 나쁜 날이에요

섹션1 케이크 만들기

2연

5 그리구 우리 엄마는 케이크를 굽고 있어요

6 그리구 난 우리 할머니 댁에 갔어요 엄마가 케이크를 굽는 동안에

7 그리구 우리 엄마는 치즈케이크를 굽고 있었어요

8 우리 할머니는 휘핑크림 컵케이크를 굽고 있었어요

3연

9 그리구 우리 둘 다 우리 엄마 집에 갔어요

10 그러구 나서 할머니는 초콜릿 케이크를 만들었어요

11 그러구 나서 우리는 우리 이모 집에 갔어요

12 그리구 그녀는 케이크를 만들었어요

4연

13 그리구 모두 나나를 위해 케이크를 만들었어요

14 그래서 우린 케이크 6개를 가지고 나왔어요

섹션 2 할머니는 케이크를 드신다

5연

15 지난밤

16 우리 할머니는 몰래 빠져 나왔어요

17 그리구 그녀는 모든 케이크를 드셨어요

18 그리구 우리는 더 만들어야 했어요

6연

([방백] 그녀는 우리가 케이크를 만들고 있는 걸 알았어요)

19 그리구 우린 자고 있었어요

20 그리구 그녀는 그 방에 갔어요

21 그리구 다 먹어 치웠어요

22 그리구 우린 아주 많이 더 구워야 했어요

7연

23 그녀는 음… 하고 말했어요

24 그녀는 모든 초콜릿을 그녀의 얼굴, 크림, 딸기에 묻혔어요

25 그녀는 음… 하고 말했어요

26 좋았어요

8연

27 그러구 나서 그러구 나서 전부 나왔어요

28 그리구 우리 할머니는 그걸 전부 드셨어요

29 그녀는 '이 치즈케이크가 여기서 뭐하고 있는 거야'라고 말했어요—
   그녀는 치즈케이크를 좋아하지 않았어요

30 그리구 그녀는 모두에게 자기는 치즈케이크를 좋아하지 않는다고 말
   했어요

9연

31 그리구 우리는 계속해서 케이크를 만들었어요

32 그리구 그녀는 그걸 계속해서 먹었어요

33 그리구 우리는 결국 케이크를 만드는 데 질렸어요

34 그리구 그래서 우리는 그걸 모두 먹었어요

섹션 3 할머니는 집 밖으로 나간다

비서사적 부분(35~41)

10연

35 그리구 이제

36 오늘은 우리 할머니 생신이에요

37 그리구 많은 사람이 또 케이크를 만들고 있어요

38 그러나 우리 할머니는 그녀의 빵집에서 자신의 케이크를 살 거예요

39 그리구 그녀는 케이크를 가지고 나올 거예요

40 우리가 만들지 않은 케이크 말이에요

41 왜냐하면 그녀는 초콜릿 크림을 좋아하니까요

내러티브로 돌아옴

11연

42 그리구 난 그녀와 그 빵집에 갔어요

43 그리구 우리 할머니는 컵케이크를 드셨어요

44 그리구 그리구 그녀는 마침내 오늘 아프고 말았어요.

45 그리구 그녀는 케이크를 너무 많이 먹어서 개가 그러는 것처럼 꾸르륵
   거렸어요

프레임

12연
46 그리구 난 마침내 그녀에게 말했어요 오늘은
47 오늘은 13일의 금요일 운 나쁜 날이에요

레오나는 성서의 시(예를 들어 구약성서의 시편), 여러 구술문화(예를 들
어 호머)에서 사용하는 내러티브, 그리고 여러 '자유시'(예를 들어 월트 휘트
먼의 시)에서처럼 다양한 통사론적, 의미론적 대구법parallelism을 행 사이에
잘 사용한다. 레오나는 자신의 행을 연으로 묶는데, 거기서 각각의 행은 연
안에서 다른 행과 대구對句의 구조로 되어 있고, 내용이나 주제 면에서 연
결되는 경향이 있다. 또한 행 사이에서 같은 비율로 말하려 하거나 주저하
는 행동을 통해 운율적으로 한 연 안에서 행들이 함께 가는 것처럼 들리게
말한다. 레오나의 연은 주로 4개의 행인데, 때로는 2개의 행을 사용하기도
한다. 따라서 복잡한 구조와 패턴을 보이며, 시에서의 연의 속성을 일부 보
인다.
　레오나의 연에서 나타나는 패턴의 예를 살펴보자. 첫 번째 예시는 '케
이크 이야기'의 2연이다.

그리구 우리 엄마는 케이크를 굽고 있어요
그리구 난 우리 할머니 댁에 갔어요 엄마가 케이크를 굽는 동안에
그리구 우리 엄마는 치즈케이크를 굽고 있었어요

우리 할머니는 휘핑크림 컵케이크를 굽고 있었어요

An' my mother's bakin' a cake

An' I went up my grandmother's house while my mother's bakin'
a cake

An' my mother was bakin' a cheesecake

My grandmother was bakin' a whipped cream cupcakes

여기서 모든 행은 '케이크'로 끝난다. 더구나 연은 abab 구조(시에서
abab 리듬 구조처럼)가 있다. 첫 번째와 세 번째 행은 '우리 엄마'를 포함하
고 두 번째와 네 번째 행은 '우리 할머니'를 포함한다. 그런데 여기에 aabb
구조도 있다. 두 번째 행은 첫 번째 행의 '우리 엄마는 케이크를 굽…(my
mother's bakin' a cake)'을 반복하면서 끝나고, 네 번째 행도 세 번째 행의
'엄마는/할머니는 (어떤 종류의) 케이크를 굽고 있었어요'를 반복한다.

따라서 행들은 패턴화되어 서로 단단히 결합한다. 레오나가 이야기를
생산하는 과정의 일부분인 이러한 병렬적 구조는 네 번째 행의 오류에서
보인다. 레오나가 이 연에서 사용하고 있는 행 마지막에 나타나는 패턴은
본질적으로 다음과 같다. …bakin' a cake(케이크를 굽고 있…) / …bakin'
a cake(케이크를 굽고 있…) / …bakin' a TYPE of cake(어떤 종류의 케이
크를 굽고 있…) / …bakin' a TYPE of cake(어떤 종류의 케이크를 굽고 있…)
(aabb '리듬' 구성). 그러나 네 번째 행은 복수 명사(cupcakes)로 끝나기 때
문에 문법적 패턴에 필요한 단수 관사 'a(하나의)'를 사용할 수 없다. 그럼
에도 레오나는 패턴에 따라 네 번째 행에서 'bakin' a whipped cream
cupcakes(휘핑크림 컵케이크들 하나를 굽고 있…)'라고 말한다. 이것은 마치
그녀가 예전부터 해 오던 것에 따라 결정된 방식으로 조각이 맞춰지듯 작
용하는 것과 같다(이러한 유형의 작문 과정은 '구술시'에서 일반적인 것이다).

'케이크 이야기' 3연에서의 또 다른 예시를 살펴보자.

그리구 우리 둘 다 우리 엄마 집에 갔어요
그러구 나서 할머니는 초콜릿 케이크를 만들었어요
그러구 나서 우리는 우리 이모 집에 갔어요
그리구 그녀는 케이크를 만들었어요
An' we both went over my mother's house
An' then my grandmother had made a chocolate cake
An' then we went over my aunt's house
An' she had made a cake

이 연은 명료하게 abab 구조다. 1행과 3행은 '우리는… X의 집에 갔어요(we… went over my X's house)' 구조이고, 2행과 4행은 누군가가 '케이크를 만들었어요(had made a cake)' 구조다. 각 행이 '집에… 케이크를… 집에… 케이크를'(abab)로 끝나는 점에도 주목해 보자.

또 다른 예시로, '강아지 이야기'에서 3연과 4연에는 관련성 있는 연의 쌍이 있다.

그러구 나서 내 강아지가 왔어요
그는 잠들어 있었어요
그는 일어나려고 했어요
그리구 그는 내 바지를 물어뜯었어요
그리구 그는 오트밀을 그에게 쏟았어요
an' then my puppy came
he was asleep

he tried to get up

an' he ripped my pants

an' he dropped the oatmeal all over him

그리구 우리 아빠가 왔어요

그리구 아빠가 말했어요 '오트밀 다 먹었어?'

그가 말했어요 '그릇은 어디 있어?'

나는 말했어요 '개가 가져간 거 같아요'

'음 한 그릇 다시 만들어야겠구나'

an' my father came

an' he said 'Did you eat all the oatmeal?'

he said 'Where's the bowl?'

I said 'I think the dog took it'

'Well I think I'll have t' make another bowl'

여기서 레오나는 행 '그리구 강아지가 왔어요(an' my puppy came)'와 '그리구 우리 아빠가 왔어요(an' my father came)'라는, 강아지와 아빠를 대비하는 구조로 하나의 연을 시작한다. 첫 번째 연은 4개의 행동이 있고 두 번째 연은 4개의 대사가 있다. 두 번째 연에서 aabb 구조로 두 행이 '…가 말했어요(he said)'라는 부분이 있고 의문형이며, 뒤의 두 행은 '…거 같아요(I think)'라고 반복하는 점도 주목해 보자.

모든 연이 이처럼 명료하게 패턴으로 나타난다고 주장하긴 어렵다. 오히려 이와 같이 명백하게 패턴화된 연이, 텍스트 생산에서 작용하는 연의 특징을 파악하는 데 필요한 단서를 제공한다고 할 수 있다. 그런 다음 분명하게 패턴화되지 않은 연의 특징을 파악할 수 있다. 예를 들어 '케이크 이야기'의 11연을 살펴보자.

> 그리구 난 그녀와 그 빵집에 갔어요
> 그리구 우리 할머니는 컵케이크를 드셨어요
> 그리구 그리구 그녀는 마침내 오늘 아프고 말았어요
> 그리구 그녀는 케이크를 너무 많이 먹어서 개가 그러는 것처럼 꾸르륵거
> 렸어요
> an' I went t'the bakery with her
> an' my grandmother ate cup cakes
> an' she finally got sick on today
> an' she was growling like a dog cause she ate so many cakes

이 행들은 텍스트 안에서 명료하게 구성되어 있다. 연 앞에는 일련의 비서사적 서술이 선행되고, 이 연의 첫 번째 행은 이야기에서 장소의 변화로 구성되며, 연은 하강하는 음조로 끝난다. 다음 연은 이야기의 도입 부분과 수미首尾 상응하는 방식으로, 두 행짜리 마무리 연으로 끝난다. 따라서 이 네 행이 함께 묶인다는 것을 합리적으로 확인할 수 있다. 이 연에서 한 행은 원인과 결과의 단순한 관계에 따라 다른 행을 끌어낸다. 처음 두 행은 빵집에 관한 것이고 마지막 두 행은 아픈 데 관한 것이지만 아주 명료한 패턴을 찾기는 어렵다. 그럼에도 여기에서 4행 단위를 명료하게 파악할 수 있다.

레오나의 이야기에는 행과 연을 넘어서는 조직의 단계도 있다. 레오나가 이야기한 내러티브의 내용을 전체적으로 보면, 분명히 '에피소드'라 부를 수 있는 더 큰 단위로 나뉜다. 지금까지 사용한 행과 연이라는 용어와 함께 이 더 큰 단위를 '섹션'이라고 하겠다. 섹션에 대해 말하는 것은 전체

텍스트에 대해 말하는 것을 수반한다. 위의 텍스트에서 각각의 섹션에 표시를 해 놓았다. 텍스트가 상당히 확실하고 명료하게 화제나 주제의 측면에서 섹션으로 구분된다. 결과적으로 이는 텍스트의 또 다른 구조적 속성이 된다.

'케이크 이야기'에서 첫 번째 섹션은 케이크 만드는 것, 두 번째는 할머니가 케이크를 먹는 것, 세 번째는 빵집에 관한 것이다. 두 번째 섹션은 시간부사('지난밤')에서 시작하고, 세 번째 섹션 또한 '그리구 이제'라는 시간부사로 시작한다. 물론 첫 번째 섹션은 도입 프레임('오늘')에서 시작하는 부사의 의미 범위에 있는 것으로 이해된다.

그러나 나는 이 시점에서 레오나가 이야기를 시작하기 전에 이야기의 전체적인 구조를 알았다고 주장하는 것은 아니다(이야기를 다 외운 것이 아니다). 오히려 그 구조는 점진적인 추가 과정에서 형성된 것이고, 그러한 점진적 추가는 텍스트를 단위들로 끊었을 때 어색함을 발생시키기도 했다고 본다.

'케이크 이야기'는 이야기 전체와 부분 사이의 관계에 대한 훌륭한 통찰을 제공한다. 실제 이야기를 할 때 이야기의 마지막과 결론 부분의 두 행짜리 연에서 자주 주저하는 모습과 잘못 시작했다가 다시 고쳐 말하는 모습이 보인다. 레오나는 이야기를 잘 전개해 가면서 동시에 마무리를 계획하려는 것이다. 최종적으로 내러티브에서의 사건을 구성해 나가고 이야기의 도입 프레임으로 되돌아가는 방식의 두 행짜리 연으로 결론 내려 하고, 그렇게 함으로써 하나의 통합되고 마무리된 구조를 만들어 간다. 그러나 주저하는 행동은 부분적으로 이야기를 전개하려는 동시에 앞부분과 연결하기 위해 되돌아가려고 결정하고 있음을 보여 주는 것으로 추측된다. 레오나는 이야기 생산을 촉진하도록 도와주는 구조적 스키마를 머릿속에 담고 있는 동시에 이야기를 진행하면서 그러한 구조의 다른 측면을 발견한다.

　레오나가 학교에서 한 다른 이야기를 보면, 레오나의 사전 지식과 말하면서 실시간으로 발견한 것이 역동적으로 결합되는 모습을 볼 수 있다. 때때로 이야기 공유하기 시간에 레오나는 이야기를 시작하지만 끝내지는 않는다(레오나가 계속하고 싶어 하지 않거나 교사가 멈추게 해서이다). 이러한 '이야기 시작'은 흥미로운데, 그중 많은 부분이 레오나의 '완성된' 이야기의 구조적 양상 중 하나를 생각나게 하는 구조적 요소를 포함하기 때문이다. 예를 들어 아래 이야기 시작 부분을 케이크와 강아지 이야기에 관련지어 살펴보자.

　1연
　어제
　그리구 우리는 선생님이 있었어요
　그리구 우리는 그녀와 체육관에 가야 했어요

　2연
　그러구 나서 우리는 밖으로 나갔어요
　그리구 피구를 했어요

　3연
　그러구 나서 난 집에 갔어요
　그리구 우리 엄마가 거기 있었어요
　그리구 어제는 우리 엄마의 생신이었어요
　그리구 우리 엄마는? 케이크를 만들어요

4연

그리구 내가 집에 왔을 때

파티가 다 끝났어요

그리구 모두가 케이크를 전부 먹어 버렸어요

그리구 우리 엄마는 케이크를 더 만들었어요

5연

그리구 우리 이모가 돌아왔어요

그리고? 둘 다 잠들었어요

그리구 그녀가 그걸 다시 먹었어요

6연

그리구 그러구 나서 그리고 난 일어났어요

아침 일찍

그리고 나는 아침으로 케이크 한 조각을 먹었어요

그리구 우리 엄마는 '다른 조각은 어디 있니?' 하고 말했어요

Stanza 1 Yesterday / an' we had a teacher / an' we hadda go to gym with her

Stanza 2 an' then we went outside / an' played dodge ball

Stanza 3 an' then I went home / an' my mother was there / an' yesterday was my mom's birthday / an' my mom? made a cake

Stanza 4 an' when I got home / the party was all over / an' everybody had ate the whole cake / and my mother made another cake

Stanza 5 an' my aunt came back / and? both went to sleep / an'
she ate it again

Stanza 6 an' an' then and I got up / early this morning / and I
ate a piece of cake for breakfast / an' my mother said
'Where's the other piece?'

6연은 '강아지 이야기'의 도입 연과 4연을 떠올리게 한다. 3, 4, 5연은
'케이크 이야기'에서의 몇몇 연과 초반 진행 부분을 떠올리게 한다. 위 이
야기(와 많은 다른 이야기)에서 시작 부분에 있는 구조적 요소에다 '케이크
이야기'가 만들어진 것처럼 발생한 창의적인 발견 과정을 더해 보면 '케이
크 이야기'와 같은 걸작을 얻게 된다. 구조적인 수준에서 더 일상화되었지
만, 호머의 시와 세계 곳곳의 수많은 구술문화적 활동에서 보이는 것과 같
은 현상이 일어난 것으로 보인다(Finnegan, 1977, 1988; Foley, 1988).

이는 레오나가 지엽적 범위의 행과 연 차원을 넘어서 전체 구조를 만
드는 능력(이야기를 만들어 내기 위한 전략)을 지니고 있는 경우일 것이다.
'케이크 이야기'와 '강아지 이야기'는 넓은 범위에서 유사한 전략을 보여
준다. 두 이야기는 모두 시간부사로 시작하고, 3개의 섹션을 갖고 있으며,
결말 전에는 비서사적 부분이 있고(위 예시에서 비서사적 부분이라고 일컬은
곳), 새로운 다른 곳으로 장소가 갑자기 전환되면서 마무리한다(빵집, 병원).

나아가 두 이야기는 모두 텍스트를 전체적으로 관통하는, 색깔이 있는
실과 같은 테마를 갖고 있다. 예를 들어 '케이크 이야기'에서 (케이크) 굽기
와 먹기, '강아지 이야기'에서 오기, 가기 같은 것들이다. 이러한 넓은 차원
에서의 전략 또는 추상적인 전략은 실제로 레오나가 이야기를 구성할 때
사전에 지니고 있던 자원으로서의 스키마나 넓은 차원의 이야기 구성 템플

릿일 수 있다. 이 자원은 점진적으로 내용을 추가하고, 병렬적으로 문장을 배치하며, 하나의 이미지를 형성해가는 전략 및 레오나가 개인적으로 문화적으로 갖추고 있는 창의성 및 발견 능력과 함께 사용된다.

다음으로 넘어가기 전에 위 두 텍스트의 비서사적 부분에 대해 좀 더 이야기해 보자.

케이크 이야기

그리구 이제
오늘은 우리 할머니 생신이에요
그리구 많은 사람이 케이크를 또 만들고 있어요
그러나 우리 할머니는 그녀의 빵집에서 자신의 케이크를 살 거예요
그리구 그녀는 케이크를 가지고 나올 거예요
우리가 만들지 않은 케이크 말이에요
왜냐하면 그녀는 초콜릿 크림을 좋아하니까요
an' now
today's my grandmother's birthday
an' a lot o'people's makin' a cake again
but my grandmother is goin' t'get her own cake at her bakery
an' she's gonna come out with a cake
that we didn't make
cause she likes chocolate cream

강아지 이야기

그리구 내가 어딜 가든 그는 항상 나를 따라와요

그는 가게에 가길 원해요

그리구 우리가 갈 수 있는 곳에 그는 갈 수 없어요

그가 갈 수 있는 가게를 가지만 그는 목줄을 해야 하는 것처럼요

an' he always be followin' me when I go anywhere

he wants to go to the store

an' only he could not go to places where we could go

like to the stores he could go but he have to be chained up

이 부분은 일반적인 서술, 상태 동사stative verb 또는 분리된 여러 사건을 함께 묶어 주는 서술이 포함되며 내러티브 행과는 따로 떨어져 있다(분리된 사건들에 대한 서술과 관련해). 여기서 사용된 언어에 대해 알아야 할 몇 가지가 있다. 첫째, 텍스트의 다른 부분보다 통사적으로 더 복잡하다. 둘째, 우리가 일반적으로 쓰는 행과 연의 구조에 딱 맞아 떨어지지는 않는다. 셋째, 언어가 마치 레오나가 말을 질질 끄는 것처럼 '두서없이 왔다 갔다' 한다.

이에 다음과 같은 가설을 제안하고자 한다. 이 섹션들은 이야기의 후반부에 있다. 사회 언어학자인 윌리엄 라보프(Labov, 1972a; Labov & Waletsky, 1967)는 이 부분을 '평가'(라보프가 아프리카계 미국인 청소년들의 내러티브 마지막 부분 바로 전에 종종 나타난다고 지적한 바 있는)라고 불렀는데, 이야기의 요점을 가리키는 역할을 하며 레오나가 '말할 만'하다고 생각하게 하는 곳이다. 또한 이야기의 몸통 부분과 결말 사이의 연결점 역할을 하여 레오나가 결말을 계획하는 데 필요한 공간과 시간을 제공한다. 따라서 이

부분은 청자와 화자에게 모두 도움이 된다. 이것이 옳다면, 이야기의 이 부분은 해석에서 결정적인 부분이다(아래를 참고하자).

레오나의 이야기에서 발견된 구조와 전 세계 구술문화의 구술 내러티브에서 발견되는 구조 사이에는 비슷한 점이 많다(Foley, 1988; Finnegan, 1977, 1988). 왜 이 같은 행과 연 그리고 섹션의 구조가 다양한 문화와 장르를 가로질러 이렇게나 많이 존재하는 것일까? 대답의 시작은 이러한 구조가 인간의 내러티브narrative/담화 역량discourse competence을 반영한다는 가설 속에서 찾아야 하지 않을까 싶다. 물론 그들은 서로 다른 문화권에서 표면적으로는 다양한 방식으로 나타날 것이고, 구술문화와 구술 전통에 영향을 받은 문화에서는 다른 문화에서보다 더 뚜렷하게 나타날지도 모른다. 따라서 결국 우리가 살펴본 것은 레오나가, 비록 일곱 살짜리 아이지만, 특정 전통에 따른 의미 구성을 한다는 것이다. 즉 아프리카와 미국에서 아프리카계 미국인의 역사에 뿌리를 둔 전통의 일부로서 언어를 사용한다는 것이다(Baugh, 1999, 2000; Kochman, 1972; Rickford & Rickford, 2000; Smitherman, 1977; Stucky, 1987).

텍스트의 종합적 의미

지금껏 우리는 레오나 이야기의 '더 깊은 의미들'에 도달하지는 않았다. 텍스트의 행과 연 구조(우리가 위에서 담화 조직이라고 불렀던 것)는 텍스트의 뜻sense, 즉 많은 (그리고 완전하게 결정되지 않는) 의미meaning 층위를 가지는 뜻을 형성하는 데에, 담화 체계의 다른 측면들(운율, 응집성, 맥락화 표지, 주제)과 함께 작용한다.

나는 여기서 레오나의 '케이크 이야기'의 의미에 대해 대략적으로 논의해 보려 한다. 이 논의의 목적은 레오나가 속한 사회적 집단이라는 맥락 속에서 한 아동이 어떻게 의미를 만들어 냈는지를 보기 위한 것이자, 의미 구성에서 대조의 역할을 다시 한번 보기 위한 것이다.

텍스트에 나타난 대구법과 반복의 양을 볼 때, 레오나는 '요점'을 말하기 위해 간단하고 직선적으로 이야기하는 것에는 관심이 없다. 오히려 연속에서, 그리고 연과 연 사이에서 언어를 정리하고 창조해 내는 데 관심을 보이는 듯하다. 이 패턴은 관계와 대조의 집합을 통해 의미를 만들어 내며, 이러한 관계와 대조는 마치 회화나 시에서 강조하는 다층적 관계와 대조(접촉과 강조의 지점)와 비슷하다(Frank, 1963).

이것은 무슨 의미일까? 물론, 텍스트의 타당한 해석은 항상 다층적이다(그리고 타당하지 않은 많은 경우도 그러하다). 그러나 우리가 레오나가 텍스트를 조직하면서 심어 놓은 단서나 안내를 잘 따라가고, 이 아이의 문화를 민감하게 파악한다면, 우리는 그녀의 언어가 이끄는 것을 받아들이고 '읽어낼' 수 있다.

10연의 비서사적 '평가' 섹션은 할머니가 빵집에서 케이크를 가져오고, '우리가 만들지 않은 케이크를 가지고 나온다'는 사실에 중요한 의미가 있음을 보여 준다. 그리고 실제로, 이야기는 전체적으로 가족 안에서의 케이크 만들기에 중요한 강조점을 두고 있으며, 이 케이크 만들기는 할머니가 케이크를 계속 먹어도 중단되지 않는다.

가정의 우두머리이자 문화적 규범의 저장소인 할머니는 아이처럼 행동한다. 할머니는 몰래 빠져나가 케이크를 먹거나 본인의 생일 때 친척들이 만들어 준 '치즈케이크'를 좋아하지 않는다고 무례하게 이야기하는 등 아이 같은 행동을 한다. 할머니가 이런 식으로 행동할 수 있으며, 이런 행동이 문제가 되기보다는 가족들이 케이크를 더 만들어 버리는 것으로 일단락되는 것은 아동 서술자에게 강한 흥미를 불러일으킨다. 이 이야기는 가족에 대한 충성심family loyalty과 고령자에 대한 존경의 표시라는 메시지를 품고 있다.

그러나 나는 이 이야기가 또한 문제를 제기한다고 주장한다. 문화적 규범의 수호자가 되어야 할 여성 가장이 이 이야기 속에서는 예의 바른 행동에 대한 가정 및 문화적 규범을 위반한다. 이러한 위반에 대한 제재는 무엇인가? 그리고 할머니의 위반이 갖는 더 깊은 의미는 무엇인가? 다른 실제적인 이야기처럼, 이 이야기는 실제의 문제를 제기하고 만족스러운 방식으로 이를 해결하려고 한다.

우리가 이야기 속에서 '케이크'라는 단어가 지속적으로 사용되는 것을 고려한다면 이 텍스트를 더 깊은 수준으로 이해할 수 있다. 사실 이 이야기는 케이크에 대한 유머러스한 역설의 상황humorous paradox을 보여 준다. 할머니는 처음에 친척들이 만든 케이크를 셀 수 없이 많이 먹고도 아프지 않았다. 그 뒤에 집을 나가 빵집에서 컵케이크를 사 먹고 그제야 배탈이 났는데, 이때도 단지 아픈 게 아니라 '개처럼 꾸르륵거렸다(growls like a dog)'. 할머니가 인간 상태를 잃어버리고 동물로 변해 버린 것이다. 왜일까?

나의 주장은 이렇다. 할머니는 기호나 상징을 학습하고 있으며, 아동 서술자는 기호나 상징에 대한 교훈을 만들어 내고 있다. 생일 케이크는 물질적인 대상이지만, 또한 이것은 가족 안에서 만들어졌을 때에는 친밀감을 나타내는 비물질적인 기호나 상징이기도 하다. 이것은 가족 구성원들의 출생에 대한 축하를 나타낸다. 빵집의 케이크는 똑같이 보이지만 이것은 가짜 상징일 뿐이다. 이것은 실제의 친족 관계를 나타내지 않으며, 오히려 친족이 아닌 사람이 만들어 낸 것이다. 이것은 단지 판매하기 위한 상품으로, 그들이 아끼는 누군가의 탄생을 축하하는 것이 아니다. 빵집의 케이크를 출생과 친족의 상징으로 보는 것은 실수이며, 실수로 그 기호가 문맥 밖의 의미를 갖도록 의미를 부여하는 것이다.

가족의 맥락에서 케이크는 친족 관계와 축하를 의미하지만, 빵집과 시장 사회의 맥락에서는 교환과 상품을 의미한다. 할머니는 그녀의 탐욕으로 인해 기호(케이크)의 물질적 부분을 과대평가하여 그 의미를 놓치고, 케이크에 부여되어 있는 친족의 관계를 과소평가하였다. 이는 할머니가 가족과 문화를 대표하는 고령자임을 고려하면 특히 위험하다. 그녀에게 주어진 처벌은 일시적으로, 상징적 의미를 주고받는 인간의 지위를 상실하는 것이다. 그녀는 단지 먹기만 하는 동물적인 상태가 된다.

　　여기서 나는 불가피한 질문에 직면하게 된다. 정말 이 7세 아동이 이런 것을 의미한 걸까? 정말로 이 아동이 이러한 정교한 기호의 이론을 알고 사용한 것일까? 나는 이 질문들이 매우 주목할 만하다고 주장한다. 왜냐하면 우리는 일반적으로 '의미'가 개인의 머릿속에 사유화되어 있으며, 의미를 나타내는 행위가 각 개인의 '지능'이나 '기능'의 문제라고 생각하고 있기 때문이다. 그러나 우리가 의미에 대한 이러한 관점을 부정한다면, 이 질문은 그 힘의 대부분을 잃는다. 실제로, 그들은 다소 이상해진다.

　　이 어린 소녀는 자신이 속한 공동체 안에서 사회적 실천을 하기 위한 견습 기간에, 경험에 대한 의미 구성 방법을 물려받았으며, 이것은 수천 년 전으로 거슬러 올라가는 길고 풍부한 역사를 갖고 있다. 이 문화 적응/견습 제도는 그녀에게 특정한 형태의 언어를 제공한다. 이 언어의 형태는 단어와 절 수준의 장치에서부터, 연 수준을 거쳐, 전체적인 이야기 수준과 '삶의 양식(Wittgenstein, 1958)'과도 이어진다. 이러한 형태의 언어는, 단순히 구조적인 것이 아니라, 시간과 공간, 의미(사회적 집단에 의해서 다양한 방식으로 공유되고, 실행되는 의미)를 전달하는 역할을 한다. 소녀는 언어를 말하고, 사회적 실천에 참여하며, 의미를 '공짜로' 얻는다.

왜 레오나의 이야기가 학교에서는 실패하는가

레오나가 '공유하기 시간'에 한 이야기는 분명 레오나의 가족 공동체에 뿌리를 두고 있다. 그것은 사실 그 공동체의 결속을 이루는 언어이다. 그렇다고 해서 이것이 아프리카계 미국인이 아닌 아동을 배제한다는 것은 아니다. 레오나가 '케이크 이야기'를 했을 때, 교실의 아이들은 웃고 소리를 내며 이 이야기에 참여했다. 레오나의 언어는 다른 아동들을 자신의 의미 구성에 초대했고 그들은 그 초대를 받아들였다. 그러나 교사의 경우는 그렇지 않았다. 레오나는 이야기가 '장황하고' '하나의 주제가 없다는' 지적을 받아서(이것은 공유하기 시간의 규칙이었다) 말하기를 멈추고 자리에 앉아야 했다.

왜 레오나의 이야기가 학교에서는 '성공적'이지 못했는지 알아보기 위해 '성공적'인 공유하기 시간의 텍스트를 제시한다. 이것은 백인 중산층에서 자란 7세 소녀 민디가 공유하기 시간에 한 이야기이다. 민디 또한 학교의 '공유하기 시간'에 열심히 참여했다. 교사는 민디가 이야기하는 도중에 몇 차례 말을 중단시켰는데, 아래의 텍스트를 살펴보자(Gee et al., 1992).

민디의 이야기

민디: 내가 캠프에 갔을 때,

우린 이걸 만들었어요, 이건 양초인데요,

교사: 네가 그걸 만들었니?

민디: 어, 나는 이걸 다른 색깔로 만들려고 했어요,

이렇게 두 개를요.

이거 하나랑, 또 이거 하나는 파란색,

그리고 이건 무슨 색깔인지 모르겠어요.

교사: 근사하구나!

아이들에게 네가 어떻게 했는지 처음부터 말해 주렴.

우리가 양초에 대해 전혀 모른다고 가정하고 말이야.

좋아.

맨 처음 어떤 것부터 했니?

무엇을 이용했니?

밀가루?

민디: 음, 그건 뜨거운 왁스예요.

아주 뜨거운 왁스하고

끈이 필요해요.

그리고 그걸 매듭을 지어요.

그리고 끈을 왁스에 담가요.

교사: 모양은 어떻게 만들었니?

민디: 음, 모양을 만들 수 있어요.

교사: 오, 손으로 만들었구나.

민디: 하지만 먼저 막대기를 왁스에 집어넣고,

그리고 물,

그리고 모양을 내요.

원하는 크기가 될 때까지요.

교사: 좋아.

누구 이 끈이 왜 필요한지 아는 사람?

레오나의 차례였을 때와 달리 교사는 민디의 양초 이야기가 공유하기 시간에 성공적이고 적절하다고 여겼다. 자, 레오나의 이야기에서부터 시작해 보자. 이 데이터가 수집된 교실의 공유하기 시간은 아직 읽고 쓰기를 하지 못하는 아이들을 명시적인 언어로 말하고 쓰도록 견습시킨다(Michaels, 1981). 이 교실의 아이들은 '하나의 중요한 것에 대해 이야기하기'를 하게 된다. 이때 아이들은 자신의 언어로 명료하게 말하고, 청중이 되도록 적게 추론하게 말하도록 요청받는다. 이런 종류의 '공유하기 시간'은 아직 글을 쓰거나 읽을 수 없는 아동을 위한 조기 학교교육이나 '에세이스트(산문체)' 리터러시 교육에 해당한다(Scollon & Scollon, 1981).

레오나는 교사가 알아듣지 못하는 사회적 언어를 사용해 이야기했다. 이것은 공유하기 시간에 '견습생인 아동'들이 사용하도록 권장되는 언어가 아니었다(이것이 겉으로 드러나 있는 것은 아니다). 많은 경우에, 심지어 레오나의 스타일에 능숙한 아프리카계 미국인 교사조차도 학교 기반 사회적 언어와 정체성으로 이동했을 때는 레오나의 스타일을 '인식'하지 못한다. 교사로서 그들은 학교 기반의 '귀'로 레오나의 이야기를 듣는다. 레오나의 텍스트는 확실히 문학과 관련되어 있지만 '학교에서 하는 것, 학교의 것'으로 여겨지지 않는다.

이번엔 민디의 이야기를 살펴보자. 민디의 양초 이야기는 교사에게 '성공적'이고 '적절한' 공유하기 시간의 이야기로 인식되었다. 민디와 교사의 호흡은 '조화를 이루었다in sync'. 민디는 자신의 화제에 대해 첫 두 줄에서 이야기하고 난 뒤 양초를 꺼내 보여 주었고, 교사는 흥미로워하며 '네가 그걸 만들었니?'라고 놀랍다는 반응을 보였다. 민디는 박자를 놓치지 않고 이야기를 이어 갔다. 색을 설명하는 부분에서 민디의 말은 정교하거나 명확하지 않았고, 학생들이 모두 그 양초를 볼 수 있었다는 사실에 강하게 의존한다. 게다가, 양초에 색을 입히는 것은 양초를 만드는 과정에서 다소 주변적인 부분이지만, 이것은 양초를 직접 볼 수 있는 환경에서는 양초를 시각적으로 표현하는 데에 도움이 된다. 이 모든 것은 친구들과 비공식적으로 하는 대화의 전형이지만, 교사가 공유하기 시간에 장려하고자 하는 말하기는 아니다.

그러나 교사는 민디가 중지할 때까지 기다렸다가(단어 '색깔'의 하강하는 어조 뒤에) 양초를 만드는 실제적인 과정에 대한 자신의 관심을 반복해서 더 분명하게 말했다. 교사는 민디에게 양초를 만드는 과정에 대한 명확하고 정교한 가이드를 제시하기 위해 '아이들에게 네가 어떻게 했는지 처음부터 말해 주렴. 우리가 양초에 대해 전혀 모른다고 가정하고 말이야'라고 말한다. 마지막 발언은 공유된 지식이 없다고 가정하고 되도록 분명하게 설명하라는 것이다. 이것은 동료들이 양초 만들기에 대해 민디만큼 알고 있으며, 모두가 양초를 분명히 볼 수 있는 비공식적 대화라는 가정을 버리라는 이야기이기도 하다.

그 뒤 교사는 잠깐 멈추고 반응이 없음을 인지하고는 지시를 질문으로 바꿔 다시 진술했다. '맨 처음 어떤 것부터 했니?' 그러고는 다시 멈추고 민디에게 대답의 예시를 보여 주기 위해 또다시 질문했다. 이때 교사는 분명히 틀린 답을 주면서 추가적인 단서를 제시하고, 그럼에도 어느 정도 자신이 생각하고 있는 대답의 예를 민디에게 제안했다. '무엇을 이용했니? 밀가루?' 민디는 이 지점에서 반응하여 교사가 제공한 질문을 바탕으로 이야기를 만들어 낸다. 민디는 자신이 이용한 것(뜨거운 왁스)과 관련된 절차를 설명했다. 양초 만들기와 관련된 활동의 순서에 대한 설명 외에도 이 연은 몇 가지 맥락이 필요 없는 어휘 항목(뜨거운 왁스, 끈, 매듭)을 소개한다. 이러한 맥락이 필요 없는 어휘 항목의 사용은 양초 만들기 활동과 재료에 대한 명시적인 정보를 제공한다. 이는 앞서 나온 것을 가리키는 말과 지시적인 말이 많아서 해석을 위해서는 맥락에 의존해야 하는 이전의 발화와는 대조적이다. 또한 신정보와 구정보의 문법적 구분에 따라 대상을 불명확하게 또는 명확하게 가리킨다. 예를 들어 '약간의 왁스(some wax)'와 '끈(a string)'은 '그 왁스(the wax)'와 '그 끈(the string)'이 된다.

교사와 민디는 부드럽고 물 흐르는 듯한 방식으로 상호작용을 조정할 수 있었다. 따라서 민디는 교사의 뛰어난 전문성으로 비계를 제공받았고 지원을 받았다. 교사의 질문과 논평에 반응한 민디의 담화는 교사의 지도 없이 처음 말했던 담화보다 훨씬 복잡해졌다. 따라서 이 사례에서 우리는 상호작용의 조화가 어떻게 학생과 교사가 협력하게 하여 어휘적으로 명료하고, 응집성을 가지며, 복잡한 활동에 대한 학교 기반 설명으로 발달시키는지를 볼 수 있다. 민디는 이런 학교 기반 사회적 실천의 자원과 '조화를 이루는' 명시적 학습에 그렇게 많이 연루되지는 않는다.

민디와 교사가 보여 주는 언어적 상호작용은 중산층 가정에서 부모가 자녀를 교육하는 언어와 비슷하다. 그러나 비주류에 속하는 가정에서 이런 대화는 상당히 낮은 빈도로 드러난다(Heath, 1982, 1983; Wells, 1986). 29개월 된 아동과 부모가 아침 식사 때 나눈 대화를 살펴보자(Snow, 1986).

아동: 팬케이크 갔어, 음음 배.

엄마: 그래, 팬케이크가 뱃속으로 갔지.

아동: 사과 먹어.

엄마: 팬케이크에 사과를 얹어서 먹고 있지?

아동: 팬케이크에.

엄마: 팬케이크에 있는 사과 좋아?

아동: 사과 먹어, 딱딱해.

엄마: 응? 사과 먹기 딱딱해?

아동: 더, 팬케이크.

아빠: 팬케이크 더 먹을 거야?

아동: 그건 아빠 거야.

아빠: 아빠는 아빠 팬케이크 지금 갖고 있어.

아동: 하나는 아빠 꺼. 하나는 접시에. 거기.

아빠: 네 접시에 더 갖다 줄까?

(Snow, 1986: 82)

아동의 언어 발달에 대한 여러 연구(Dickinson, 1994; Dickinson & Neuman, 2006; Garton & Pratt, 1989)를 보면 이 같은 언어적 상호작용이 특정한 유형의 상호작용적 이야기책 읽기와 결합하여 이후에 아동의 학교에서의 성공 기회를 높여 준다. 교사와 민디의 상호작용, 부모와 아동의 대화는 상호작용적 빈 곳 채우기interactive slot-and-filler 활동이다. 이는 하나의 주제에 관해 이야기하며 점점 더 설명적·명시적으로 세부 내용을 채워 가는 것이다. 여기서 특정 유형의 학교교육의 실천과 가치로 가득 찬 가정 기반의 '문화' 실천이 하나의 사회적 집단을 형성하는 것을 볼 수 있다. 민디와 같은 아이들은 공유하기 시간에 대한 배경지식을 완전히 알지 못하고, 학교 기반의 리터러시 실천 또한 세부적으로 알지 못한다. 그러나 민디의 공유하기 시간이나 팬케이크에 관한 대화의 내용을 보면, 그들은 성인과 아동 간 언어적 비계 만들기의 전문가다.

학교에서의 공유하기 시간에 낮은 평가를 받은 레오나의 이야기가 자신의 공동체나 우리가 해석적·언어학적으로 해석하는 상황(우리가 여기서 했던 것처럼)에서는 깊은 의미가 있다. 하지만 그들의 이야기는 학교의 공유하기 시간에는 별로 의미를 갖지 못한다(Cazden, 1988, 2001; Michaels, 1981; 또한 Collins & Bolt, 2003 참조). 교실에서의 공유하기 시간은 초기 '에세이 형식(보고적·선형적·사실적)의 리터러시' 연습이다(Michaels, 1981, 1985). 레오나의 텍스트는 다른 종류의 텍스트들과 달리 그 실천에 잘 어울리지 않았다.

따라서 우리는 다음과 같은 질문을 할 수 있다. 레오나가 말한 종류의 '문학적' 이야기는 공유하기 시간에 장려되거나 높은 평가를 받지 못한다 (우리가 논의한 공유하기 시간에는 사실 '판타지'가 금지된다). 왜 학교에서는 언어의 '독창성'과 '문학성'이 장려되지 않을까? 레오나의 이야기처럼 많은 아프리카계 미국인 아이가 문학의 역사적 기반과 문학적 특징을 풍부하게 갖고 있는 이야기를 하지만, 이것은 학교에서는 장려되거나 높은 평가를 거의 받지 못한다. 그 이유는 무엇일까?

그에 대한 대답은 물론 레오나가 '고급문학high literature'보다는 '시적 실천poetic practice'에 가까운 사회적 언어를 사용한다는 것과 부분적으로 관련이 있다. 이는 또한, 중요한 것이 단지 언어적 특징(레오나의 언어는 시와 다른 '고급문학'을 위한 견습을 위해 쉽게 꼽힐 수 있는 특징을 많이 가지고 있다)이 아니라, 우리가 누구이며, 무엇을 하는지라는 사실과 관련되어 있다. 레오나의 공동체 기반 누구와 무엇은, 잘해야 학교에서는 가시화되지 않고, 최악의 경우, 학교에 의해 반대에 부딪힌다. 결국 학교는 학교에서 중요하게 여기는 '누구'와 '무엇'을 레오나와 같은 아이들에게 가시화하거나 접근 가능하도록 하는 데에 실패한다.

레오나의 공유하기 시간에서의 '실패'는, 그녀가 이야기 속에서 사용한 사회적 언어 속에서 부분적으로 구성한, 그녀의 공동체 기반 사회적 정체성에 대한 폄하이다. 이는 또한 교사와 동료 학생들과 결속감을 가지려는 레오나의 시도를 묵살하는 것이다. 동시에 학교는 레오나에게 학술적 실천에서 지위/위상을 가질 수 있는 언어를 견습하는 데에 실패한 것이다. 학교는 이러한 견습 과정에 그녀의 이야기 속 언어와 그것이 암시한 사회적 정체성을 참여시키고 뽑아서 넣을 수 있었으며(Gallas, 1994), 그래야만 했다.

담론과 서로 다른 리터러시

요약

13장에서는 리터러시와 뉴 리터러시 연구에 대한 특정 이론을 전개하고
자 하는데, 이 이론의 예시가 되는 사례 연구에 관한 논의를 번갈아 가면
서 전개한다. 이 장과 책 전체에서 말하고자 하는 이론에서 핵심이 되는
분석적 개념은 대문자 'D'로 표현된 '담론Discourse'이다. 담론은 사회적으
로 인식할 수 있는 특정 행위와 관련된 정체성을 드러내기 위해 다양한 대
상과 도구, 테크놀로지를 활용해 다른 사람과 함께 상호작용하고, 가치판
단하며, 느끼고, 입고, 생각하고, 믿고, 행동하는 특정한 방식과 더불어 말
하고, 듣고, 종종 쓰고 읽는 특정한 방식으로 구성되어 있다. 따라서 담론
은 사회적으로 인식될 수 있는 행위와 관련된 정체성을 드러내게 된다. 담
론은 사람들이 특정한 시간과 장소에서 어떤 종류의 사람으로 인식되도
록 '함께 행동하는' 방식에 관한 것이다.

뉴 리터러시 연구

8장에서 리터러시의 개념을 둘러싸고 발생한 새로운 연구 영역에 관해 논의한 바 있다. 나는 이를 '뉴 리터러시 연구'라고 불렀다. 물론 어떤 것이라도 '신new'이라는 말을 붙여 부르는 것은 문제가 된다. 왜냐하면 그것도 언젠가는 '구old'가 되기 때문이며, 뉴 리터러시 연구도 이제는 '구'가 되었다. 너무 거추장스럽지 않다면, '통합된 사회적·문화적·정치적·역사적 리터러시 연구'라고 부르는 것이 리터러시에 대한 관점을 좀 더 잘 나타내기 때문에 더 나을지도 모르겠다. 그러나 좋든 나쁘든 간에 뉴 리터러시 연구라는 용어는 널리 알려져 사용되고 있으니 여기서도 일단 계속 사용하겠다.

리터러시에 대한 사회문화적 접근을 전개하기 위해 시작할 수 있는 방법 중 하나는 '"리터러시"란 무엇을 뜻하는가?'라는 질문을 받았다고 상상해 보는 것이다. 곧바로 이어서 리터러시를 적절히 정의하기 위해 우리는 일반적으로 잘못 해석되는 몇 가지 다른 개념을 먼저 논의해야 한다. 그중 하나가 '언어'다.

'언어'는 오해를 낳을 소지가 있는 용어로, 언어의 문법(구조, '규칙')을 의미하는 데 종종 사용된다. 이 또한 사실이기는 하지만, 어떤 이는 언어의 문법은 알아도 그 언어를 어떻게 사용하는지는 모를 수 있다는 것을 항상 염두에 두어야 한다(Gumperz, 1982a, 1982b; Hanks, 1996; Scollon & Scollon, 1995; Wolfson, 1989). 의사소통에서는 문법적으로 말하는 게 아니라 '올바른' 시간과 '올바른' 장소에서 '적절한' 것을 말하는 게 중요하다. 만일 내가 동네 바이커들이 모인 술집에 들어가 문신을 잔뜩 새긴, 술을 마시고 있는 사람 옆에 앉으면서 '성냥 하나만 주실 수 있나요?'라고 말을 건다면, 이 말은 문법적으로는 완벽하지만 적절하지 않은 표현이다. 이 상황에서는

'성냥 있수?'와 같은 말이 더 맞는 표현이다.

제2 언어 습득에 대한 연구는 교실 안과 밖 상황에서 모두 어떤 사람들은 문법을 잘 모르면서도 의사소통이나 사회화를 매우 잘하는 경우가 있음을 보여 준다(Huebner, 1983). 그들은 모든 형태가 '정확하지' 않더라도 언어를 사용할 줄 안다. 따라서 중요한 것은 언어를 사용할 수 있는지이지 문법 그 자체가 아니다.

하지만 언어를 완벽하게 사용할 수 있는데도 여전히 의미가 잘 전달되지 않는 경우는 별로 언급되지 않는다. 혼자만의 사용은 충분하지 않다. 역설적으로 말하면 언어를 문법적으로 말하고 적절하게 사용할 수 있는 사람이 '틀릴' 수도 있다. 중요한 것은 어떻게 말하느냐, 언어를 어떤 의미로 쓰느냐가 아니라 말할 때 자신이 누구인지, 그리고 무엇을 하고 있는지이다.

만약 내가 동네 바이커들이 모이는 술집에 들어가 앉으면서 술을 마시는 사람에게 '성냥 있수?' 또는 '성냥 하나만 줘 봐, 응?'이라고 말하며 의자에 냅킨을 살짝 올려놓고 새로 산 고급 청바지가 더러워지지 않도록 조심했다면, 나는 말은 제대로 한 것이다. 내 '언어 사용'은 괜찮았다. 그러나 나의 '말-행동'의 조합은 완전히 어색하다. 상황에 맞게 적절하게 생성된 내 말은 내 행동에 '적합'하지 않다. 사회적 상황에 맞춰진 언어를 사용하는 경우, 말과 행동 사이의 '적합성'이 정말 중요하다(Gee, 1992; Goffman, 1959, 1967, 1981; Gumperz, 1982a, 1982b; Hanks, 1996).

사실 더 나아가, 적절하게 '적합'해야 하는 것이 언어와 행동만은 아니다. 사회적 상황에 맞춰진 언어 사용을 할 때에는 '적합한' 것을 말하는 동시에 '적합한' 행동을 해야 하며, 그러한 말과 행동은 그 상황에서 자신이 생각하는 '적합한' 믿음과 가치, 태도를 표현해야 한다.

행동하거나 말할 때마다 우리는 두 가지를 성취해야 한다. 첫째, 우리가 누구인지 분명히 해야 하며, 둘째, 우리가 무엇을 하고 있는지 분명히 해야 한다(Wieder & Pratt, 1990a, 1990b). 우리는 딱 한 종류의 사람who이 아니라 다양한 맥락에서 다양한 사람whos이 된다. 또한 하나의 행동은 다른 맥락 속에서 서로 다른 것으로 받아들여질 수 있다. 여기서 맥락은 사람들이 적극적으로 구성해 내고, 협상해 내며, 사람들의 마음을 바꾸게 하는 어떤 것이라고 할 수 있다(Duranti, 1997; Duranti & Goodwin, 1992).

언어 사용과 사람 유형에 관한 한 사례

문법적으로도 맞고 적절하게 사용되었으면서 적합한 가치와 믿음, 태도—'적절한 사람the right who', 적절한 사람 '유형'the right 'type' of person—가 표현된 언어의 구체적인 사례를 들어 보자. F. 니이 아키나소와 셰릴 시부룩 아지로투투는 미국 직업교육 프로그램에서 아프리카계 미국인 어머니 2명의 '모의 취업 면접'(연습 세션)에 대해 연구했다(Akinnaso & Ajirotu-tu, 1982). 아래 두 인터뷰를 살펴보자.

모의 면접은 2명의 여성에게 실시했는데, 아키나소와 아지로투투는 이 두 면접을 '전과 후'의 사례로 설정한다. 즉 첫 번째는 면접에서 하면 안 되는 예로 제시했고, 두 번째는 올바른 방법의 사례로, 직업 훈련 프로그램에서 제대로 배운 성공적인 결과로 제시했다. 아래 텍스트에서 사선(/) 표시 사이의 말은 하나의 '어조 집단tone group'을 나타낸다. 즉 단어들 세트는 단일한 음조로 말해진 것이고 점들은 휴지를 나타낸다. 점의 수가 많을수록 휴지가 길다는 뜻이다.

취업 면접 텍스트 1

질문: 독립적으로 일할 수 있거나 주도적인 능력이 있음을 보여 줄 만한 경력이 있나요?

1 음/…네 제가/…좋아요/…월그린*이 있어요/

2 저는 마이크로필름 조작원으로 일했어요/좋아요/

3 그리고 눈보라 치는 날이었어요/

4 좋아요/그리고 보통 6명의 사람이/집단으로 일했어요/

5 으흠/그리고 오직 저와 다른 여자 직원만 출근했어요/

6 그리고 우리는 할 일이 많았어요/

7 그리고 그래서 그 남자/그는 우리에게 물었어요 혹시 우리가/알다시 피/우리가/…우리가 이 일을 끝낼 수 있다고 생각하는지/

8 그래서 저랑 이 여자 직원은/알다시피/우리는 전부 끝냈어요/

취업 면접 텍스트 2

질문: 질문을 추가로 하자면 아, 이런 종류의 일이 당신이 주도적으로 행동할 수 있고 일종의 독립적인 판단력을 보여 줄 수 있는지와 관련되는 거예요. 본인 생각에 그런 자질을 증명할 수 있는 이전의 경험에 대해 말해 줄 수 있나요?

1 왜/…음/사무실 일을 잘 다룰 수 있는 능력과 관련해서/

....

*   미국의 대형 약국 체인점.

2   제가 혼자 있다고 칩시다/

3   저는 제가 능력이 있다고 느껴요/

4   제가 있던 곳의 고용주 가운데 한 명과 관련된 상황이에요/

5   아 전에 일했던/

6   가야 했어요/어‥/말하자면 여행을/아 3주요 그리고/

7   그는/…저는 혼자 남겨졌어요‥/사무실 일을 다루고 운영하는/

8   그리고 그때는/아 전 당신이 말하는 것과 같은 게 정말 없었어요/많은
    경험이 말이죠/

9   그러나 전 충분히 경험이 있었어요/‥그가 없는 동안 닥친 어떤 상황
    들도 다룰 수 있는/

10 그리고 그때는 제가 할 수 없었던 것들/당시에는 다룰 수 없었던/

11 저보다 더 많은 경험이 있는 누군가가 있었으면/

12 전 물어봤어요/어떻게 하는지/제가 따라야 하는 절차 말이에요/

13 만약 무슨 일이 생기고/제가 모른다면/누구에게 가야 하는지/

14 저는 적어 놓거나/써 놓았을 거예요/종이에다가/

15 그래서 제가 그걸 잊어버리지 않도록‥/

16 누군가/저보다 더 자격이 되는 사람이 있으면/

17 전 그들에게 그걸 물어봤을 거예요/

18 그리고 그 문제 상황을 어떻게 풀어야 하는지를/

19 그래서 저는 어떤 상황도 다룰 수 있는 능력이 있다고 느껴요/

20 저 스스로든/어떤 상사의 감독 아래서든 말이에요

첫 번째 여성은 이러한 종류의 중산층 면접 상황에서 간단히 말해 '잘
못된' 자신들의 '방언'을 사용하고 있다. 그것은 완벽한 방언이다(1장에서
의 논의와 Labov, 1972a; Rickford & Rickford, 2000의 논의 참조). 그러나 취

업 면접에서 일반적으로 사용되는 방언은 아니다(물론 부분적으로는 편견에 기인하는 것이다). 우리 사회에서는 대부분의 취업 면접에서 '표준' 영어를 사용해야 한다고 기대하며, 그래서 이 여성의 문법은 해당 맥락에는 '적합하지' 않다.

두 번째 여성의 '성공 사례'는 문법에 실질적인 문제는 없다(이것은 말하기이지 글쓰기가 아님을 기억하자). 그녀의 문법은 대체로 완벽하게 정상적인 표준영어이다. 그녀가 사용한 문법에는 문제가 없고, 모든 문장은 말하고 있는 시간과 장소, 상황에 맞게 적절히 조직되어 사용되었다(6행에서의 '말'은 '보고하는' 형식의 말하기보다는 '추정하거나' '상상하는' 것처럼 들리기에 이 부분만 제외한다면 말이다).

그러나 그녀는 여전히 어떤 의미에서 '잘못' 하고 있다. 이는 그녀가 '적합한' 방식으로 '맞는' 문법을 사용함에도 적절하지 않은 가치관을 표현하기 때문이다. 그녀는 자신이 사무실 일을 처리할 수 있다고 하면서 말을 시작한다. 실제로 그녀는 많은 경험을 하지는 않았지만 상사가 없는 동안 '어떤 상황이든' 대처할 수 있는 충분한 경험이 있다고 말한다. 하지만 바로 (10행에서) '내가 다룰 수 없었던 것'에 대해 언급하는데, 이는 그녀가 어떤 일이든 다룰 수 있다고 했던 주장에 모순되며 앞말의 설득력을 떨어뜨린다. 그녀는 (11행과 12행에서) 자신보다 많은 경험이 있는 사람들에게 모르는 것에 대해 질문한 걸 말하면서 자신의 경험과 지식의 부족함을 자세히 설명한다. (우리는 왜 그들이 책임자 없이 일했는지 궁금해질 수도 있다.)

그녀는 스스로 어떻게 처리해야 할지 몰랐다는 것을 언급했을 뿐 아니라 누구에게 물어봐야 할지조차 모른다는 사실까지 말해 버리면서(13~18행), 적어도 앞의 말을 우리가 '책임감 있는 겸손'으로 해석할 수 있는 기회를 없애 버리고 만다. (그리고 16행에서 다시 한번 자신보다 더 자격 있는 사람들을 언급한다.) 그녀가 대답한 두 번째 부분의 전체 내용은(9행 이후) 자신의 지식 부족을 보완해 줄 수 있는, 자신보다 지식이 풍부한 사람을 찾는 내용이다. 그녀는 '책임', '주도성', '독립적 판단'을 '다른 사람들의' 지식으로 넘겨 버린다.

그녀의 대답은 면접 상황에서 말하기에 완전히 적합한 방식으로 원래 말하고 싶은 내용으로 돌아가면서 마무리된다(19, 20행). '그래서 저는 어떤 상황도 다룰 수 있는 능력이 있다고 느껴요. 저 스스로든 어떤 상사의 감독 아래서든 말이에요.' 그러나 이것은 우리가 그녀가 갖고 있다고 추론할 수 있는 태도와 가치에 모순되고 만다. 그녀는 감독의 또 다른 형태, 즉 '다른 사람들의 지식과 전문성'에 따른 감독 아래 남아야 한다고 생각하는 것처럼 보인다. 이 여성은 적절한 방식으로 시작하고 끝냈지만, 내러티브의 핵심 부분에서 면접에서 요구되는 자신의 전문성을 최적화된 형태로 표현하는 데 실패한다(Erickson & Schultz, 1982). 그녀는 이런 특정 시간과 장소에서 자신을 그 일자리에 적합하지 않은 사람으로 표현하고 있다. 이 면접의 대답을 '성공적인 훈련' 사례로 사용했던 것은 저자가 언어는 문법 이상(즉 언어 사용까지 생각해야 한다는 점)이라는 것은 잘 알아도, 의사소통이 단순한 언어 사용을 넘어서 그 이상이라는 것까지는 몰랐기 때문이다.

위 논의에서 중요한 부분은 언어에 '적합한' 행동을 하는 '적합한' 종류의 사람이 되어야 하는 점이다. 단지 언어 그 자체나 문법 자체만이 아니라 말하는 것(또는 쓰는 것), 행동하는 것, (어떤 정체성으로) 존재하는 것, (무언가를) 가치판단하는 것, (무언가에 대해 어떻게) 믿는 것의 조합이 중요하다. 이러한 조합을 대문자 'D'를 사용한 담론이라고 언급할 것이며, 이것이 지금 여기서 설명하려 하는 개념이다(Gee, 1992, 2014a, 2014b). 그렇게 하기에 앞서 대화, 이야기, 보고, 논증, 에세이 등 언어 사용이나 의미 전달에 사용하는 말의 연결된 확장 또는 언어 사용-language-in-use은 소문자 'd'를 사용한 '담화'라고 부를 것이다. 따라서 담화는 담론의 일부이며, 담론은 항상 단순한 언어 이상의 것이다.

담론

담론은 말하기/듣기, 읽기/쓰기의 특정한 방식과, 다양한 대상, 도구, 테크놀로지를 활용해 다른 사람과 함께 행동하고, 상호작용하고, 가치판단하며, 느끼고, 입고, 생각하고, 믿는 특정한 방식들로 구성된다. 담론은 사회적으로 인식될 수 있는 특정 활동과 관련된 특정한 정체성을 드러낸다. 이러한 정체성들은 로스앤젤레스의 라틴계 거리 갱단 일원과 경찰관, 생물학자, 특정 교실과 학교의 1학년 학생, 특수교육 대상 학생, 특정 유형의 의사, 변호사, 교사, 아프리카계 미국인, '품질 관리 작업장'의 노동자, 남성, 여성, 남자 친구, 여자 친구 또는 지역 술집의 단골손님 등 무한하다. 담론은 사람들이 특정 시간과 장소에서 주어진 종류의 사람으로 인식되기 위해 어떻게 '함께 행동하느냐'에 관한 것이다.

담론을 논할 때의 요점은 사람들이 어떤 의미를 나타날 때에 언제나 언어 이상의 것이 있다는 데 초점을 두는 것이다. 다른 누군가에게(또는 나 자신에게) 어떤 의미를 드러내기 위해서는 내가 누구인지(내가 지금 여기에서 논하고 있는 사회적 정체성이라는 측면에서) 그리고 내가 어떤 사회적 상황에서 무엇을 하고 있는지를 말해야 한다(Wieder & Pratt, 1990a, 1990b). 그러나 앞에서 보았듯, 언어는 이것으로 충분하지는 않다. 우리는 마음과 행동도 '알맞게' 해야 한다. 또한 다양한 목적, 도구, 장소, 테크놀로지 및 다른 사람들과 적절하게 보조를 맞추어야 한다. 어떤 담론 안에 존재한다는 것은 단어, 행위, 가치, 감정, 다른 사람, 물건, 도구, 테크놀로지, 장소, 시간이 필요한 특정한 '춤'에 참여하는 것이라고 볼 수 있다. 이것은 특정한 누군가로 인식되기 위해 특정한 무엇인가를 하는 것이다. 이러한 '춤'의 비유로 담론을 이해할 수 있다.

셜록 홈스의 역할에 필요한 정체성과 관련되는 것들을 생각해 보자. 특정한 옷, 특정한 언어 사용법(구어와 문어), 특정한 태도와 신념, 특정한 생활 양식 고집, 그리고 다른 사람들과의 상호작용 방식이 포함될 것이다. 우리는 이런 요인들을 모두 아울러서, 즉 명탐정 '셜록 홈스'라는 정체성을 둘러싼 이런 요인들을 서로 통합하여, '셜록 홈스 담론'이라고 부를 수 있다. 이 사례는 또한 내가 '담론'이라는 용어로 부르는 것이, 단지 언어나 말 talk만을 포함하는 것이 아님을 분명히 보여 준다.

취업 면접을 한 여성은 특정 비즈니스와 업무 위주 담론에 들어가기에 '적합한 사람'이 되지 못할 위험에 처해 있다. 그녀에게 주어질 일자리가 그녀에게 책임감을 거의 요구하지 않는다 하더라도, 그녀가 취업 면접에서 성공하기 위해서는 '책임감'이 있음을 알릴 필요가 있다. 취업 면접의 사회적 실천 속에서 그녀가 성공하려면, 특정한 중산층의 가치에 충실하고, 직장과 더 넓은 사회 속 권력 작용을 교란시키지 않는 것으로 '신뢰받'아야 한다.

우리는 모두 다양한 유형에 속하는 사람들이다. 나는 단어, 행동, 태도, 소품(분필, 교실, 근무시간에 연구실에 앉아 있는 것 등)과 가치를 통해 '조류 관찰자' 또는 '(비디오) 게이머'보다는 '교수'가 된다. 그러나 내게는 이 세 가지뿐 아니라 다른 종류의 정체성도 많다. 그중 일부는 이름으로 지칭하기가 어려운데(예를 들어 '계급적 분노를 가진, 베이비붐 1세대 중산층' 등), 그렇다고 해서 이런 정체성을 인식하기 어려운 것은 아니다.

담론은 깔끔한 경계가 있는 단단한 상자가 아니다. 오히려 특정한 무엇을 하는 특정 종류의 누구로 인식하는 방식과 인식되는 방식이다. 하나의 같은 '춤'은 부분적인 방식으로, 모순된 방식으로, 논쟁적인 방식으로, 협상 가능한 방식으로 등등, 포스트모더니즘이 유행하게 한 다층성과 문제의 복잡성을 통해, 다양한 방식으로 인식될 수 있다. 그래서 담론은 규정과 인식의 문제이다.

모든 인식의 과정은 다양한 제약 조건을 만족시키는 과정을 포함한다. 예를 들어 '무기'로 인식되는 어떤 것들(야구방망이, 부지깽이 등)은 전형적인 무기(총, 검, 둔기)와 어떤 기능은 공유하고, 어떤 기능은 공유하지 않는다. 그리고 이 문제에 관한 논쟁이 있을 수 있다. 또한 똑같은 것이 어떤 맥락에서는 무기로 인식될 수 있고 다른 맥락에서는 그러지 않을 수도 있다. 담론의 안팎에서 특정 유형의 거리 갱단 일원, 특수교육 대상 학생 또는 입자물리학자와 같은 존재를 규정하고 인식하는 것 등도 마찬가지이다.

세상에는 수많은 담론이 존재하는데, 극히 예외적인 조건을 제외하고는, 거의 모든 사람이 어린 시절에 일차적인 사회화 단위를 구성하는 초기 담론initial Discourse을 습득한다. 우리 모두는 문화적으로 독특한 방식으로 '일상인everyday person'이 되는 방식을 배운다. 일상인은 전문화되지 않은, 직업인이 아닌 사람을 뜻한다. 우리는 이것을 '일차 담론primary Discourse'이라고 부를 수 있다. 일차 담론은 초기의 대체로 변하지 않는 의미의 자아를 우리에게 부여하고, 문화적으로 독특한 방언(우리의 '일상 언어'), 즉 우리가 문화적으로 독특한 정체성을 가지고 '일상적인'(비전문적) 사람으로서 말하고 행동할 때 쓰는 언어의 토대가 된다.

성장하면서 사람들의 일차 담론에는 흥미로운 일들이 일어난다. 일차 담론은 변화하고, 다른 담론과 섞이며, 심지어 소멸되기도 한다. 대다수 사람의 삶에서 일차 담론은 다양한 변화를 겪게 되는데, 이를 '생활세계 담론lifeworld Discourse'(Habermas, 1984)이라고 부를 수 있다. 우리의 생활세계 담론은 '일상적인'(비전문적) 사람이 되는 데에 언어를 사용하고 생각하고 행동하고 상호작용하는 방식이다. 우리의 다원적인 세계에서는, 생활세계가 문화마다 독특하기 때문에(즉, 다양한 집단의 사람들이 '일상인'이 되고 '일상인'으로 행동하는 다양한 방식을 가지기 때문에), 생활세계 영역을 만족하기 위한 많은 조정과 협상이 일어난다.

일차 담론을 넘어선 이후, 우리는 공적 영역 안에서 삶을 살아간다. 이 과정에서 초기 사회화 집단보다 더 '공적인 영역' 안에서 담론을 습득하게 된다. 이것을 '이차 담론secondary Discourses'이라고 부른다. 이차 담론을 습득하는 곳은 더 넓은 공동체이며, 이러한 공동체는 종교 단체나 지역사회 단체, 학교, 기업 또는 정부가 될 수 있다.

우리가 초기의 삶에서 사회화되는 동안, 이차 담론은 종종 아주 흥미로운 역할을 한다. 일차 담론은 시간이 지남에 따라 다른 담론을 지지하고 충실히 따르기도 하고, 어떤 담론에는 저항하는 모습을 보인다. 담론에 대한 지지와 충성은 결국 다른 담론을 형성하게 된다. 많은 사회 집단이 가치 있다고 여기는 이차 담론을 지지하는 한 가지 방법은, 이차 담론 실천의 특정 측면들을 자녀의 초기 사회화(일차 담론)에 포함하는 것이다. 예컨대, 일부 아프리카계 미국인 가정은 아프리카계 미국인 교회의 실천과 가치관을 그들의 일차 담론에 포함한다(Rickford & Rickford, 2000; Smitherman, 1977). 마치 나의 가족이 전통적인 가톨릭의 실천과 가치를 일차 담론에 포함했던 것처럼 말이다. 이것은 가치 있는 '공동체' 또는 '공적' 정체성(이 정체성은 아이의 삶 후반부에 더 많이 실천된다)의 일부분이 아동의 '사적인' 가정 기반 생활세계 담론의 일부분으로 포함되는 매우 중요한 기제이다.

공식적인 학교교육에 깊이 관련되어 있는 사회 집단은 종종 그들의 자녀가 사회화하는 과정에서 학교에 기반한 이차 담론에 익숙해지도록 자녀를 연습시키곤 한다(Rogoff & Toma, 1997 참조). 예를 들어 이러한 가정의 어린아이들은 저녁 식사 시간에 에세이처럼 설명적 방식으로 이야기를 하도록 권장된다(그리고 지도를 받는다). 또는 부모는 책과 책 사이, 책과 세계 사이의 상호 관계를 형성하고, 다양한 질문에 자녀가 대답하도록 하며, 어떤 대상의 이름을 알아가게 하는 방식으로 책에 대해 아이와 상호작용한다. 물론 이 사실은 학교에서의 성취 실패에 대한 문헌들에서 중심이 되는 부분이다.

나는 가정이 가치 있는 이차 담론 실천을 일차 담론에 포함하는 과정을 '초기 차용early borrowing'이라고 부른다. 초기 차용은 가치 있는 이차 담론에서 아동이 성공하도록 촉진하기 위한 하나의 방편으로 활용된다. 나는 다음과 같은 점을 강조하고 싶다. 초기 차용은 기본적으로 아이에게 특정한 기능을 제공하는 게 아니라 오히려 특정 가치, 태도, 동기 부여, 상호작용 방식 그리고 시각을 제공하는 역할을 한다. 이 모든 것은 나중에 특정 이차 담론에 성공적으로 입문하는 데에 있어서 단순한 기능보다 훨씬 더 중요하다.

물론 사람들의 일차 담론과 그들이 습득한 이차 담론 사이에, 그리고 학술적, 제도적, 공동체 기반의 담론들 사이에는 복잡한 관계가 있다. 이러한 상호작용은 사람들이 새로운 담론을 습득하려 할 때 일어나는 일에 결정적으로 영향을 준다. 초기 차용은 이러한 관계 가운데 하나에 해당한다. 다른 한편으로는 담론들 간 또는 다른 담론에 대한 저항, 반대, 지배 또는 동맹과 지지의 형태를 띨 수 있다.

'진정한 인디언'이 되는 것

나는 우리가 누구이며, 무엇을 하는지를 다른 사람에게(그리고 우리 자신에게) 인식시킬 수 있도록 언어와 함께 행동하고, 사고하고, 가치판단하고, 상호작용해야만 한다고 주장한다. 우리가 보았듯이 특정한 누구, 특정한 무엇이 되기 위해서는 적절한 시기와 장소에 어울리는 언어, 행동, 가치 판단, 상호작용이 요구된다(Gee, 1992-3; Knorr Cetina, 1992; Latour, 1987, 2005). 이 모든 것은 추상적이기 때문에 구체적인 사례를 들어 보려 한다.

담론에서 '다른 것'(다른 사람, 대상, 가치, 시간과 장소)과 통합된 언어의 더 넓은 개념을 보기 위해 위더와 프랫의 연구를 소개한다. 이들은 아메리칸 인디언이 서로를 어떻게 '진정한 인디언'으로 인식하는지 살펴보았다(Wieder & Pratt, 1990a, 1990b; Pratt, 1985). 물론 위더와 프랫의 연구는 1990년에 이루어졌고, 담론은 늘 변화하므로 지금 우리가 논의하는 것이 항상 모든 아메리칸 인디언에게 반드시 적용된다는 뜻은 아니다. 그럼에도 가까운 민족지학적인 관찰을 바탕으로 한 위더와 프랫의 연구는 담론들이 어떻게 작용하는지 보여 주는 좋은 사례이다.

최소한 위더와 프랫의 연구에서 아메리카 원주민Native American은 '규칙성과 표준성을 가진 말로는 "진정한 인디언really Indian"인 사람을 일컫는다'(Wieder & Pratt, 1990a: 48). 이 사례는 우리가 논하는 정체성이 우리의 생각이나 신체 상태로 엄격히 설정되는 게 아니라 실천의 실제 맥락에서 유연하게 협상되는 것임을 분명하게 보여 준다.

아래 논의에서 원래는 각각의 '인디언'이라는 단어에 매번 따옴표를 붙이는 것이 맞다. 이 용어는 일부 아메리카 원주민 유형 중 일부가 쓰는 말이고 아메리카 원주민이 서로 간에 쓰는 말이기도 하다. 그러나 (증조모가 아메리카 원주민이긴 하지만) '앵글로족Anglo'인 나는 이 용어를 쓸 권리가 있는 경우는 아니다. 나는 아래 텍스트를 작은따옴표로 어수선하게 만들고 싶지 않다. 그렇지만 다른 사람이 쓸 권리가 있는 용어로서 이 용어를 '언급'하는 것이, 내게 그렇게 쓸 권리가 있음을 주장하는 것은 아님을 명심해 주기 바란다.

'인식하는 것과 인식되는' 문제는 인디언들에게 매우 중대하고 문제적인 것이다. 누군가는 '진정한 인디언'으로 인식되는 사람과 혈연관계를 주장할 수도 있겠지만, 그것으로는 이 문제를 해결하지 못한다. 이러한 (생물학적) 유대 관계를 가진 사람들은 진정한 인디언으로 인식되지 않을지 모르며, 오히려 혼혈 관계(백인과 인디언)인 사람이 진정한 인디언으로 인식될 수도 있다.

진정한 인디언이라는 것은 단순히 누군가가 무엇인가로 존재할 수 있는 것이 아니다. 오히려 이것은 누군가가 무엇으로 되는 것을 의미한다. 또는 무엇이 되기 위해 '하는 것' 안에, 즉 수행에 있다(이 일반적인 관점에 대해서는 Garfinkel, 1967; Heritage, 1984; Heritage & Maynard, 2006 참조). '게임'에 참여하기 위해서는 친족 관계가 있어야 할지 모르지만, 이 진입 기준을 넘어선 뒤에는 진정한 인디언으로 존재하는 것이 있는 게 아니다. 오히려 진정한 인디언으로 존재하기 또는 되어가기를 '하는' 게 있는 것이다. 누군가가 진정한 인디언으로 존재하기를 지속적으로 '실천'하지 않는다면 그 사람은 진정한 인디언으로 존재하지 못한다. 마지막으로, 진정한 인디언으로 존재하기 또는 되어가기를 '하는' 것은 자신이 스스로 할 수 있는 게 아니다. 그것은 다른 인디언들의 동참을 요구한다. 누군가가 진정한 인디언을 제대로 인식하지 못하고, 진정한 인디언으로 존재하기 또는 되어가기를 하는 실천 속에서 진정한 인디언으로 인식되지 못한다면, 그 사람은 진정한 인디언이 될 수 없다. 진정한 인디언이 되기 위해서는 적절하게 도움을 줄 수 있는 대상(소품)과 시간, 장소가 요구된다.

진정한 인디언이 되어가기를 할 수 있는 다양한 방법이 있다. 그중 일부는 다음과 같다(Wieder & Pratt에 따름, 또한 Scollon & Scollon, 1981 참조). 진정한 인디언은 낯선 사람과의 대화를 피하려고 한다. 그들은 서로 '단순히 아는 사람'으로 관계를 맺을 수 없다. 인디언이 아닌 사람은 그렇게 하기도 한다. 따라서 진정한 인디언은 낯선 이와 나누는 대화, 그 낯선

이의 인디언다움을 발견하는 과정 속에서 그들이 인디언임을 서로 인정함으로써 대화 참여자 사이에 상당한 결속을 형성한다. 그럼으로써 그들은 더 이상 서로에게 낯선 이가 아니게 된다.

다른 이의 진정한 인디언다움을 발견하고, 자신의 인디언다움을 보여 주는 과정에서 진정한 인디언은 흔히 구두로 논쟁하는 특유의 방식을 취한다. 인디언들이 '래징razzing'이라고 부르는 이 논쟁에 정확하게 반응하고 올바르게 참여함으로써 각 참여자는 다른 이의 시선 속에서 문화적 역량을 보이게 된다.

진정한 인디언들은 다른 사람에게 동의하는 것처럼 보이는 방식으로 면대면 관계를 유지한다(또는 적어도 분명하게 거절하지는 않는다). 그들은 겸손하고 잘 어우러진다. 또한 합의와 화합을 보여 주고 자신의 이익과 기능, 성취, 직책에 대해서는 겸손함을 보인다. 진정한 인디언은 다른 진정한 인디언들보다 자신을 높이 평가해서는 안 된다는 것을 안다. 그리고 그들은 친족과 다른 진정한 인디언들에 대한 복잡한 의무 시스템이, 인디언이 아닌 이들에게는 중요한 자기 이익 추구나 계약상의 의무보다 우선함을 안다.

진정한 인디언은 대화에 참여할 때 '자신의 파트를 하는' 데 있어서 능숙해야 한다. 이때 대화는 참여자들이 인사와 다른 세부사항을 교환하면서 시작하고 나서 오랜 기간 침묵할 수도 있는 것이다. 그들은 그들과 다른 사람들이 말할 의무가 있지 않음을 안다. 즉 모든 대화자의 침묵이 허용된다는 것을 안다.

인디언들 사이에 있을 때 진정한 인디언은 '학생'과 '교사'의 역할을 수행할 수 있어야 하며, 이러한 역할에 적합한 행동이 무엇인지 인식할 수 있어야 한다. 이런 역할은 특히 문화적 지식(진정한 인디언이 되는 것과 관련된)을 전수하기에 적절한 상황에서 활용된다. 인디언이 아닌 사람들은 자신을 가르치는 사람에게 질문하는 상황이 적절하다고 생각하지만, 인디언들은 그런 상황에서의 질문이 부주의하고 무례하고 버릇없다고 여긴다. 학생의 역할을 맡은 사람은 시선을 피하고 침묵함으로써 주의를 기울임을 나타낸다. 목격된 독백witnessed monologue이라고 할 수 있는 가르치는 상황에는 서구 교육의 많은 부분을 특징짓는 대화적 성격이 나타나지 않는다.

다양한 모임은 공적인 말하기를 할 기회를 제공한다. 이때 남성 연장자만이 본인과 다른 사람을 위해 모인 이들에게 발언할 수 있다. 젊은 남성과 모든 여성은 말하고 싶은 무언가가 있다면 그들을 위해 '대변해 주거나' '말해 줄' 연장자인 남성을 찾아야 한다.

위의 정보들은 우리에게 '진정한 인디언'으로 인식되려면 어떤 종류의 일을 해야 하고 말해야 하는지에 대한 분위기를 제공하지만, 이런 정보는 나쁜 실수를 하게 할 수도 있다. 이러한 것들이 마치 진정한 인디언이 되어가기를 하는 데 필요충분조건인 것처럼 들릴 수 있기 때문이다. 그러나 이것은 사실이 아니다. 앞에서 밝힌 자질들은 누군가가 인디언인지 아닌지를 결정하는, 한 번에 모든 이들이 치르고 반복적으로 치르는 시험이 아니다. 오히려 이런 자질들이 인디언에 의해 활용되는 상황은 사람들의 집단 속에서 발전하는 역사의 과정을 통해 생성되는 것이다. 이러한 자질들은 실제 상황의 맥락 속에서, 그리고 사람들의 집단 속 삶의 역사에서 늘 이용된다. 그(또는 그녀)가 진정한 인디언인지 아닌지에 대한 판단은 본질적으로 일시적이고 잠정적인 성격을 지니는 '상황'에 의거한다. 현재 진정한 인디언으로 인식된 이들이 그런 인정을 망칠 수도 있고, 현재는 인정받지 못했지만 다른 기회에 진정한 인디언으로 인정받을 수도 있다.

사실 이는 '진정한 인디언' 되기만이 아니라 많은 사회적 정체성과 관련된 것에 똑같이 적용된다. 물리학이나 문학에 능숙한 사람이나, 로스앤젤레스 거리 갱단의 일원이거나, 변호사인 사람들을 위한, 모두에게 한 번

치르는, 한 번에 모든 것을 보는 그런 시험은 없다. 이러한 문제는 공유된 역사와 지속되는 행위의 본질적인 부분으로서 잠정적으로 정해지는 것이다. 학교는 이런 식으로 기능을 하지 않는 경우가 종종 있다. 예를 들어 학교에서는 마치 한 번에 모두에게 통하는, 그리고 모두에게 한 번 치르는 정체성에 대한 시험이 있는 것처럼 행동한다(이를테면 '좋은 리더', '특수교육 대상 학생', '영재', '저성취' 등). 이런 것들이 아이와 성인이 학교를 이상한 장소라고 여기게 만든다.

다시, 담론

요약하자면 '담론'의 의미는 다음과 같다.

담론은 언어와 다른 상징 표현을 사용하는 방식과, 다양한 도구, 테크놀로지 또는 소품을 사용하고, 생각하고, 믿고, 가치판단하고, 행동하는 방식 간에 사회적으로 인정된 연합이다. 이때 이러한 방식들은 사회적으로 의미 있는 집단이나 '사회적 네트워크'의 일원으로서 정체성을 드러내는 데에, 그리고 사회적으로 의미 있는 '역할'을 어떤 이가 수행하고 있음을 드러내거나 어떤 이가 특별히 인정받을 수 있는 방식으로 사회적 역할을 하고 있음을 드러내는 데에 쓰일 수 있다.

담론에 대해 짚어야 할 중요한 지점들이 있다(Fairclough, 2003; Gee, 1992, 2014a, 2014b; Hodge & Kress, 1988; Jameson, 1981; Kress, 1985; Lee, 1992; Macdonell, 1986; Thompson, 1984).

1. 1장에서 정의했던 것처럼, 담론은 본질적으로 이데올로기적이다. 담론은 결정적으로 사람들과 사회적 재화 분배 사이의 관계에 대한 일련의 가치관과 관점을 포함하고, 최소한 누가 내부자이고 누구는 아닌지, 종종 누가 '정상'인지와 그렇지 않은지를 비롯한 다른 많은 것들을 포함한다.

2. 담론은 내부 비판과 반성에 저항적이다. 왜냐하면 담론의 기반을 심각하게 약화하는 견해를 언급하는 것을 담론 외부의 것으로 정의하기 때문이다. 무엇이 수용 가능한 비판인지를 담론 그 자체가 결정한다.

3. 발언하고 행동할 때의 담론에 기초한 포지션은 담론에 따라 내적으로 규정될 뿐만 아니라 다른, 궁극적으로는 반대되는 담론과의 관계 속에서 해당 담론이 취하는 관점으로도 규정된다. 모든 남성 담론이 사라진다면 페미니즘으로 인식되는 담론은 급격히 변하게 될 것이다. 바에서 정기적으로 술을 마시는 집단의 담론은 부분적으로는 다양한 관점을 보이는 반대 지점의 담론에 따라(술을 먹지 않는 사람, 바를 좋아하지 않는 사람, 고급문화 향유자 등) 규정된다.

4. 어떤 담론은 특정 대상에 대한 관심을 나타내고, 다른 것들을 희생시키면서 특정 개념과 관점, 가치를 제시한다. 그렇게 함으로써 다른 담론의 중심적인 관점과 가치를 소외시킬 것이다. 사실 담론은 담론 구성원으로 하여금 자신이 갖고 있는 다른 담론들과 충돌되는 가치를 받아들일 것을 요구할 수도 있다.

5. 마지막으로 담론은 사회적 권력 분배와 사회의 계층적 구조와 밀접한 관련이 있는데, 바로 이 지점이 담론들이 언제나 어디에서든 이데올로기적인 이유이다. 특정 담론에 대한 통제는 사회에서 사회적 재화(돈, 권력, 지위)를 획득하는 것으로 이끌 수 있다. 이런 담

론들은 이런 담론들을 쓸 때 마찰이 거의 없는 집단의 사람에게 힘을 실어 주게 된다. 어떤 담론이 사회에서 사회적 재화 획득으로 이끄는 경우에 이를 '지배적 담론'이라고 부르겠다. 그리고 지배적 담론을 사용할 때 마찰이 거의 없는 집단을 '지배적 집단'이라고 지칭하겠다. 물론 이런 것은 모두 정도의 문제이고 다른 맥락에서는 어느 정도 그 범위에 대한 수정이 필요하다.

모든 담론은 역사의 산물이다(Foucault, 1969, 1980, 1985; Fleck, 1979 참조). 말하고 행동하는 개인이 아니라 오히려 역사적·사회적으로 정의된 담론이 개인을 통해 서로 이야기한다고 말하는 게 때로 도움이 될 것이다. 개인은 그 또는 그녀가 행동하거나 말하는 매 순간 하나의 담론에 목소리를 입히고, 몸을 만들어 주며, 예시가 된다. 그래서 개인은 담론을 실어 나르고, 시간이 지나면 궁극적으로는 담론을 변화시켜 나간다. 미국인들은 개인에 중점을 두는 경향이 있어서, 종종 개인이 때때로 상충되고, 사회적이고 역사적으로 정의되는 많은 담론(사례는 다음 장을 참조)이 모이는 지점이라는 사실을 놓치기도 한다.

로스쿨의 담론

다시금 추상적인 논의가 되었으므로 구체적인 예시를 들어 보겠다. 이번에는 같은 사람이 갖고 있는 담론들 사이의 갈등과 관련된 예를 들어 보려고 한다. 이를 위해 미국 로스쿨에서 일어나는 담론을 살펴보자. 이 사례는 특정 종류의 리터러시 실천이 어떻게 담론에 내포되는지를 보여 줄 것이다. 나의 논의는 미셸 미니스(Minnis, 1994; 참고된 부분의 페이지는 모두 이를 따른다)의 연구를 기반으로 한다. 다시 말하지만, 담론은 변화한다. 사실 몇몇 로스쿨은 미니스의 연구를 토대로 교수법을 개혁하고자 했다. 미니스의 연구는 철저한 민족지학적 관찰을 기반으로 한다.

전형적인 로스쿨에서 1학년 수업은 수업 교재course material에 완전히 몰두하게 한다. 교수자는 수업 중에 강의를 하지 않고, 법원의 판사와 변호사처럼 패턴화된 학생들과의 대립적인 상호작용에 몰두한다. 이때 주로 사용하는 교육 접근법은 '사례 연구법case method'이다. 이는 가끔 '소크라테스식 대화'라고도 불리는데, 질의응답을 통해 항소 의견을 토론하고 비교하는 것이다.

수업 시간 전에 학생들은 수업 주제에 대해 중심적인 판례법을 담고 있는 책에서 여러 항의 의견을 읽고 요약해 말하거나 글을 써야 한다. 수업 시간에 지명 받은 학생은 특정 의견을 검토하고 분석하며 여러 의견의 세부 사항을 비교하고, 의견이 어떻게 다르게 표현되었는지 설명해야 한다.

사례 전체에서 패턴을 파악하는 것에 대한 부담은 학생들에게 있다. 일반적으로 교수의 역할은 학생의 발표에서, 사례 자료에 대한 대안적 해석을 무시할 위험성을 지적하는 것이다. 학생들은 의표를 찌르는 교수의 지적을 경계하거나 피하도록 조언받는다. 바꿔 말하면 로스쿨 수업은 마치 무술처럼 상대방과 치르는 시합 형식으로 이루어진다. 언제나 이런 수업에서의 논의는 주석 달기식이다. 그것은 텍스트와 문어로 된 기록, 과거 사건에 대한 판결을 토대로 한다.

(Minnis, 1994: 352-3)

괜찮은 요약문을 작성하려면 학생은 교수와 같은 방식으로 텍스트를 읽을 수 있어야 한다. 학생 독자는 그러한 텍스트의 구조가 어떤지 알고 있어야 한다. 예를 들어 텍스트의 문장 구조가 강조점과 중요성 그리고 그 밖의 의사소통 효과를 나타내기 위해 어떻게 사용되는지 알아야 하고, 또한 '상대적으로 일반적인 표현 또는 상대적으로 특수한 표현, 아이디어와 논의, 조직적 아이디어로 통합된 설명 전체'를 봐야 한다(356쪽). 그리고 이 것을 순서에 맞게, 궁극적으로 텍스트가 주장하는 논증을 보고 요약할 수 있어야 한다.

학생들은 요약문 작성에 필수적인 이러한 읽기 기능을 직접적으로 배우지는 않는다. 예를 들어 요약문은 교수에게 제출하는 게 아니라 학생들이 수업 시간에 사용하려고 작성하는 것이다. '요약에 대해 학생들이 받는 피드백은 수업 시간에 요약된 사례 분석을 통해 간접적으로 그리고 한번에 모든 사람에게 제공된다'(357쪽). 이런 종류의 간접적인 피드백은 읽기 관습을 차치하더라도, 글쓰기의 구조적 패턴과 관습에 대한 관심을 불러일으키지 않는다. 그럼에도 학생들은 글쓰기의 구조적 패턴과 관습을 '알아차려야' 하고, 동시에 (실질적으로 본질적 부분인) 법률 영역에서의 특수한 상호작용 방식, 개념과 가치도 함께 습득해야 한다.

로스쿨에서는 전통적 교수법이 절차(요약문 쓰기, 법적 논증, 법조문 읽기와 같은)를 기술하거나 설명하지 않는다. 오히려 이러한 절차를 널리 차용한다. 그래서 여기에서 요점은 지도가 '이 절차 안에서 이루어진다는 것이다. 즉 지도는 절차에 대해 이루어지는 것이 아니고, 절차 속에서 드러나는 논리적 근거, 절차 속에서 드러나는 힘을 얻게 되는 논리, 또는 절차 속에서 드러나는 한계 속에서 이루어지는 것이다'(361쪽).

로스쿨의 기본 가정 가운데 하나는 학생들이 무엇을 하고 어떻게 진행해야 하는지 명시적으로 말하지 않는 것이 본질적으로 스스로를 가르치도록 자극한다는 것이다. 그러나 미니스는 이 가정이 모든 사람에게 똑같이 잘 적용되지는 않는다고 주장한다. 소수자 집단 출신 또는 그 밖의 비주류 배경을 가진 많은 학생이 로스쿨에서 실패한다.

미니스는 그 학생들이 이전의 학교교육이나 사회 경험에서 경쟁적인 학업 행동과 '로스쿨 교실에서 직면하는 상황에 적합한 생존 기술'에 노출되어 교육받지 않았기 때문에 그러한 현상이 일어난다고 이야기한다(362쪽).

현대의 법률 교육은 훌륭한 학생, 즉 교수가 의미하는 바를 이해할 수 있지만 수업에서 결코 명시적으로 말하지 않는 사람에게 초점이 맞춰져 있다. 당연한 일이지만 교수자와 학생 사이 무언의 이해가 공통의 사전 경험을 요구한다면, 훌륭한 법대 학생의 대부분은 전통적인 법대 학생들일 것이다. 즉 그들은 경제, 사회, 교육의 배경이 전통적인 법학 교수와 비슷한 학생들이다. 이 학생들은 중산층 이상의 사회에서 자라났고, 지배적인 문화와 법을 형성하는 문화의 일원이다. 따라서 그들은 해당 문화의 특성과 자신들에게 유리하게 작용하는 로스쿨의 특성에 대한 신념을 의문 없이 키우게 되는 경향이 있다. 간단히 말해, 그들의 개인적 역사는 그들에게 세계에 적극적으로 대응하도록 가르쳐 왔던 것이다. 즉 앎의 방식 가운데 이성적 사고reasoning를 존중하고, 집단의 성취에 비해 개인의 성취를 높이 사며, 협력보다는 경쟁을 존중하라고 가르쳐 왔던 것이다.

(380쪽)

그러나 문제는 비주류 학생이, 로스쿨 교육을 '자연스럽게' 받을 수 있는 사람과 똑같은 종류의 교육적 준비가 되어 있지 않은 것만이 아니라는 점이다. 로스쿨은 더 큰 법적 담론과 당연히 연결되는 하나의 '담론'을 구성하는 관련 사회적 실천의 집합이다.

로스쿨 담론의 입장과 사회적 실천은 많은 소수자와 그 밖의 비주류 학생이 속한 다른 담론의 입장이나 사회적 실천과는 심각하게 충돌하고 갈등하는 반면, 많은 주류 학생이 속한 담론의 입장이나 사회적 실천과는 전혀 충돌하지 않거나, 그 충돌의 세기가 덜하다.

이 문제를 좀 다르게 설명해 보자. 로스쿨의 담론은 (명시적으로 또는 암묵적으로) 자신을 다른 사람과 다르게—종종 '더 나은' 사람으로—정의하는 사람을 만들어 낸다. 많은 소수자와 그 밖의 비주류 학생에게 로스쿨의 담론은 그들을 두 종류의 사람이 되도록 한다. 그들은 (법학도로서의) 자신을 다른 사람들과 다른—종종 '더 나은'—사람으로 정의해야 한다. 이때 '다른 사람들'은 본인이 일원으로 속한 본래 담론의 구성원을 말한다. 이러한 역설은 불행히도 그들이 살아가면서 몸과 마음으로 느끼게 되는 역설이 된다.

이러한 차이가 실제로 어떻게 작용하는지 구체적인 사례를 들어 살펴보자. 로스쿨 교실에서의 토론은 법률에 입각한 것이다(Williams, 1991). 교수는 대체로 '사법적 견지에서, 기술된 사건의 경제적·사회적 또는 그 밖의 맥락에 무관심하다'(359쪽). 미니스는 몇몇 학자들이(Gopen, 1984; White, 1984) 로스쿨 교실의 사례 분석과 시에 대한 형식주의적 연구에서 유사점을 발견했다고 지적한다. 시에 대한 형식주의적 분석에서도 언어 형태와 의미의 모호성, 잠재성에 집중하기 때문에 큰 사회적·정치적·문화적 맥락이 무시된다.

이전 장들과 다음 장에서 볼 수 있듯, 어떤 이들은 (그들의 사회적 실천 속에서 가정과 공동체의 담론과 연결된) 더 큰 영역의 경험과 언어를 분리하지 않는다. 좀 더 일반적으로 말하면, 몇몇 가족과 사회 집단은 경쟁이 아닌 협력의 가치를 높이 산다. 이런 집단에 속한 학생 가운데 일부는 로스쿨 교수를 포함해 부모나 교사와 같이 권위 있는 사람들과 적대적인 대화를 하지 않을 것이다(미니스는 382쪽에서 로스쿨의 멕시코계 미국인 여학생의 사례를 자세히 설명하고 있다). 누군가에게 로스쿨의 사회적 실천으로 인도되는 것은 본인의 사회적 정체성을 구성하는 사회적 실천과 불화하는 행동을 배운다는 뜻이다. 우리 같은 사람들은 그런 일을 하지 않으며, 우리는 그런 종류의 사람이 아니다. 그렇지만 로스쿨은 우리에게 그런 종류의 사람이 되기를 요구한다.

그런 갈등은 단지 새로운 실천에 참여하는 것이 불편하다는 게 아니라 새로운 신체 활동을 하려면 새로운 근육을 사용해야 하는 것과 같다. 이 갈등은 새로운 (로스쿨) 담론에 호출된 사람으로서의 나와, 이 담론과 명백히 충돌하며 때로는 역사적으로 논쟁적이었던 담론에 속한 사람으로서의 나 사이의 갈등이다. 담론들은(예를 들어 로스쿨 학생과 특정 유형의 히스패닉계 미국인) 항상 병존하면서 상호 간에 의미를 드러내기 때문에 한 담론에서의 수행은 종종 다른 담론과 관련해 의미를 띠게(그리고 영향을 미치게) 된다. 나는 나의 또 다른 사회적 정체성과 그에 따르는 가치의 일부에 '반대하는 의미'를 몸과 마음으로 드러내야 할 수도 있다. 고대 로마인이 고대 기독교인에게 충성심의 표시로 십자가에 침을 뱉으라고 했던 것은 아무 이유 없이 그랬던 게 아니다.

미니스는 비주류 학생을 공평하게 대우하기를 원한다면 로스쿨은 '법률 커뮤니티의 문화와 가치와 전제, 즉 "변호사처럼 생각하기"를 구성하는 모든 것을 구체적이고 접근하기 쉽게 만들어야' 한다고 권고한다(385쪽). 나는 이 조언에 분명 동의하지만, 모든 것을 구체적이고 접근하기 쉽게 만드는 일('게임의 규칙'을 공공연하게 제시하는 것)은 교육적인 만병통치약이 아니라 복잡한 문제가 따르는 일이라는 점에 유의해야 한다.

우선 문제는 이 조언이 철저하고 완전한 방법으로 실현될 수 있지 않다는 것이다. 생각, 행동, 믿음, 가치판단, 옷 입는 방식, 상호작용, 변호사처럼 읽고 쓰기와 관련된 모든 것을 명시적인 말로 표현하기는 어렵다. 우리가 말로 표현할 수 있는 것은 단지 빙산의 일각에 지나지 않는다. 더욱이 매끄럽게 춤을 출 때 스텝에 대한 명시적 지식 이상의 것이 필요하듯, 명시적인 지식만으로는 유창한 행동을 할 수 없다. 주류 학생처럼 로스쿨 교실에 완전히 흡수되지 못하기 때문에 비주류 학생은 명시적인 정보를 참고해서 '진정한' 변호사처럼 보이고, 말하고, 행동하는 것을 '지나치게 보정한 hypercorrected' 부자연스러운 수행을 할 수도 있다(Gee, 1992).

명시적 정보가 비주류 학생들이 로스쿨을 구성하는 상호작용과 풍부한 텍스트 흐름의 초점을 파악하는 데 도움이 안 된다고 말하는 것은 아니다. 성공으로 이끄는 언어의 측면과 상호작용을 묘사하고 설명할 수 있는데도 숨겨야 한다고 말하는 것이 아니다. 하지만 우리는 '게임'의 작은 부분조차도 현실에 가깝도록 상세하게 묘사하거나 설명하는 것에 가까이 갈 수 없다. 이 게임은 부분적으로는 이렇게 말로 설명하는 게 불가능하기 때문에 '작용'하는 것이다. 게다가 아무리 많이 묘사하고 설명해도 담론 사이의 실제 충돌들을 제거하거나 완화할 수 없다.

로스쿨의 실천처럼, 한 담론의 실천은 학습자가 '내면화internalise'하게 되어 있는 '사고방식'을 구조화하는 사람들의 상호작용을 포함한다. 그러한 실천에 흡수되는 것, 즉 명시적인 지식으로 절차에 대해 알아가는 게 아니라 내부자로서 그 절차를 습득하는 것은 이러한 문제나 담론 자체에 대한 비판적·성찰적 인식 없이 관점을 취하고, 세계관을 채택하며, 핵심적인 가치를 받아들이고, 하나의 정체성을 익히도록 한다.

나는 이러한 문제들을 말하면서 절망적인 충고를 하려는 것은 아니다. 내가 지적하는 것은 리터러시와 뉴 리터러시 연구는 매우 정치적인 문제라는 점이다. 우리는 분명한 가치판단의 태도를 지니고 담론들 사이에 보이는 경쟁에 참여하고 담론들을 병치시키면서, 그리고 한 담론을 바꾸기 위해 다른 담론을 활용하면서 참여해야 한다. 궁극적으로는 이중 담론에 속한 사람들bi-Discoursal people(두 개의 경쟁하거나 충돌하는 담론에 속한 사람들)

이 변화의 궁극적인 원천이다. 이중 언어 사용자가 언어의 역사에서 그랬던 것처럼 말이다. 인지 가능하고, 받아들일 수 있을 만한 로스쿨의 담론 실천을 벗어나서 자신이 원래 지니고 있던 다른 담론의 측면을 불어 넣을 수 있는 비주류 학생이 도전과 변화의 원천이다. 문 안으로 들어간 사람들은 좀 더 분명한 도전의 원천이 된다. 그리고 다른 담론에 의한 도전, 심지어 내부자로 들어가 보지 못한 사람들에 의한 도전이 있기도 하다.

때론 담론의 시각이 '결정론적'이라고 주장하기도 한다. 사람들의 다른 담론과 새 담론의 충돌이나 조화에 기초해 로스쿨처럼 담론 내 사람들의 성공과 실패가 미리 결정된다는 점에서 결정론적이라는 것이다(Delpit, 1995). 그러나 그것은 사실이 아니다. 담론의 역사는 투쟁과 논쟁 그리고 변화의 역사다. 항상 '비주류'의 사람들이 패배하는 것은 전혀 아니다. 종종 이들이 승리하면 그것이 좋은 쪽이든 나쁜 쪽이든 새로운 '주류'가 되며, 사회적 권력의 새로운 중심이 된다.

담론의 시각은 역사적·사회문화적 투쟁이 종종 고통과 불의를 동반하면서 사람들의 몸과 마음에 의해 이행되는 것이라고 주장한다. 이러한 투쟁은 언제나 '사람의 유형들' 사이에서 일어나고, 이러한 '유형들'은 특유의 몸과 마음, 감정을 갖는 특정한 사람들이다. 특정한 개인들(사실상 한때 많은 '유형의 사람'이었던)에 의한 이 '유형들'의 쟁투는 인간 삶에서 가장 복잡한 문제를 일으킨다(McCall, 1995). 담론의 시각에서 윤리는 다음과 같다. 누구도 담론 전쟁에서 패했다고 해서 '패배자'라고 느끼지 말아야 한다는 것이다(예를 들어 미니스의 연구에서 나타나는 비주류 법학도). 왜냐하면 권력과 연결된 담론이 특정 '유형의 사람'에 유리하도록 '속임수를 쓰는' 방식이 교묘하고 복잡하며 임의적이기 때문이다.

14장

담론에 대한 더 많은 논의들

요약

이 장에서는 지난 장의 논의가 계속된다. 우선 습득과 학습의 맥락에서 담론의 개념을 논의할 것이다. 이때 일차 담론과 이차 담론을 구별하고, 이 차이와 관련해 리터러시를 정의한다. 그리고 교도소 문화에서 유래된 용어인 '모사품mushfake'에 관해 논의하며 이 장을 마감한다.

습득과 학습

어느 사회에서나 담론은 크게 두 가지로 나눌 수 있다. 첫 번째는 이른바 앞에서 '일차 담론'이라고 부른 것, 두 번째는 '이차 담론'이라고 부른 것이다. 일차 담론은 사람들이 삶에서 일찌감치 그들의 사회문화적 배경 아래 특정 가정의 구성원으로서 사회화하는 동안 익히는 것들이다. 이는 우리의 첫 번째 사회적 정체성과 이후의 담론들을 습득하거나 거기에 저항하는 기반이 되는 것을 구성한다. 또한 우리가 누구인지, 우리와 같은 부류의 사람이 누구인지에 대해 당연시하게 되는 초기의 이해를 형성한다. 그뿐 아니라 우리가('우리와 같은 부류의 사람들이') 어떤 종류의 일을 하게 되고 가치판단하고 믿게 되는지에 대한 이해도 형성한다. 우리가 살아가는 동안 많은 것이 우리의 일차 담론에서 발생한다. 아이였던 우리가 성장하게 되면, 일차 담론은 생활세계 담론, 즉 특정 분야 전문가가 아니라 '일상인'으로 존재하는 문화적으로 독특한 방식으로 전환된다.

이차 담론은 사람들이 일찍이 가정과 또래 집단의 사회화 바깥의 다양한 지역/주/국가 집단 및 교회, 패거리, 학교, 사무실 같은 제도들 내 사회화의 한 부분으로서 견습되는 것들이다. 이것은 우리의 '공적인' 행위에 대한 인정과 유의미함을 구성한다. 예를 들어 어떤 여성은 이차 담론에 따라, 그리고 그 범위 안에서 인식되는 행위를 수행함으로써 여성 사업가, 정치적 행위자, 페미니스트, 교회 구성원, 국립여성연맹 임원, 학부모회 구성원, 가족계획 상담 자원 봉사자, 그리고 그 밖의 더 많은 정체성으로서 인식될 수 있다.

일차 담론과 이차 담론에 대한 이러한 구분이 빈틈없거나 문제가 없는 것은 아니다. 실은 두 가지 담론 사이의 경계는 항상 사회와 역사 속에서 협상되고 경쟁하는 것이기에 이를 명확히 구분하고자 한 것이다. 많은 사회 집단이 이차 담론의 습득에 유리하도록 아동의 사회화에서 중요한 이차 담론의 양상을 차용한다(이것이 학교든, 공동체든 또는 종교에 기반을 둔 담론이든 간에 말이다). 예를 들어 여러 중산층 가정에서는 학교생활에 유리하도록 어린 자녀에게 학교에 가기 훨씬 이전부터 학교 기반의 언어와 실천들을 사용한다. 아프리카계 미국인과 유색인종 가운데 기독교 근본주의자들은 교회 기반의 언어와 실천을 가정에서 아이들과의 상호작용에 일찍이 포함한다. 실제로 가톨릭 집안인 우리 집에서 그랬던 것처럼 말이다.

사람들은 또한 자라서 나중에 이차 담론 가운데 어떤 것을 수행해 내는 데 그들의 일차 담론이나 공동체에 기반을 둔 이차 담론의 양상을 전략적으로 사용한다. 예를 들어 제시 잭슨Jesse Jackson*이 아주 독특한 아프리카계 미국인의 교회 기반 이차 담론과 주류 정치 담론을 혼합했던 방식을 떠올려 보자. 그런 행위 방식에는 위험이 따랐다. 만약 사람들이 잭슨이 사용하는 아프리카계 미국인 말을(예를 들어 그의 수사적 장치들) 미국의 주류 정치 담론(한 나라의 정치인다움, 그렇게 행동하기)에서 받아들일 수 없을 정도라고 간주해 잭슨을 한 국가의 정치인으로서 거부했다면, 그는 국가의 정치인으로 인정받는 데 실패했을 것이다. 그러나 그런 잭슨의 방식이 당시 그 현장의 시간과 장소에 잘 들어맞았고 많은 사람, 심지어 그의 적들까지도 그를 한 나라의 정치인으로 인정했다. 잭슨이 위험을 감수했기에 결국 그는 정치 담론을 변화시켰고, 새로운 수행 유형을 용인하게 했다(그리고 마침내 아프리카인 아버지를 둔 한 미국인이 대통령이 되었다). 그 뒤로 다른 이들도 잭슨을 뒤따랐다(심지어 공화당의 백인들도 연설에서 그와 같은 수사적 장치들을 사용하기에 이르렀다. 물론 희석했지만 말이다). 이는 사람들이 담론을 뒤섞고 그런 혼합을 인식하고 받아들이는 것으로, 담론 변화의 중요한

....

* 미국의 침례교 목사로, 인권운동가이자 민주당 소속의 정치인이다.

방식 가운데 하나다(물론 항상 또는 대부분 그런 것은 아니지만).

사람들은 어떻게 그들이 구성원이 되는 담론들을 접하게 되는 것일까? 여기서 질문에 답하기 전에 중요한 구별을 해야 하는데, 그것은 전문용어로 존재한다. 바로 습득과 학습의 구별이다(Krashen, 1985a, 1985b). 이 구별은 앞서 일차와 이차 담론 사이의 구별과 마찬가지로 빈틈없고 문제없는 것으로 여겨지지는 않는다. 이 구별이 정말로 의미하는 바는 '습득'과 '학습'의 두 양극이 그 사이에 끼인 혼합된 경우를 더해 하나의 연속체를 이룬다는 것이다(학습에 대한 더 많은 구별과 상세한 논의는 Gee, 2004, 2007 참조).

우리는 다음과 같이 습득과 학습을 구분할 것이다.

습득은 공식적인 교육을 받지 않고 사회 집단 내에서 여러 역할 모델에 노출되고 시행착오를 거치며 실천해 나가는 것에 의해 무언가를 획득하는 과정이다. 이는 자연스러운 환경에서 발생한다. 이때 습득자는 기능을 수행하기 위해 자신들에게 노출된 것을 습득할 필요가 있음을 안다는 측면에서 이 자연스러운 환경은 유의미하고 기능적인 환경이라고 할 수 있다. 이는 사람들이 그들의 제1 언어를 장악하는 방식이다.

학습은 가르침을 거치거나(반드시 공식적으로 지정된 특정 교사한테서는 아니더라도) 의식적 성찰을 촉발하는 삶의 경험을 통해 얻는 의식적인 지식을 포함하는 과정이다. 이 가르침과 성찰은 설명과 분석, 즉 학습될 수 있는 것을 분석적인 부분들로 나누는 것을 포함한다. 학습은 가르침을 받는 문제와 함께, 본질적으로 배움의 대상에 대한 어느 정도의 메타 지식을 얻는 것을 포함한다.

초기의 문화화enculturation 이후, 우리가 삶에서 접하는 많은 것은 습득과 학습이 혼합된 것의 결과이다. 그러나 이 둘 사이의 균형은 사례마다 상당히 다르고, 발달 과정의 단계마다 달라진다. 예를 들어 우리 가운데 대다수가 강습으로 자동차 운전을 처음 배우지만, 운전에 대해 우리가 알고 있는 것의 대부분은 학습으로 얻기보다는 오히려 습득되는 게 많다.

어떤 문화는 습득을 높이 평가한다. 그래서 아이들을 어떤 행동의 모델이 되는 어른들에게 노출해 배우게 하는데, 이때 아이들은 일련의 분석적 부분으로서가 아니라 하나의 전체로서 그것을 습득하게 된다(Heath, 1983; Scollon & Scollon, 1981; Street, 1984). 또 다른 문화 집단은 가르침을 높이 평가하고, 그래서 완전히 숙달해야 할 것을 순차적 단계와 분석적 부분들로 나누어 명시적인 설명을 하게 된다.

습득과 학습 모두 긍정적인 면과 부정적인 면이 있는데, 이는 다음과 같이 표현할 수 있다. 우리는 습득한 것을 더 잘 수행하지만, 학습한 것을 의식적으로 더 많이 안다. 우리 대부분에게 악기를 연주하거나 춤을 추거나 제2 언어를 사용하는 것은 습득과 학습의 어떤 혼합으로 획득한 기능이다. 그러나 동일한 시간이 주어진다면, 이러한 활동들을 해당 시간 동안 사람들이 습득을 통해 획득했다면 더 잘 수행했을 것이다.

제1 언어 발달에서 의심할 바 없이 확실한 것(Pinker, 1994)과 제2 언어 발달에서 사실인지 오랫동안 논쟁이 된 것(Krashen, 1985a, 1985b)은 내가 논의하려는 담론에도 해당한다. 담론은 학습이 아닌, 습득으로 익히게 된다. 즉 담론은 명시적 지도에 의해 숙달되는 것이 아니라 이미 해당 담론을 숙달한 사람들과 함께 그들의 도움을 받아 이루어지는 상호작용이 있는 사회적 실천을 통한 문화화('견습')에 의해 숙달되는 것이다(Newman et al., 1989; Rogoff, 1990, 2003; Tharp & Gallimore, 1988). 이것이 우리가 모국어와 일차 담론을 습득하는 방식이자, 나중에 보다 공적인 영역의 담론들을 습득하는 방법이다. 만약 여러분이 그런 사회적 실천에 접근할 수 없다면, 그 담론에 진입하지 못하고, 그것을 획득할 수도 없다.

담론이 습득에 의해 숙달될 수 있는 것처럼, 학습은 물론 '메타 지식'을 촉진하는 데 활용될 수 있다. 누군가에게 교실이나 또 다른 어떤 곳에서 담론을 명시적으로 가르칠 수는 없다. 이는 습득이 교실에서 이루어지지 않는다는 말이 아니라, 만약 습득이 일어난다면 그것은 명시적 '가르침'이 아니라 '견습', 멘토링, 모델링, 사회적 실천 등의 과정으로 일어난다는 것이다.

습득은 (적어도 부분적으로) 학습에 선행해야 하고, 견습은 명시적 가르침에 선행해야 한다. 습득과 학습이 적절하게 균형을 이루지 않고 제대로 구별되지 않는 교실은, 학교 밖에서 습득 과정을 이미 시작한 학생에게 특혜를 주게 된다. 습득이 너무 적으면 실천에서의 숙달이 부족해진다. 학습이 너무 적으면 분석적이고 성찰적인 인식이 부족해지고, 비판적 읽기와 성찰 등의 능력도 제약을 받는다(물론 어떤 학습은 단순한 의식적 자각과 성찰을 넘어 실질적인 '비판적' 능력으로 이끌지만 말이다).

영어에서 종종 산출물product과 내용content이라는 용어와 담론이라는 용어, 이 두 가지에 대해 똑같은 단어를 사용하면서 이것들을 혼동하게 만든다는 사실을 깨닫는 게 중요하다. 언어학과 같은 학술 분야를 예로 들어보자. 당신은 어떤 사람에게 언어학(그 학문 분야의 내용 지식), 즉 사실들과 이론들의 총체를 명시적으로 가르칠 수 있다. 그런데 이 사실들과 이론들의 중요한 부분에 대한 지식이 언어학자로 존재하는 데 필수적이지만, 누군가를 '언어학자로 존재하기'(앞서 진정한 인디언으로 존재하기 위해 하는 것을 기억하라)를 하도록(이것이 담론이다) 명시적으로 가르칠 수는 없다.

어떤 사람은 언어학에 대해 많은 것을 알 수 있지만, 언어학자가 아닐 수도(언어학자로 인정되지 않을 수도) 있다. '독학자'는 많은 것을 알고 스스로 훈련하는 사람으로, 집단의 실천과 사회화의 과정 바깥에서 훈련되는 사람이다. 그들은 '내부자'나 '모임(전문직, 집단)의 구성원'으로서는 거의 받아들여지지 않는다. 서구에서는 개인주의를 강조하기 때문에 우리는 '제대로 사회화되어 온 것'의 중요성을 늘 망각하게 된다.

이제 명시적 가르침과 같은 효과를 일으키는, '의식적 성찰을 촉발하는 삶의 경험'이라는 위 학습에 대한 정의 속 단서proviso로 가 보자. 학습에 대한 정의에서 우리는 우리 문화에서 보통 또는 원형적으로 '가르침'으로 여겨지는 것에 관심이 있다. 이는 가르쳐진 것을 분석적인 조각으로 나누고, 그것을 학습자가 '말하고' '묘사하고' '설명할' 수 있는 방식으로 배우게 하는 것이다. 그것은 학습자가 배운 것에 대한 '메타 지식'을 갖게 되고, 그에 대한 '메타 대화'에 참여할 수 있음을 뜻한다. 우리는 종종 운전하기에서조차 이와 같은 방식으로 가르친다. 그러나 모든 문화가 이런 종류의 가르침을 행하는 것은 아니며, 모든 문화에서 이런 방식의 '가르침' 개념을 사용하는 것은 아니다. 또한 우리가 속한 문화에서 '가르침'이라고 부르는 일부 사례도 이런 성격에 들어맞지 않는다(Heath, 1983; Scribner & Cole, 1981; Scollon & Scollon, 1981; Street, 1984).

명시적이고 분석적인 가르침이 없는 여러 문화에서, 일부 사람들은 여전히 그들이 알고 행하는 것에 대한 많은 양의 메타 지식을 획득한다. 이는 그들이 특정 담론에 대해 성찰적이고 비판적으로 생각하게 만드는 경험을 가지고 있다는 사실에서 드러난다(Goody, 1977, 1986: 1-44). 우리가 어떤 것(예를 들어 어떤 담론)을 완전히 숙달했을 때, 우리는 그것에 대한 의식적인 자각이 거의 없다(실제 춤처럼, 사람들이 춤추는 동안 자신이 하고 있는 것을 의식적으로 자각한다면 담론이 제대로 작용하지 않을 것이다). 그러나 우리가 수용하거나 적응할 수 없는 상황에 처하면, 우리는 우리가 애써서 해야 하는 것을 의식적으로 자각하게 된다(Vygotsky, 1987: 167-241). 그런 경험은 누구에게나 일어날 수 있지만 한 담론이나 문화의 다소 '주변부'에 있는 사람들 사이에서 더 흔하다. 그래서 이 사람들은 종종 이런 담론이나 문화의 작용에 대한 통찰력이 있다. '주류의' 구성원들에게는 없는 통찰력 말이다.

이것은 사실 '사회적인 부적응'에서 비롯되는 장점이기도 하다(부적응이 지나친 기능장애가 아닌 경우에 한해서이고, 또한 확실히 부적응이 단점이 아니라는 건 아니다). 그리고 물론 우리 문화에서 사람들은 교실을 떠나서 그런 경험을 할 수 있다(종종 부적응을 일으키는 교실, 학교, 교사가 있을 때는 교실에서 그런 경험을 하기도 한다).

시에라리온의 문맹 집단인 림바Limba 연구에서 루스 피네건(Finnegan, 1967, 1988)은 림바가 그들의 언어를 말할 때 메타 언어적이고 성찰적인 세련됨을 많이 갖추고 있다는 점을 지적한다. 우리가 보통 생각하는 세련됨은 쓰기와 공식적인 학교교육의 산물인데, 림바는 그 두 가지 교육을 모두 받지 않았다. 피네건은 림바의 이런 세련됨이 또 다른 언어 화자들과 그들 자신의 여러 언어들과의 다중적인 접촉에 따른 결과라고 추측했다. 여기에 우리의 실마리가 있다. (작문, 공부 기술, 쓰기, 비판적 사고, 내용 기반 리터러시 등에 있어서) 좋은 교실의 지도는 메타 지식에 이르게 해야 한다. 또한 좋은 교실의 지도는 우리가 이미 갖고 있는 담론들이 우리가 습득하려고 하는 담론과 어떻게 관련되는지, 그리고 우리가 습득하고자 노력 중인 담론들이 자아와 사회와 어떻게 관련되는지를 볼 수 있게 해야 한다. 그러려면 그 교실은 비교와 대조를 위해 다른 담론들을 나란히 놓아야 한다. 이때 다양성은 하나의 '첨가물'이 아니고, 우리가 메타 인식과 학습자들 편에 대해 명시적인 성찰적 통찰을 계발하고자 희망할 때 요구되는 인지적 필수품이다.

리터러시와 담론

모든 인간은, 심각한 장애를 가진 경우를 제외하고는, 한 담론의 구성원, 말하자면 그들의 일차 담론의 구성원이 된다. 영어 화자들 내에서도 사회문화적으로 다른 일차 담론들이 존재하고, 이 담론들은 언어를 다르게 사용한다는 것을 깨닫는 것은 중요하다. 예를 들어 많은 저소득층 아프리카계 미국인 아이는 자신의 경험이 의미가 통하게 하기 위해 일차 담론 내에서 영어를 중산층 아이들과 다른 방식으로 사용한다(12장 레오나의 이야기와 Heath, 1982, 1983; Kochman, 1972, 1981; Rickford & Rickford, 2000; Smitherman, 1977 참조). 그리고 이는 단지 그들이 영어의 다른 방언을 사용한다는 사실에만 기인하는 것은 아니다. 이른바 '아프리카계 미국인 방언 영어'는, 여러 나라 언어의 방언 차이에 익숙한 언어학자들의 규범에 의하면, 구조적인 측면에서는 표준영어와 단지 사소한 차이가 있을 뿐이다(이는 앞의 1장, Baugh, 1999, 2000; Labov, 1972a 참조). 오히려 이 아이들은 자신의 경험을 다르게 형성하는 언어, 행동, 가치, 믿음을 사용하는 것이다.

일차 담론은 이후 삶에서 다른 담론을 습득하고 학습하는 데 '틀' 또는 '토대'로 이바지한다. 또한 일차 담론은 부분적으로 이 습득과 학습이 취하게 될 형태와 최종 결과물을 형성한다. 더욱이 이후 삶에서 형성된 담론들은 일차 담론에 영향을 미칠 수 있는데, 그 영향은 다양하며 여러 방식으로 일차 담론을 (재)형성한다. 성인들은 이처럼 재형성된 일차 담론을 그들의 아이들에게 전수할 수 있다. 이러한 담론 사이의 상호 영향은 담론들의 역사적 변화 과정의 기저가 된다.

확실히 미국과 같은 사회, 즉 계층의 경계가 산만하고 계층의 모호성이 있으며, 그래서 충분히 '주류'가 아니면 자신의 초기 사회화를 거부, 변화, 또는 숨기려는 많은 시도가 있는 사회에서는, '일차 담론'의 개념을 둘러싼 많은 복잡성과 평생 개인의 운명을 좇는 수많은 문제가 존재한다. 사실 이 문제들은 이것을 연구하는 학자에게만 어려운 것이 아니다. 거대한 사회적 무질서, 소외, 미국과 관련 사회들에서의 '자아'와 '정체성'에 대한 우려는 바로 이 같은 문제들에 뿌리를 두고 있다. 나는 '리터러시'의 개념을 담론의 틀 안에 넣으려고 한다. 왜냐하면 나는 이와 같은 문제들이야말로, 그 틀이 틀렸음을 입증하려는 게 아니라, 우리가 연구해야 하는 것이고 우리의 교육 실천과 연계할 필요가 있는 것이라고 믿기 때문이다.

일차 담론 너머에는 가정(또는 문화에 의해 정의된 1차 사회화 집단) 이상의 사회적 제도들을 중요하게 포함하는 또 다른 담론들이 있다. 이 제도들은 모두 우리에게 친숙하지 않은 사람과 의사소통할 것(또는 친밀한 이들을 친밀하지 않은 양 대할 것)을 요구한다. 이 제도들을 2차 제도(학교, 직장, 상점, 관공서, 사업체, 교회 등)라고 부르겠다. 일차 담론을 넘어서는 담론들은 이들 2차 제도와 연합하고, 접근하며, 실천하면서(견습을 함으로써) 발달한다. 이에 나는 이들을 이차 담론으로 지칭하겠다.

이차 담론들은 모두 언어 사용 및 우리가 일차 담론의 일환으로 습득한 가치, 태도, 믿음을 기반으로 하고 확장한 것이다. 또한 이차 담론들은 다른 사회적 집단의 일차 담론과 양립할 수도 있다. 물론 어떤 특정 이차 담론이 일차 담론과 (말, 행위, 가치로) 양립될 때 커다란 이점이 있다. 그러나 모든 이차 담론은 문어든 구어든 언어 사용과 생각하고, 가치를 판단하고, 행동하는 방식을 포함하는 것이고, 우리가 어느 집단에 속하든지 상관없이, 일차 담론에서의 언어 사용을 넘어서는 것이다.

이차 담론은 지역적이고 공동체 기반인 담론들이거나 좀 더 포괄적으로 '공적 영역public-sphere 담론들'일 수 있다. 예를 들어 많은 미국인이 공동체 기반의 교회 구성원으로 연결된 (다른 종류의) 담론들을 갖고 있다. 하층이나 중산층 백인 공동체의 '근본주의자' 담론과 아프리카계 미국인 공동체의 '복음주의evangelical' 교회 기반 담론에서 특정 유형들의 역할은 잘 연구되어 있다(예를 들어 Bellah et al., 1996; Kapitzke, 1995; Rosenberg, 1970; Smitherman, 1977). 이 담론들은 확실히 교회 건물 안에 국한해 발생하지 않으며, 그 사람들의 생활에 깊이 스며들 수 있는 말하기, 행동하기,

가치판단하기 방식의 복잡한 연결망을 포함한다.

또 다른 공동체 기반의 담론도 많이 존재하는데, 예를 들어 다양한 지역 공동체에서 쇼핑하기나 권위적 인물(경찰 등)과의 상호작용과 같은 공적인 접촉에 사용되는 담론들이 있다. 이러한 공동체 기반의 이차 담론 가운데 어떤 것은(예를 들어 교회 기반의 담론들) 일차 담론과 가정 기반의 1차 사회화 과정, 가정에서 아주 밀접하게 영향을 주고받는 상호작용 과정에 스며들고 영향을 준다. 이것이 실제로 담론들이 상호작용하고 역사적으로 변화하는 방식 중 하나이다.

우리 사회와 같이 현대적이고 다원적이며 도시적인 사회에서 공동체 기반 담론들은 지역 공동체를 넘어서는 영역으로 연결되고 적용되어서, 보다 포괄적이고 '공적 영역'의 담론들에 서서히 물들어 가게 된다. 말할 것도 없이, 지역 공동체 기반의 담론과 공적 영역의 이차 담론은 명확한 이분법으로 구분되지 않고 하나의 연속체 위에 있다. 보다 포괄적인 '공적 영역'의 이차 담론들은 학교, 국영 미디어, 많은 사회/금융/정부 기관에서 쓰이는 담론들뿐만 아니라 다양한 직장과 직업과 관련된 담론들을 포함한다. '공적 영역'의 이차 담론들은 모두 최초 사회화 집단과 지역 공동체를 훨씬 넘어선 사람들과의 상호작용을 포함한다. 또한 이 담론들은 어떤 집단의 일차 담론에 '침투해' 들어가 영향을 줄 수 있다.

이차 담론에 관한 핵심은, 정의상 이차 담론은 친숙하지 않고 공유된 지식과 경험을 예측할 수 없는 사람과 상호작용하는 것을 포함하거나, 그들이 '공식적'이 되는 곳, 즉 가족이나 1차 사회화 집단을 초월하는 정체성을 갖는 곳에서 이루어지는 상호작용을 포함한다는 것이다.

일차 담론과 이차 담론은 어떤 면에서는 언어처럼 연구될 수 있다. 사실 제2 언어 습득에 대한 특정 문헌과 접근은(Bialystok & Hakuta, 1994) 이들과 관련이 있다(단, 은유적 차원에서만). 두 가지 담론은 두 가지 언어처럼 서로 간섭할 수 있다. 한 담론의 양상은 한 언어에서 다른 언어로 문법적 특성이 전이되는 것처럼 다른 담론에 전이될 수 있다. 예를 들어 여러 중산층 가정의 일차 담론은 학교나 직장에서 사용되는 이차 담론의 영향을 받는다.

　게다가 특정한 이차 담론을 사용하려고 노력해야 함에도 완전히 통달하지 못했다면, 제2 언어를 유창하게 숙달하는 데 실패할 때 발생하는 일과 유사한 여러 가지 일이 일어날 수 있다. 누군가는 요구되는 기능에 일차 담론을 끼워 맞추려고 다양하게 조정하면서 일차 담론에 의지할 수 있고(아주 흔하지만 거의 언제나 사회적으로는 형편없는 시도이다), 누군가는 다른 것, 아마도 관련되는 이차 담론을 사용할 수도 있다. 또는 요구되는 이차 담론의 간소화되거나 정형화된 버전을 사용할 수도 있다. 이러한 과정은 언어 접촉의 루브릭rubric, 피진화, 크리올어화, 언어 화석화라는 이름으로 언어학자들이 연구한 것과 비슷하다(Romaine, 1988).

　나는 리터러시에 대한 사회적으로 유용한 정의는 일차 담론 및 이차 담론과 관련해서 표현되어야 한다고 믿는다. 그러므로 나는 '리터러시'를 '이차 담론의 숙달'이라고 정의한다. 따라서 리터러시는 항상 복수, 즉 리터러시들/서로 다른 리터러시(수많은 이차 담론이 존재하고, 우리는 모두 어떤 것은 갖고 또 다른 것은 갖는 데 실패하기 때문)이다. 만약 누군가 아주 세세한 것에 얽매이고 문자에 얽매이기를 원한다면, 우리는 '리터러시'를 이렇게 정의한다. '어떤 방식으로 활자와 관련된 이차 담론의 숙달(현대사회의 거의 모두가 그렇다).' 또한 우리는 '활자' 대신에 이를 다른 종류의 리터러시들(예를 들어 시각적 리터러시, 컴퓨터 리터러시, 문예 리터러시, 게임 리터러시 등)을 규정하는 그림, 문학, 영화, 텔레비전, 비디오 게임, 컴퓨터, 통신—담론 내 '소품props'—과 같은 다양한 다른 종류의 텍스트와 테크놀로지로 대체할 수 있다.

그러나 나는 '활자와 관련된'이란 문구를 추가하는 것이 읽기와 쓰기가 탈맥락화되고 분리될 수 있는 기능이라고 보는 사람들의 감정을 누그러뜨리는 것 외에는 이점이 없다고 본다. 게다가 이른바 많은 비문식 문화가 이차 담론을 갖고 있는 게 분명하다. 그 담론들은 활자를 포함하지는 않지만 우리가 리터러시와 연관 짓는 사고방식, 행동, 많은 기능들을 포함한다. 예를 들어 '구술 문학'으로 통하는 다양한 실천들을 포함한다.

많은 가정이 이차 담론의 측면들과 그에 수반되는 리터러시 실천을 자녀의 가정 기반 사회화를 위해 빌려옴으로써(내가 앞서 초기 차용이라고 부른 하나의 과정), 이런 실천들이 이차 담론 속에서 안착하게 된다. 이들 가정에서는 자녀의 일차 담론 발달 과정에 이러한 실천들이 스며들게 함으로써 가장 강력하게 아이들에게 이차 담론에 대한 준비를 시키는 것이다. 그 후의 삶에서 아이는 일차 담론과 진정한 숙달이 나중에 되는(그리고 그로 인해 숙달이 촉진되는) 이차 담론 간에 정서적 유대를 느낀다.

우리는 공동체 기반의 이차 담론 숙달을 포함하는지, 아니면 공적 영역의 이차 담론 숙달을 포함하는지의 측면에서 공동체 기반 리터러시나 공적 영역 리터러시에 대해 이야기할 수 있다. 우리는 지배적 이차 담론의 숙달을 포함하는가, 비지배적 이차 담론의 숙달을 포함하는가의 측면에서 지배적 리터러시와 비지배적 리터러시에 대해 이야기할 수 있다. 또한 우리는 만약, 리터러시가 다른 리터러시들 및 그 리터러시들이 우리를 사회 내 특정한 유형의 인간으로 규정하고 자리매김하는 방식에 대한 비평을 위한 '메타 언어' 또는 '메타 담론'(메타 단어, 메타 가치, 메타 신념의 집합)으로 쓰일 수 있다면, 해방적('강력한') 리터러시에 대해 이야기할 수 있다. 내가 해방적 리터러시라고 부르는 것은 한 담론의 특정한 사용(다른 담론을 비판하는)이지, 특정한 담론 자체가 아니라는 점에 주목하라.

위에서 보인 구분과 마찬가지로, 리터러시에 대한 이 관점이 문제가 없다는 것이 아니라 핵심이 되는 복잡성을 정확히 문제화하려는 것이다. 예를 들어 생물학적으로 그리고 역사적으로, 모든 인간에게 있어 일차 담론은 구어와 면대면 의사소통, 상호작용에 뿌리를 두고 있다. 그러나 앞서 내가 말한 것처럼, 특정 사회 집단은 그들이 가치 있게 여기는 이차 담론들의 측면을 활자와 '활자와 관련된 말print-related talk'의 요소를 포함해 그들의 일차 담론으로 옮겨온다. 우리는 다음 장에서 이것의 놀라운 예를 살펴볼 것이다. 이는 리터러시를 구성하는 것이 아니다. 왜냐하면 (사회적·문화적·역사적으로) 이러한 요소들의 진정한 '집'은 아이들을 '미리 조율하도록pre-tune' 돕는 이차 담론이기 때문이다. 이것이 사실이 아니라면, 그런 '예비 조율'은 작동하지 않을 것이다. 이것이 사실이므로 우리는 아이들이 이차 담론 속에서 조기 실천을 (종종 모의 형식으로) 하고 있다고 말할 수 있다.

담론과 리터러시에 적용되는 두 가지 원리가 있는데, 이 원리들은 앞에서의 습득과 학습 간 구분과 담론을 관련짓는다. 이는 다음과 같다.

습득 원리

대다수 사람에게 어떤 담론(일차 또는 이차)은 대부분의 시간의 학습이 아닌 습득에 의해 숙달된다. 따라서 리터러시(이차 담론의 능숙한 조절 또는 숙달)는 학습이 아니라 습득의 산물이다. 즉, 리터러시는 자연스럽고, 유의미하며 기능적인 환경에서 모델에 노출되는 것을 요한다. 그래서 명시적 지도(가르침)가 아주 성공적일 것 같지는 않다. 심지어 처음에는 방해가 될지도 모른다. 습득이 아닌 학습에 시간을 할애하는 것은, 그 목표가 수행의 숙달이라면, 시간을 잘 보낸 것이 아니다.

학습 원리

우리가 두 담론에 대한 메타 차원의 지식을 모두 갖고 있지 않다면, 한 담론을 다른 담론과 비교해 비판(어떤 담론을 진지하게 비판하는 것이 담론을 바꾸는 유일한 방법이다)할 수 없다. 그리고 이 메타 지식은 학습을 통해 가장 잘 계발되고, 담론에 적용되는 학습은 우리가 해당 담론에 대해 어느 정도는 습득한 것이 있어야 가능하다. 따라서 해방적 리터러시는, 위에서 정의된 것처럼, 습득뿐만 아니라 거의 언제나 학습을 포함한다.

이 원리들의 핵심은 습득과 학습이 상당히 다른 목표를 위한 수단이라는 것이다. 우리 문화 안에서 우리는 이 수단을 자주 혼동해서 생각한 것과 희망한 것을 얻지 못한다. 학습의 목표가 '해방적 리터러시liberating literacies'를 습득한다는 의미에서의 '해방liberation'이라는 점이 두 번째 원리의 결과임을 주목하라.

습득을 위한 지도는 학생을 한 담론 내 견습 숙달 관계 안에서 훈련한다. 이때 교사는 해당 담론 내에서 자신의 숙달을 시범 보이고 학생들의 숙달을 지원함으로써, 학생의 말하고, 행동하고, 가치판단하고, 믿는 능력의 신장을 도와준다. 이러한 지도는, 학교 기반 담론의 초기 리터러시와 관련하여, '슈퍼 베이비'를 만드는 교육열을 가진 중산층 부모들이 아이와 함께 '책 활동'을 할 때 하는 것과 거의 같은 일이다(다음 장에서 사례 하나를 살펴보겠다).

학습을 위한 지도는 교육 자료를 분석적 '조각들'로 쪼개는 설명과 분석을 활용하고, 다양한 담론들과 그 실천들을 서로 병치시킨다. 이러한 지도는 '메타 지식'을 발달시킨다. 교육의 많은 '해방적' 접근은 이런 지도 양식을 경시하지만, 나는 그렇지 않다. 나는 이미 메타 지식이 권력과 해방의 한 형태일 수 있다는 믿음을 언급한 바 있다. 습득을 위한 지도만으로는,

성공적이지만 '식민지화된colonised' 학생을 기를 수 있다. 습득을 위한 지도와 학습을 위한 지도는 서로 다른 실천이다. 좋은 교사는 두 가지를 모두 한다.

발음 중심의 어학 교수법(글자에 소리를 대응시키고, 소리에 글자를 대응시키는 것)에 관해 짚고 넘어가려 하는데, 요즘 우리가 (다시) 어린아이에게 읽기를 가르칠 때 이 지도법에 열광하기 때문이다(Gee, 2004). 좋은 발음 중심의 어학 교수법은(좋은 철자/어휘/문법 지도처럼) 소리, 활자, 패턴화된 체계로서의 언어에 대한 메타 지식으로 이어져야 한다. 또한 이 메타 지식은 언어가 세상에서 작동하는 방식에 대한 아이들의 지식을 촉진해야 한다. 그러나 이것이 결코 습득과 유창한 숙달에 이르게 하는, 유의미한 사용 맥락에서의 강도 높은 실천을 대신할 수는 없다.

모사품

이제 우리가 어떤 담론을 사용하는 동안 담론들 사이에서 또는 개인 안에 존재하는 '긴장'이나 '갈등'에 대한 개념으로 가 보자. 우리는 언제나 한 사람의 담론들 가운데 어느 두 가지 사이에 현재 얼마나 많은 긴장이나 갈등이 있는지 물어볼 수 있다. 나는 앞서 어느 정도의 갈등과 긴장은 거의 언제나 존재한다고 주장해 왔다. 그러나 어떤 사람의 경우에는 둘 이상의 담론 사이에 다른 이들보다 더 명백하고 직접적인 갈등이 있다(예를 들어 많은 여성학자는 페미니스트 담론과 표준적인 학술 담론 사이의 충돌을 느낄 수 있는데, 전통적인 문학비평이 그 예가 될 수 있다). 나는 그런 갈등이나 긴장이 존재할 때 이것이 충돌하는 담론 중 하나 혹은 둘 다의 습득을 저지하거나, 또는 적어도 숙달된 담론을 유창하게 활용하는 데에 영향을 미칠 수 있다고 본다(내가 말하고 있는 바에 대한 흥미진진한 예는 McCall, 1995: 328 참조).

　　종종 사회 내 지배적인 집단은 그들의 힘을 상징하는 지배 담론에 대해 지속적으로 유창성 '테스트'를 적용한다. 이런 시험은 '토박이natives' 또는 적어도 그 담론의 '능숙한 사용자'를 가리는 시험이 되고, '비토박이'를 배제하기 위한 관문이 된다. 이때 비토박이는 지배 담론과 갖는 갈등이 실은 그들이 그러한 지배 담론 '태생'이 아니기 때문임을 드러내는 사람들이고, 대부분의 사용 맥락에서 지배 담론을 완전히 숙달해서 사용할 때조차도 지배 담론 태생이 아님을 보일 수 있는 사람들이다. 여기서 우리가 언급한 종류의 긴장과 갈등은, 누군가의 일차 담론과 지배적인 이차 담론 간 긴장과 갈등을 포함할 때 특히 첨예하다. 왜냐하면 누군가의 일차 담론은 그 사람의 '가정' 정체성 그리고 친밀한 사람들 및 친밀하게 연결되어 있는 사람들의 가정 정체성을 규정하기 때문이다.

　　'비주류' 학생과 그들의 교사는 곤경에 처해 있다. 우리가 학습이 아닌 습득을 통해 어떤 담론을 숙달하지 않으면 우리는 그 담론 내에 존재하는 것이 아니다. 주류 학생의 많은 학교 기반 지배 담론의 습득은, 그들의 일차 담론이 지배 담론의 일부 자질을 차용함으로써, 이 지배 담론을(보통 그들의 부모가 숙달한 것이다) 가정에서 초기에 실천함으로써, 그리고 그들의 가정이 이 담론을 사용하는 학교를 지속적으로 지원함으로써 더욱 촉진된다. 또한 그들의 숙달은 지배 담론을 습득하고 사용하면서 느끼는 갈등이 적기 때문에 용이해진다.

　　이 모든 촉진적 요소들이 많은 비주류 학생에게는 존재하지 않는다. 그들은 전통적인 교실과 학교가 이러한 습득을 잘 촉진하지 못하기 때문에 오히려 방해를 받는다(Erkison, 1987; McDermott, 1987; Treuba, 1987, 1989; Varenne & McDermott, 1998). 이러한 비주류 학생은 학교 기반 지배 담론을 완전히 숙달하는 데 실패하는데, 특히 좋은 '관문' 역할을 하는

'언어의 형태나 언어의 정확한 사용을 강조하는 피상성'이 공동체의 지원 없는 교실에서의 뒤늦은 습득에는 침투하지 않기 때문이다(Shaughnessy, 1977). 사실 그러한 피상성은 비주류 학생들을 '외부자outsiders'로 계속 규정짓도록 보장하는 데 필요한 숙달을 요하는 것이다. 비주류 학생들은 피상성을 활용하는 동안에 외부자가 되고 나아가 피상성에 의해 식민지화된다.

그렇다면 작문, ESL, 영어, 교과 교육 교사, 즉 담론을 가르치는 교사들은 무엇을 할 수 있을까? 앞서 말한 것처럼, 주류 담론을 완전히 숙달하는 데 실패하는 것에도 이점이 있다. 즉, 사회적으로 '부적응'한 채 존재하는 것에도 이점이 있다. 수용하거나 맞춰 갈 수 없는 상황을 마주쳤을 때(소수자인 학생 대다수가 주류 담론을 습득해야 할 때 직면하게 되는 것처럼) 우리는 우리가 하려고 노력하는 것 또는 하도록 요구되는 것을 의식적으로 알게 되어, 해당 문제에 대해 깊이 통찰하게 된다. 이러한 통찰('메타 지식')이 제대로 된 해방적 리터러시(사회 및 사회 속 사람의 위치에 대한 이론, 즉 억압과 불평등에 저항하기 위한 토대)와 결부된다면, 개인이 지배적 담론이 있는 사회에 더 잘 대응할 수 있게 해 준다.

그러나 중대한 질문이 있다. 만약 우리가 활발한 사회적 실천을 통해 담론을 습득할 수 없고, 고등학교나 대학 때쯤에 담론에 늦게 진입해서 일찍 게임을 시작한 이들과 숙달 수준을 경쟁하기 어렵다면, 메타 지식과 저항이 담론 발달과 결부되는 것으로 무엇을 할 수 있는가? 이는 특히 많은 주류 담론의 진정한 습득이, 적어도 주류 담론 내에 존재하는 동안에는, 가정과 공동체 기반의 담론들과 충돌되는 가치에 적극적으로 공모한다는 것을 의미하기 때문에 심각해지는 문제로, 특히 대다수 여성과 소수자 그리고 피부색이 무엇이든 중산층이 아닌 사람들이 여기에 해당한다.

나는 무엇이 심각한 사회문제인지에 대한 완전하고 최종적인 답을 갖고 있지 않지만 그럼에도 두 가지 견해를 제안해 본다. 나는 주로 고등학교와 대학의 교사와 관련된 견해를 제시할 것이다. 첫째, 습득과 관련하여, 교실은 '학업적인' 사회적 실천 속에서 활발한 견습 생활을 구성해야 하고, 대부분의 경우 이 사회적 실천은 '작문'이나 '언어' 교실 밖, 대학과 세상의 다른 곳에서도 활용될 수 있는 것이어야 한다.

둘째, 담론에서 완전한 유창성을 갖도록 이끄는 진정한 습득이 늘 가능한 것은 아니지만, 내가 '모사품 담론mushfake Discourse'이라고 부르는 것은 가능하다. '모사품'(Mack, 1989)은 실물 자료를 구할 수 없을 때 임시변통하는 것으로, 감옥 문화에서 온 용어다. 이를테면 수감자가 머리에 생기는 이 때문에 머리를 보호하려고 속옷으로 모자를 만들면, 그 모자는 '모사품'이다. 나무 성냥으로 만들어진 정교한 수공예품도 모사품의 또 다른 예이다. 모사품 담론은 '대용이 되는' 메타 지식 및 전략들과 연결되는 부분적인 습득을 의미한다. 나는 여기에 다음과 같은 전략들을 염두에 둔다. 복수/소유격/3인칭을 나타내는 's'의 일치 오류가 없도록 늘 메모하는 전략, 면담자의 혼을 빼놓는 아프리카계 미국인의 문화적 기능 사용 또는 면담자가 면담을 메타적 수준으로 끌어 올려 당연히 인정되는 방식으로 면담의 규칙을 명시적으로 언급하는 전략 등을 들 수 있다.

생애 초기에 '주류' 지배 담론 속에서 문화화되지는 않았지만 생의 많은 부분을 지배 담론 속에서 보낸 많은 사람들이, 우리 사회 엘리트들의 게이트키핑gatekeeping 노력을 피하면서 '성공'할 수 있었던 것은(내 경험상 완전한 성공은 드물지만) 모사품 덕분임을 깨닫게 된다. 이는 담론들 안에서 습득과 학습을 위해 노력하는 것을 비하하는 것이 결코 아니다. 이는 단지 내가 우리 자신을 위한 게임을 '명명하는' 것으로, 엘리트와 엘리트의 대리자들의 이해관계와 관련되지 않는다. 나는 여기에서 나의 공공적, 학술적 삶을 모사하는 데 써 온 사람으로서 말하는 것이다.

우리는 모사품이 인종차별이나 계급 차별의 영향을 사라지게 하거나,

모든 가능성의 문을 열 것이라고 말할 수 없다. 다만 모사품이 사회의 변화 과정을 돕는 와중에 일부 가능성의 문을 열 수 있기를 희망할 수 있다. 이는 적어도 '혁명을 기다리는' 동안 할 수 있는 일이다.

그래서 나는 우리가 '모사하기mushfaking'와 메타 지식으로 가득 찬 저항적 학생을 육성해야 한다고 제안한다. 그런데 이는 가르침을 정치적 논쟁거리로 삼으려는 것은 아닌가? 담론은 말하기, 행동하기, 가치판단하기의 통합이고, 사회적으로 가치판단하기는 모두 정치적이다. 모든 성공적인 가르침은 단지 내용만이 아니라 담론을 심어 주는 것으로, 모두 정치적이다.

15장

언어, 개인, 담론

요 약

이 장에서는 담론들 내 언어 분석으로 돌아가 사회적 맥락 속 특정 텍스트들을 살펴본다. 이 장은 학교와 관련된 텍스트로 시작해서 과학, 역사와 관련된 텍스트로 끝맺을 것이다. 이 장에서 중요한 것은 언어가 담론 내에서만 유의미해지는 다양한 방식과 어떻게 담론 내 언어가 언제 어디서나 가치판단적이고 넓은 의미에서의 '정치적'인지를 살펴보는 것이다. 이때 정치적이라는 것은 '권력과 "사회적 재화"가 걸려 있는 인간관계들을 포함하고 있음'(1장 참조)을 뜻하는 것이다.

담론 속 언어

지난 장에서는 담론의 중심에 있는 리터러시에 대한 견해를 발전시켰다. 이 장에서는 담론 내 언어 분석으로 돌아가 보겠다. 우리는 특정 텍스트를 사회적 맥락 안에서 검토할 것이다.

가정과 학교에서의 언어

가정과 학교 간 관계에서 작용하는 담론 내 사회적 실천 속 언어language-within-social-practices-within-Discourses를 알아보기 위해, 5세 중산층 영국계 미국인 소녀인 제니의 이야기에 주목하고자 한다. 제니는 책을 들고 어머니와 언니에게 읽어 주는 척한다. 이 이야기를 오른쪽에 활자화했다. 그것은 글로 적힌 게 아니라 말로 이야기된 것이지만 행과 연으로 나누었다. 이렇게 하는 게 귀로 들을 수 없는 것을 이해하기에 더 쉬워서이다. 발화의 산물에서 행과 연의 역할에 대해 11장에서 논의한 바 있다.

나는 제니의 이야기만을 별도로 논의하기보다는 그것을 분석한 뒤에 공유하기 시간 이야기와 나란히 놓고 비교하고자 한다. 아프리카계 미국인 소녀 레오나는 학교에서 공유하기 시간에 가족이 케이크를 만든 일에 대해 이야기했고, 영국계 미국인 소녀 민디는 양초 만들기에 대해 이야기했다. 이러한 공유하기 시간의 발화들은 12장에서 논의한 바 있다. 이 소녀들이 참여한 교실의 공유하기 시간은, 아이들이 '명시적이고' 선형적인 전형적 에세이 리터러시 방식으로 말할 것을 기대하는 '초기 리터러시' 훈련임을 기억하기 바란다. 12장의 텍스트를 다시 살펴보고 우리가 제니 이야기를 논하는 동안 12장의 내용을 상기하길 바란다.

텍스트 1 제니의 이야기

1연(도입)

1 이것은 이야기예요,

2 한때는 친구였던 아이들에 관한,

3 하지만 크게 싸웠고,

4 그러고 나서는 친구가 아니게 되었어요.

2연(프레임: 장르 표시하기)

5 여러분은 여러분의 이야기책을 따라 읽을 수 있어요.

6 나는 큰 소리로 읽어 나갈 거예요.

[지금부터는 이야기 읽기의 운율]

3연(타이틀)

7 '그 친구들이 어떻게 친구가 아니게 되었나?'

4연(배경: 인물 소개)

8 옛날 옛적에 세 명의 소년과 세 명의 소녀가 있었어요.

9 세 명의 소녀는 베티 루와 팰리스, 파르신,

10 세 명의 소년은 마이클, 제이슨, 애런으로 불렸어요.

11 그들은 친구였어요.

5연(문제: 성의 차이)

12 소년들은 트랜스포머를 갖고 놀았고,

13 소녀들은 배추 머리 인형을 갖고 놀았어요.

연(위기: 싸움)

14 하지만 어느 날 그들은 누가 어느 팀이 될지에 대한 싸움을 하게 되었
    어요.

15 아주 불쾌한 싸움이었어요.

16 그들은 주먹으로 치고,

17 그리고 잡아당기고,

18 그리고 쿵쾅거렸어요.

7연(해결 1: 폭풍)

19 그러자 갑자기 하늘이 어두워졌고,

20 비가 내리기 시작했어요,

21 번개가 계속 쳤어요,

22 그리고 그들은 친구가 아니게 되었어요.

8연(해결 2: 어머니에게 벌을 받다)

23 그러자 음 엄마들이 불쑥 나타나 말하기를,

24 '너희 왜 주먹을 휘두르고 있니?

25 너희는 일 년 내내 벌을 받게 될 거야.'

9연(프레임)

26 끝.

27 함께 읽으니 재미있지 않았어요?

28 또 합시다,

29 조만간에!

제니는 자신의 생일에 일어난 실제 싸움에 대한 이야기를 책(제니가 앞에 들고 있는)을 읽는 척하며 '문학적' 방식으로 이야기한다. 제니가 읽는 척하는 이 일화는 제니가 일차 담론으로 1차 사회화되는 과정의 일부이다. 그러나 이 이야기는 '이야기책 읽기'라는 장르로서 분명한 언어적 표지를 가지고, 이 장르는 '아동문학'과 '고급문학' 모두와 연결된다. 이 두 장르는 모두 중요한 학교 기반 이차 담론에 중심이 되는 언어 형태들이다. 따라서 여기서 우리는 일차 담론과 이후의 학교 기반 이차 담론들 간 영향을 살펴본다.

제니의 텍스트가 '문학' 담론의 일부로 구성될 수 있는 방식을 고려해보자. 이는 고급문학 장르의 특정한 문학적 장치들과 관련이 있다. 그중 이 텍스트가 끌어온 것은 '공감의 오류'(Abrams, 1953, 1971)인데, 이 장치는 마치 자연 또는 우주가 인간의 사건과 '발맞춘(궤를 같이한, 함께 협력한)' 것처럼 다룬다(예를 들어 석양의 아름다움과 평화는 다가오는 삶의 끝자락을 따르는 노老시인의 내적인 평화와 어울린다). 제니의 이야기에서 공감의 오류는 중심 구성 장치다. 6연의 소녀와 소년들 사이의 싸움 뒤에 곧바로 하늘이 어두워지는 7연이 잇따른다. 번개의 번쩍임 뒤에 '그리고 그들은 친구가 아니게 되었'고(22행), 마침내 8연에서 어머니들이 아이들의 잘못을 벌하려고 등장한다. 하늘은 인간의 사건과 일치하거나 발맞춘다.

공감의 오류는 제니의 이야기에서 고급문학에서와 거의 똑같이 작용한다. 이 이야기는 성의 차이가(4연: 소년 대 소녀) 다른 관심사로(5연: 트랜스포머 대 배추 머리 인형) 연결되고, 이렇게 관심사가 다른 남성과 여성이 '동등'해지려 하거나 성별과는 다른 근거로 자신들을 분류할 때(6연: '누가 어느 팀이 될지에 대한 싸움'—그것은 팀에서 성별을 섞는 데 대한 싸움이었다) 필연적으로 갈등이 발생함을 제시한다. 또한 아이들이 성별의 선을 넘어서 벌을 받았지만(8연), 공감적 오류(7연의 폭풍)를 사용한 뒤에 성별에 따른 구분과 이 구분을 넘는 다툼은 자연에 의해 제재가 가해지고, '자연적'이고 '피할 수 없으며', 단순히 평범하거나 노는 행위로 구성된 것이 아님을 제시했다.

12장의 케이크에 대한 레오나의 이야기에서도 마찬가지인데, 만약 우리가 의미의 개인화 관점을 취한다면 이렇게 묻고 싶어진다. 어떻게 다섯 살짜리가 이처럼 정교한 것을 의미할 수 있을까? 어떻게 어린 소녀가 자신의 '개인적인' 자원을 넘어선 것을 의미하는 듯이 말할 수 있는가? 그 대답은 우리의 앞선 논의에 근거한다. 이 소녀가 자연에 대한 암시를 활용하는 것은 특정 집단(예컨대, 영어 교사와 문학 비평가들)에 의해 '소유되고 작동되는' 담론들에서 파생된 해석적 실천에 '영향'을 받은 것이다. 이렇게 주어지는 것은 사람이 공짜로 얻게 되는 것이고, 그 사람의 사회적 실천과 텍스트 속에 나타날 수 있다. 그렇게 되면 이 어린 소녀처럼 해당 담론을 '소유하고 작동하게' 되고, 해당 담론은 그 사람과 그 사람의 텍스트를 이후의 지배적 담론 준비의 일부로 꼽을recruit 것이다.

어머니와 언니의 지원을 받은 이 다섯 살 소녀는 자기 자신을 특정 사회적 실천, 즉 (주류, 학교 기반의) '이야기책 읽기'에 맞춰 견습하고 있는 것이다. 이 사회적 실천은 그 아동이 속한 사회문화적 집단과 관련하여 흥미로운 특징을 갖는다. 이것은 제니의 일차 담론에 대한 견습의 한 양상('우리 같은 사람들은 책을 이런 식으로 한다/읽는다')이자 동시에 '진정한' 또는 '고급' 문학작품을 포함한 몇몇 학교 기반 이차 담론의 추후 견습에 대한 준비가 된다. 이 아이가 학교에 가서 문학의 사회적 실천을 보다 공적으로 견습하기 시작할 때, 아이는 정말로 '빠른 이해자'처럼 보일 것이다. 이 아이는 일차 담론 내에서 누구로 존재하는 것과 학교 기반의 이차 담론 내에서 누구로 존재하는 것 간의 양립 가능성을 보게 될 것이다.

이러한 가정 기반의 사회적 실천 및 상호작용하기, 이야기하기, 생각하기, 가치판단하기, 읽기의 방식과 함께 집 안의 책, 물리적 소품 등은, 어린 소녀가 특정 유형의 텍스트에 대한 개념을 형성할 수 있도록 한다. 그리고 그러한 개념 형성은 문학과 학교 기반 담론의 일부분인 해석적 실천 작용을 요하게 된다.

또한 제니의 텍스트는 우리가 10장에서 문화적 모델 또는 반영된 세계라고 부른 것에서 중요한 점들을 보여준다. 이 텍스트는 부분적으로 공감의 오류를 통해 많은 학교 기반 담론과 서구 사회의 '고급문화' 이차 담론에 깊이 박혀 있는 문화적 모델을 전달한다. 이 문화적 모델은, 텍스트를 생산하게 한 제니의 일차 담론 내 텍스트와 가정 기반 실천들을 통해, 그 자체로 아이의 정체성(제니의 일차 담론 내에서 제니가 누구인지라는 의미에서)을 암시한다. 공감의 오류가 양날의 검인 것에 주목한다면 이 문화적 모델이 무엇인지 알아낼 수 있다. 이것은 한편으로는 아주 옛날부터 인간과 자연 사이의 깊은 공통성을 암시하는 데 사용되었다. 또 다른 한편으로는 '자연'이 특정 문화 내 특정 시간과 장소에서 발견되는 권력, 지위, 위신—젠더를 포함해—의 위계 구조를 인수함을 암시하는 데 사용되었다.

어린 소녀의 텍스트가 성 역할 분배에 대한 이데올로기적 메시지(한 문화적 모델)를 드러낸다. 이 이론은 남자와 여자의 차이가 필연적이며 자연에 의해 승인된 것이라고 본다. 이 차이에 반대하는 것은 '부자연스러운' 것이다. 이는 나이가 들어 완전한 성인으로서 남성과 동등한 인간으로 자신을 보려는 소녀 '자신의 이익self-interest'에 충분히 반하는 메시지일 수 있다. 이 소녀는 (어떤 사람이 어떤 도시에 익숙해지는 방식으로) 이미 특정 사회적 실천에 '익숙해지고 있는데', 이 특정 사회적 실천은 그녀가 다른 사회적 실천(예컨대, 여성 집단) 내 자신의 이해와 충돌하는 의미를 가지게 만들 것이다.

여기에서의 주장은 이 소녀가 필연적으로 특정 문화적 모델이나 담론에 '속은' 처지가 되리라는 것이 아니다. 사람들은 담론에 이용당할 수 있고, 반대로 자기 권리의 주체로서 담론을 이용하기도 한다. 오히려 핵심은 이런 문화적 모델과 담론들에 '익숙해지는 것'과 그로써 '보상받는 것' 때문에 이 소녀가 이러한 모델과 담론들을 깊이 성찰하고 버리는 일을 꺼리게 될지 모른다는 점이다.

12장의 케이크에 대한 레오나의 이야기에서 보이는 종류의 '문학적인' 또는 '시적인' 장치, 즉 레오나의 문화가 '구술성'의 가치를 풍부하게 유지하는 데에서 기인한 장치가 제니의 이야기 속에는 다른 형태로 나타난다는 것은 흥미롭다. 이는 제니가 활자 기반의 '고급문화' 문학적 전통의 한 양상에 참여하고 있기 때문이다. 이 전통은 물론 구술문화 실천에 기원을 두고 있다(호머에서 헤시오도스, 초서, 셰익스피어 그리고 이후까지 이어지는 계보를 떠올려 보라).

레오나의 이야기가 학교의 공유하기 시간에 받은 좋지 않은 반응에서 두드러진 것은 다음과 같다. 레오나가 자신의 공동체에서 그 이야기를 할 때나 우리가 그녀가 드러낸 의미를 '시학'과 '언어학적 문체론'의 해석적 배경 속에 자리매김할situate 때에는 깊은 의미를 갖지만, 레오나의 이야기가 학교의 공유하기 시간 속에 자리매김될 때에는 깊은 의미를 갖지 못한다는 것이다(Cazden, 1988, 2001; Michaels, 1981). 같은 일이 제니의 이야기에서도 생긴다. 제니의 이야기는 집에서 깊은 의미가 있고, '창의적인 글쓰기'나 '문학'으로서 행해지는 학교에서도 깊은 의미가 있을 것이다. 그러나 제니는 결코 레오나나 민디가 참여한 공유하기 시간 유형 동안에 그런 '문학적' 이야기를 하려고 하지 않았다. 교실의 공유하기 시간은 초기 에세이스트(보고적, 선형적, '사실들') 리터러시 훈련이었다. 레오나나 제니의 텍스트 모두 그런 실천을 반영하지 않았고, 다른 종류의 실천을 반영하였다.

12장에서 우리는 질문을 던진 바 있다. 레오나가 말한 문학적 이야기는 공유하기 시간에 권장되거나 뽑히지 않았다. 왜 다른 학교 기반 실천들 속에서는 언어의 '창조성'과 '문학적인 것'이 장려되는데, 레오나의 이야기는 잘한 것으로 뽑히지 않았을까? 이는 레오나가 고급문학 실천보다는 '시적 실천'과 관련된 다른 사회적 언어를 사용한 사실과 어느 정도 관련이 있다고 본다. 또한 중요한 것은 단순히 언어적 자질(레오나의 언어는 시와 다른 '고급문학'으로 견습하기 쉬운 많은 자질들이 있다)이 아니라 우리가 누구이고 무엇을 하는가라는 사실과도 관련이 있다. 그리고 레오나의 공동체 기반 누구와 무엇은 잘하면 학교에서 가시화되지 않는 것으로 끝나지만, 최악의 경우 학교에서 배척당할 수 있다. 그래서 결국 학교는 레오나 같은 아이들이 해당 문화 속에서 중요하게 여겨지는 누구와 무엇 유형에 다가가게 하고 가시화하는 데 실패한다.

우리의 세 가지 텍스트는 흥미로운 방식으로 삼각검증triangulate이 된다. 민디의 텍스트는 '평범한' 반면 레오나와 제니의 텍스트는 '시적'이다. 시적인 텍스트들 가운데 어느 것도 공유하기 시간에 '성공할' 것 같지 않지만, 그럼에도 학교에서 레오나보다는 제니의 '시적인' 면이 더 '인정받을' 것이다. 민디와 제니의 텍스트는 다르게 보이지 않지만, 둘 다 학교 기반의 담론에 의해 잘된 것으로 뽑힐 것이다. 레오나의 텍스트는 뽑히지 않을 테지만 말이다. 그런 문제들은 도시 학교들에서 매일 발생하는 것임에도 불구하고, 여기에서 역설의 진정한 의미를 잊어서는 안 된다.

여기에서의 해답은 학교 기반 담론과 레오나의 가정과 공동체의 담론들 사이에 충돌이 있다고 하더라도, 레오나가 학교 기반 담론에 적응할 필요가 있다는 것이 아니다. 학교가 레오나의 담론들에 적응할 필요가 있고, 레오나의 담론들을 가시화하고, 그것들이 가치 있고 유의미함을 제시할 필요가 있다. 그런 적응은 사회정의에 대한 학교와 사회의 진정성 있는 헌신을 요구한다. 이때 사회정의란 학교에서 레오나의 담론들과 다른 사회문화적 집단들의 담론들을 배제함으로써 자동적으로 얻었던 다른 사회문화적 집단의 혜택을 포기하는 것을 뜻한다.

경계의 담론

내가 논의할 두 번째 텍스트의 맥락은 다음과 같다. 이것은 9학년의 푸에르토리코 도심 출신의 중학생 소녀가 쓴 것이다. 미국 동부에 위치한 이 학교 학생들은 인접한 아프리카계 미국인과 백인 그리고 푸에르토리코인 지역민들이 대략 비슷한 비율로 구성된다. 이 텍스트는 에이미 슈먼의 도시 청소년의 구술 텍스트와 문자 텍스트의 이용에 대한 훌륭한 연구『스토리텔링 권리Storytelling Rights』(Shuman, 1986: 9-11)에 실렸다. 슈먼이 '윌마'라는 가명으로 부른 이 소녀는 한창 연구 중이던 학교에서 연구가 끝나갈 무렵 요청받지도 않은 자신의 3년 동안의 이야기를 제공했다.

이 텍스트는 학교의 담론과, 가정과 공동체 기반 담론 사이의 공간에서 의사소통하는 한 인물을 보여 준다. 윌마는 다양한 지역 공동체에서 온 학생들로 구성된 학교에 다니는데, 그 공동체 사이에는 어떤 긴장이 있다. 동시에 이들 공동체에서 온 많은 학생이 학교 기반 담론을 충분히 신뢰하지 않고 연계되어 있지도 않다(레오나의 경우에서 떠올릴 수 있는 것들과 별반 다르지 않은 이유로). 학생들은 때때로 그들의 가정과 공동체 담론들 바깥에서(학생들은 다른 가정과 공동체 기반의 담론들을 활용하기 때문에), 그리고 학교 기반 담론의 영향력 '사이'와 바깥에서 서로 상호작용해야만 한다. 즉, 어떤 의미에서 그들은 가정과 학교 사이에서 의사소통을 해야만 한다. 이렇게 하기 위해, 그들은 내가 또래 기반 '경계의 담론borderland Discourse'이라고 부르는 것, 즉 그들만의 어떤 창조물에 참여한다.

경계의 담론은 현대사회의 삶에서 흔히 나타나는 특징이다. 이는 다양한 배경의, 따라서 다양한 일차적 공동체 기반 담론을 가진 사람들이 공적 영역과 중산층의 '엘리트' 담론들 바깥에서 상호작용할 수 있는 담론을 뜻한다. 우리는 이들을 학교에서뿐 아니라 수많은 직장에서도 발견한다. 여러 곳에서 10대들은 어른들에 비해 기꺼이 사회적·경제적·문화적 경계들을 넘는 경향이 있다. 그러므로 그들은 그들만의 경계의 담론들을 창조한다. 이 담론들은 종종 대중적이면서 '비주류' 문화를 끌어낸다. 모든 담론들과 마찬가지로 경계의 담론은 특정 시간과 공간에서 어떤 '종류의 사람'이 되게 하는 사회적 정체성과 가치를 수반한다.

아래의 텍스트에서 윌마는 각 학년에서의 첫째 날을 묘사하고, 시스템에 대한 친숙함이 부족했던 7학년 무렵과 시스템에 숙달되었던 9학년 때를 비교한다. 윌마 텍스트의 첫 번째 부분(7학년에 집중한)을 '교정' 없이 윌마가 쓴 그대로 재현하는 것으로 시작하겠다(Shuman, 1986: 9). 그다음은 8학년과 9학년 중심의 텍스트 일부를 요약할 것이다(일부 직접 인용과 함께).

7학년

처음 폴 리비어Paul Revere에 왔을 때 나는 두려웠지만 거기에서 1년을 보내야 했어요. 학교 가는 데 익숙해져야 했는데, 나는 아침 일찍 시작했고 행복했어요. 모든 사람들이 학교에 대해 말하는 게 두려운 것도 있었지만 괜찮았어요. 우리 두 사람은 함께 버스를 잡아탔어요. 우리가 거기에 도착했을 때, 나는 7학년이라서 강당으로 가야 했어요─나는 그렇게 했어요. 그때 나는 남학생 체육관에 간 것이었어요. 그들이 우리가 어디에 가야 하는지 방송으로 알릴 때까지 나는 몰랐어요. 그때부터 나는 어딘가 다른 곳에 있는 듯했어요. 바로 우리 학급home room이었는데, 그들은 자문advisory 이라고 불렀어요. 나는 칠판에서 당번표roster라고 부르는 무언가를 복사했어요. 그 후에 벨이 울렸어요. 우리는 또 다른 벨을 기다렸고, 떠났어요. 나는 친구들과 만났고 집으로 돌아가는 버스를 잡아탔어요. 그들이 당번표를 어떻게 사용하는지 설명했어요. 나는 그걸 아주 빨리 배웠어요.

내가 있었던 교실은 한 방과 또 다른 방만을 오가는 일반 초등학교와 같은 곳이었어요. 우리 선생님이 미니 학교라고 불린다고 설명하기 전까지 나는 그걸 이해할 수 없었어요. 음 우리는 많은 것을 했어요. 많은 여행을 했어요. 그리고 두 선생님에게서 공평하게 대우받았어요.

나는 많은 사람과 모임을 시작하기 전에는 친구가 거의 없었어요. 나는 루이사와 얼리셔란 친구가 있었어요. 내가 그해 초에 사귀었던 친구는 그 둘뿐이었어요. 그해 중반에 나는 바바라라는 소녀를 만났어요. 우리는 서로 정말 가까워지기 시작했고 서로 신뢰하기 시작했어요. 알다시피 우리는 여전히 매우 가깝고 서로를 믿어요.

윌마

8학년과 9학년의 요약

8학년: 첫날, 윌마와 바바라는 같은 학급에 배정되었다. 그들은 첫날 수업을 빼먹었는데, 둘째 날에서야 자신들이 교실에 있는 많은 이들을 잘 모른다는 것을 알아차렸다. 그러나 점점 더 많은 사람을 만났고, '대단한 한 해'가 될 것처럼 보였다. 모든 사람들이 잘 지냈고 '인종이나 피부색 간의 다툼은 없었다.' 그들은 학교를 빼먹는 일이 많았고, '선생님의 말을 따르지 않았다. 2년째가 된 이후로 우리는 학교를 잘 알았고, 학교생활에 별 신경 쓰지 않았다. 우리는 거의 모든 선생님들이 우리 때문에 고생할 정도로 정말 나빴다.' 윌마는 이렇게 결론짓는다. '올해 나는 이 해를 정말 즐

기며 보냈고, 좋은 시간들이었으며, 모든 순간을 즐겼다.'

9학년: 바바라와 윌마는 그들이 다른 학급에 배정될 거라고 생각했지만, 그렇지 않다는 것을 알고는 매우 기뻐했다(윌마의 글에서: '나는 우리가 이제 끝이라고 생각했는데 기쁨에 펄쩍 뛰었어요'). 그들은 엄격한 선생님의 반에 같이 배정되었다. 윌마는 선생님이 '네가 7학년과 8학년에 했던 것'을 되새겨 주어서 좋았다. 윌마는 결론을 내린다. '내가 말한 것처럼, 무언가 아주 엄격할 때까지는 잠자코 버텨야 해요. 그렇지만 선생님이 나를 장악하게 하지는 말아야 해요. 학급 친구들 앞에서 선생님이 말을 걸 때는 조용히 있어야 해요. 하지만 선생님과 저 둘만 있을 때 모든 걸 드러내면 원하는 걸 얻을 수 있어요.'

윌마가 쓴 글은 잘못 읽히기 십상이다. 우리는 이것을 학교 기반의 지배 담론과 전형적인 '에세이스트' 산문 유형에서는 실패한 것으로 읽기 쉽다. 그러나 내 관점에서 보면 이 글은 그런 것이 아니다. 그것은 학교에서 '인정되고', '가치 부여되기' 위해 쓰이지 않았다.

리터러시의 전통적인 접근에서 말하기는 면대면 의사소통을 위해, 쓰기는 보다 원거리 의사소통을 위해 활용되는 것으로 가정한다. 반면, 윌마 학교의 학생들은 '그가 말하기를-그녀가 말하기를' 하는 소문을 통해 부재 중인 제삼자에게 메시지를 전하기 위해 구어적 이야기를 종종 사용한다. 또한 그들은 쓰기를, 문서가 협력적으로 생산되어 소리 내어 읽히는 면대면 교류의 일부로써, 또는 일기에서 자기 자신과 결속감 있는 의사소통을 하기 위한 도구로써 활용한다. 슈먼은 그 청소년들이 그들 자신의 목적을 위해 쓰기와 말하기의 관례적인 사용을 변형시켰다고 말한다. 그들은 쓰일 수 있지만 말해질 수 없는 것과 그 반대의 경우에 대해서 그들 나름대로 이해했다(1986: 3).

사실 윌마와 친구들은 이차 담론, 즉 내가 경계의 담론이라고 부른 것을 가지고 있다. 이 담론은 특정 사회적 정체성을 드러내는 다양한 유형의 말하기와 쓰기(메모, 일기, 편지)를 사용한다. 이 담론은 아프리카계 미국인 청소년, 푸에르토리코 청소년, 사회경제적으로 낮은 백인 집단의 청소년들에 의해 쓰이는데, 각 집단에 따라 다소 다르게 쓰인다. 이 담론은 학교 운동장에서, 학교를 오가는 길에서, 또래 청소년들이 어울리는 공동체에서 그리고 학교 통제에서 벗어난 '오프라인' 의사소통을 할 때의 학교에서 사용된다.

그러나 윌마의 텍스트는 이러한 이차 담론의 '순수한' 예는 아니다. 담론들이 늘 서로 부딪치는 실제 상호작용의 세계에서 순수한 예란 거의 없다. 그것은 슈먼을 위해 쓰여진 것으로, 슈먼은 그 소녀들이나 그들의 사회적 실천과 친숙하지만 여전히 '주류'인 외부인(더 나아가 학술적이고, 그래서 학교 기반 담론들과 연결된 사람)이다. 슈먼은 이 텍스트가 '청소년 쓰기의 한 형태이고, 이 사례는 일반적인 상황은 이미 잘 알지만 개인 경험의 세부 사항을 제대로 모르는 외부 독자를 위해 의도된 문건'인 점을 언급한다(1986: 9). 그리고,

> 윌마의 학년에 대한 묘사는 소녀들이 자기 일기에서 쓰는 관찰과 같은 종류를 담고 있다. 하지만 별개의 문건으로서 그것은 내가 그 학교에서 연구한 3년 동안 본 것에 대한 유일한 설명이었다. 쓰여진 텍스트에 대한 청소년 관습의 불문율에 주목하면, 그것은 아마도 전형적인 예일 것이다.
>
> (1986: 11)

즉 윌마는 그녀의 또래 기반 이차 담론을 사용하고 있지만, 그것을 또래 기반 담론과는 다른 주류 학교 기반 담론의 한 측면에 적응시킨다. 다시

말해 이것은 메모, 일기, 편지 형태에는 없는 '별개' 문건이다. 아주 세심한 연구 없이는 어떤 지점에서인지 정확히 알 수 없지만, 월마는 학교 기반의 에세이스트 담론의 다른 양상들에도 틀림없이 영향을 받는다. 그러므로 우리는 월마가 완전히 통제하지 못하는 담론에서 '실수'인 것이 무엇인지, 무엇이 정확히 월마가 하는 실천의 일부인지에 대해서 확신을 가지고 말할 수는 없다.

위에 재현된 월마 텍스트(7학년)의 일부를 잠깐 자세히 살펴보자. 7학년에 대한 월마의 이야기는(처음에 그녀의 무능함을 보여줌으로써) 나중에 나오는 8학년과 9학년, 즉 그녀의 능력과 통제를 강조하는 부분에 관한 논의를 위해 분위기를 조성한 것으로 추측된다. 월마는 첫 번째 단락에서 친구들과 함께 학교에 가는 것으로('우리 두 사람은 함께 버스를 잡아탔어요') 7학년 이야기를 시작한다. 도착했을 때, 월마는 친구와 헤어져 학교를 혼자 마주하게 된다(그녀는 자신이 있어야 할 곳이나 무엇을 해야 하는지 모른 채 이 교실 저 교실을 다니고, '낯선' 학교의 실천인 당번표와 마주한다). 하지만 마침내 귀갓길에 친구들과 재회하고, 당번표를 어떻게 활용해야 하는지 설명을 듣는다(월마는 그걸 빨리 배운다). 여기서 우리는 월마가 새롭고 이질적인(그리고 어쩌면 거부감이 드는) 학교와 교실 담론에 직면하고 있음을 알 수 있다. 월마는 이 담론들을 학교가 아니라 친구들에 의해서 시작하게 된다. 그 친구들의 담론도 학교와 갈등적이지만(그리고 반대의 경우도), 이것은 월마를 학교의 실천들로 진입시킨다.

월마의 글 두 번째 단락에서 그녀는 선생님들의 도움(그들은 그녀의 학습에 대해 설명하고 그녀를 공평하게 대한다)을 친구들의 도움과 대비시킨다. 여기에 월마가 선생님의 도움과 친구들의 도움을 활용할 수 있음에 대한 암시가 있다. 이를 강조하려는 것처럼 월마는 세 번째 단락 이야기의 끝에서 친구에게 돌아간다. 바바라와 월마의 새 우정으로 마무리하면서 말이다

(바바라는 다음의 두 이야기에서 부각된다). 학교는 단지 배우는 장소가 아니라, 학교에서 윌마의 존재를 지지해 주고 학교와 그녀의 관계를 중재하는 또래 기반 담론 내에서 더 많은 우정을 쌓는 장소로 여겨진다. 윌마의 단락 나누기는 그녀의 주제 차원에서는 완벽하게 의미가 통한다.

윌마의 8학년과 9학년 이야기를 들여다보면, 그들의 경험에 대한 그녀 집단의 통제뿐 아니라 윌마가 소속된 집단의 사회적 실천과 학교의 사회적 실천 사이의 갈등이 전체 텍스트에 퍼져 있는 더 큰 쟁점임을 알 수 있다. 8학년 때는 학교에 익숙해짐에 따라 학교의 규칙도 윌마를 거슬리게 하지 않았고, 윌마는 확실히 학교 기반 담론에 속하지 않은 어떤 가치를 표현하기에 이른다. 윌마는 그해를 대단히 즐겁게 보냈다('좋은 시간들이었으며, 모든 순간을 즐겼다.').

9학년에 윌마는 자신의 말처럼 학교 규칙을 받아들이고, 또한 그것을 다루는 방식도 알고 있음을 보여 준다(교실에서 친구들 앞일 때와 일대일일 때 교사를 다르게 대한다). 윌마는 '선생님이 나를 장악하게 하지는 말아야 해요'라고 하며 학교 시스템의 한계 안에서 지내는 동안에도 교사와 학교에게 통제권을 넘기지 말라는 호소로써 글을 끝맺는다.

윌마는 생각, 말, 가치에 있어서 그녀 자신의 청소년 기반 이차 담론을 이행한다. 이 담론은 다양한 지점에서 학교와 갈등을 빚지만, 지배적이고 종종 적대적인 학교의 '공적 영역' 담론과 윌마와 또래들의 상호작용을 중재하는 기능도 있다. 윌마의 학교에 대한 반항은 윌마가 학교에서 성공하지 못하게 하고 결국 경제적으로 열악한 미래로 이끌 것이기 때문에(Willis, 1977), 이런 담론에 내재한 가치는 사회의 위계 구조의 낮은 부분에 위치하는 그녀 부모 자리를 답습하게 한다고 종종 이야기된다. 이는 어느 정도는 의심할 여지 없는 사실이기도 하지만, 여기서 놓치고 있는 사실이 있다. 윌마와 같은 청소년은 현재 미국에 설립된 학교들이 자신들 공동체의 사회적 실천을 수용하거나 가치를 인정하지 않을 것이라는 점과, 그들 공동체에 지배적 이차 담론 및 그에 따른 '재화'에 대한 접근을 허용하지 않을 것이라는 점을 안다. 윌마의 공동체 기반 담론은 식민지화에 대한 일종의 자기 방어 형태이다. 권력에 대한 조직된 저항이 항상 성공하는 것은 아니지만, 그렇다고 늘 실패하는 것도 아니다.

윌마의 텍스트는 또래 기반 담론에 기초한 지식이 학교의 '공식적인' 제도로의 그녀의 전이와 이동을 중재하는 방식뿐 아니라, 학교의 '공식적' 지식과 그녀의 관계를 중재하는 방식 또한 명확히 보여 준다. 이런 중재 과정이 윌마의 경우에는 극단적이긴 하지만, 그 과정은 사실 학교 내 상당히 많은 학생에게 전형적인 것이다. 그런 지식에 대한 학교의 이해와 조정은 학생들을 더 넓은 범위의 공적 영역 지식으로 사회화하기 위한 방법의 핵심이 되어야 한다. 이는 학술적, 문학적, 심미적 분석을 위해 대중적 10대 문화의 가공물을 식민지화하는 것을 뜻하지 않는다. 오히려 학교와 그 구성원 모두가 '연루되는' 담론의 완전한 집합에 관여하는 것을 의미한다. 이 쟁점은 인터넷, 인스턴트 메시지(통신 문자, SNS 메시지 등), 비디오 등 현대 디지털 기술이 젊은이들로 하여금 협력적으로 지식을 생산하고 또래들과 그것을 공유하며 대중 담론들을 창조하고 탈바꿈할 수 있는 오늘날에 더 첨예해진다(Gee, 2004, 2007; Gee & Hayes, 2010, 2011).

게다가 이 쟁점은 윌마와 같은 젊은이들이 학교에 대한 그들의 저항을 부호화하는 데 리터러시를 사용하고, 학교 기반 리터러시 실천들을 수용하고 숙달하는 데 실패하지만 또래 담론의 정체성 표지로서 리터러시를 사용함을 뜻한다. 이런 현상이 점점 흔한 일이 되고 있는데도 그저 하던 대로 하는 학교들은 청소년들의 현실과 얼마나 보조를 맞추지 못하는지를 보여 준다(Gee, 2004).

'공식적인' 지식에 반하는 윌마의 '지역적'이고 '일상적인' 지식 이야기에서 보는 대비는 과학, 테크놀로지, '전문가'를 높이 평가하는 현대사회의 전형적인 특징이다. 우리는 뒤에서 과학 내 담론의 작용을 다룰 때, 이 쟁점을 더 자세히 다룰 것이다.

담론, 개인 그리고 수행

특정 시간과 공간에서 어떤 개인의 행동은, 담론 또는 상호보완적이거나 경쟁적인 담론들 집합을 토대로 담론이 해당 행위를 인정하고 의미와 가치를 부여할 때에만 의미가 있다. 그것은 마치 우리가 무대에서 대사들을 암송하지만 대개 다른 대본들이나 희곡들이 존재하는 것과 유사하다. 인간은 주어진 사례 속에서 어떤 대본이나 희곡(어떤 담론)을 쓸지 협상하는 데 많은 시간을 보낸다(Giddens, 1984: 83-92, 1987; Goffman, 1959, 1967, 1981). 물론 현대 다원 사회에서는 많은 것이 더 복잡하지만, 분명히 하나의 담론이 적용되는 경우도 있다.

더욱이 한 개인이 말하고 행동하는 것은 항상 그 사람이 당시에 속한 담론의 산물일 뿐 아니라 그 사람이 구성원으로 있는 다른 담론의 산물이기도 하다. 내가 통제하는 다른 담론들은 다양한 방식으로, 주어진 담론 내에서 내가 생각하고 행하고 말하는 것에 영향을 미칠 수 있다. 누군가의 일차 담론은 사람에게 어떤 시각이나 스타일을 부여하면서 항상 이차 담론의 사용에 어느 정도 영향을 미친다. 동시에 어떤 이가 숙달한 이차 담론은 일차 담론(사람이 성인이 되면, 우리는 일차 담론을 그들의 생활세계 담론이라고 부를 수 있다. 왜냐하면 그때까지 일차 담론은 삶에 많은 영향을 주기 때문이다)과 그 사람의 다른 이차 담론에도 영향을 줄 수 있다.

담론들은 훨씬 다른 방식으로 상호작용할 수 있다. 어떤 경우 나의 행동, 말 또는 생각은 대개 몇몇 다른 담론들 사이의 절충이거나 '균형을 잡는 행위'이다. 한 담론은 단지 다른 하나에만 영향을 미치는 것이 아니다. 나는 실제로 동시에 둘 이상의 담론들 속에 있으려고 노력하는데, 마치 내가 하나의 연극에서 동시에 둘 이상의 역할을 하려는 것과 같다. 나의 '반려자'(그녀 자신이 학자이고 어쩌면 언어학자인)가 낭만적인 저녁 식사 자리에서 내게 언어학 문제를 질문할 때, 나는 언어학 담론에서의 역할과 연애 및 친밀감 담론에서의 역할을 동시에 수행해야만 한다. 우리 모두는 그런 역할 수행을 때때로 아주 솜씨 좋게 잘하기도 하고, 때로는 '망치기도 한다.'

일이 훨씬 더 복잡해질 수도 있다. 가령 종교 근본주의자에다 시민의식이 투철한 생물학자가 진화론의 최근 발달에 대해 시민 단체에서 강연해야 한다고 해 보자. 거기에는 천지창조론자인 목사, 시장, 학과장이 참석한다. 그런 사람이 있을 리 없다는 우리의 믿음은 인간의 통일성과 일관성에 대한 합리화된 믿음의 산물일 뿐이다. 이런저런 의미에서 우리는 모두 그런 사람들이다. 우리의 상충하는 담론들을 각각 명명하기가 쉽지 않을 수도 있지만 말이다.

담론들은 개인의 스타일과 인간의 주체성에 충분한 여지를 허용한다 (Callinicos, 1988). 이것은 담론들이 작용하는 방식 때문에 그렇다. 가령 당신이 어떤 수행을 잘해 낸다면 그것은 그 담론에서 의미 있고 적절한 것으로서 '인식되고', 그러면 '인정받는다.' 그 수행은 마치 바이러스처럼 당신 자신의 개성과 당신의 다른 담론들에도 번진다.

그러므로 사람들과 그들의 담론들은 항상 서로를 전염시킨다. 예를 들어 미국에서 아프리카계 미국인은 그들의 변이형들을 다른 사람들이 가치 있는 수행으로 받아들이게 함으로써, 담론에서 '인정받는' 것을 변화시켰고, 이를 통해 아주 많은 담론들에 영향을 미쳤다. 물론 당신의 수행이 '인식되지' 않을 위험도 항상 있는데, 이는 담론 내에서 수행이 '인정받지' 못하거나 그 담론에서 당신의 존재가 소외되어 있거나 완전히 이질적인 것으로 여겨지는 경우에서이다. 나는 이러한 문제들을 다음 장에서 좀 더 구체화하고자 한다.

16장

담론, 개인, 수행

요 약

이 장은 15장의 내용과 이어진다. 이 장에서는 담론들이 개인의 수행으로 이루어진다는 나의 주장을 좀 더 구체적으로 보이기 위해서 담론/담화 분석의 예를 활용한다. 이러한 수행은 말, 가치, 생각, 태도, 제스처, 소품 등이 영향을 미친 결과물amalgams이다. 결과적으로 이 결과물은 다른 담론들과 연결되는, 사회적으로나 역사적으로 중요한 정체성을 띠게 된다.

15장에서 나는 담론들이 특정 개인들이 행하는 특정한 행위들(수행들)로 이루어진다고 했다. 이 문제를 좀 더 구체적으로 알아보기 위해 세 가지 특정 수행을 분석하고자 한다. 어떤 상황에서 우리는 행위를 하고 그런 뒤 우리의 수행이 이런저런 담론으로 어떻게 규정되거나 규정되지 않는지를 봐야 한다. 결과적으로 사람들의 행동은 그들이 해당 담론을 어떻게 해석하는지, 그리고 어떤 배경을 취하고 있는지 보여 주는 것이다. 따라서 우리는 사회문화적 배경이 다른 고등학생 세 명의 몇 가지 수행 사례를 들고, 그들이 처한 상황을 어떻게 해석하는지 물어볼 것이다.

우리가 살펴볼 수행은 노동 계층의 아프리카계 미국인 고등학생, 노동 계층의 백인 고등학생, 상위 계층의 백인 고등학생(나는 이 학생을 '상류층 학생'이라고 지칭하고, 다른 백인 학생은 '백인 학생'으로 지칭해 구분하겠다)이 행한 것이다. 우리는 고등학생으로 구성된 소집단들이 '앨리게이터강 이야기'에 대해 토론하고, 이야기 속 인물들을(잘못 행동하고 있는 인물에 대해 각자의 기준에서 어느 정도로 잘못 행동하고 있는지 판단하여) '가장 공격적인 사람부터 가장 무례하지 않은 사람'까지 어떻게 평가할 수 있는지 순위를 매겨 보라고 했다.

이 과제가 끝난 뒤에 각 소집단의 한 학생은(나는 여기서 이 학생들에 대해 다룰 것이다) 교사에게(교사는 학생들에게 과제만 내주고 학생들의 토론에 참여하지는 않았다) 소집단 토론의 결과로 내린 순위를 구두로 말하고 각 소집단이 왜 그렇게 순위를 매겼는지 이야기했다. 각 소집단은 동일한 민족 배경, 사회적 계층 출신의 학생 여섯 명으로 구성되었고, 여학생과 남학생이 각각 세 명씩이었다. 아프리카계 미국인 집단과 백인 집단은 도시 소재의 같은 학교 출신이었고 상류층 집단은 상당히 부유한 근교에 위치한, 엘리트 학교 출신으로 구성되었다.

모든 학생들은 학교에서 이 과제를 했고, 교사는 학생들에게 과제를 내주고 관찰만 했다. 과제는 학교에서는 대체로 다루지 않는 쟁점들에 대해 동료와 토론하는 것이었다. 마지막으로 학생들 사이의 상호작용은 외부 관찰자가 기록했다. 따라서 이런 상황은 '특이한' 것일 수 있다. 그럼에도 우리 모두에게도 일어나듯이, 참여자들은 어떻게든 상황을 구성해 내고 그에 따라 행동해야만 한다. 그들의 행위 방식은 학교에서 언어와 담론들이 작용하는 방식에 대해 학생들이 암묵적으로 지니고 있는 관점을 드러내 줄 것이다.

아래에서는 해당 이야기를 소개하고, 각 집단 대표 학생의 반응을 제시하겠다. 각 반응은 연으로 끊어서 제시한다.

앨리게이터강 이야기

옛날에 애비게일이라는 여자가 있었는데, 이 여자는 그레고리라는 남자를 사랑했다. 그레고리는 강변에 살았다. 애비게일은 맞은편 강변에 살았다. 두 연인을 갈라놓은 이 강은 식인 악어들이 득실거렸다. 애비게일은 그레고리와 함께하기 위해 이 강을 건너고 싶어 했다. 불행히도 다리는 물에 휩쓸려 나갔다. 그래서 그녀는 강을 건널 수 있도록 선장인 로저에게 부탁했다. 로저는 강을 건너기 전에 애비게일이 자기와 잠자리를 해 주면, 기꺼이 그녀를 돕겠다고 했다. 애비게일은 그 자리에서 거절했고, 이반이라는 친구에게 가서 자신이 곤경에 처했다고 이야기했다. 이반은 이런 상황에 전혀 연루되고 싶어 하지 않았다. 애비게일은 로저의 조건을 수락하는 것만이 유일한 대안이라고 느꼈다. 애비게일과의 약속을 지킨 로저는 그녀를 그레고리가 있는 곳까지 데려다주었다.

애비게일이 강을 건너기 위해 자신이 겪었던 일을 그레고리에게 이야기하자 그는 그녀를 밀어내고 거들떠보지 않았다. 상심하고 낙담한 애비게일은 슬러그에게 가서 자신의 비통한 사연을 털어놓았다. 애비게일에게 동정심을 느낀 슬러그는 그레고리를 찾아가 무자비하게 때렸다. 애비게일은 그레고리가 응당 받아야 할 것을 받고 있는 상황에 기뻐했다. 해질 무렵, 우리는 애비게일이 그레고리를 비웃는 소리를 들었다.

아프리카계 미국인 학생의 반응

1연
자,
하나의 집단으로서
우리는 로저가 가장 최악이라고 생각했어요
왜냐하면 그는 애초에 잠자리를 같이하자고 그녀에게 요구하지 말았어야
해요
그녀가 그녀의 애인에게 갈 수 있도록
그저 강을 건너게 해 주면서 말이죠

2연
그다음으로 우리는 그레고리를 꼽았어요
왜냐하면 그녀가 거기에 갔을 때
아시다시피 그는 그녀와 그저 완전히 절연했어요
마치 난 그런 일을 한 널 원치 않아,라고 하듯이 말이죠
이건 잘못된 거죠

3연
우리는 슬러그를 세 번째로 꼽았어요

애비게일이 그를 때려 달라고 그에게 말한 건 사실이에요
하지만 꼭 그래야만 할 필요는 없었죠
그는 그냥 싫다고 말할 수도 있었는데
아시다시피 그는 그저 가서 그를 심하게 때렸잖아요

4연
애비게일이 세 번째로 나빠요
왜냐하면 그녀는 비웃었고 말하기를
(중단하면서, 네 번째요) 아, 네 번째예요
그녀가 네 번째로 나빠요
왜냐하면 그녀는 슬러그에게 그를 때리라고 말하지 말았어야 했고
아시다시피 비웃지도 말았어야 해요

5연
이반이 마지막이에요
왜냐하면 그는 옳은 일을 했어요
나는 이 상황에 연루되고 싶지 않아,라고 말하면서 말이죠
이반은 친구였지만 그 상황에 개입하고 싶지 않았던 거죠
그건 자기랑 상관없는 일이죠

백인 학생의 반응

1연
자, 우리의 결론은
음 가장 공격적인 이는 로저예요

대체로 왜냐하면 다른 이유는 없이 그는 그저 애비와 자길 원했기 때문이에요

아시다시피 그건 본인의 욕망을 위한 거예요

아시다시피 일종의 저렴한 거죠

2연

자, 두 번째는 그레고리예요

대체로 왜냐하면 그는 애비게일한테서 이유가 무엇인지 정말 듣지 않았기 때문이에요

그리고 그는 일종의…일종의…아시다시피 생각 없이 그녀를 내팽개쳤죠

아시다시피 그가 같은 처지에 있었다면 아시다시피 그도 같은 행동을 했을지 몰라요

그녀가 그렇게 한 이유는 사랑 때문이었죠

3연

그다음 우리는 애비게일을 세 번째로 꼽았어요

이건 단지 우리가 투표한 결과예요 (웃음)

아니, 왜냐하면 애비게일은 정말 아무것도 하지 않았다고 우리는 생각했어요

그녀는, 말하자면 그녀는 슬러그에게 로저를 때리라고 말하지도 않았어요

그녀는 슬러그에게 그레고리를 때리라고 하지도 않았죠

그래서 그녀는 정말 어떤 영향력도 행사하지 않았어요

그녀는 그저 낙담했죠, 그래서

4연

자, 이제 슬러그가 네 번째라고 우리는 생각했어요

왜냐하면 그가 그레고리를 때린 유일한 이유는 동정심 때문이었죠

그래서 그는 정말 그렇게 공격적인 건 아니었죠

5연

그리고 이반이 다섯 번째예요

왜냐하면 이반은 아무것도 안 했기 때문이에요

그는, 그는 그저 일종의 이 사태에서 약간 비켜나 있었죠

그래서 그는 누구도 불쾌하게 하지 않았어요

그래서 이게 우리가 매긴 순위예요

상류층 학생의 반응

1연

자, 보세요 우리는 다른 사람들의 관점을 뭐랄까 말하자면 두루 살펴볼 수
있어요

그런데 로저는 말하자면 상당히 뚜렷한 동기를 가진 것 같았어요

말하자면 우리는 로저가 한 일에서 어떤 선의를 볼 수 없었어요

그건 그저 상당히 음탕하고 추잡한 일인 것 같았어요

2연

그리고 그레고리가 두 번째인 것 같았어요

제 생각에 그저 그가 심기를 건드렸기 때문인데

여기서는 아시다시피 그를 위해서 그렇게 극단적인 행동을 했고

그가 [그녀에 대항해] 무시했던 사람이

이 소녀라는 점에서 말이죠.

그래서 제 생각에 [분명치 않음]에 대한 어떤 정서적 반응 때문에 그저 그
가 꼽혔다고 봅니다

3연

그리고 슬러그

우리는 슬러그의 이름을 좋아하지 않았어요

그리고 누군가를 잔인하게 때린 것도 좋아하지 않았어요

말하자면 우리는 그레고리의 관점을 다소 이해할 수 있었는데

그리고 우리는 슬러그의 관점도 다소 이해할 수 있었는데

그런데 둘 다 조금 더 나은 행동을 할 수 있었어요

그 상황을 조금은 [낫게] 만드는 어떤 행동 말이죠

4연

그리고 아시다시피 애비게일

우리는 애비게일에 대해 정말 편하지 않았어요

그렇지만 네 글쎄요, 우리는 아시다시피 이걸 사랑을 위한 무모한 도전으
로 볼 수 있었어요

아시다시피 우리는 그것에 대해 뭐랄까 공감했는데

그리고 아시다시피 마지막에 그녀는 아시다시피 그저 원통해 했는데

말하자면 그녀가 원통해 하는 걸 뭐랄까 이해할 수 있잖아요

네, 그녀는 그날 사랑을 위해 죽은 거죠

5연

그래서 다른 건 아시다시피 이반은 그저 이 상황에 정말 관련되지 않았죠
그래서 아시다시피 우리 생각에 이반이
어쩌면 이반은 통찰력이 있어서
이 모든 사람들이 모두 정말 [추잡하다고?] 알고 있었던 건지도 모른다고
생각했어요.

이 학생들은 학교에서의 수행을 '해내야'만 한다. 따라서 이 학생들이 하는 말은 최소한 이런 환경 속에서 학교 기반 담론들을 어떻게 해석하는지를 보여 준다. 동시에 동료들에게 이야기하면서 그들은 일차적, 공동체 기반, 동료 기반 담론들의 다양한 영향을 받을 것이다. 학생들은 각자 그런 다음에 한 개인으로서 발언하기도 하고 온전히 사회적 정체성을 띠고 발언하기도 한다. 사실 우리는 학생들이 세 가지 다른 사회적 위치에서 발언하고, 그들이 상당히 다른 가치 체계(물론 또 다른 상황에선 학생들이 다르게 발언했을 수도 있다)를 갖고 있음을 알아볼 것이다.

세 학생의 반응 차이를 몇 가지 영역으로 나눠서 논의하겠다. (1) 대명사의 사용, (2) 추론이 이루어지는 방식, (3) 이야기 글 텍스트와의 관계, (4) 학생의 '도덕적 이론', (5) 사회적 관계에 대한 해석, (6) 상호작용 스타일, (7) 반응의 힘 또는 직접성 등이 그것이다. 나는 언어와 비언어 현상이 각 수행에서 어떻게 작용하는지를 짚어 낼 것이다. 물론 다른 영역도 논의할 수 있겠지만, 언어학자로서 내가 잘 다룰 수 있는 영역에 대해 강조하고자 한다.

1) 대명사의 사용

1연에서 아프리카계 미국인 학생은 애비게일의 이름을 소개하거나 애비게일에 대해 설명하면서 그녀를 명시적으로 소개하지 않은 채, 애비게일을 지칭할 때 '그녀'라는 대명사를 사용한다. 이는 말이 되는데, 학생은 1차 수신자(그 학생의 교사)가 그 이야기를 읽고 과제를 부여했다는 것을 알기 때문이다. 따라서 아무도 '그녀'라고 지칭하는 이를 모를 리 없다. 아프리카계 미국인 학생은 이 전략을 일관되게 계속 사용한다. 이 학생은 애비게일을 대신한 대명사를 3연에서 이름을 거론하기 전에 1연에서 세 번, 2연에서 두 번 사용한다. 이 학생은 2연에서는 강변을 서로 아는 것이라고 가정해 '거기'라는 말로 표현하고 명시적으로 소개하지 않는다. 이 학생은 3연에서 그레고리를 '그'로 두 번 표현하고, 4연에서는 문장의 주제어가 그레고리에서 슬러그로 바뀌었음에도 그레고리를 '그'라고 표현한다(이 학생은 청자가 이야기를 알고 있기 때문에 슬러그가 그레고리를 때렸다는 사실을 안다고 가정한다). 이런 모든 장치는 화자가 자신과 청자(교사)가 특정 지식(이야기와 과제)을 공유한다(사실상 맞는 말이다)고 여긴다는 것을 암시한다.

백인 학생은 똑같은 전략을 취하지 않는다. 예를 들어 1연에서 이 학생은 대명사 대신 '애비'라는 이름을 쓰고, 4연에서는 슬러그가 때린 사람이 그레고리라고 명시적으로 언급한다. 이 백인 학생은 청자(교사)가 이미 알고 있고 본인도 아는 정보를 명시적으로 진술한다. 이는 생각해 보면 이상하기도 하지만, 이런 과제에 대해서 이 화자와 동일한 전략을 쓰는 우리에게는 정상적인 것으로 보인다.

아프리카계 미국인 학생과 백인 학생은 상이한 맥락을 시사하는 것이다. 또는 다른 방식으로 본다면 그들은 해당 맥락을 다르게 해석하는 것이다. 아프리카계 미국인 학생은 교사를 본인과 함께 지식을 공유하는 과제 전반의 참여자라고 생각한다. 또한 이 학생은 본인이 구어로 구성하고 있는 그 텍스트가 전체 과제, 즉 이야기를 읽고 과제 안내를 받고 소집단 토론을 거쳐 순위에 대한 자신의 요약 발표까지 거치는 과제의 연장선상에 있다고 여기고, 전체 과제의 일부로 여김을 표현한다.

백인 학생은 교사를 과제 밖에 있는 사람으로 여긴다. 교사를 이야기와 과제에 관한 지식을 공유하는 사람으로서의 청자로 여기는 것이 아니라 다른 역할, 가령 평가자의 역할을 하는 이로 여긴다. 또한 자신이 구성하는 구어 텍스트가 과제 전체에서 그리고 그와 관련된 집단 구성원의 상호작용과 독립적이라고 생각한다. 따라서 본인의 구어 텍스트 바깥에 있는 지식을 참조하는, 즉 교사와 공유된 것을 가리키는 대명사를 쓰지 않는다.

상류층 학생은 구어 텍스트 밖에 존재하는 상호 공통 지식에 의존하지 않고 이전에 나온 것을 지칭할 때 대명사를 사용한다는 점에서, 대명사를 백인 학생과 비슷하게 활용한다. 그러나 백인 학생과 중요한 차이점을 보이는데, 이 학생은 인물의 이름을 명시적으로 거론하면서 소개하고 각 사례(한 가지 예외는 있다)에서 대명사를 쓰기 전에 두 번 이상 이름을 반복적으로 언급한 뒤에 대명사를 쓴다. 사실상 이 학생은 대명사의 사용을 되도록 자제한다.

1연에서 로저는 이름이 두 번 거론되고 대명사로 언급되지 않는다. 3연에서 슬러그는 이름이 세 번 언급되고 대명사로 표현되지 않는다. 4연에서 애비게일은 대명사로 지칭되기 전에 이름이 두 번 거론된다. 그리고 4연의 넷째 줄에서 이 학생은 자기 소집단이 공감했다고 말하고, '그녀'(애비게일)가 아니라 '그것'(사랑을 위한 무모한 도전)에 공감한 것이라고 말한다. 마지막 연에서 이반은 대명사로 표현되지 않고 이름이 세 번 언급된다. 상류층 학생이 대명사를 사용하지 않는 것은 자신과 이야기의 인물 사이에 거리를 두게 한다. 이런 점에서 앞서 언급한 백인 학생은 아프리카계 미국인 학생과 상류층 학생 사이에 자리한다고 하겠다.

2) 추론이 이루어지는 방식

세 화자는 대명사 활용으로 청자가 추론해야 할 정보를 남기느냐 마느냐 하는 차이를 보이는데, 이는 화자가 이야기 텍스트에서 추론해 내는 방식의 차이와 연결된다. 아프리카계 미국인 화자는 3연에서 애비게일이 '그를 때려 달라고 그에게 말'했다고 하고, 백인 학생은 3연에서 애비게일은 '슬러그에게 그레고리를 때리라고 하지도 않았죠'라고 했다. 이야기 텍스트는 '상심하고 낙담한 애비게일은 슬러그에게 가서 자신의 비통한 사연을 털어놓았다'라고 적고 있다. 아프리카계 미국인 학생은 자신이 구성하는 구어 텍스트를 앞에서 소집단 동료들과 한 상호작용의 연속선으로 보려 하고 교사를 과제에 연루된 사회적 네트워크의 일부로 보려 한 것과 마찬가지로, 기꺼이 이야기 텍스트를 넘어서 추론하려고 한다. 본인의 구어 텍스트를 이전의 상호작용과 교사의 지식과는 별개의 독립적인 것으로 다루는 백인 학생은 이야기 텍스트 역시 비슷하게 독립적인 것으로 여기고, 텍스트를 넘어서는 이야기를 하려고 하지 않는다.

상류층 학생은 애비게일이 슬러그에게 그레고리를 때리라고 말했는지 아닌지를 추론하는 것에 대한 언급 자체를 피한다. 이는 인물이 무엇을 하거나 말했는지에 초점을 두지 않고, 인물이 어떻게 느끼고 학생 자신이 인물에 대해 어떻게 느끼는지에 초점을 두었기 때문이다. 좀 더 깊은 수준에서는 이 다음의 논의에서 볼 수 있는 것처럼, 상류층 학생의 연에서는 이야기 속 인물들이 서로 간에 직접적으로 상호작용하는 것으로 표현되지 않는다. 인물들은 각각 사회적으로 분리된 존재로 여겨지고, 서로 독립적으로 다루어진다. 따라서 애비게일이 슬러그에게 그레고리를 때리라고 말했는지 아닌지와 같은 문제는 '언급'할 수 없거나 상류층 화자의 구어 텍스트속 언어에서는 다루어질 수 없다. 그렇게 되면 이 학생이 인물 사이의 직접적인 상호작용에 대해 언급해야 하기 때문이다.

3) 이야기 글 텍스트와의 관계

이 세 집단은 '앨리게이터강 이야기' 글 텍스트에 보이는 태도, 이 텍스트와 관련을 맺는 방식에서도 차이를 보였다. 백인 학생들은 이야기를 읽고 나서 토론하는 동안 동료 사이에 의견 충돌이 생기면 이야기 텍스트에 의지해 끊임없이 텍스트를 참조, 재참조했다. 백인 학생들은 '이 이야기에 … 적혀 있어'와 같은 말을 했다. 아프리카계 미국인 학생들은 이야기를 읽은 뒤에 텍스트는 옆으로 제쳐 두었다. 이야기 텍스트와 관련된 점에서 의견이 일치하지 않으면, 그들은 지속적인 토론과 자신들의 사회적 경험에 의지해서 의견을 조정했다. 아프리카계 미국인 학생들은 토론 속에서 그 텍스트를 '인용'하지는 않았지만 단어를 '모방'하기는 했다. 예를 들어 '무자비하게'와 같은 단어를 모방해서 활용하였다. 백인 학생과 아프리카계 미국인 학생 집단 사이의 이러한 차이는 백인 학생은 텍스트의 단어들을 넘어서 추론하는 것을 꺼리고, 아프리카계 미국인 학생들은 기꺼이 그렇게 하려는 경향과 연결된다. 이는 또한 추정컨대 학생마다 반응의 다른 측면에도 영향을 준다.

상류층 집단은 백인 집단처럼 이야기 텍스트에 의지하는 점에서 공통적이다. 그러나 그들은 백인 집단이 때때로 했던 방식처럼 집단적으로 텍스트를 참조하지는 않았다. 그보다는 학생마다 각자 종이를 들고, 자기 의견을 개진할 때 가끔 텍스트를 참조했다. 이 다음 논의에서 이 방식이 이 집단의 '사적인' 그리고 개인화된 특징과 맞아떨어지는 것임을 살펴볼 것이다. 또한 상류층 응답자는 유일하게 답변 속에서 인물의 이름을 반복적으로 사용하고 언급함으로써 이 이름 자체에 대한 자신의 반응(거명된 사람들의 행위에 대한 반응뿐 아니라)에 대해 논평하는 것에 주목할 수 있다. 이 학생은 이야기 텍스트의 단어들을 넘어서는 사회적 세계를 보려고 하지 않는다. 백인 학생보다 훨씬 더 그렇다.

4) 암묵적 도덕 이론들

아프리카계 미국인 학생은 '옳은'(5연), '잘못'(2연), '…어야 했다'(1, 4연), '…그래야만'(3연) 그리고 '…할 수도 있었'(3, 5연)과 같은 말에서 전통적으로 도덕성과 관련된 용어를 사용한다. 이 학생은 도덕적 원칙에 호소하는데('이건 잘못된 거죠', 2연), 이러한 원칙의 출처나 정체성을 언급하지는 않는다. 또한 이 학생은 사회적 관계를 강조한다. 로저가 애비게일이 '애인'을 보고자 할 때 '그저' 강을 건널 수 있게 해 주지 않고 그녀에게 자자고 한 게 잘못인 것이다. 여기서 잘못된 것은 그레고리와 애비게일의 애정 관계를 훼손하는 일을 청한 것이다. 이반은 친구라는 사회적 관계를 맺고 있지만 자신은 개입하지 않겠다고 했기 때문에 그가 한 행동은 옳은 것이었다. 애비게일은 비웃었고 슬러그에게 심각한 폭력을 자행하게 했기 때문에 잘못된 행동을 했다. 이 화자에게 도덕성은 사회적 관계를 훼손해서는 안 되고 사회적 관계를 심각하게 고려해야 한다는 도덕적 지침을 따르는 문제인 것으로 보인다.

백인 화자는 전통적인 도덕적 용어를 사용하지 않는다. 그 대신 그는 '이유'와 '이유를 제시하는' 언어를 사용한다. 로저는 그가 한 행위에 선의의 이유가 없었기 때문에(1연) 공격적이다. 그레고리가 애비게일에게서 이유를 듣지 않은 것은 잘못한 일이다(2연). 슬러그는 그의 이유(동정심)가 받아들일 만한 것이기 때문에 그다지 공격적이지는 않다(4연). 사실 심리적 상태에 대한 진술은 대체로 완화되어 있는데, 3연에 애비게일의 낙담이, 4연에 슬러그의 동정심이 나온다. 이 화자는 2연에서 일종의 '황금률'(무엇이 이성적인 것인지를 판단하게 해 주는 필수적인 준거)을 언급한다. '같은 처지에 있었다면 그도 같은 행동을 했을지 몰라요.'

이 화자에게 행동하지 않은 것은 본질적으로는 무죄라고 비치는 듯하다(행위를 한 경우에 죄가 있는 것이지, 하지 않으면 죄가 있다고 보지 않는 것 같다). 이반은 '아무것도 안 했'고 '누구도 불쾌하게 하지' 않았기 때문에 가장 덜 무례했다고 보았고, 애비게일은 그레고리를 때리라고 슬러그에게 말하지 않아서 '어떤 영향력도 행사하지 않았'다고 보았다. 이 화자의 '도덕 체계'를 보면 심리적 상태(낙담, 동정심)는 참작할 만한 요인이고, 어떤 행위(또는 어떤 상호작용)가 누군가를 불쾌하게 하지 않고 행위자가 그렇게 해야 할 이유가 있으면 온당한 것이라 여기는 듯하다. 이유를 고려하는 데 심리적 상태를 참작할 수 있지만 그보다는 행위자가 같은 상황에서 무엇을 할 수 있었는지를 고려해야 한다. 이는 이성과 심리의 도덕성으로, 사회적 네트워크와 책임으로서의 도덕성이 아니다(이는 사실 미국 헌법이 기대고 있는 도덕 체계다).

상류층 화자는 (아프리카계 미국인 학생이 그랬던 것처럼) 전통적인 도덕 관련 어휘와 상호 유대 관계의 사회적 네트워크를 토대로 하지도 않고, (백인 학생이 그랬던 것처럼) 과정의 합리성이나 이성적 판단을 토대로 하지도 않는 도덕성 관점을 드러낸다. 오히려 그는 백인 학생이 초점을 맞추었던 심리 상태에 대해 극단적으로 몰아간다. 도덕성은 두 가지 문제다. 하나는 등장인물의 감정과 관점(내적 상태), 다른 하나는 화자(또는 화자가 속한 집단)의 감정과 민감성, 관점이다. 이 화자에게는 후자가 더 중요하다.

상류층 화자는 '우리는 다른 사람들의 관점을 두루 살펴볼 수 있어요'라고 말을 시작하는데, 이는 내가 너의 관점을 이해할 수 있는 정도만큼(즉 네가 나와 비슷한 만큼) 너의 행위를 이해할 수 있음을 시사하는 것이다. '우리는 로저가 한 일에서 어떤 선의를 볼 수 없었'기 때문에 로저를 가장 나쁘다고 꼽았는데, 여기서 '선의'가 무엇을 뜻하는지는 완전히 암묵적인 것으로 남아 있다. 그레고리는 두 번째로 꼽혔는데 왜냐하면 '그가 (우리의) 심기를 건드렸기' 때문이다. '(우리의) 정서적 반응 때문에 그가 꼽혔다', '우리는 슬러그의 이름을 좋아하지 않았어요', '우리는 애비게일에 대해 정말 편하지 않았어요'. 여기서 초점은 화자가 등장인물을 어떻게 보느냐 또는 등장인물이 화자에게 어떤 영향을 미치느냐이다. 그러나 문제의 핵심은 등장인물이 '우리와 비슷한'지 아닌지이다(그리고 궁극적으로 어느 누구도 그들과 같지 않다).

우리는 이러한 점을 처음에 화자가 '다른 사람'(이야기 속 등장인물)의 관점을 이해할 수 있는 것처럼 말한 지점에서도 볼 수 있다. 각 사례에서 그가 다른 사람의 관점을 이해할 수 있다는 주장은 상당히 약화된다. 예를 들어 3연에서는 그레고리와 슬러그의 관점을 '다소' 이해한다고 하고 나서 그레고리와 슬러그가 더 나은 행동을 할 수 있었다고 말한다(그레고리와 슬러그가 무엇을 할 수 있었는지, '더 나은' 행동이 무엇을 의미하는지는 밝히지 않았다). 슬러그와 그레고리의 관점을 '다소' 이해할 수 있다고 말한 뒤에 '그런데'라고 말했는데, 이는 그들의 관점을 이해할 수 있다는 주장과 모순되고 그 주장을 약화하는 힘을 강조하는 것이다. '그런데' 뒤에 나오는 말은, 잘못된 점은 그레고리와 슬러그가 우리와 같지 않고, 우리에게 좋은 인상을 주지 못했으며, 그들의 행위는 우리라면 하지 않았을 행위였다는 것이다. 비록 우리라면 어떻게 했을지 구체적으로 말하기 어렵지만 말이다.

4연에서 화자는 애비게일에 대해 '우리는 이걸 사랑을 위한 무모한 도전으로 볼 수 있었어요', '우리는 뭐랄까 공감했는데', '그녀가 원통해 하는 걸 이해할 수 있잖아요'라고 말하면서도 '우리는 애비게일에 대해 정말 편하지 않았어요'라고 말한다. 따라서 그는 다시 한번 등장인물의 관점을 이해할 수 있거나 공감할 수 있다는 주장을 약화한다. 아마도 그는 애비게일의 내적 상태(원통함과 절망)를 '다소'(거의) 이해하거나 공감할 수 있어서 애비게일을 상대적으로 덜 공격적인 인물로 꼽았을 테지만, 그녀도 상당히 못마땅하게 여긴다.

이반은 못마땅하지 않고 가장 받아들일 수 있는 인물로 꼽혔는데, 왜냐하면 그는 다른 등장인물들의 내적 상태가 사람들의 감성으로 받아들이기 어려운 것임을 알아차릴 정도로 통찰력이 있었기 때문이다. 여기서 도덕성은 일종의 판단하기이다. 다른 사람의 내적 심리를 보는 것이고 타인의 내적 심리가 다른 사람의 감성에 어떻게 영향을 주는지를 판단하는 것이다. 판단의 기준은 자신 또는 우리와 같은 사람이다. 세상은 사적이고 심리적인 것일 뿐 아니라 자기중심적이다.

5) 사회적 관계에 대한 해석

아프리카계 미국인 화자는 등장인물들 사이의 관계를 내적인 상태를 중심으로 진술하기보다는 서로 상호작용하거나 대화를 한 듯이 구성해 낸다. 예를 들어 '그녀에게 요구하지'(1연), 2연에서는 직접 인용('난 그런 일을 한 널 원치 않아'), '그에게 말한'(3연), '말할 수'(3연), '비웃었고 말하기를'(4연), '말하지'(4연), '비웃지도'(4연), '말하면서'(5연), 5연에서의 직접 인용('나는 이 상황에 연루되고 싶지 않아') 등을 들 수 있다. 그는 이 이야기를 등장인물들 사이의 대면적인 만남을 중심으로 구성하고 있다. 백인 화자는 이런 기제를 거의 사용하지 않고, 대체로 내적인 심리 상태에 주목한다. 예를 들어 1연에서 로저는 공격적인데 이는 그가 애비게일에게 자자고 물어봐서가 아니라 그가 그녀와 자길 '원했기' 때문이라고 했다. 2연에서 그레고리는 '생각 없이' 애비게일을 내팽개쳤다고 했다. 3연에서 애비게일은 '낙담했'고 그녀의 행위가 이런 이유로 설명되었다. 4연에서 슬러그는 동점심이 있고, 5연에서 이반은 누구의 감정도 건들지 않았다고 설명했다. 이처럼 백인 화자의 세계는 아프리카계 미국인 화자에 비해, 사회적 관계에 대해서는 비중을 덜 두고 좀 더 심리적인 측면에 주목하면서 더 사적인 것으로 구성된다.

상류층 화자의 경우, 등장인물들 사이의 관계에서 사회적 상호작용은 백인 화자의 경우보다 훨씬 더 약화되어 있다. 등장인물들은 각 연에서 서로 직접적으로 대면하듯이 진술되지 않는다. 예를 들어 그레고리가 언급되는 1연에서 애비게일은 언급되지 않고, 그레고리가 언급되는 2연에서는 '이 소녀'라고 언급된다. 3연에서 그레고리는 처음에 단지 '누군가'인 슬러그를 때렸다고 나오고, 그레고리와 로저가 함께 언급되지만 화자와의 관계 속에서 언급되는 것이지, 두 사람 사이의 관계로 언급되지는 않는다. 4연에서는 애비게일과 관계를 맺는 어떤 등장인물도 언급되지 않는다. 5연에서 이반은 모든 등장인물과 관련된 태도를 가지는 것으로 언급되고 애비게일과 관계되는 언급은 없다. 이는 앞의 백인 화자의 내적 심리나 사적인 세계 중심으로 이야기가 구성되는 극단적인 예로 볼 수 있다.

6) 상호작용 스타일

집단마다 상호작용하는 스타일이 있었다. 아프리카계 미국인 집단은 자주 끼어들거나 서로 겹쳐서 말하면서 신나게 대화에 참여했는데, 아무도 신경 쓰지 않는 듯했고 누구도 상호작용의 속도를 개의치 않았다. 백인 집단은 다소 '차분'했지만, 끼어들기나 겹쳐서 말하는 일은 적어도 토론은 적극적으로 이루어졌다. 백인과 아프리카계 미국인 집단은 모두 동그랗게 모여 앉았고 집단 전체나 개별 구성원에게 자신의 견해를 밝혔다.

상류층 집단은 동그랗게 둘러앉지 않고 반원처럼 앉았다. 처음에 각 구성원이 자신의 의견을 밝혔는데, 전체 집단에게 밝히는 것이 아니라 카메라를 보면서 독백하듯이 밝혔다. 그런 다음 토론에 임했는데 거의 대부분 다른 구성원의 생각에 각자 논평하는 식이었고, 이때도 카메라를 향해 발언했다. 한 여학생은 몇몇 '토론' 내용에 화를 냈는데, 자신의 견해를 주장한 뒤에는 의자를 집단에서 멀리 떼고 조용히 앉아 더는 상호작용을 하지 않았다.

7) 텍스트의 힘과 직접성

아프리카계 미국인 화자는 구두로 말할 때 직접적이고 힘 있게 표현한다. 그는 '헤지 표현hedges'이나 '의미 약화 기제mitigating devices'를 거의 사용하지 않는다. 반면 백인 화자는 '헤지 표현'이나 '의미 약화 기제'를 많이 사용한다. 예를 들어 '대체로(mainly)', '아시다시피(you know)', '일종의 (kind of)', '정말(really)'과 같은 단어나 구는 주장의 힘을 약화하거나, 등장 인물에게 부여되는 속성의 힘을 완화하거나, 또는 청자가 해당 주장에 대해 동의하거나 동의하지 않는 정도를 염려해서 쓰는 표현이다.

한편 아프리카계 미국인 화자도 그러한 표현을 여섯 번 쓰는데, 일부는 헤지 표현으로 작용하지 않는다. 예를 들어 1연(마지막 줄)에서 강조의 의미로 '그저'가 쓰이고 2연에서도 '완전히'와 '그저'가 함께 쓰이는데, 이런 표현이 가질 수 있는 의미 약화 기능을 완전히 상실했다. 반면 백인 화자는 20개의 헤지 표현을 쓰는데 모두 의미 약화 기능을 한다. 상류층 화자는 아프리카계 미국인보다는 백인 화자에 가깝게 헤지 표현을 쓴다. 이들은 39번의 헤지 표현을 사용해 백인 화자보다 횟수가 더 많다.

또한 상류층 화자는 백인 화자나 아프리카계 미국인 화자가 보이지 않는 특징을 보이는데, 지각 행위를 드러내는 단어나 구(시각을 드러내거나 '-인 것 같다'라는 단어)를 반복적으로 사용한다. 지각은 본질적으로 관점이나 참조점과 관련되기 때문에 주장의 보편성이나 힘을 약화하는 기능을 한다. 화자가 의미를 약화하는 표현을 많이 쓸수록, 화자가 주장의 내용보다는 제시하는 사실에 더 신경 쓰는 것처럼 보인다. 상류층 화자는 이런 표현을 써서 자신과 자신의 주장 사이의 관계 그리고 자신과 이야기 속 등장인물 사이의 관계를 조절한다. 그는 주장이 취하는 관점이나 인물이 평가되는 지점으로서의 자신에 대해 잘 알고 있다. 표 16.1은 학생들이 저마다 사용한 의미 약화 표현의 종류와 수 그리고 상류층 화자가 사용한 지각

표 16.1 헤지 표현과 의미 약화 표현 그리고 지각 용어

아프리카계 미국인	백인	상류층	
그저(just) 3	그저(just) 2	뭐랄까/다소(sort of) 5	보다(see) 5
아시다시피(you know) 2	대체로(mainly) 2	말하자면(like) 3	볼(seeing)
사실(true)	아시다시피(you know) 5	두루(come around)	관점(point of view) 3
	일종의(kind of) 2	같았다(seemed) 3	같았다(seemed) 3
	정말(really) 4	상당히(pretty) 2	통찰력 있는 (perceptive)
	단지/유일한(only) 2	그저(just) 5	
	우리 생각에(we figured) 2	제 생각에(I think) 2	
	말하자면(I mean)	아시다시피(you know) 8	
		말하자면(I mean) 2	
		정말(really) 3	
		네(yeah) 2	
		글쎄(well)	
		우리 생각에(we figured)	
		어쩌면(maybe)	
합계 6	20	39	13

참고: 격식적 말하기는 면담(녹음)에서 직접 묻고 답하는 말하기, 비격식적 말하기는 녹음과 상관없이 편안한 상태에서 말하기를 뜻함.
Source: J. K. Chambers and P. J. Trudgill (1980), *Dialectology*, Cambridge: Cambridge University Press (p. 71).

용어이다.

이렇게 일곱 가지 측면을 통해, 세 학생 사이에 중요한 차이가 있음을 뚜렷이 볼 수 있다. 예를 들어 아프리카계 미국인 화자는 보편성 관점에서 자신의 주장을 펼친다. 그리고 그는 집단 구성원의 토론 내용과 본인의 발표, 이야기 텍스트를 서로 연결하는 방식으로, 이야기 속 등장인물에 관해 논의할 때 사회적 관계를 강조했던 방식으로, 그리고 교사를 자신과 지식을 공유하는 사람으로 대하는 방식으로 사회적 관계를 강조한다. 백인 화자는 발표 내용과 이야기 글을 서로 연결하지 않고 집단 구성원의 토론 내

용과 자신의 발표 내용도 연결하지 않는다. 그는 이야기 속 등장인물 내면의 정신적·심리적 상태에 집중한다. 상류층 화자는 등장인물을 자신의 감성 측면에서 바라보고, 자신(또는 본인의 집단, 본인과 같은 사람들)이 가장 인상 깊게 받아들였는지를 판단과 지각의 주요한 지점으로 삼는다. 그의 자기중심적 생각 속에서 사회적 세계는 별로 중요한 것이 아니다.

이것이 만약 문학이었다면, 우리는 아프리카계 미국인 학생은 외부의 사회적 세계를 위해 화자의 목소리를 가리고 있다고 할 수 있을 것이다. 또한 백인 학생은 화자의 목소리를 분명히 드러내어 이야기의 흐름과 분리하고 등장인물의 심리 상태를 들여다본다고 할 수 있을 것이다. 그리고 상류층 학생은 화자의 목소리를 위해 사회적 세계를 가리고, 그 세계는 단순히 화자 시선의 반영이라고 할 수 있을 것이다. 우리는 영향력 있는 소설이 이러한 세 가지 양식으로 쓰인다는 것을 유념해야 한다.

학생들은 저마다 자신들이 생각하기에 학교에서 내주는 과제에 적합한, 따라서 학교 기반의 이차 담론에 적합한 수행을 한 것이다. 또한 각각 그들의 다른 담론들에 영향을 받는데, 아마도 학교 밖 관심사에 대해 친구들과 토론하는 상황에 더 큰 영향을 받을 것이다.

많은 아프리카계 미국인이 속한 일차 담론은 쌍방적 참여, 협력, 사회적 네트워킹에 방점을 두고, 지나치게 타인의 일에 간섭하지 않고 권위주의적인 텍스트나 제도 또는 문어, 사람들의 목소리를 넘어서는 것에 특혜를 주지 않는다. 이러한 일차 담론의 측면이 다른 측면과 더불어 아프리카계 미국인 학생의 수행에 영향을 준다.

이와 대조적으로, 백인 학생과 그가 속한 집단의 경우에서 본 것과 같은 사고와 상호작용의 이성주의적·개인주의적·사적인 요소는 서구 중산층과 현대 자본주의의 성장과 관련되었고, 중산층의 주요 사회화를 형성하는 요소와 현대 학교교육의 기초(Sennett, 1974)를 만들었다고 논의되었다.

따라서 학교가 아프리카계 미국인 학생보다 백인 학생에게 더 높은 보상을 주는 것은 놀라운 일이 아니다. 그러나 이들은 같은 학교를 다닌다. 백인 학생의 다른 담론들은 학생이 행해야 하는 바로 그 학교 기반 담론의 형성 과정에 역사적으로 서로 연루되어 있다. 아프리카계 미국인 학생의 동료 기반 일차 담론들은 이러한 과정에 연루되지 않았을 뿐더러 시공간을 달리 하며 여러 차례 그러한 과정에 적극적으로 반대하거나 저항했다.

그러나 세 학생이 보여 준 저마다 다른 수행은 또한 한 가지 사실을 분 명히 드러낸다. 바로 아프리카계 미국인 학생이 담화에 참여하는 방식이 학교의 그것과 다르기 때문에 학교에서 실패한다는 반복된 주장은 허구라 는 것이다. 아프리카계 미국인 학생의 수행이 백인 학생의 그것과 얼마나 차이가 나든 간에, 상류층 학생이나 집단에 비해 백인 학생과 아프리카계 미국인 학생은 서로 비슷하게 행동하는 것으로 나타난다.

상류층 집단은 '학교 기반 행위'의 표준적인 특성(사실 백인 학생이 이 러한 특성에 가장 가깝다)에 맞지는 않지만 학교에서 훌륭하게 성공한다. 물 론 이들에게는 학교의 담론과 상류층 학생의 일차 담론이 서로 섞이고, 이 들이 진출할 엘리트 직업과 이들이 공적·사적 삶을(예를 들어 나머지 사람들 을 위해 무엇이 좋은지에 대해 의사결정하는 것) 살아갈 엘리트 사회에 어울리 는 학교 기반의 이차 담론들을 구축하는 목적을 가지는 학교가 있다. 상류 층은 그저 주류 중산층이 국가의 공적 비용으로 제공받기 위해 애써 온 것, 즉 그들만의 학교를 직접 구매했을 뿐이다.

17장

과학과 생활세계

요약

모든 인간에게는 보통 사람으로(전문인도 아니고, 직업인도 아닌) 인정되는 존재 방식이 있다. 물론 이 존재 방식은 사회문화적 집단마다 다르다. 이 존재 방식은 한 사람의 '생활세계'를 구성한다. 생활세계는 사람들이 지식을 생산하는 데 '특별한 방법'이 필요한 전문적 또는 직업적 담론에 접근하지 않고도 세상일을 안다고 할 수 있는 공간이다. 이 장에서 나는 생활세계 담론과 전문 담론을 대비하여 살펴볼 것이다. 또한 우리 인간이 과학을 하는 데에서의 역사와 담론의 역할을 탐구할 것이다.

과학과 생활세계

15장에서 월마의 텍스트를 논의할 때 '일상생활' 지식이 '공식적' 지식과 접촉하며 어떻게 작용하는가에 대한 쟁점을 다루었다. 모든 문화에는 '평범한' 사람으로 존재하는 사회문화적으로 가변적이고 다양한 방식이 있고, 그 방식들은 사회역사적으로 결정된다. 세상에서 존재하는 그런 방식들은 내가 이른바 '생활세계'(나의 목적을 위해 Habermas, 1984에서 빌려온 개념)라고 부르는 것을 구성한다. 현대사회에서 특수화되고 전문화된 담론들의 식민지화라는 압박 속에서 생활세계는 몇백 년 동안 계속해서 축소되었으며, 우리가 말하는 것만큼 빨리 축소되고 있음을 대부분 알고 있다.

과학은 현대사회에서 강력하고 권위 있는 역할을 한다. 예를 들어 복합적인 정체성과 가치 그리고 다양한 사회적 언어의 말은 보통 생활세계의 비전문적인 담론들에만 해당한다고 여겨진다. 많은 사람이 과학은 천상의 객관성 같은 것을 달성하고, 언어와 문화를 초월한다고 생각한다. 그러나 과학은 인간이 수행하며, 가장 큰 장점과 약점은 인간의 모든 일이 그렇듯이 사회적 관계에 뿌리를 두고 있다. 과학은 마치 학교, 사회, 생활세계처럼 상호보완적이고 경쟁적인 담론들의 영역이다.

경우에 따라 말을 다르게 운용하고, 그렇게 함으로써 다른 정체성을 채택하고 그들의 대화 상대자들과 다른 관계에 진입하는 이들은 단지 '평범한' 것을 행하는 '평범한' 사람이 아니다. 과학자를 포함해 모든 이들이 그렇게 한다. 예를 들어 생물학자들은 같은 주제에 대해 대중적인 과학 잡지와 전문 저널에 다르게 쓴다. 쓰기의 이 두 가지 방식은 다른 것들을 의미하고 다른 정체성을 띤다. 대중적인 과학 기사는 전문적인 글의 '번역'이나 '단순화'가 아니다.

다음의 두 발췌문을 보자. 첫 번째는 전문 저널에서, 두 번째는 대중적인 과학 잡지에서 가져온 것으로 둘 다 동일한 주제로 한 생물학자가 작성한 것이다(Myers, 1990: 150에서 발췌).

실험은 헬리코니우스 나비들이 알을 갖고 있거나 알과 유사한 구조물을 가진 숙주식물에 산란할 가능성이 적다는 것을 보여준다. 이 가짜 알들은 곤충 초식동물로 숙주를 제한한 집단에 대응하여 진화된, 한 식물의 특성을 명확히 보여주는 사례다.

(전문 저널)

헬리코니우스 나비들은 시계꽃 포도나무에 알을 둔다. 포도나무들은 자신을 방어하기 위해 나비들에게 알이 이미 놓인 것처럼 보이도록 가짜 알들을 진화시켰다.

(대중 과학 잡지)

첫 번째 발췌문은 전문 과학 저널에서 가져온 것으로, 생물학의 과학 분야 내 특정 이론의 개념 구조에 대한 것이다. 도입 문장의 주어가 자연과학의 방법론적인 도구인 '실험'이다. 그다음 문장의 주어는 '가짜 알들'이다. 식물의 부위가, 식물 그 자체 차원이 아니라 자연의 선택과 진화에 대한 특정 이론, 즉 포식자와 먹이의 '공진화coevolution(포식자와 먹이가 서로를 형성해 감으로써 함께 진화한다는 이론)'에서 하는 역할 차원에서, 어떻게 명명되는지에 주목하라. 또한 이와 관련하여 대중적인 글의 '포도나무'보다 오히려 앞의 '숙주식물'에 주목하라. 이들은 단지 자연 속에 존재하는 그대로 식물의 특성으로서가 아니라, 과학자의 이론에서 역할을 하는 부분으로서 명명되는 것이다.

첫 번째 문장에서 나비는 '곤충 초식동물로 숙주를 제한한 집단'으로 언급되는데, 이는 과학적 방법론의 한 양상('실험')과 이론의 논리를('가짜알') 동시에 시사한다. 공진화 이론에 찬성론을 펴는 모든 과학자는 특정 식물의 특징과 특정 포식자 사이의 느슨한 연결에 대해 설명하는 데 어려움을 겪는데, 대부분의 식물에 그들을 공격하는 너무나 많은 종류의 동물이 있기 때문이다. 이 문제를 극복하기 위한 가장 중요한 방법론적 기술은 하나 또는 소수의 포식자(이 경우는 헬리코니우스 나비)에게만 잡아먹히는 식물 집단(시계꽃 포도나무처럼)을 연구하는 것이다. 그러면 '곤충 초식동물로 숙주를 제한한 집단'은, 공진화 이론의 핵심에 있는 곤충과 식물 간 관계와, 다른 종류의 상호작용을 '통제'하기 위해 서로 제한하는 식물과 곤충을 고르는 방법론적 기술 모두를 지칭한다. 그래서 첫 번째 글은 과학적 방법론과 진화에 대한 특정 이론적 관점과 관련되어 있다.

두 번째 문장은 대중 과학 잡지에서 가져왔는데, 방법론과 이론에 대한 것이 아니라 자연 속 동물에 대한 것이다. 나비가 첫 번째 문장의 주어이고, 포도나무가 두 번째 문장의 주어이다. 나비와 포도나무는 특정 이론에서의 역할 차원이 아니라 이렇게 표시되는labelled 것이다. 두 번째 글은 과학자의 훈련된 시선에 투명하게 공개된 곤충과 식물의 투쟁에 대한 이야기이다. 나아가 그 식물과 곤충은 드라마에서 '의도적인' 행위자가 된다. 즉 그 식물은 '방어' 행위를 해서 곤충에게 특정한 방식으로 '보여지는데', 인간들도 가끔 속듯이 곤충들도 식물의 겉모습에 '속는다'.

이 두 가지 예는 사실 역사적으로 차이가 있는 것을 현재에 되풀이한다. 생태학의 역사에서 과학자들과 자연의 관계는 자연을 직접 관찰한 것에 대해 이야기하는 것에서 복잡한 이론을 검토하기 위해 복잡한 실험을 수행하는 것으로 점차 변했다(Bazerman, 1989). 마이어스는 전문 과학이 이제 전문가의 '불확실성과 복잡성 관리'에 관심을 두며, 세상은 전문가에 의해 알 수 있고 전문가가 직접 접근할 수 있다는 일반적인 확신을 가진 대중 과학에 관심을 보인다고 주장한다(Myers, 1990). '불확실성 관리'에 대한 요구는 부분적으로 자연 '관찰'의 증가가 과학자들을 합의에 이르게 한 것이 아니라, 관찰한 것을 기술하고 설명하는 방법에 대해 많은 불일치에 이르게 한 사실에 의해 생겨났다(Shapin & Schaffer, 1985). 이 문제는 대중들에게 그러한 불확실성이 직업적 전문성이나 세상에 대한 궁극적 '앎'에 대한 과학자의 주장을 훼손하지는 않음을 납득시킬 필요가 있게 만들었다.

이 사례는 우리에게, 단지 말하는 방식들이 다른 정체성들(여기에서는 실험가/이론가 대 자연에 대한 세심한 관찰가)과 연결된 것일 뿐만 아니라, 항상 사회적, 역사적으로 형성된 특정한 실천들 내에서 습득되는 것임을 보여준다. 이 실천들은 특정 집단 사람들의 가치와 이해관계를 드러내고, 말하는 방식들도 규정한다. 특정 집단들은 언제나 담론에 의해 형성된다.

읽기, 쓰기, 말하기, 듣기에 의해 의미를 통하게 하는 방법을 아는 것은, 특정 정체성이나 '삶의 형태들'(담론들)을 이행하는 다른 사람들과 '조화를 이루는' 문제이다. 그러나 이것은 단지 사람들과 '조화를 이루는' 문제에 그치지 않는다. 우리는 물질세계에서 살고 움직인다. 그 세계 속에 있는 대상, 시각적 표상, 기계, 도구 등도 우리의 의미 드라마에 참여한다. 더욱이 우리와 연결된 역사와 제도의 작용 덕분에(모임, 학술 분야, 국가) 우리는 살아 있는 것과 존재하는 것뿐만 아니라 죽은 것과 부재하는 것과의 사회적 관계에 진입한다. 이제 우리는 사물과 역사가 더 깊이 우리의 의미 구성 설명에 포함되도록 해야 한다.

새와 뇌

의미를 만들기 위해 말을 다룰 때 우리는 다른 사람, 세상의 사물, 테크놀로지, 표상의 다양한 체계와의 연합체에 진입한다(그리고 '조화를 이루게 된다'). 이것은 특히 과학에서 분명하다(Latour, 1987, 2005). 과학자들의 의미 구성은 그들이 표현, 행동, 대상, 테크놀로지, 다른 사람들의 집합체를 조정할 수 있고 그것들에 의해 조정될 수 있는 것에 뿌리를 둔다(Knorr Cetina, 1992). 그런데 헤비메탈에 열광하는 10대들의 의미 구성도 마찬가지다. 그들은 상징물과 콘서트, 포스터, 옷, MTV, CD와 다른 사람들(존재하든 부재하든)을 조정하고, 그것들에 의해 조정된다.

이 점을 상세히 설명하기 위해 한 뛰어난 생물학자가 되새finch 신경해부학 대학원 수업에서 발표한 문장을 예로 들고자 한다. 우리는 어떻게 이한 문장이 과학자와 다양한 대상, 도구, 역사의 조각들을 일치하도록 조절하는지 알아볼 것이다.

되새는 수컷만 노래하고 암컷은 노래하지 않는다. 그 과학자는 수컷의 노래 발달과 인식, 산출이 되새의 뇌 구조 및 기능과 관련되는 방식에 관심이 있었다. 그녀는 발표하면서 칠판에 수컷 되새의 뇌 도해를 그렸다. 그 도해는 A, B, C로 표시한 세 개의 작은 원이 들어 있는 커다란 원으로 새의 뇌를 표상한 것인데, 이 세 개의 원은 수컷의 노래 학습과 산출에 작용하는 단위인 개별 국부 영역의 신경세포들이었다. 어린 새가 노래를 들으면(야생에서나 테이프를 통해), 그 새는 노래의 여러 부분을 산출하려고 노력한다('재잘거리는' 것처럼 참여한다). 어린 새의 노래가 점점 좋아질수록 A 영역의 신경세포들은 음을 '맞추고' 마침내 어린 새에게 들려주었던 그 노래에 반응하게 되지만 다른 노래에는 그러지 않는다. B와 C로 표시된 영역들은 그 노래와 노래에 대한 산출물을 발달시키는 데 도움을 준다.

그 과학자는 수컷의 뇌와 생식샘에서 산출된 호르몬의 관계를 논하기 시작했다. A, B, C 각 영역은 내부에 수컷 새의 검사에서 많이 산출되는 호르몬인 테스토스테론에 반응하는 여러 세포를 갖고 있다. 만일 어떤 수컷 되새가 테스토스테론을 잃으면 A, B, C 영역은 발달하지 않고 그 새는 노래를 하지 않을 것이다. 반대로 어떤 암컷 되새가 태어날 때부터 인공적으로 테스토스테론을 투여받으면 그 암컷은 A, B, C 영역을 발달시키고, 결국 노래를 하게 된다. 또한 그 과학자는 A, B, C 영역처럼 별개의 국부적인localised 뇌 영역을 구분해 기술하기 위한 복잡한 방법론과 실험 기술들을 묘사하는데, 여기에는 작은 그룹의 신경세포들의 활동을 측정하는 전자 현미경 탐색기가 포함된다.

그 발표에서 과학자는 이렇게 말한다. '당신이 (그 되새의) 뇌를 들여다본다면, 고도의 성적 이형체를 보는 것이다―A, B, C 영역은 수컷의 뇌에서 왕성하고, 암컷의 뇌에서는 쇠퇴하거나 존재하지 않는다.' 여기서 '쇠퇴한 것atrophied'이란 단어는 전문적 용어, 생물학의 요구에 맞는 용어다. 누군가는 그 수컷의 뇌를 '가공할 만한 성장'을 담은 것으로 보아 결국 '평범한' 암컷의 뇌를 벗어난 것으로 볼 수 있다. 그러나 그 대신 이 용어는 우리로 하여금 수컷의 뇌는 완전히 발달한 것('왕성한')으로 보고, 암컷의 뇌는 발달에서 실패한('존재하지 않는') 것으로 볼 것을 요구한다.

이 문장은 과학의 의미 구성 행위로서, 그것을 언급했던 과학자에게만 해당하는 것이 아니다. 비록 그녀가 이 지식을 산출하는 데 적극적으로 가담한 연구자들 중 하나라고 하더라도 말이다. 이 문장은 그녀가 자기 분야의 다른 과학자들뿐 아니라 그녀 분야의 언어, 도식, 복잡한 전자 탐색기, 신경세포들, 호르몬들, 다른 대상들을 조정하고, 그것들에 의해 조정되도록 허락하는 도구이다. 이러한 것들과 사람들은 의미와 정체성을 이행하는 '드라마'의 부분이다. 나는 그 과학자가 이 점을 의식하여 알고 있지 않더라도, 그녀가 역사에 따라 조정하고 조정되고 있다는 것 또한 보여주고자 한다.

그것을 보이기 위해, 나는 생물학의 역사에서 두 가지 중요한 시기, 그리고 생물학 역사와 다른 의미 구성 전통들과의 상호작용에 관해 간단히 논의하겠다. 두 순간은 현재 우리 과학자들의 문장을 형성하는 데 도움을 주었다. '쇠퇴한 것'이 암컷 되새 뇌에 대한 전문 용어가 된 것(그리고 다른 유사한 경우들)은 역사적 우연이 아닌 것으로 드러났다. 그 이유를 알기 위해 우리는 여성female과 뇌에 대해 이야기해야 한다.

우선 여성에 대해 이야기해 보자. 서구에서는 몇 천 년 동안 여성이 남성에 비해 열등하거나, 적어도 남성인 표준 또는 완전히 발달한 종에서 벗어난 존재로 여겨졌다(Fausto-Sterling, 1985; Laqueur, 1990). 이런 엄청난 역사를 되짚어가기보다는 우리가 앞서 인용한 문장에 관해 가장 핵심적인 순간을 자세히 알아보자. 진화론의 생물학은 행위와 신체의 형태shape가 관련되어 있다(밀접하게 함께 형성되어 간다)는 가정을 토대로 한다. 예를 들어 곡물을 먹는 새들 가운데 어떤 종의 환경이 변한다면, 가령 곡식이 사라진다면 그들은 먹기 위해 견과류를 까야 하므로 결국 이 새의 몸은 그 과제를 해결하기 위한 형태가 될 것이고 두껍고 딱딱한 부리를 가진 새만 살아남아 그들의 유전자를 물려주게 될 것이다. 역사에서 이와 비슷한 논쟁은 계속되고 있다. 여자의 환경은 계속 집이었지만, 남자의 환경은 다른 남자들이나 동물과 경쟁하는(사냥하는) 바깥세상이었다. 이렇게 다른 환경은 남자와 여자의 몸과 마음(뇌)을 다르게 형성하게 했다. 이런 이유로 다윈은 다음과 같이 말했다.

일반적으로 여자의 경우에 직관의 힘, 빠른 감지의 힘, 그리고 어쩌면 상상의 힘은 남자보다 더 강하게 나타날 수 있다. 그러나 적어도 이런 능력은 다소 열등한 종이 갖는 특징이고, 따라서 과거와 낮은 수준의 문명을 나타내는 특징이다. 두 성별에서 지성의 힘이 갖는 주된 차이는, 깊은 사고와 이성 또는 상상을 요구하는 것에서든 단지 감각과 손을 사용하는 것에서든, 여자가 할 수 있는 것보다 남자가 더 높은 고지를 획득하는 것에서 나타난다.

(Darwin, 1859: 873)

다윈 스스로가 '진화'를 항상 '더 나은 것'으로 향하는 선형 발달linear development로 해석한 것은 아니지만 수많은 그의 추종자가 그렇게 해석했다(Bowler, 1990). 남자가 환경에서 직면한 경쟁이 그들의 몸과 뇌를 여자의 경우보다 더 '발달시켰다'는 생각으로 말미암아, 19세기와 20세기 초반의 몇십 년 동안 '인류학자들이 여자를 아이와 남자 사이의 중간 발달로 여기는 것'은 아주 흔한 일이 되었다(Thomas, 1897; Degler, 1991: 29 재인용). 이 논리는 우리로 하여금 여자는 당연히 몸과 뇌에서 '쇠퇴한' 남자(바로 아리스토텔레스와 갈레노스가 말한 것처럼)이고 덜 발달했으며, 이는 여자가 환경에 그만큼 덜 도전했기 때문이라고 여기게 한다.

우리가 여성에 대해 방금 한 이야기는 몸과 생물학의 역사에서, 보다 거대하고 그만큼 오래 계속되어 온 이야기의 정말 일부분이다. 서구 문화와 과학의 발달 과정에서 생활의 모든 것은 단일한 직선의 계층구조로 조직되어 발달하고 있는 연속체, 즉 '존재의 거대한 사슬Great Chain of Being'로 정렬될 수 있다는 가정이 일반적이었다(Lovejoy, 1933; Schiebinger, 1993). 그 사슬은 한쪽 끝의 벌레와 물고기부터 중간의 포유류와 원숭이 그리고 가장 꼭대기의 인간에까지 이른다. 인간의 경우는 흔히 아이, 여자, 비서구인, 백인 남성(그들 자체는 소작농과 기사, 사제, 귀족, 왕과 같은 순서로 나뉠지도 모른다) 계층으로 배열되었다. 현대 생물학은(Gould, 1993) 생물living creature이 단순한 선형 위계상에 배치될 수 없고, 오히려 여러 갈래로 뻗어 나가는 가지와 같은 배치를 보인다는 것을 안다. 그럼에도 불구하고,

하나의 선형적 척도 하에 덜 발달하거나 더 발달한 것으로 발달 등급을 나누는 '주요 가정master assumption'은 여전히 수많은 비과학적 혹은 과학적인 논의들에 널리 퍼져 있다(예를 들어 심리학에서의 지성에 대한 추정들을 생각해 보자).

누군가는 이 시점에서 반대할 수도 있다.

좋아, '쇠퇴한 것'이란 말이 암컷 되새의 뇌의 전문 용어로서 붙여진 것이 역사적 우연은 아니다. 그런데 그 뇌는 별개의 구역들로 나뉘어 있지 않은가? 따라서 수컷 되새의 뇌를 여기에서 '규범'과 '표준'으로 삼는 것은 마땅한 일이다.

하지만 연구하기에 확실히 가치 있는 일로서 (그리고 연구를 위한 복잡한 방법론을 개발하기 위한 일로서) 수컷의 뇌를 관찰하기로 한 선택조차도 역사 속에서, 역사를 통해서 형성되었음이 밝혀졌다. 그런 선택은 전혀 '자연스럽'거나 '확실한' 것이 아니다. 모든 것이 다르게 될 수도 있었다. 이 지점에서 이제 뇌를 살펴보자.

19세기에 '뇌가 부분별로 따로 작용하는지(예를 들어 '말하기 영역'이나 '운동 영역'과 같이 그 자체의 고유한 기능을 갖고, 뚜렷이 다른 부분으로 구성되는지)' 또는 '분산된 것인지diffuse', 즉 '분리된 부분'이나 '미세한 분할' 없이 전체적으로 작용하는 것인지에 관한 격렬한 논의가 있었다(Star, 1989: 4). 이 토론은 결국 '객관적인 증거'에 기반을 두지 않았음에도(처음에는 적어도 양쪽 의견에 동일한 증거가 있었다) 19세기 영국에서 현대 의학계의 출현과 함께, 뇌는 영역별로 따로 작용한다는 국부적인 입장을 지지하는 것으로 합의를 보았다(Desmond, 1989). 이 역사의 한순간을 되짚어 보자.

현대 '전문' 의학은 귀족의 후원과 고전학 교육과 연결된 초창기 시스템에서 생겨났기 때문에 외과 전문의와 뇌의 국부적 조직의 관점을 믿는 의학 연구자들 사이에 중요한 '결탁'(조직화)이 있었다. 신경학상의 환자(예를 들어 실어증이나 간질을 앓고 있는 사람)가 보이는 징후를 근거로 하여 이 연구자들은 질병을 앓고 있는 뇌의 위치를 확인할 수 있다고 주장한다(분산주의자들diffusionist이 부정한 것을 할 수 있다는 것이다). 이런 정보에 따라 외과 전문의들은 문제가 되는 종양이나 종기를 절제하고 환자를 치료할 수 있다고 주장했다.

사실 뇌수술을 위한 비교적 정교한 외과 기술이 발달한 뒤조차 특정 영역 내 종양이나 종기라고 여겨지는 징후들과 그런 종양의 실제 위치 사이의 일대일 상관관계는 여전히 없다. 그럼에도 외과 전문의와 연구자들은 기능 국부화의 '증거'로서 두 가지가 연결된, 본보기가 되지만 예외적인 사례를 인용한다. 이러한 주장들은 국부화주의자들의 이론에 헌신하는 외과 전문의와 연구자들 모두에게 혜택을 준다. 이는 그들이 그들의 '특별한' 기술로 치료할 수 있는 것을 찾아내는 '특별한' 지식을 가진 것처럼 보이게 하기 때문이다. 국부화의 증거는 외과 전문 의학과 신경학 연구에서 모두 수집되었다. 이들 각 분야는 다른 하나에 확실성을 부여하는 경향이 있다. 즉, 연구자들은 그들 자신의 결과가 변칙적이고 불확실할 때 의학적 증거를 내세운다. 그리고 의사들은 그들이 별개의 기능 부위들에 대한 분명한 사후 증거를 찾을 수 없을 때 국부화주의자와 같은 부류의 생리학 연구를 내세운다.

전문 의학 학교가 출현하면서 사람들은 그들의 교과서에 넣기 위해 전형적인 뇌의, 모호하지 않은 해부도를 요구했다. 국부화주의자인 연구자들은, 분산주의자들은 제공할 수 없는, 모호하지 않은 기능적 해부학 지도를 제공했다(예를 들어 언어 장애의 근원인 뇌의 해부학적 위치를 표시할 수 있는 지도). 이 지도들은 이론적 고찰에서 전형적이지 않거나 변칙적인 결과물은

'감춘다.' 의학 교육과 진단, 교과서에서 그런 지도를 요구하는 것은 '개인 차이와 모호성에 대해 너그럽지 못한 시장을 드러낸다.' 즉, 국부화주의자들의 이론은 '뇌가 아닌, 뇌'의 지도로 모호하지 않게 포장되어 있다(Star, 1989: 90). 뇌에 대한 국부화주의자의 견해는 중요한 지점들에서 현대 신경학 연구에서 힘을 얻었다. 뇌가 작용하는 보다 총체적인 양상보다는 여기에 훨씬 더 많은 연구와 노력이 쏟아졌다. 이것이 결국은 인지 및 뇌의 새로운 모델 개발과 함께 변하기 시작했지만 말이다(Kosslyn & Koenig, 1992). 그러나 국부화주의자의 견해는 지금까지 한동안의 연구 절차와 목적 모두를 총괄해 왔다.

이제 우리의 과학자와 되새와 뇌에 대한 그녀의 교실 발표로 돌아가 보자. 여성과 뇌에 대한 견해의 역사적 관점에서 수컷 되새의 뇌는 명확한 국부적 위치를 갖고 암컷의 뇌와 대비되면서, 특히 자연스럽고 확실한 연구 대상이며 변칙적이지 않고 정상적인 것의 명확한 예를 반영하는 것처럼 보인다. 더욱이 이런 관점에서 암컷의 뇌는 정말로 '계발되지 않고' '비정상적이고' '쇠퇴한 것'으로 분류될 만한 듯하다.

자, 여기서 나의 주장은 우리의 과학자가 하고 있는 과학이 '잘못'이라는 것이 아니다. 그녀와 동료들이 중요한 '사실들'을 발견하지 않았다고 주장하고 싶은 것도 아니다. 실제로 그들은 발견했다. 다만 우리가 위에서 기술한 순간들(여성에 대한 진화론자의 '논리', 더 광범위한 '발달적 위계구조' 이야기의 일부, 그리고 뇌에 대한 국부화주의자 이론을 둘러싼 외과 전문의와 연구자들의 결탁)이 일어나지 않았다고 상상해 보라. 더 나아가 어떤 다른 역사, 여성과 뇌에 대한 총체적 접근에 이로운 쪽의 역사가 발생했다고 상상해 보라. 그러면, 우리 과학자의 발표는 달라졌을 것이다. 또한 그녀의 말과 그녀의 과학은 다르게 형성되었을 것이다. 그리고 그런 과학도 '잘못된' 것이 아닐 테고, 중요한 '사실들' 또한 발견되었을 것이다(발견될 사실이 많다).

그것들은 단지 다른 사실들이었을 것이다.

그 과학에서는 수컷 되새의 뇌가 과도하게 전문화된 것으로 여겨졌을 지도 모르고, 적어도 신경생물학에서 초기 이론을 발달시키기 위한 목적 으로 특별히 가치 있는 연구 대상이 되지 않았을 수도 있다. 또한 신경세 포 집합을 보여 주는 탐색침이 아니라 뇌가 작동할 때 동시적으로 작동하 는 다양한 부분들을 측정하는 복잡한 기술이 발전했을지도 모른다(PET 스 캔과 같은 기술은 이제 널리 사용되고, 정말로 새로운 시작이 다시 일어나며, 모든 국부화주의자와 분산주의자들의 토론 성격이 바뀌고 있다, Rose, 1992 참조). 전 문 용어 '쇠퇴한 것'이 암컷 되새의 뇌를 묘사하는 데 쓰이지도 않았을 것 이다.

이러한 확장된 예를 통해, 때로는 충돌하고 때로는 화합하는 다른 관심 을 가진 사람들의 다양한 집단들이 다양하게 상호작용하는 논의의 전체 역 사 속에서, 말하기 또는 쓰기의 어떤 행위가 단어(예를 들어 '쇠퇴한 것', '여 성' 등)와 표상(예를 들어 도표와 지도), 사물(예를 들어 탐사선, 새, 뇌, 신경세포 와 호르몬), 사람(살아 있는 그리고 오래전에 죽은)이 어우러진 복잡한 조직으 로부터 의미를 취하는 방식을 명료하게 드러내고자 하였다. 우리 인간은 의 미의 경계선을 사방에 방출하고, 시간과 공간으로 방출한다.

현재에도 다른 담론들은 자신의 논리에 따라 수컷과 암컷 되새 뇌를 현대 생물학의 구분과 다르게 인식할 수 있다는 점을 고려한다면, 현대 생 물학을 형성한 담론들과는 다른 대안들도 가능함을 볼 수 있다. 언어학을 예로 들어 보자. 언어학의 주요 연구 전략의 하나로 이분법적 대조를 거치 는 식별법이 있다. 즉 언어학 항목의 두 개의 짝에서 한 구성소는 무표적인 것으로 여기고(더 기본적이고 핵심적인 '규범'), 다른 하나는 유표적으로 여 기는(그 규범에서 특수 목적의 일탈) 것이다. 많은 경우에 그 짝에서 유표적 인 구성소에 대해 추가적인 요소(분명하게 표시가 된다)를 사용하기 때문에 이런 전문 용어가 사용된다. 그러므로 'cat/kitty', 'dog/doggie', 'bird/birdie'와 같은 짝에서 아주 작은 것('kitty', 'doggie', 'birdie')이 기본 용어들('cat', 'dog', 'bird')과 비교하여 표시되고, 추가적인 요소('-y', 'ie')가 나타난다. 음운론에서 의미론까지 언어의 모든 차원에서의 분석이 이를 기초로 수행될 수 있다.

　이런 방식을 봤을 때, '유표성 이론' 차원에서 암컷 되새의 뇌는 명백히 '무표적'이다(생물학자가 말한 것처럼 이것이 '기본값default'이다). 그리고 수컷의 뇌는 추가적인 '표시들'을 가진다. 이것이 언어학자에게는 기본적이고 '정상적인' 사례로서 암컷의 뇌 연구에 집중하게 할 테고, 수컷의 뇌는 단지 암컷 뇌에서 특수 목적의 일탈을 한 것으로 나중에 연구가 진행될 것이다. 언어학자는 수컷의 뇌가 규범인 암컷의 뇌에서 어떻게 '일탈했느냐'에 대해 기술했을 것이다. 언어학자들과는 다르게 우리 과학자들의 언어는 사회역사적 공간의 상당히 다른 영역에서 발전하였다.

결론

    담론은 존재하고, 행동하고, 말하는 독특한 방법이다. 그것은 우리가 사회적으로 의미 있는 정체성을 띠게 하는 사물·도구·테크놀로지를 사용하는 방식과 더불어 단어를 사용하고, 행동하고, 가치판단을 하고, 생각하고, 믿고, 느끼는 방식이다. 또한 우리 인간이 조직화하거나, 인간이 사물·도구·테크놀로지에 의해 그리고 말, 복장, 몸짓, 시간과 장소에 따라 조직화되는 방법이다. 그것은 우리가 말과 행동과 사물과 더불어 추는 춤이다.

    내가 말하려고 하는 것을, 열렬한 '조류 탐사자'(새 관찰자)로 인정받으려는 것으로 생각해 보라. 당신은 새와 새 관련 서적, 새 목록, 망원경, 관찰용 기구들이 필요하다. 그리고 당신 스마트폰에서 새 관련 앱을 사용할 수도 있다. 당신은 특정한 방식으로 옷을 입을 것이고, 특정 시간에(예를 들어 이른 아침이나 황혼) 특정한 종류의 서식지로(예를 들어 다른 종류의 두 서식지가 만나 경계를 형성하는 서식지) 나갈 것이다. 또한 새의 이름과 새 깃털도 상세하게 알 것이다. 당신은 특정한 방식으로 그것에 대해 말할 테고, 새와 새의 환경에 가치를 매길 것이다. 당신은 '조류 탐사자처럼 말할 것'이고

'조류 탐사자처럼 걸을 것'이다. 또 당신은 새와 환경 그리고 다른 조류 탐사자와 '조화를 이루도록' 해야 한다. 그것은 앞에서 들었던 비유인 춤이나 피커링Pikering*이 '실천의 어우러짐mangle of practice'이라고 부른 것이다.

이 담론을 인지하는 데, 여러분이 내가 기술한 조류 탐사자일 필요는 없다. 나도 이런 종류의 '진정한 조류 탐사자'는 아니다. 그러나 나는 그런 사람을 인지할 수 있고 그들과 그들의 담론을 존중한다. 그들과 이야기할 때 나는 같은 조류 탐사자인 척할 테지만, 그들은 곧바로 내가 진정한 조류 탐사자가 아님을 눈치챌 것이다. 동시에 조류 탐사자들은 새에 관심을 보이는 누구와든 그들의 지식과 열정을 공유하고 싶어 하고 좋아한다. 나도 그들과 더불어 밖에 나가 새를 관찰하는 것을 좋아한다. 여러 해 동안 새에 흥미를 느꼈고 전 세계를 돌며 새를 봐 왔지만, 내가 혼자 한 여행에서 본 새들보다 그들이 본 새가 더 많을 것이다.

나는 내가 했던 조류 탐사의 범위를 벗어나기를 더 원하지 않는다. 나는 더 열렬한 조류 탐사 담론(사실상 항상 그렇듯, 단 한 가지가 아니라 몇 가지 담론이 있다)의 주변부에 남는 것이 좋다. 내가 마음을 바꿔 그 담론으로 더 깊이 들어간다고 해도 장벽은 전혀 없다. 어쨌든 나는 주변부이지만, 이 담론(실제로는 담론의 두 가지 버전이 있다)은 내가 언어와 학습, 리터러시에 대해 어떻게 써야 할지와 내가 세상을 어떻게 보는지에 영향을 주었다.

담론들은 실제 현장에서 우리보다 먼저 형성된다. 담론은 다른 사람들이 한 작업의 산물이다. 담론은 우리가 특정 종류의 오토바이 타는 사람, 달리기를 즐기는 사람, 조류 탐사자, 은행가, 교사, 시인, 게이머, 학생, 라틴계 남자, 아메리카 원주민, 수녀, 페미니스트, 군인, 경찰, 죄수, 가사도우미, 활동가 등 우리가 할 수 있는 모든 것이 되는 것(또는 최소한 인식하는 것)을 허

....
*   미국의 천문학자.

락한다. 우리는 돌아가며 담론들을 우리 자신의 독특한 스타일과 우리의 다른 담론들의 영향 때문에 바꿀 수 있고, 다른 사람에게 담론들을 전할 수 있다.

어느 사회와 어떤 삶의 사회적 지형은 담론들의 상호작용으로 구성되고, 또한 사회적으로 중요한 정체성의 연극play으로 구성된다. 우리는 집과 교회, 공동체 담론에서 학교 담론으로 옮겨 가기도 하고, 흥미 위주의 담론에서 공익과 제도적, 직업 담론으로 옮겨 가기도 한다. 어떤 담론에서 다른 담론으로 옮겨가는 것이 쉬울 수도 있다(예를 들어 수많은 조류 탐사자가 다양한 '녹색' 담론으로 옮겨 가고 한 담론에서 다른 담론으로 쉽게 옮겨 간다). 그리고 몇몇 담론은 다른 것들에 대한 좋은 준비가 된다(예를 들어 몇몇 젊은이에게는 게이머인 것이 컴퓨터 과학자가 되는 데 좋은 준비가 되기도 한다). 우리 삶은 담론 속에 있으며 담론을 통과하는 궤도다.

이 책의 초판을 썼을 때, 나는 특정한 종류의 이론 언어학자에서 특정한 종류의 사회 언어학자로 막 옮겨 갔다. 그러한 전이 과정에서 처음으로 교육학부로 옮겼고, 리터러시 연구자로서의 정체성과 교육자로서의 정체성을 뒤섞기 시작했다. 이 책의 초판 이후 나는 학습에 흥미를 느끼기 시작했고, 마침내 나의 레퍼토리에 특정한 학습 연구자로서의 정체성을 추가했다. 이후에 나는 비디오 게임에 흥미를 느끼고 게임 연구자와 열렬한 게이머가 되었다.

게임에 대한 작업을 시작한 이후, 나는 비디오 게임과 상호작용하는 다른 수많은 담론을 다루고 상호작용을 해 왔다. 교사, 교육가, 학교 개혁가 그리고 게임 연구와 교수공학, 학습과학, 교육공학을 포함한 다양한 분야의 연구자 그리고 게임 설계자, 게이머, 출판사, 기업가, 재단(자금을 위한), 군인(훈련을 위해 게임을 설계하고 활용한다), 정부 기관(후원하고, 자금을 대고, 지원한다), 저널리스트(게임 논란을 형성한다) 그리고 사회 변화와 건강, 학교, 엔터테인먼트를 위한 게임에 관심 있는 모든 종류의 다른 기관 등등이 있었다. 그러는 동안 줄곧 나의 초기 정체성과 새로운 다른 정체성들과도 협력해야만 했다.

다른 사람들은 담론들의 공간을 관통하는 전혀 다른 여행을 하거나 또 다른 궤적을 돌았을 것이다. 내가 언어학자가 되었을 때, 누군가는 해병대가 되었을 것이다. 내가 조류 탐사에 관심을 두었을 때, 어떤 사람은 사냥꾼이 되었을 것이다. 내가 와인의 열렬한 지지자가 되었을 때, 어떤 사람은 모르몬교도가 되어 모든 알코올을 피하게 되었을 것이다. 내가 게이머가 되었을 때, 어떤 사람은 폭력적 비디오 게임에 대항하는 정치적 선동가가 되었을 것이다. 과연 우리가 어떻게 의사소통을 할 수 있을까?

게임에 흥미를 느끼게 되었을 때, 게임을 공부하고 게임을 하면서 나는 전에는 결코 친밀하지 않았던 담론과 교차하여 만났다. 하나는 미국 육군이었는데, 그들은 병사를 훈련하기 위한 게임을 만들고 있었다. 나는 군대에 대해 거의 알지 못했고, 다수의 미국 전쟁을 반대했다. 하루는 교육용 게임 사용에 관해 한 소령이 교육자들을 대상으로 하는 강연을 듣고 있는데, 청중 한 사람이 왜 군대가 게임을 사용하는지 물었다. 그 소령은 '우리는 여러분이 교육하는 데 실패했던 아이들을 받습니다. 만약 우리가 여러분이 했던 것처럼 가르치면, 이 아이들은 죽게 됩니다. 교육자들은 군대에서 이것을 처음 사용한다는 걸 부끄럽게 생각해야 합니다'라고 말했다.

이와 같은 발언과 또 다른 사례들로 말미암아 나는 군대 담론이 내가 가정했던 것보다 훨씬 복잡하고, 심지어 상반되는 측면이 있음을 깨달았다. 아이러니하게도, 나는 교육의 특정 영역에서 볼 수 있는 과장된 담론에 일종의 윤리적 의미가 있음을 알았다. 이것이 나를 전쟁을 하거나 군인이 되는 것을 원하게 만들지는 않았다. 다만 나는 이제 세상 속 담론을 더 잘 인식할 수 있게 되었기에 세상을 달리 보게 되었다. 어쨌든 전쟁에 대한 비디오 게임을 함으로써 '교전 규칙rules of engagement' 개념을 알게 되었고 그것이 폭력에 대한 윤리적 원칙이라는 사실을 이해했다. 나는 또한 사람들이 매우 상이한 담론들과 함께하기 때문에 그들의 내실 있는 소통을 위해서는 교전 규칙 작용이 필요하다고 본다.

내가 여기서 담론이라고 명명하는 방식은 다른 명명 방식처럼 담론의 뉘앙스와 복합성을 가린다. 나는 '특정 종류의 말하기'와 '특정 종류의 걷기'의 다양한 방식을 인식하고 실행하는 법을 배웠다. 그래서 시간과 장소에 따라 변화하는 사회적 지형의 일부를 겪어 볼 수 있었다. 그것들에 이름을 붙이는 일은 항상 쉽지 않았고, 긴요하지도 않았으며, 고정된 것도 아니었다.

이 책의 각 개정판은 다른 담론들을 거쳐 내가 옮겨 다닌 경로와 변화를 반영했다. 작가로서 나는 매번 다른 사람이 되었다. 동시에 헌신적인 가톨릭 신자, 오랜 아마추어 조류 탐사자, 베이비붐 세대라는 나의 초기 정체성들이 내가 이 책을 쓰고, 또 다시 쓰는 방식에도 영향을 미쳤다. 그리고 나이 든 사람, 은퇴를 앞두고 있는 학자, 일생에 미국의 변화를 지켜보면서 실망을 느낀 한 미국인으로서 최근에 생겨난 나의 이러한 정체성들은 의심할 여지없이 이 마지막 판본에 영향을 주었다.

이것은 담론 공간들에서 이루어진 내 여행에 관한 짧고, 뉘앙스도 없는, 불완전한 이야기다. 독자로서 여러분은 이 공간에서 다른 종류의 여행을 했을 것이다. 이렇게 복잡한 정체성과 궤도들 속에서 우리는 소통하려고 한 것이다. 이것이 현대의 상황이다. 우리는 언제나 서로 영향을 주고받고 복잡한 의미 경로를 만들어 내면서, 거의 항상 다양한 담론의 접점에서 만나게 된다.

우리는 모두 서로 다른 시간과 장소에 놓인 서로 다른 종류의 사람들이다. 그리고 이런 종류들에 대한 명명하기를 너무 심각하게 하지 말아야 할 것이다. '아프리카계 미국인' 같은 용어는 인구통계학이나 활동가들에게는 중요할 수 있지만, 현실에서 '아프리카계 미국인'이라는 종류의 사람들이 하나의 집단을 이루고 있는 것은 아니다. 다양한 종류의 아프리카계 미국인이 있고, 사람들은 심지어 시간과 장소에 따라 상이한 종류의 아프리카계 미국인이다. 어떤 종류이건 간에 모든 아프리카계 미국인은 또한 상이한 시간과 장소를 사는 다른 종류의 사람들이다(예를 들어 조류 탐사자, 게이머, 과학자, 원예사 등). 이는 다른 모든 명명하기에도 똑같이 적용된다. 어떤 시간과 장소에서 무엇인 우리는 다양한 목적에 따라 다양한 시간과 장소에서 다양한 방식으로 명명되고 이야기를 나누게 되는 것이다.

우리는 다른 사람의 정체성을 고정시키려 함으로써 그 사람에게 해를 입힐 수 있다. 우리는 크든 작든 어떤 명칭이 부여된 집단에 속한 사람이 아니라, 저마다 한 개인이다. 왜냐하면 우리는 각자 다양한 담론의 안팎으로 독특한 여행을 하고, 담론들을 왔다 갔다 넘나들기 때문이다. 우리의 사회성과 사회적 몸과 마음은 우리의 개인성을 차단하는 것이 아니라 오히려 창조한다. 우리가 사람들의 여행을 제한한다면, 우리는 사람들의 개인성과 독특성을 제한하는 것이다. 따라서 누군가를 민주당 지지자이거나 보수당 지지자라고 규정해 버리는 것은 아주 나쁜 일일 수 있다. 그리고 그것은 당신이 진보적이든 보수적이든 간에 죄악이다.

사람들은 종종 그들 자신과 다른 사람들을 다르게, 우연히, 막연히, 변덕이 심하게, 전략적으로('진정한 인디언들'에 대한 우리 논의를 기억하라) 명명하곤 한다. 담론들은 무언가를 가두는 상자나 이름을 붙이는 이름표로 작용하는 게 아니라 역사를 거쳐 서로 넘나드는 물결로, 크고 작은 물결을 만들어 내면서 작용하는 것이다.

물론 몇몇 담론들은 이름을 고집한다. 이것은 보통 방어적인 메커니즘이고 경계선을 단속하는 방법(흐름과 함께하기는 어려운 것)이다. 예를 들어 내가 젊은 언어학자였을 때 수많은 종류의 언어학자들(이를테면 사회 언어학자와 담화 분석가들)이 이론에 이바지했음에도 '이론 언어학자'라는 용어는 촘스키 학파의 생성 언어학자들에 의해서 그들을 가리키는 말로 쓰였다. 따라서 담론이 어떤 이름에 집착하고 자신들이나 다른 사람들에게 그 이름을 붙이는 데 혈안이 되어 있다면 주의를 기울여야 한다.

나는 지금의 나 자신을 무엇이라고 불러야 할지 잘 모르겠다. 그것은 내가 담론의 산물이 아니라는 의미가 아니라 오히려 수많은 담론의 산물이라는 뜻이다. 그것은 내가 (어떤 종류의) 게이머로서 글을 쓸 때와 (어떤 종류의) 언어학자로서 행동할 때 글을 다르게 쓴다는 것을 의미한다. 그것은 (잘못 인식하게 되는) 위험 요소가 생기는 표층에 영향이 있다는 것을 뜻하지만 동시에 (담론과 자아를 변화시키는) 가능성이 있다는 것을 뜻하기도 한다.

학교는 사람들이 사회의, 실은 더 큰 세계의 '담론 지도'를 반영하면서도 그에 대해 비평하도록 해야 한다. 이러한 담론 지도, 즉 담론이 서로 상호작용하는 방식은 한 사회의 사회적 지형을 구성한다. 학교는 학생들이 다양한 담론을 서로 병치하는 것을 허용해야 한다. 그래야 그들이 비평과 성찰을 아우르는 언어로 메타적 차원에서 담론들을 이해할 수 있다. 우리 인간들은 항상 그리고 어디서든지 우리의 다양한 사회적 정체성 안에서 살아가고 그 정체성으로 살아간다. 우리는 우리의 담론 없이 살 수 없지만, 담론 내에서 항상 편안하거나 무비판적으로 살아서는 안 된다.

예를 들어 사람들은 자신을 보호하기 위해 은행가, 대출 기관, 해지펀드 매니저, 규제 기관, 정치인, 비즈니스 저널리스트, 경제학자, 주택 활동가(모든 종류의 활동가)의 담론들이 다른 담론들 속에서 어떻게 2008년의 세계 경제 붕괴를 만드는 데 상호작용했고, 현재 미국과 세계의 불평등 확산에 영향을 미쳤는지를 알아야 한다. 당신은 '행위자'(정체성을 이행하는 도구로서의 담론들)와 실천에 기반한 이슈들을 구성하는 담론 사이의 상호작용을 깊이 이해하지 않고서는 지구온난화, 현대 인종주의, 현대 자본주의, 비디오 게임의 증가, 이른바 유명인과 리얼리티 TV 마니아, 이민 또는 종교와 문명의 충돌 등을 이해할 수 없다.

역사는 개인으로서의 나쁜 사람들과 좋은 사람들에 의해 만들어지는 것이 아니다. 역사는 다양한 유형의 사람들에 의해 만들어진다. 2008년의 위기는 단지 한 개인으로서의 앨런 그린스펀Alan Greenspan이 일으킨 것이 아니다. 그것은 앨런 그린스펀과 특정 담론들(예를 들어 특정 종류의 경제학자, 편협한 학자, 영향력 있는 브로커와 엘리트들의 담론들) 속에서 다 함께 상호작용했던 사람들에 의해 일어났다. 이런 개인들에게는 탐욕이 그들이 생각하는 종류의 자본주의(다른 종류의 자본주의도 있다) 가치에 필수적인 미덕이었음을 기억하라. 그들이 전문가로서 보여 준 전문성의 한계가 그들이 어떤 종류의 전문가(다른 종류의 전문가도 있다)인지를 보여 주는 본질이다. 사실 우리는 편협한 전문가들을 오랫동안 떠받들었다. 그러나 이제 복잡한 시스템(세계적 빈곤, 지구온난화, 세계 경제와 세계 이민의 흐름)과 상호작용함으로써 생기는 위험 요소가 있는 세계에서 우리는 큰 그림을 그릴 수 있고 집단적 지성을 창출하는 다른 종류의 전문가들과 협력할 수 있는 전문가가 필요하다.

학교는 학생들이 성공하기를 바란다면, 모든 학생에게 사회에서의 성공으로 이끌 수 있는 담론들을 그저 학습하기만 하는 게 아니라 습득하도록 허용해야 한다. 한편으로 학교는 무엇이 '성공'과 성공적인 인간의 삶을 구성하는지에 대한 사회적 기준에 질문을 던져야 한다. 학교는 학생들이 그들의 담론들을 (폭넓은 문화와 역사적 이해에 기초하여) 변화시키고 다양화하며, 새로운 담론을 창조하고, 세상에서 사회적으로 정의롭게 살아가는 방법에 대해 더 잘, 더 많이 상상하도록 허용해야 한다. 이러한 견지에서 교실에서 특정 학생들의 담론을 배제하는 것은 심각한 속임수이며, 모든 사람에게 해를 끼치는 일이다. 그것은 지도maps를 작게 만들고, 성찰과 상위 수준의 사고의 기회를 잃는 것이며, 모두의 상상력을 빈곤하게 하는 일이다.

담론이 우리와 함께하는 것의 대부분과 우리가 담론을 갖고 하는 것의 대부분은 의식적이거나 성찰적이거나 비판적이지 않다. 각 담론의 지지자들은 담론마다 존재·사고·행동·이야기하기·글쓰기·읽기·가치판단을 수행하는 방식이 마치 '지적이고' '정상적인' 사람이 하는 '바르고' '자연스럽고' '명백하고' '올바른' 것이라고 주장하게 되는데, 이로써 각 담론은 담론 자체를 방어한다. 이런 의미에서 모든 담론은 틀린 것이다. 사실 어느 담론도 진리가 아니다. 주류와 우세한 담론뿐 아니라 심지어 '억압당하는 소수자'도 때론 자신들의 담론에 의문을 품어야 한다. 비판적으로 사고하는 사람도 때로는 비판적 담론에 의문을 제기해야 한다. 만약 우리가 우리 자신의 비정직성dishonesty을 알지 못한다면, 다른 사람들의 비정직성도 알 수 없을 것이다.

그런데 이는 우리가 담론을 높이 사거나 비난할 수 있다는 것이 가치 없다는 뜻은 아니다. 우리가 담론 속에서 무의식적으로 그리고 무비판적으로 행동할 때 우리는 담론의 가치를 표방하게 되고, 나아가 부지불식간에 다른 사람들에게 상당한 피해를 주는 당사자가 될 수 있다. 그러나 우리가 우리와 다른 사람에게 미치는 담론의 영향에 대해 더 의식적이 될 때 우리는 담론 속에서 부유물뿐 아니라 보석을 발견할 수 있다.

자기 자신을 구하고 다른 사람들을 보호하기 위해 이 세계에서 담론의 연구자가 되는 것은 단점이 있다. 그렇게 되면 당신은 자신의 담론에서조차 항상 다소 주변적인 존재가 될 것이다. 결코 에릭 호퍼가 말하는 광신적인 '진정한 신자'(Hoffer, 1951)가 될 수 없을 것이다. 당신은 사람들이 당연시하는 신념(당신 자신의 신념을 포함해)과 그것이 다른 사람과 세상에 미치는 영향을 갖고 살며, 죽을 것이다. 또한 당신을 항상 지지하는 증거가 없다는 실망감과 더불어 살아야 할 것이다. 그러나 증거에 대한 무시는 세상에 대한 무시이고, 세상이 우리에게 응답하는 방식에 대한 무시이다.

우리는 결코 불평등과 탐욕, 지배를 한 번에 물리칠 수 없을 것이다. 인간은 다른 사람들보다는 자신과 친족 그리고 자신과 비슷한 사람에게 이롭도록 하는 경향을 보이는, 흠 있는 존재다. 불평등, 탐욕, 지배에 대한 투쟁은 마치 불씨를 붙인 초가 꺼지지 않게 계속 불을 붙여 나가는 것처럼 장기간에 걸쳐 조금씩 이루어져야 할 문제다. '아무것도 할 수 없다'는 믿음, 즉 위세와 권력의 바다에 대응해 우리가 할 수 있는 것은 '미미하고' '무의미'하다는 믿음은 지배 담론 이면에 있는 진짜 힘이다. 그것은 우리가 거두어들여야 하는 힘이다.

세계는 변하고 있고, 그것도 빠르게 변하고 있다. 리터러시가 한때 그랬던 것처럼, 새로운 디지털 미디어는 해방에 대한 새로운 가능성, 지배에 대한 새로운 가능성을 제공한다. 우리는 리터러시에서 교훈을 얻었다. 고위험의 미래로 나아가면서 그 교훈을 잊지 말도록 하자. 리터러시에서 우리가 얻은 중요한 교훈 가운데 하나는 책 자체가 권한을 주고 해방시키는 것이 아니라는 점이다. 책은 새로운 자아와 세계를 위한 새로운 의미의 심오한 가능성을 공유할 교사, 역할 모델, 멘토를 요구한다.

교사의 역할을 격하하고, 좋은 책과 미디어로 창의성을 발휘해 배우는 학습자의 힘을 낭만적으로 그리는 것이 유행하고 있다. 그러나 가르침은 우리를 인간답게 만드는 것의 핵심에 자리한다. 가르침은 단순한 도구가 아니다. 우리와 가장 가까운 동물인 침팬지는 아주 어린 아이들이 할 수 있는 것처럼 무엇을 달라고 손가락으로 가리킬 수 있다. 그러나 인간은 아주 어린 아이일 때부터 무엇을 달라고 가리킬 뿐만 아니라, 공통 관심사를 가리켜서 정보가 교환되도록 하여 성인과 아이가 인식과 해석을 공유할 수도 있다(Suddendorf, 2013; Tomasello, 2014). 이러한 정보적 지시는 문화와 담론으로 이어졌다. 그것은 무언가를 말하고자 하거나 듣고자 하는 학생, 가르침이 일어날 수 있는 순간에 대화를 시작하는 학생의 제스처이다.

이런 종류의 지시는 우리 인간이 알고 있는 가장 도덕적인 순간이다. 바로 이 지점에서 우리는 해방이나 지배 형태의 언어와 리터러시를 넘겨주어야 한다. 학습자들과 공동 관심사를 가질 때, 우리는 문자 그대로 학습자들을 주도적인 의미 생산자로 인도하게 된다. 이것은 부모, 학교 교사, 멘토, 동료, 책 그리고 다른 미디어가 진정한 교사가 되고, 그러한 미래가 진정으로 만들어질 때 가능하다.

이야기 하나를 소개하고자 한다. 몇 년 전 나는 내 쌍둥이 형제를 방문했을 때 컴퓨터로 일하고 있던 그의 책상에서 작은 팸플릿을 보았다. 그것은 내가 전혀 알지 못하는 어떤 것, 바로 '연결주의connectionism' 또는 '광범위한 평행 과정distributed parallel processing'에 대한 것이었다. 나는 '저건 뭐야?'라고 그것을 가리키며 물었다. 그는 자기가 아는 바를 말해 주면서 나를 새로운 방향으로 이끌었고 나는 더 깊이 연구하기에 이르렀다. 결국에는 그로 말미암아 나의 책 『사회적 정신The Social Mind』이 나왔고, 과학 학습과 이 책의 개정 내용들이 추가되었다. 만약 이런 지점을 잊는다면, 우리는 가르침과 가르침의 순간들을 잊는 것이다.

또 다른 이야기를 소개하겠다. 둘째 아들이 여섯 살이었을 때 나는 50대 중반이었다. 우리는 '파자마 샘Pajama Sam'이라는 비디오 게임을 함께하며 관심사를 공유했다. 나는 내가 아이를 가르치고 있다고 생각했으나 오히려 아이가 나를 가르친 것으로 드러났다. 아이는 내가 이전에 경험하지 못했던 비디오 게임과 상호작용을 함으로써, 그리고 그것에 집중함으로써 나를 가르쳤다. 내가 처음으로 '성인용' 게임을 했을 때, 여섯 살짜리 아들이 내가 (끔찍하게) 좌절했을 때의 몇 가지 이전 교훈들을 상기시켰다. 만약 어떤 것이 작동하지 않으면, 같은 것을 반복해서 하려 하지 말고 다른 것을 하라. 모든 버튼을 눌러 보고 조합도 해 보라, 그러면 상황이 나빠지지 않을 테고 게임 매뉴얼에 없는 새로운 것을 발견할 수도 있다. 이렇게 했을 때 처음에는 성공하지 못할지도 모르지만, 실패도 때때로 뭔가를 배울 수 있는 중요한 지점이 되기도 한다. 모든 것, 모든 장소를 탐색해 보고 서두르지 마라. 이것이 가르침이었다. 실은 이것은 아이가 내게 해 준 명시적인 설명이었다.

교사로서 내 여섯 살짜리 아들과 이 공통 관심사로부터 마침내 나의 책 『비디오 게임이 학습과 리터러시에 대해 우리에게 가르쳐야만 하는 것 What Video Games Have to Teach Us About Learning and Literacy』이 나오게 되었고, 게임 담론과 이 책의 게임 연구 및 개정 내용으로 이어졌다. 나는 시작점과 시작점에서 이어진 가르침을 잊지 않을 것이다. 나는 그 지점으로부터 먼 곳까지 와 있고, 다른 교사들도 그 길을 따라왔는데, 그 시작점은 내 아들이 제공한 것이다.

고도로 불평등한 우리 사회에서 많은 사람이 교사를 불신하고, 높은 급여를 주지 않으며, 교사가 전문가로서 역할하기를 원치 않는 듯한데, 이는 놀라운 일도 아니다. 교사들의 두려움은 이해할 만하다. 공통 관심사가 가르침—말하기, 보여주기, 공유하기, 모델링하기, 반응하기, 관심의 생태를 관리하기로서의 가르침—이 되는 순간은, 아이가 추종자follower가 될 경로를 시작하거나 궁극적으로 스스로 교사self-teacher, 즉 신중한 학습자이자 다른 사람의 교사가 될 경로를 시작할 수 있는 순간이다.

우리 인간은 책과 디지털 미디어를 갖고 홀로 남겨지지 않는다. 인간은 사회적으로 공유된 경험과 언어를 요구하는 사회적 사고방식을 지니고 있다. 다른 사람이 내 생각과 당신의 사고방식을 형성한 것이다. 사고방식을 형성하면서 우리는 사회를 형성한다. 어떤 사고방식은 자유로울 수 없다고 가정하면, 우리는 불평등하고 불공정한 사회를 갖게 될 것이다. 우리가 기형적 사고방식과 자아를 낳는 제도를 만든다면 상황은 더욱 나빠질 것이다.

진정한 가르침은 설계design의 한 행위로, 단지 학교에서만 가르침이 이루어질 필요는 없다. 좋은 교사는 좋은 부모처럼 학습자에게 잘 설계된 경험을 제공하는 데 필요한 모든 도구와 미디어를 활용한다. 그리고 이때 풍부한 형태의 말하기, 보여주기, 공유하기, 모델링하기, 반응하기 그리고 학습자가 경험 속에서 관심을 잃지 않도록 돕기를 통해 가르침이 이루어진다(그렇다, 이것은 지도instruction를 포함한다).

교사는 일종의 '길들이기domination'에 관여해 궁극적으로는 학습자가 훌륭한 삶(사려 깊게 고려된 의미에서의 훌륭한 삶)을 위한 의미 생산자로서 세상에서 자신의 경험을 설계해 그 경험을 해낼 수 있도록 키우려고 한다. 자전거 타기를 배우는 것처럼 우리는 최초에 우리와 함께 이해를 공유하고, 우리를 돕고, 자전거를 잡아 줄 누군가가 필요하다. 그들이 우리를 앞으로 나아가도록 밀어 주기 때문에 우리는 마침내 앞으로 달려나가는 우리 자신을 발견하고, 미래로 나아갈 사회적 사고방식을 갖춘 사회적 존재로서 좋은 선택을 할 수 있다. 나는 이제 당신이 담론 공간을 거쳐 과거에 한 여행들과 담론의 미래에 대한 당신의 선택들을 성찰하기를 기대한다.

참고문헌

Abrams, M. H. (1953). *The Mirror and the Lamp: Romantic Theory and the Critical Tradition*. Oxford: Oxford University Press.

Abrams, M. H. (1971). *Natural Supernaturalism: Tradition and Revolution in Romantic Literature*. New York: Norton.

Akinnaso, F. N. and Ajirotutu, C. S. (1982). Performance and ethnic style in job interviews. In J. J. Gumperz (ed.), *Language and Social Identity*. Cambridge: Cambridge University Press, pp. 119–44.

American Educator (2003). The fourth-grade plunge: The cause. The cure. Special issue, spring.

Aronowitz, S. and Cutler, J. (eds) (1998). *Post-Work: The Wages of Cybernation*. New York: Routledge.

Aronowitz, S. and DiFazio, W. (1994). *The Jobless Future: Sci-tech and the Dogma of Work*. Minneapolis: University of Minnesota Press.

Bailey, G. and Maynor, N. (1987). *Decreolization, Language in Society,* 16: 449–73.

Bakhtin, M. (1981). *The Dialogic Imagination*. Austin: University of Texas Press.

Bakhtin, M. (1986). *Speech Genres and Other Late Essays*. Austin: University of Texas Press.

Ball, A. F. and Freedman, S. W. (eds) (2004). *Bakhtinian Perspectives on Language, Literacy, and Learning*. Cambridge: Cambridge University Press.

Barthes, R. (1972). *Mythologies*. New York: Hill & Wang.

Barton, D. (1994). *Literacy: An Introduction to the Ecology of Written Language*. Oxford: Blackwell.

Barton, D. and Hamilton, M. (1998). *Local Literacies: Reading and Writing in One Community*. London: Routledge.

Barton, D. and Tusting, K. (eds) (2005). *Beyond Communities of Practice: Language, Power, and Social Context*. Cambridge: Cambridge University Press.

Barton, D., Hamilton, M. and Ivanic, R. (eds) (2000). *Situated Literacies: Reading and Writing in Context*. London: Routledge.

Barton, P. E. and Coley, R. J. (2010). *The Black–White Achievement Gap: When Progress Stopped*. Princeton, NJ: Educational Testing Service.

Baugh, J. (1983). *Black Street Speech: Its History, Structure and Survival*. Austin:

University of Texas Press.

Baugh, J. (1999). *Out of the Mouths of Slaves: African-American Language and Educational Malpractice.* Austin: University of Texas Press.

Baugh, J. (2000). *Beyond Ebonics: Linguistic Pride and Racial Prejudice.* Oxford: Oxford University Press.

Bauman, R. (1986). *Story, Performance, and Event: Contextual Studies of Oral Narrative.* Cambridge: Cambridge University Press.

Bauman, R. and Sherzer, J. (eds) (1974). *Explorations in the Ethnography of Speaking.* Cambridge: Cambridge University Press.

Bazerman, C. (1989). *Shaping Written Knowledge.* Madison: University of Wisconsin Press.

Bellah, R. N., Madsen, R., Sullivan, W. M., Swindler, A. and Tipton, S. M. (1996). *Habits of the Heart: Individualism and Commitment in American Life.* Updated edn. Berkeley: University of California Press.

Benedict, R. (1959). *Patterns of Culture.* Boston: Houghton Mifflin (orig. 1934).

Berger, P., Berger, B. and Kellner, H. (1973). *The Homeless Mind: Modernization and Consciousness.* New York: Random House.

Bernstein, B. (1971). *Class, Codes, and Control, I.* London: Routledge.

Bernstein, B. (1975). *Class, Codes, and Control, II.* London: Routledge.

Bernstein, B. (2000). *Pedagogy, Symbolic Control, and Identity.* Lanham, MD: Rowman & Littlefield.

Bialystok, E. and Hakuta, K. (1994). *In Other Words: The Science and Psychology of Second-language Acquisition.* New York: Basic Books.

Birch, D. (1989). *Language, Literature and Critical Practice: Ways of Analysing Texts.* London: Routledge.

Bolinger, D. (1986). *Intonation and Its Parts: Melody in Spoken English.* Stanford, CA: Stanford University Press.

Bourdieu, P. (1991). *Language and Symbolic Power.* Cambridge, MA: Harvard University Press.

Bourdieu, P. (2002). *Distinction: A Social Critique of the Judgement of Taste.* Reprint edn. Cambridge, MA: Harvard University Press.

Bowler, P. J. (1990). *Charles Darwin: The Man and his Influence.* Oxford: Blackwell.

Brazil, D. (1997). *The Communicative Value of Intonation in English.* Cambridge: Cambridge University Press.

Brown, L. R. (2008). *Plan B 3.0: Mobilizing to Save Civilization.* Revised and expanded edn. Washington, DC: Earth Policy Institute.

Bruner, J. (1987). *Actual Minds, Possible Worlds.* Cambridge, MA: Harvard University Press.

Bruner, J. (2003). *Making Stories: Law, Literature, Life.* Cambridge, MA: Harvard

University Press.

Burger, R. (1980). *Plato's Phaedrus: A Defense of a Philosophical Art of Writing.* Tuscaloosa: University of Alabama Press.

Cain, K. (1996). Story knowledge and comprehension skills. In C. Cornoldi and J. Oakhill (eds), *Reading Comprehension Difficulties: Processes and Intervention.* Mahwah, NJ: Erlbaum, pp. 167–92.

Callinicos, A. (1988). *Making History: Agency, Structure and Change in Social Theory.* Ithaca, NY: Cornell University Press.

Carnoy, M., Castells, M., Cohen, S. and Cardoso, F. M. (1993). *The New Global Economy in the Information Age: Reflections on our Changing World.* University Park: Pennsylvania State University Press.

Cazden, C. (1979). Peekaboo as an instructional model: Discourse development at home and at school, *Papers and Reports in Child Language Development,* 17: 1–29. Stanford, CA: Dept. of Linguistics, Stanford University.

Cazden, C. (1988). *Classroom Discourse: The Language of Teaching and Learning.* Portsmouth, NH: Heinemann.

Cazden, C. (1992). *Whole Language Plus: Essays on Literacy in the United States and New Zealand.* New York: Teachers College Press.

Cazden, C. (2001). *Classroom Discourse: The Language of Teaching and Learning.* 2nd edn. Portsmouth, NH: Heinemann.

Chafe, W. (1985). Linguistic differences produced by differences between speaking and writing. In D. R. Olson, N. Torrance and A. Hildyard (eds), *Literacy, Language, and Learning: The Nature and Consequences of Reading and Writing.* Cambridge: Cambridge University Press, pp. 105–23.

Chafe, W. L. (1980). The deployment of consciousness in the production of a narrative. In W. L. Chafe (ed.), *The Pear Stories: Cognitive, Cultural, and Linguistic Aspects of Narrative Production.* Norwood, NJ: Ablex, pp. 9–50.

Chafe, W. L. (1994). *Discourse, Consciousness, and Time: The Flow and Displacement of Conscious Experience in Speaking and Writing.* Chicago: University of Chicago Press.

Chall, J. S., Jacobs, V. and Baldwin, L. (1990). *The Reading Crisis: Why Poor Children Fall Behind.* Cambridge, MA: Harvard University Press.

Chambers, J. K. (1995). *Sociolinguistic Theory.* Oxford: Blackwell.

Chambers, J. K. and Trudgill, P. J. (1980). *Dialectology.* Cambridge: Cambridge University Press.

Clark, A. (1989). *Microcognition: Philosophy, Cognitive Science, and Parallel Distributed Processing.* Cambridge, MA: MIT Press.

Collins, J. and Bolt, R. (2003). *Literacy and Literacies: Texts, Power, and Identity.* Cambridge: Cambridge University Press.

Comrie, B. (1976). *Aspect.* Cambridge: Cambridge University Press.

Cook-Gumperz, J. (ed.) (1986). *The Social Construction of Literacy*. Cambridge: Cambridge University Press.

D'Andrade, R. (1984). Cultural meaning systems. In R. A. Shweder and R. A. LeVine (eds), *Culture Theory: Essays on Mind, Self, and Emotion*. Cambridge: Cambridge University Press, pp. 88–119.

Darwin, C. (1859). *On the Origin of Species*. London: John Murray.

Degler, C. N. (1991). *In Search of Human Nature: The Decline and Revival of Darwinism in American Social Thought*. Stanford, CA: Stanford University Press.

Delpit, L. (1995). *Other People's Children: Cultural Conflict in the Classroom*. New York: The New Press.

Derrida, J. (1972). La pharmacie de Platon, in *La dissemination*. Paris: Seuil, pp. 69–198.

Desmond, A. (1989). *The Politics of Evolution: Morphology, Medicine, and Reform in Radical London*. Chicago: University of Chicago Press.

De Vries, G. J. (1969). *A Commentary on the Phaedrus of Plato*. Amsterdam: Hakkert.

Dickinson, D. (ed.) (1994). *Bridges to Literacy*. Oxford: Blackwell.

Dickinson, D. K. and Neuman, S. B. (eds) (2006). *Handbook of Early Literacy Research, II*. New York: Guilford Press.

Donald, J. (1983). How illiteracy became a problem (and literacy stopped being one), *Journal of Education* 165: 35–52.

Douglas, M. (1973). *Natural Symbols*. Harmondsworth: Penguin.

Drucker, P. F. (1993). *Post-capitalist Society*. New York: Harper.

Duranti, A. (1997). *Linguistic Anthropology*. Cambridge: Cambridge University Press.

Duranti, A. and Goodwin, C. (eds) (1992). *Rethinking Context: Language as an Interactive Phenomenon*. Cambridge: Cambridge University Press.

Edwards, V. and Steinkewicz, T. J. (1990). *Oral Cultures Past and Present*. Cambridge: Blackwell.

Elley, R. (1992). *How in the World do Students Read?* Hamburg: Hague International Association for the Evaluation of Educational Achievement.

Erickson, F. (1987). Transformation and school success: the politics and culture of educational achievement, *Anthropology and Education Quarterly* 18: 335–56.

Erickson, F. and Schultz, J. J. (1982). *The Counselor as Gatekeeper: Social Interaction in Interviews*. New York: Academic Press.

Evans-Pritchard, E. E. (1951). *Social Anthropology*. London: Routledge.

Fairclough, N. (2003). *Analysing Discourse: Textual Analysis for Social Research*. London: Routledge.

Fausto-Sterling, A. (1985). *Myths of Gender: Biological Theories about Women and Men*. New York: Basic Books.

Ferguson, R. F. (1998). Teacher's perceptions and expectations and the black–white test score gap. In C. Jencks and M. Phillips (eds), *The Black–White Test Score Gap*. Washington, DC: Brookings Institution Press, pp. 273–317.

Fillmore, C. (1975). *An alternative to checklist theories of meaning*. In C. Cogen, H. Thompson, G. Thurgood, K. Whistler and J. Wright (eds), *Proceedings of the First Annual Meeting of the Berkeley Linguistics Society*. Berkeley: University of California at Berkeley, pp. 123–31.

Finegan, E. (1980). *Attitudes toward English Usage: The History of a War of Words*. New York: Teachers College Press.

Finnegan, R. (1967). *Limba Stories and Story-telling*. London: Oxford University Press.

Finnegan, R. (1977). *Oral Poetry*. Cambridge: Cambridge University Press.

Finnegan, R. (1988). *Literacy and Orality*. Oxford: Blackwell.

Fleck, L. (1979). *Genesis and Development of a Scientific Fact*. Chicago: University of Chicago Press (orig. 1935).

Foley, J. M. (1988). *The Theory of Oral Composition*. Bloomington: Indiana University Press.

Foucault, M. (1969). *The Archeology of Knowledge*. New York: Random House.

Foucault, M. (1980). *Power/Knowledge: Selected Interviews and Other Writings 1972–1977*. Ed. C. Gordon, L. Marshall, J. Meplam and K. Soper. Brighton: Harvester.

Foucault, M. (1985). *The Foucault Reader*. Ed. Paul Rainbow. New York: Pantheon.

Frank, J. (1963). Spatial form in modern literature, in *The Widening Gyre: Crisis and Mastery in Modern Literature*. Bloomington: Indiana University Press, pp. 3–62.

Freire, P. (1970). *Pedagogy of the Oppressed*. New York: Seabury Press.

Freire, P. (1973). *Education for Critical Consciousness*. New York: Seabury Press.

Freire, P. (1985). *The Politics of Education: Culture, Power and Liberation*. South Hadley, MA: Bergin & Garvey.

Freire, P. and Macedo, D. (1987). *Literacy: Reading the Word and the World*. Hadley, MA: Bergin & Garvey.

Gallas, K. (1994). *The Languages of Learning: How Children Talk, Write, Dance, Draw, and Sing their Understanding of the World*. New York: Teachers College Press.

Garfinkel, H. (1967). *Studies in Ethnomethodology*. Englewood Cliffs, NJ: Prentice Hall.

Garton, A. and Pratt, C. (1989). *Learning to be Literate: The Development of Spoken and Written Language*. Oxford: Blackwell.

Gee, J. P. (1986). Units in the production of discourse, *Discourse Processes,* 9: 391–422.

Gee, J. P. (1987). What is literacy? *Teaching and Learning,* 2: 3–11.

Gee, J. P. (1988). Legacies of literacy: from Plato to Freire through Harvey Graff. *Harvard Educational Review,* 58: 195–212.

Gee, J. P. (1989a). Literacy, Discourse, and Linguistics: Essays by James Paul Gee, special issue of the *Journal of Education,* 171 (edited by Candace Mitchell).

Gee, J. P. (1989b). Literacies and traditions. *Journal of Education,* 171: 26–38.

Gee, J. P. (1989c). Two styles of narrative construction and their linguistics and educational implications, *Discourse Processes,* 12: 287–307.

Gee, J. P. (1992). *The Social Mind: Language, Ideology, and Social Practice.* New York: Bergin & Garvey.

Gee, J. P. (1992–3). Literacies: tuning in to forms of life. *Education Australia,* 19–20: 13–14.

Gee, J. P. (2004). *Situated Language and Learning: A Critique of Traditional Schooling.* London: Routledge.

Gee, J. P. (2007). *What Video Games Have to Teach Us About Learning and Literacy.* 2nd edn. New York: Palgrave/Macmillan.

Gee, J. P. (2013). *The Anti-education Era: Creating Smarter Students through Digital Learning.* New York: Palgrave/Macmillan.

Gee, J. P. (2014a). *An Introduction to Discourse Analysis: Theory and Method.* 4th edn. New York: Routledge.

Gee, J. P. (2014b). *How to do Discourse Analysis: A Toolkit.* 2nd edn. New York: Routledge.

Gee, J. P. (2015). *Literacy and Education.* London: Routledge.

Gee, J. P. and Hayes, E. R. (2010). *Women as Gamers: The Sims and 21st Century Learning.* New York: Palgrave/Macmillan.

Gee, J. P. and Hayes, E. R. (2011). *Language and Learning in the Digital Age.* London: Routledge.

Gee, J. P., Hull, G. and Lankshear, C. (1996). *The New Work Order: Behind the Language of the New Capitalism.* Boulder, CO: Westview.

Gee, J. P., Michaels, S. and O'Connor, C. (1992). Discourse analysis. In M. D. LeCompte, W. Millroy and J. Preissle (eds), *Handbook of Qualitative Research in Education.* New York: Academic Press, pp. 227–91.

Giddens, A. (1984). *The Constitution of Society: Outline of the Theory of Structuration.* Cambridge: Polity Press.

Giddens, A. (1987). *Social Theory and Modern Sociology.* Stanford, CA: Stanford University Press.

Goffman, I. (1959). *The Presentation of Self in Everyday Life.* Garden City, NY: Doubleday.

Goffman, I. (1967). *Interaction Ritual: Essays on Face-to-face Behavior.* Garden City, NY: Anchor Books, Doubleday.

Goffman, I. (1981). *Forms of Talk.* Philadelphia: University of Pennsylvania Press.

Goody, J. (ed.) (1968). *Literacy in Traditional Societies.* Cambridge: Cambridge University Press.

Goody, J. (1977). *The Domestication of the Savage Mind.* Cambridge: Cambridge University Press.

Goody, J. (1986). *The Logic of Writing and the Organization of Society.* Cambridge: Cambridge University Press.

Goody, J. (1988). *The Interface between the Written and the Oral.* Cambridge: Cambridge University Press.

Goody, J. and Watt, I. P. (1963). The consequences of literacy. *Comparative Studies in History and Society,* 5, 304–45.

Gonzalez, N., Moll, L. C. and Amanti, C. (2005). *Funds of Knowledge: Theorizing Practices in Households and Classrooms.* Mahwah, NJ: Erlbaum.

Gopen, G. D. (1984). Rhyme and reason: why the study of poetry is the best preparation for the study of law. *College English,* 46: 333–47.

Gould, S. J. (1977). *Ontogeny and Phylogeny.* Cambridge, MA: Harvard University Press.

Gould, S. J. (1993). *Eight Little Piggies: Reflections in Natural History.* New York: Norton.

Graff, H. J. (1979). *The Literacy Myth: Literacy and Social Structure in the 19th-century City.* New York: Academic Press.

Graff, H. J., ed. (1981a). *Literacy in History: An Interdisciplinary Research Bibliography.* New York: Garland Press.

Graff, H. J. (1981b). *Literacy and Social Development in the West: A Reader.* Cambridge: Cambridge University Press.

Graff, H. J. (1987a). *The Labyrinths of Literacy: Reflections on Literacy Past and Present.* New York: Falmer.

Graff, H. J. (1987b). *The Legacies of Literacy: Continuities and Contradictions in Western Culture and Society.* Bloomington: University of Indiana Press.

Gramsci, A. (1971). *Selections from the Prison Notebooks.* Ed. Q. Hoare and G. Nowell-Smith. London: Lawrence & Wishart.

Grissmer, D., Flanagan, A. and Williamson, S. (1998). Why did the black–white score gap narrow in the 1970s and 1980s? In C. Jencks and M. Phillips (eds), *The Black–White Test Score Gap.* Washington, DC: Brookings Institution Press, pp. 182–226.

Griswold, C. L. (1986). *Self-knowledge in Plato's Phaedrus.* New Haven, CT: Yale University Press.

Gumperz, J. J. (1982a). *Discourse Strategies.* Cambridge: Cambridge University

Press.

Gumperz, J. J. (ed.) (1982b). *Language and Social Identity.* Cambridge: Cambridge University Press.

Habermas, J. (1984). *Theory of Communicative Action, I.* Trans. T. McCarthy. London: Heinemann.

Hacking, I. (1986). Making up people. In T. C. Heller, M. Sosna and D. E. Wellbery (with A. I. Davidson, A. Swidler and I. Watt) (eds), *Reconstructing Individualism: Autonomy, Individuality, and the Self in Western Thought.* Stanford, CA: Stanford University Press, pp. 222–36.

Hacking, I. (1994). The looping effects of human kinds. In D. Sperber, D. Premack and A. J. Premack (eds), *Causal Cognition: A Multidisciplinary Approach.* Oxford: Clarendon Press.

Halliday, M. A. K. (1976a). *Intonation and Grammar in British English.* The Hague: Mouton.

Halliday, M. A. K. (1976b). The teacher taught the student English: an essay in applied linguistics. In P. A. Reich (ed.), *The Second LACUS Forum.* Columbia, SC: Hornbeam Press, pp. 344–9.

Halliday, M. A. K. (1978). *Language as a Social Semiotic.* London: Edward Arnold.

Halliday, M. A. K. and Hasan, R. (1976). *Cohesion in English.* London: Longman.

Halliday, M. A. K. and Hasan, R. (1989). *Language, Context, Text: Aspects of Language in a Social-semiotic Perspective.* Oxford: Oxford University Press.

Halliday, M. A. K. and Martin, J. R. (1993). *Writing Science: Literacy and Discursive Power.* Pittsburgh, PA: University of Pittsburgh Press.

Hanks, W. F. (1996). *Language and Communicative Practices.* Boulder, CO: Westview Press.

Harkness, S., Super, C. and Keefer, C. H. (1992). *Learning to be an American Parent: How Cultural Models Gain Directive Force.* In R. D'Andrade and C. Strauss (eds), *Human Motives and Cultural Models.* Cambridge: Cambridge University Press, pp. 163–78.

Harvey, D. (2005). *A Brief History of Neoliberalism.* Oxford: Oxford University Press.

Havelock, E. A. (1963). *Preface to Plato.* Cambridge, MA: Harvard University Press.

Havelock, E. A. (1976). *Origins of Western Literacy.* Toronto: Ontario Institute for Studies in Education.

Havelock, E. A. (1982). *The Literate Revolution in Greece and its Cultural Consequences.* Princeton, NJ: Princeton University Press.

Havelock, E. A. (1986). *The Muse Learns to Write: Reflections on Orality and Literacy from Antiquity to the Present.* New Haven, CT: Yale University Press.

Heath, S. B. (1982). What no bedtime story means: narrative skills at home and at school, *Language in Society,* 11: 49–76.

Heath, S. B. (1983). *Ways with Words: Language, Life, and Work in Communities and Classrooms.* Cambridge: Cambridge University Press.

Heath, S. B. (1994). The children of Tracton's children: spoken and written language in social change. In R. B. Ruddell, M. R. Ruddell and H. Singer (eds), *Theoretical Models and Processes of Reading.* 4th edn. Newark, DE: International Reading Association, pp. 208–30.

Hedges, L. V. and Nowell, A. (1998). Black–white test score convergence since 1965. In C. Jencks and M. Phillips (eds), *The Black–White Test Score Gap.* Washington, DC: Brookings Institution Press, pp. 149–81.

Heritage, J. (1984). *Garfinkel and Ethnomethodology.* Cambridge: Polity Press.

Heritage, J. and Maynard, D. W. (eds) (2006). *Communication in Medical Care: Interaction between Primary Care Physicians and Patients.* Cambridge: Cambridge University Press.

Hodge, R. and Kress, G. (1988). *Social Semiotics.* Ithaca, NY: Cornell University Press.

Hoffer, E. (1951). *The True Believer: Thoughts on the Nature of Mass Movements.* New York: Harper & Brothers.

Hofstadter, D. and the Fluid Analogies Research Group (1995). *Fluid Concepts and Creative Analogies: Computer Models of the Fundamental Mechanisms of Thought.* New York: Basic Books.

Holland, D. and Quinn, N., eds (1987). *Cultural Models in Language and Thought.* Cambridge: Cambridge University Press.

Holland, D., Lachicotte, W., Skinner, D. and Cain, C. (1998). *Identity and Agency in Cultural Worlds.* Cambridge, MA: Harvard University Press.

Holyoak, K. J. and Thagard, P. (1995). *Mental Leaps: Analogy in Creative Thought.* Cambridge, MA: MIT Press.

Horton, R. (1967). African traditional thought and Western science, *Africa,* 37: 50–71, 155–87.

Huebner, T. (1983). *A Longitudinal Analysis: The Acquisition of English.* Ann Arbor, MI: Karoma Press.

Hull, G. A. and Schultz, K. (2001). *School's Out: Bridging Out-of-school Literacies with Classroom Practice.* New York: Teachers College Press.

Hutchins, E. (1995). *Cognition in the Wild.* Cambridge, MA: MIT Press.

Hymes, D. (1980). *Language in Education: Ethnolinguistic Essays.* Washington, DC: Center for Applied Linguistics.

Hymes, D. (1981). *'In vain I tried to tell you': Essays in Native American Ethnopoetics.* Philadelphia: University of Pennsylvania Press.

Jakobson, R. (1980). *Selected Writings, III: Poetry of Grammar and Grammar of Poetry.* New York: Mouton.

Jameson, F. (1981). *The Political Unconscious: Narrative as a Socially Symbolic Act*. Ithaca, NY: Cornell University Press.

Jencks, C. and Phillips, M. (eds) (1998). *The Black–White Test Score Gap*. Washington, DC: Brookings Institution Press, pp. 401–27.

Johansson, E. (1977). *The History of Literacy in Sweden*. Umeaa: Umeaa University Press.

John-Steiner, V., Panofsky, C. P. and Smith, L. W. (eds) (1994). *Sociocultural Approaches to Language and Literacy*. Cambridge: Cambridge University Press.

Kapitzke, C. (1995). *Literacy and Religion: The Textual Politics and Practice of Seventh-Day Adventism*. Amsterdam: John Benjamins.

Kermode, F. (1979). *The Genesis of Secrecy: On the Interpretation of Narrative*. Cambridge, MA: Harvard University Press.

Klein, N. (2007). *The Shock Doctrine: The Rise of Disaster Capitalism*. New York: Henry Holt.

Knorr Cetina, K. (1992). The couch, the cathedral, and the laboratory: on the relationship between experiment and laboratory in science, in A. Pickering (ed.) *Science as Practice and Culture*. Chicago: University of Chicago Press, pp. 113–37.

Kochman, T. (ed.) (1972). *Rappin' and Stylin' Out: Communication in Urban Black America*. Urbana: University of Illinois Press.

Kochman, T. (1981). *Black and White Styles in Conflict*. Chicago: University of Chicago Press.

Kosslyn, S. M. and Koenig, O. (1992). *Wet Mind: The New Cognitive Neuroscience*. New York: Free Press.

Krashen, S. (1985a). *Inquiries and Insights*. Hayward, CA: Alemany Press.

Krashen, S. (1985b). *The Input Hypothesis: Issues and Implications*. London: Longman.

Kress, G. (1985). *Linguistic Processes in Sociocultural Practice*. Oxford: Oxford University Press.

Labov, W. (1972a). *Language in the Inner City: Studies in Black English Vernacular*. Philadelphia: University of Pennsylvania Press.

Labov, W. (1972b). *Sociolinguistic Patterns*. Philadelphia: University of Pennsylvania Press.

Labov, W. (1980). *Locating Language in Time and Space*. New York: Academic Press.

Labov, W. (2006). *Principles of Linguistic Change: Synthesis*. Oxford: Blackwell.

Labov, W. and Waletsky, J. (1967). Narrative analysis: oral versions of personal experience. In J. Helms (ed.), *Essays on the Verbal and Visual Arts*. Seattle: University of Washington Press, pp. 12–44.

Ladd, R. D. (1980). *Intonational Meaning*. Bloomington: Indiana University Press.

Lakoff, G. (1987). *Women, Fire, and Dangerous Things: What Categories Reveal about the Mind*. Chicago: University of Chicago Press.

Lakoff, G. (2002). *Moral Politics: How Liberals and Conservatives Think*. 2nd edn. Chicago: University of Chicago Press.

Lakoff, G. and Johnson, M. (2003). *Metaphors We Live By*. 2nd edn. Chicago: University of Chicago Press.

Lankshear, C. (1997). *Changing Literacies*. Berkshire: Open University Press.

Lankshear, C. with Lawler, M. (1987). *Literacy, Schooling and Revolution*. London: Falmer.

Lankshear, C. and Knobel, M. (2007). *New Literacies*. 2nd edn. Berkshire: Open University Press.

Laqueur, Thomas (1990). *Making Sex: Body and Gender from the Greeks to Freud*. Cambridge, MA: Harvard University Press.

Lareau, A. (2003). *Unequal Childhoods Class, Race, and Family Life*. Berkeley and Los Angeles: University of California Press.

Larson, J. and Marsh, J. (2005). *Making Literacy Read: Theories for Learning and Teaching*. Thousand Oaks, CA: Sage.

Latour, B. (1987). *Science in Action*. Cambridge, MA: Harvard University Press.

Latour, B. (2005). *Reassembling the Social: An Introduction to Actor-Network-Theory*. Oxford: Oxford University Press.

Lave, J. (1988). *Cognition in Practice*. Cambridge: Cambridge University Press.

Lave, J. and Wenger, E. (1991). *Situated Learning: Legitimate Peripheral Participation*. Cambridge: Cambridge University Press.

Lee, D. (1992). *Competing Discourses: Perspective and Ideology in Language*. London: Longman.

Lemke, J. L. (1995). *Textual Politics: Discourse and Social Dynamics*. London: Taylor & Francis.

Levi-Bruhl, L. (1910). *Les fonctions mentales dans les societes inferieures*. Paris: Alcan.

Levi-Strauss, C. (1963). *Structural Anthropology*. New York: Basic Books.

Levi-Strauss, C. (1966). *The Savage Mind*. Chicago: University of Chicago Press.

Levi-Strauss, C. (1975). *Tristes tropiques*. New York: Athenaeum (orig. 1955).

Levi-Strauss, C. (1979). *Myth and Meaning*. New York: Schocken Books.

Levine, K. (1986). *The Social Context of Literacy*. London: Routledge.

Lord, A. B. (1960). *The Singer of Tales*. Cambridge, MA: Harvard University Press.

Lovejoy, A. (1933). *The Great Chain of Being: A Study of the History of an Idea*. Cambridge, MA: Harvard University Press.

Luria, A. R. (1976). *Cognitive Development: Its Cultural and Social Foundations*. Cambridge, MA: Harvard University Press.

Macdonell, D. (1986). *Theories of Discourse: An Introduction*. Oxford: Blackwell.

Mack, N. (1989). The social nature of words: voices, dialogues, quarrels, *The Writing Instructor*, 8.4: 157–65.

Marx, K. (1967). *Capital: A Critique of Political Economy*, 3 vols. New York: International.

Marx, K. (1973). *Grundrisse: Foundations of the Critique of Political Economy*. Harmondsworth: Penguin.

Marx, K. (1977). *Selected Writings*. Ed. D. McLellan. Oxford: Oxford University Press.

Marx, K. and Engels, F. (1970). *The German Ideology*. Ed. C. J. Arthur. New York: International.

Mason, M. (2008). *The Pirate's Dilemma: How Youth Culture is Reinventing Capitalism*. New York: Free Press.

McCall, N. (1995). *Makes Me Wanna Holler: A Young Black Man in America*. New York: Vintage Books.

McDermott, R. (1987). The explanation of minority school failure, again, *Anthropology and Education Quarterly*, 18: 361–4.

McLellan, D. (1986). *Ideology*. Minneapolis: University of Minnesota Press.

Mead, M. (1928). *Coming of Age in Samoa*. New York: Morrow.

Mehan, H. (1979). *Learning Lessons*. Cambridge, MA: Harvard University Press.

Michaels, S. (1981). 'Sharing-time': children's narrative styles and differential access to literacy, *Language in Society*, 10: 423–42.

Michaels, S. (1985). Hearing the connections in children's oral and written discourse, *Journal of Education*, 167: 36–56.

Milroy, L. (1987a). *Language and Social Networks*, 2nd edn. Oxford: Blackwell.

Milroy, L. (1987b). *Observing and Analysing Natural Language*. Oxford: Blackwell.

Milroy, L. and Gordon, M. (2003). *Sociolinguistics: Method and Interpretation*. Oxford: Blackwell.

Milroy, J. and Milroy, L. (1985). *Authority in Language: Investigating Language Prescription and Standardisation*. London: Routledge.

Minnis, M. (1994). Toward a definition of law school readiness. In V. John-Steiner, C. P. Panofsky and L. W. Smith (eds), *Sociocultural Approaches to Language And Literacy: An Interactionist Perspective*. Cambridge: Cambridge University Press, pp. 347–90.

Morson, G. S. (1986). Introduction. In G. S. Morson (ed.), *Bakhtin: Essays and Dialogues on his Work*. Chicago: University of Chicago Press.

Mufwene, S. S., Rickford, J. R., Bailey, G. and Baugh, J. (eds) (1998). *African-American English: Structure, History, and Use*. London: Routledge.

Musgrove, F. (1982). *Education and Anthropology: Other Cultures and the*

Teacher. New York: John Wiley.

Myers, G. (1990). *Writing Biology: Texts in the Social Construction of Scientific Knowledge*. Madison: University of Wisconsin Press.

NAEP [National Assessment of Educational Progress] (1997). *NAEP 1996 Trends in Academic Progress*. Washington, DC: US Government Printing Office.

National Commission on Excellence in Education (1983). *A Nation at Risk: The Imperative for Educational Reform*. Washington, DC: Department of Education.

National Institute of Child Health and Human Development (2000). *Report of the National Reading Panel. Teaching Children to Read: An Evidencebased Assessment of the Scientific Research Literature on Reading and its Implications for Reading Instruction* (NIH Publication No. 00–4769). Washington, DC: US Government Printing Office.

Neisser, U. (ed.) (1998). *The Rising Curve: Long-term Gains in IQ and Related Measures*. Washington, DC: American Psychological Association.

Neuman, S. B. (2010). Lessons from my mother: reflections on the National Early Literacy panel report, *Educational Researcher,* 39.4: 301–4.

Neuman, S. B. and Celano, D. (2006). The knowledge gap: implications of leveling the playing field for low-income and middle-income children, *Reading Research Quarterly,* 41.2: 176–201.

Newman, D., Griffin, P. and Cole, M. (1989). *The Construction Zone: Working for Cognitive Change in School*. Cambridge: Cambridge University Press.

Oakes, J. (1985). *Keeping Track: How Schools Structure Inequality*. New Haven, CT: Yale University Press.

Oakes, J. (2005). *Keeping Track: How Schools Structure Inequality*. 2nd edn. New Haven, CT: Yale University Press.

Ochs, E. and Schieffelin, B. B. (1983). *Acquiring Conversational Competence*. London: Routledge.

Olson, D. R. (1977). From utterance to text: The bias of language in speech and writing, *Harvard Education Review,* 47, 257–81.

Ong, W. J. (1982). *Orality and Literacy: The Technologizing of the Word*. London: Methuen.

Pahl, K. and Rowsell, J. (eds) (2005). *Literacy and Education: Understanding the New Literacy Studies in the Classroom*. Thousand Oaks, CA: Paul Chapman.

Pahl, K. and Rowsell, J. (eds) (2006). *Travel Notes from the New Literacy Studies: Instances of Practice*. Clevedon: Multilingual Matters.

Parry, M. (1971). *The Making of Homeric Verse: The Collected Papers of Milman Parry*. Oxford: Clarendon Press.

Pattison, R. (1982). *On Literacy: The Politics of the Word from Homer to the Age of Rock*. Oxford: Oxford University Press.

Philipsen, G. (1975). Speaking 'like a man' in Teamsterville: culture patterns of role enactment in an urban neighborhood, *Quarterly Journal of Speech,* 61: 26–39.

Philipsen, G. (1990). Reflections on speaking 'like a man' in Teamsterville. In D. Carbaugh (ed.), *Cultural Communication.* Hillsdale, NJ: Lawrence Erlbaum, pp. 21–5.

Pinker, S. (1989). *Learnability and Cognition: The Acquisition of Argument Structure.* Cambridge, MA: MIT Press.

Pinker, S. (1994). *The Language Instinct: How the Mind Creates Language.* New York: William Morrow.

Prasad, M. (2006). *The Politics of Free Markets: The Rise of Neoliberal Economic Policies in Britain, France, Germany and the United States.* Chicago: University of Chicago Press.

Pratt, S. (1985). Being an Indian among Indians. Unpublished doctoral dissertation, University of Oklahoma, Norman.

Reddy, M. (1979). The conduit metaphor: a case of conflict in our language about language. In A. Ortony (ed.), *Metaphor and Thought.* Cambridge: Cambridge University Press, pp. 284–324.

Reich, R. B. (1992). *The Work of Nations.* New York: Vintage Books.

Reich, R. B. (2000). *The Future of Success: Working and Living in the New Economy.* New York: Knopf.

Rickford, J. R. and Rickford, R. J. (2000). *Spoken Soul: The Story of Black English.* New York: John Wiley.

Rogoff, B. (1990). *Apprenticeship in Thinking: Cognitive Development in Social Context.* New York: Oxford University Press.

Rogoff, B. (2003). *The Cultural Nature of Human Development.* Oxford: Oxford University Press.

Rogoff, B. and Lave, J. (eds) (1984). *Everyday Cognition: Its Development in Social Context.* Cambridge, MA: Harvard University Press.

Rogoff, B. and Toma, C. (1997). Shared thinking: cultural and institutional variations. *Discourse Processes,* 23: 471–97.

Romaine, S. (1988). *Pidgin and Creole Languages.* London: Longman.

Rose, M. (1989). *Lives on the Boundary.* New York: Penguin.

Rose, S. (1992). *The Making of Memory: From Molecules to Mind.* New York: Doubleday.

Rosenberg, B. A. (1970). *The Art of the American Folk Preacher.* New York: Oxford University Press.

Rowe, C. J. (1986). *Plato: Phaedrus,* translation and commentary. Warminster: Aris & Philips.

Sapir, E. (1921). *Language: An Introduction to the Study of Speech.* San Diego:

Harcourt, Brace, Jovanovich.

Schiebinger, L. (1993). *Nature's Body: Gender in the Making of Modern Science*. Boston: Beacon.

Schieffelin, B. B. and Gilmore, P. (eds) (1985). *The Acquisition of Literacy: Ethnographic Perspectives*. Norwood, NJ: Ablex.

Schieffelin, B. B. and Ochs, E. (eds) (1986). *Language Socialization Across Cultures*. Cambridge: Cambridge University Press.

Schiffrin, D. (1987). *Discourse Markers*. Cambridge: Cambridge University Press, pp. 49–50.

Scollon, R. and Scollon, S. W. (1981). *Narrative, Literacy, and Face in Interethnic Communication*. Norwood, NJ: Ablex.

Scollon, R. and Scollon, S. W. (1995). *Intercultural Communication: A Discourse Approach*. Oxford: Blackwell.

Scribner, S. and Cole, M. (1973). Cognitive consequences of formal and informal education, *Science,* 182: 553–9.

Scribner, S. and Cole, M. (1981). *The Psychology of Literacy*. Cambridge, MA: Harvard University Press.

Sennett, R. (1974). *The Fall of Public Man: On the Social Psychology of Capitalism*. New York: Vintage Books.

Shapin, S. and Schaffer, S. (1985). *Leviathan and the Air-pump*. Princeton, NJ: Princeton University Press.

Shaughnessy, M. P. (1977). *Errors and Expectations: A Guide for the Teacher of Basic Writing*. New York: Oxford University Press.

Shrestha, L. B. (2006). *The Changing Demographic Profile of the United States*. Washington, DC: Congressional Research Service. Retrieved from www.fas. org/sgp/crs/misc/RL32701.pdf

Shuman, A. (1986). *Storytelling Rights: The Uses of Oral and Written Texts by Urban Adolescents*. Cambridge: Cambridge University Press.

Skehan, P. (1989). *Individual Differences in Second-language Learning*. London: Edward Arnold.

Smith, B. H. (1988). *Contingencies of Value: Alternative Perspectives for Critical Theory*. Cambridge, MA: Harvard University Press.

Smitherman, G. (1977). *Talkin and Testifyin: The Language of Black America*. Boston: Houghton Mifflin.

Snow, C. (1986). Conversations with children. In P. Fletcher and M. Garman (eds), *Language Acquisition,* 2nd edn. Cambridge: Cambridge University Press, pp. 69–89.

Snow, C. E., Burns, M. S. and Griffin, P. (eds) (1998). *Preventing Reading Difficulties in Young Children*. Washington, DC: National Academy Press.

Stahl, S. D. (1989). *Literary Folkloristics and the Personal Narrative*. Bloomington:

Indiana University Press.

Star, S. L. (1989). *Regions of the Mind: Brain Research and the Quest for Scientific Certainty.* Stanford, CA: Stanford University Press.

Strauss, C. (1988). Culture, discourse, and cognition: forms of belief in some Rhode Island working men's talk about success. Unpublished PhD dissertation, Harvard University, Cambridge, MA.

Strauss, C. (1990). Who gets ahead? Cognitive responses to heteroglossia in American political culture, *American Ethnologist,* 17: 312–28.

Strauss, C. (1992). What makes Tony run? Schemas as motives reconsidered. In R. D'Andrade and C. Strauss (eds), *Human Motives and Cultural Models.* Cambridge: Cambridge University Press, pp. 197–224.

Steele, C. M. (1992). Race and the schooling of Black America, *Atlantic Monthly* (April): 68–78.

Steele, C. M. and Aronson, J. (1995). A threat in the air: how stereotypes shape the intellectual identities and performance of women and African Americans, *Journal of Personality and Social Psychology,* 69.5: 797–811.

Steele, C. M. and Aronson, J. (1998). Stereotype threat and the test performance of academically successful African-Americans. In C. Jencks and M. Phillips (eds), *The Black–White Test Score Gap.* Washington, DC: Brookings Institution Press, pp. 401–27.

Stoker, B. (2008, originally 1897). *Dracula.* Rockville, MD: Serenity.

Street, B. (1984). *Literacy in Theory and Practice.* Cambridge: Cambridge University Press.

Stucky, S. (1987). *Slave Culture: Nationalist Theory and the Foundations of Black America.* Oxford: Oxford University Press.

Suddendorf, T. (2013). *The Gap: The Science of What Separates Us from Other Animals.* New York: Basic Books.

Tannen, D. (1985). Relative focus on involvement in oral and written discourse. In D. R. Olson, N. Torrance and A. Hildyard (eds), *Literacy, Language, and Learning: The Nature and Consequences of Reading and Writing.* Cambridge: Cambridge University Press, pp. 124–47.

Taussig, M. T. (1980). *The Devil and Commodity Fetishism in South America.* Chapel Hill: University of North Carolina Press.

Taylor, D. (1983). *Family Literacy: Young Children Learning to Read and Write.* Portsmouth, NH: Heinemann.

Taylor, D. and Dorsey-Gaines, C. (1987). *Growing Up Literate: Learning from Inner City Families.* Portsmouth, NH: Heinemann.

Teale, W. H. and Sulzby, E. (eds) (1986). *Emergent Literacy.* Norwood, NJ: Ablex.

Tedlock, D. (1983). *The Spoken Word and the Work of Interpretation.* Philadelphia: University of Pennsylvania Press.

Tharp, R. and Gallimore, R. (1988). *Rousing Minds to Life: Teaching, Learning, and Schooling in Social Context*. Cambridge: Cambridge University Press.

Thomas, W. I. (1897). On a difference in the metabolism of the sexes, *American Journal of Sociology,* 3.1: 31–2, 39–40.

Thompson, J. B. (1984). *Studies in the Theory of Ideology*. Berkeley: University of California Press.

Tomasello, M. (2014). *A Natural History of Human Thinking*. Cambridge, MA: Harvard University Press.

Toulmin, S. (1992). *Cosmopolis: The Hidden Agenda of Modernity*. Chicago: University of Chicago Press.

Trueba, H. T. (ed.) (1987). *Success or Failure? Learning and the Language Minority Student*. New York: Newbury House.

Trueba, H. T. (1989). *Raising Silent Voices: Educating Linguistic Minorities for the 20th Century*. New York: Newbury House.

Varenne, H. and McDermott, R. (1998). *Successful Failure: The School America Builds*. Boulder, CO: Westview.

Vygotsky, L. S. (1978). *Mind in Society: The Development of Higher Psychological Processes*. Cambridge, MA: Harvard University Press.

Vygotsky, L. S. (1987). *The Collected Works of L. S. Vygotsky, I: Problems of General Psychology. Including the Volume Thinking and speech*. Ed. R. W. Rieber and A. S. Carton. New York: Plenum.

Weisberg, J. (2008). *The Bush Tragedy*. New York: Random House.

Wenger, E. (1998). *Communities of Practice: Learning, Meaning, and Identity*. Cambridge: Cambridge University Press.

Wells, G. (1981). *Learning through Interaction*. Cambridge: Cambridge University Press.

Wells, G. (1985). *Language Development in the Pre-school Years*. Cambridge: Cambridge University Press.

Wells, G. (1986). *The Meaning Makers: Children Learning Language and Using Language to Learn*. Portsmouth, NH: Heinemann.

Wertsch, J. V. (1985). *Vygotsky and the Social Formation of Mind*. Cambridge, MA: Harvard University Press.

Wertsch, J. V. (1991). *Voices of the Mind: A Sociocultural Approach to Mediated Action*. Cambridge, MA: Harvard University Press.

White, J. B. (1984). The judicial opinion and the poem: ways of reading, ways of life, *Michigan Law Review,* 82: 1669–99.

Wieder, D. L. and Pratt, S. (1990a). On being a recognizable Indian among Indians. In D. Carbaugh (ed.), *Cultural Communication and Intercultural Contact*. Hillsdale, NJ: Lawrence Erlbaum, pp. 45–64.

Wieder, D. L. and Pratt, S. (1990b). On the occasioned and situated character of members' questions and answers: reflections on the question, 'Is he or she a real Indian?' In D. Carbaugh (ed.), *Cultural Communication and Intercultural Contact*. Hillsdale, NJ: Lawrence Erlbaum, pp. 65–75.

Williams, P. J. (1991). *The Alchemy of Race and Rights: A Diary of a Law Professor*. Cambridge, MA: Harvard University Press.

Williams, R. (1983). *The Year 2000*. New York: Pantheon Books.

Williams, R. (1985). *Keywords: A Vocabulary of Culture and Society,* Revised edn. New York: Oxford University Press.

Willinsky, J. (1990). *The New Literacy: Redefining Reading and Writing in the Schools*. New York: Routledge.

Willis, P. (1977). *Learning to Labour*. London: Saxon House.

Wittgenstein, L. (1958). *Philosophical Investigations*. Trans. G. E. M. Anscombe. Oxford: Blackwell.

Wolfson, N. (1989). *Perspectives: Sociolinguistics and TESOL*. Cambridge, MA: Newbury House.

찾아보기

사회 언어학과 서로 다른 리터러시
— 담론과 이데올로기

2019년 2월 12일 초판 1쇄 인쇄
2019년 2월 19일 초판 1쇄 발행

지은이 제임스 폴 지
옮긴이 김영란 · 이정은 · 박혜영 · 김해인 · 이규만

펴낸이 윤철호
펴낸곳 (주)사회평론아카데미
책임편집 정세민
편집 고하영 · 최세정 · 고인욱 · 장원정 · 임현규 · 김다솜 · 김혜림
디자인 김진운
마케팅 최민규

등록번호 2013-000247(2013년 8월 23일)
전화 02-326-1187(영업) 02-2191-1130(편집)
팩스 02-326-1626
주소 03978 서울특별시 마포구 월드컵북로12길 17

ISBN 979-11-89946-00-5 93700